Céline Thérien

2e ÉDITION **TOME 1**

ANTHOLOGIE
DE LA LITTÉRATURE
D'EXPRESSION FRANÇAISE
des origines au romantisme

LES ÉDITIONS
CEC
Une compagnie de Quebecor Media

9001, boul. Louis-H.-La Fontaine, Anjou (Québec) Canada H1J 2C5
Téléphone : 514-351-6010 • Télécopieur : 514-351-3534

Directrice de l'édition
Isabelle Marquis

Directrice de la production
Danielle Latendresse

Directrice de la coordination
Sylvie Richard

Chargée de projet
Suzanne Champagne

Réviseure linguistique
Suzanne Delisle

Correctrice d'épreuves
Marie Théorêt

Recherche iconographique
Frédéric Julien et Monique Rosevear

Conception et réalisation graphique
Dessine-moi un mouton

Page couverture
Dessine-moi un mouton

*Anthologie de la littérature d'expression française,
des origines au romantisme, 2ᵉ édition*

L'Éditeur tient à remercier :
les collaborateurs à cette 2ᵉ édition :
• Élyse Dupras (collège de Maisonneuve), Stéphane X. Amyot (collège Marie-Victorin) et Renaud Bellemare (collège Ahuntsic), consultants pour les textes,
• Frédéric Julien (collège Édouard-Montpetit), consultant pour le choix des œuvres iconographiques et rédacteur des commentaires,
• Patrick Lafontaine (collège de Maisonneuve), rédacteur du complément pédagogique ;
tous les enseignants qui nous ont donné des commentaires au fil des ans ;
ainsi que tous les collaborateurs à la 1ʳᵉ édition.

*Anthologie de la littérature d'expression française,
des origines au romantisme, 2ᵉ édition*
Céline Thérien
Une réédition de :
*Anthologie de la littérature d'expression française,
des origines au romantisme*
Céline Thérien
avec la collaboration de :
Luc Gauvreau et Yvette Francoli

Les Éditions CEC inc. remercient le gouvernement du Québec de l'aide financière accordée à l'édition de cet ouvrage par l'entremise du Programme de crédit d'impôt pour l'édition de livres, administré par la SODEC.

© 2006, Les Éditions CEC inc.
9001, boul. Louis-H.-La Fontaine
Anjou (Québec) H1J 2C5

Dépôt légal : 2006
Bibliothèque et Archives nationales du Québec
Bibliothèque et Archives Canada

ISBN 978-2-7617-2339-8

Imprimé au Canada
4   5   6   7   8   15   14   13   12   11

AVANT-PROPOS

Cette nouvelle édition de l'*Anthologie de la littérature d'expression française*, qui couvre la période allant du Moyen Âge au romantisme, présente du **nouveau matériel, organisé en fonction de nouvelles idées, dans le but de mieux répondre aux besoins des étudiants des cours obligatoires de français au collégial.** Elle fournit de l'information adaptée aux exigences du programme tout en tenant compte du contexte culturel, des conditions de réceptivité propres aux étudiants québécois.

Voici les principales caractéristiques de cette réédition :

- **Des introductions théoriques dans un langage accessible** avec des définitions à l'appui pour faciliter la compréhension de chaque époque.

- **Une conception qui vise l'homogénéité**, ce qui permet au lecteur, notamment, de retrouver les mêmes rubriques d'un chapitre à l'autre. Par exemple, chaque chapitre s'ouvre sur une introduction qui présente l'époque, décrit l'écrivain type et donne les principales caractéristiques du courant à l'étude.

- **Des tableaux récapitulatifs**, dans un format synthétique, qui favorisent la compréhension et l'analyse. Ils permettent, en outre, à l'élève de comparer les courants entre eux.

- **Des ateliers d'analyse et de comparaison** portant sur des extraits généralement plus longs, avec des questions en lien avec la théorie. Ces questions touchent à la fois la signification du texte littéraire et son aspect formel. Certaines d'entre elles visent même l'interaction avec le texte en s'adressant à la créativité de l'étudiant ou à son esprit critique.

- **Des portraits des écrivains phares** de chaque époque qui mettent en relief leur apport au courant ou au genre qu'ils ont contribué à modeler.

- **Des extraits classés par genres littéraires** accompagnés de plus de questions pour en faire l'étude. De courts extraits en français ancien ont été ajoutés pour illustrer l'évolution de la langue.

- **Une refonte du chapitre sur le classicisme** qui accorde une plus grande place au courant baroque avec des tableaux qui comparent les deux tendances et qui décrivent de façon synthétique les types de pièces de théâtre privilégiées à cette époque.

- **Une méthodologie fonctionnelle**, qui progresse par étapes. Elle propose des stratégies pour l'analyse de texte et la dissertation, et vise, de plus, une préparation efficace à l'épreuve ministérielle.

- **Une mise en page dynamique** avec un jeu de caractères et de couleurs qui permet la distinction entre les sections.

- **Une iconographie variée et significative** qui insère la littérature dans un ensemble plus large, en informant le lecteur sur l'art, les goûts et les préoccupations de l'époque.

En outre, l'Anthologie vise les objectifs suivants qui contribuent à son originalité :

- Elle ouvre le champ d'application aux œuvres de la Nouvelle-France, du Québec et de la francophonie et crée des liens entre les époques.

- Elle explique l'évolution de la littérature par les courants littéraires tout en consacrant des pages synthèses aux genres littéraires, poétique, narratif, dramatique et référentiel.

Les critères de choix des auteurs et des textes

- Compte tenu de son format, l'Anthologie n'a pas pour but de dresser une liste exhaustive de tous les auteurs renommés, mais plutôt de retenir les figures marquantes.

- Les extraits permettent de comprendre les caractères idéologiques et esthétiques propres à chaque courant et montrent à la fois l'innovation littéraire dont ils sont porteurs et la continuité avec l'époque ou le courant précédents.

*L'*auteure est reconnaissante envers toute l'équipe du CEC qui a rendu si agréable le travail d'écriture de cette réédition. Toute ma gratitude en particulier à Isabelle Marquis pour son inestimable dynamisme et son écoute attentive. Ma reconnaissance s'adresse aussi aux lecteurs et aux consultants qui ont apporté leurs suggestions aux différentes étapes du travail, en particulier Samuel Alberola pour sa contribution soutenue tout au long de la production de ce premier tome, Élyse Dupras, pour sa relecture intelligente et minutieuse, Stéphane X. Amyot et Renaud Bellemare pour leurs observations et leurs commentaires pertinents, ainsi que Lisette Girouard pour sa contribution à la méthodologie. Je tiens aussi à remercier mes collègues du département de français du collège de Maisonneuve pour leur soutien, en particulier Sylvie Beaudry et Gabriel Landry pour leur éclairage sur la poésie.

C. T.

TABLE DES MATIÈRES

CHAPITRE 3

CHAPITRE 4

CHAPITRE 5

MÉTHODOLOGIE

LE MOYEN ÂGE (1000–1492)

Événements politiques

987-1328 Dynastie des Capétiens.

1054 Séparation des Églises d'Orient et d'Occident.

1066 Conquête de l'Angleterre par le duc de Normandie (Guillaume Ier le Conquérant).

1078 Prise de Jérusalem par les Turcs.

1096-1099 Première croisade.

1119 Création de l'ordre des Templiers : ordre religieux et militaire qui finança les croisades.

1137 Mariage de Louis VII et d'Aliénor d'Aquitaine.

1152 Divorce d'Aliénor et remariage avec Henri II.

1154-1159 En Angleterre, règne d'Henri II.

1184 Mise en place de l'Inquisition ; création d'un tribunal ecclésiastique, souvent tortionnaire, pour lutter contre les hérésies et la sorcellerie.

1189-1199 En Angleterre, règne de Richard Ier Cœur de Lion.

1204 Prise de Constantinople par les croisés.

1226-1270 Règne de Louis IX ou saint Louis.

1248-1254 Septième croisade, menée par Louis IX.

1270 Mort du roi Louis IX pendant la huitième croisade.

1291 L'occupation chrétienne en Syrie prend fin.

1328-1589 Dynastie des Valois.

1337-1475 Guerre de Cent Ans entre la France et l'Angleterre.

1358 La Jacquerie : soulèvement des paysans.

1429 Orléans délivrée des Anglais par Jeanne d'Arc.

1431 Condamnation de Jeanne d'Arc par l'Inquisition et mort sur le bûcher.

1453 Chute de Constantinople. Événement généralement associé à la fin du Moyen Âge.

Contexte socioéconomique

1000-1453 Régime féodal. Société essentiellement rurale.

1066 Début des rivalités et des guerres entre la France et l'Angleterre, qui marquent le Moyen Âge.

1096 Premières expéditions militaires promues par l'Église et mises sur pied par l'État pour délivrer la Terre sainte des infidèles.

1098-1215 Fondation et expansion des grands ordres religieux : les Cisterciens, les Franciscains, les Dominicains.

1179-1270 Développement de la vie urbaine ; apogée des foires commerciales de Champagne.

1248-1291 Influence des croisades sur l'économie, la politique et le développement de la littérature chevaleresque.

1315-1317 Période de grande famine.

1347-1352 Peste noire en Europe. La France est décimée : entre 1348 et 1351, de 30 à 50 % de la population meurt.

1378-1417 Grand schisme d'Occident : deux papes à la tête de l'Église, l'un à Avignon, l'autre à Rome.

1492 Début de l'ère des grands explorateurs. Découverte de l'Amérique par Christophe Colomb.

1497 Découverte de la route des Indes par Vasco de Gama.

1498-1499 Découverte de Terre-Neuve et du Labrador par Jean Cabot.

Beaux-arts, philosophie, sciences

v. 1000 Utilisation des forces éolienne et hydraulique : apparition de nouveaux types de moulins.

v. 1000 Architecture romane : développement du contrefort, de la voûte d'arête et de la croisée d'ogives.

1130-1150 Début de l'architecture gothique : première utilisation de l'arc-boutant dans la construction de la cathédrale Saint-Étienne de Bourges.

v. 1150 Début de la musique polyphonique.

1207-1213 Premières grandes chroniques de l'histoire de France avec Villehardouin.

1211-1270 Apogée de l'architecture gothique : cathédrale Notre-Dame de Reims.

1225-1250 *Carmina burana* : pièces vocales en latin, en allemand et en français dont s'inspirera Carl Orff au XXe siècle.

1231 Invention de la grenade.

1257 Fondation de la Sorbonne.

1266-1267 Saint Thomas d'Aquin, *Somme théologique*.

1268 Invention de la poudre à canon.

v. 1269 Première description de la boussole en Occident. Début de la navigation avec boussole et gouvernail d'étambot (la barre).

1280 Invention des verres correcteurs.

1325 Apparition de la brouette.

1346 Apparition du canon.

v. 1349 Première messe polyphonique unifiée : Guillaume de Machaut, *Messe de Notre-Dame*.

1434 Invention de l'imprimerie par Gutenberg.

1455 Impression du premier ouvrage, la Bible.

1485-1487 Début de la Renaissance italienne en peinture : Botticelli, *Le Printemps*.

Chapitre 1

Le Moyen Âge
La littérature des origines

Musée Condé, Chantilly.
Les frères de Limbourg, *Le mois de mai*, enluminure tirée du livre *Les Très Riches Heures du duc de Berry*, 1416.

PRÉSENTATION

Une entrée en matière

*D*es siècles après leur disparition, les braves chevaliers, les terribles dragons et les belles dames prisonnières en de sombres donjons se portent bien... et se vendent bien. Nombreux sont les films, les romans et les jeux électroniques qui s'inspirent du Moyen Âge. Auréolée de charme, cette période, qui s'étend du Vᵉ au XVᵉ siècle, pique la curiosité et connaît aujourd'hui un regain de popularité. Et pourtant, c'est aussi une sombre époque durant laquelle l'humanité arrive mal à se défendre de la famine et des épidémies qui déciment les populations.

Partir à la reconquête du Moyen Âge, c'est assurément explorer les origines de notre identité culturelle. Celle-ci, toutefois, ne se manifeste qu'au moment où la Gaule devient la France, alors qu'apparaissent, au IXᵉ siècle, les premiers écrits en langues vernaculaires, autres que le latin. La littérature médiévale prend alors sa source dans les contes et les légendes de la culture orale. Avant d'être écrites, les premières chansons de geste, qui relatent des actions héroïques, ont d'abord été chantées comme leur appellation l'indique d'ailleurs. Ainsi, lorsqu'il suit les péripéties des chevaliers de la Table ronde, ou qu'il lit des poèmes d'amour courtois, le lecteur d'aujourd'hui assiste à la naissance du roman et du héros romanesque, aux premiers pas de la poésie et du théâtre français.

Le contexte historique

La représentation du monde

Dans l'imaginaire contemporain, le Moyen Âge revêt plusieurs aspects contrastés. Le premier renvoie à un monde primitif, aux connaissances scientifiques rudimentaires, dominé par l'Église, déchiré par les guerres et terrassé par la peste noire. Le second met en scène de preux chevaliers, des animaux légendaires, des châteaux mystérieux et des cathédrales majestueuses. Les historiens rappellent qu'au Moyen Âge, les peuples européens commencent à se distinguer entre eux, les villes se développent et les universités apparaissent. Comme documents d'un intérêt historique capital, les premières œuvres littéraires ont contribué à façonner les différents visages d'une époque qui conserve encore une part de son mystère.

La porte Narbonnaise de la Cité de Carcassonne, France, XIIIᵉ siècle.

Une puissance et un territoire morcelés

Le haut Moyen Âge, du Vᵉ au Xᵉ siècle environ, reste marqué par les premières invasions des Barbares qui contribuent notamment à la désintégration de l'Empire romain (en 476). L'Empire chrétien prend forme grâce à Charlemagne (771), mais à la suite de multiples subdivisions du territoire entre ses héritiers, la royauté connaît un affaiblissement progressif jusque vers le XIIIᵉ siècle, alors que les rois arrivent à regagner le pouvoir, d'ailleurs constamment convoité par les seigneurs. Avant cette reconquête, la France apparaît comme une contrée morcelée en de multiples domaines ou grands duchés ; des châteaux peuplent la campagne autour desquels s'agglomèrent les paysans qui cherchent protection en s'abritant derrière les murailles fortifiées qui encerclent le hameau.

La religion, principal facteur d'unité

La religion assure l'unité européenne tout en servant de fondement social et politique à chacun des royaumes. En France, le roi est béni par le pape, ce qui en fait un personnage sacré. Au début, la monarchie était d'ailleurs élective, c'est-à-dire que les seigneurs choisissaient l'un d'entre eux comme leur chef. Elle deviendra héréditaire à partir du moment où le roi fera oindre son fils de son vivant, reconnaissant ainsi que l'autorité royale, d'origine divine, lui revient de fait. Dès lors, l'obéissance envers le roi est perçue comme un devoir religieux. Les habitants du royaume sont d'ailleurs tenus d'adopter la foi du monarque. Cette façon de fonctionner se maintiendra bien au-delà du Moyen Âge, jusqu'à la Révolution française avec, toujours à la tête du royaume, la même dynastie des Capétiens, qui régnera de 987 jusqu'à l'exécution de Louis XVI en 1793.

À une époque où la culture relève du clergé, les monastères sont chargés d'en assumer la préservation. Les moines copistes transcrivent les textes antiques, tout en les ornant de fines enluminures, sur des manuscrits qui sont faits de parchemin, c'est-à-dire de peau de bête (le papier, fait de chiffon, remplacera le parchemin vers le XIVᵉ siècle). Le latin, la langue de ces premiers écrits, restera longtemps associé à la culture savante. Les nombreux dialectes alors parlés en Europe évoluent de leur côté librement. En fait, les *Serments de Strasbourg*, signés en 842 par deux petits-fils de Charlemagne, constituent le premier document qui atteste l'existence de la langue française ; celle-ci n'en finira plus de se transformer tout au long du Moyen Âge, autant du point de vue syntaxique — l'ordre des mots dans la phrase diffère du latin — que du point de vue phonétique — les sons de la langue se modifient. On peut mieux juger de cette transformation par une comparaison. Les vers suivants :

« Ist de la nef e vait édrant a Rome :
Vait par les rues dont ja bien fut cointes »
(*La Vie de saint Alexis*)

ont été composés vers 1040. Pour être compris, ils nécessitent la traduction suivante : « Il descend du navire et va aussitôt vers Rome ; il va par les rues qu'il avait autrefois bien connues ».

Langue vernaculaire : *langue autre que le latin parlée en France, soit la langue d'oïl parlée au nord de la France (donc à la cour du roi) et la langue d'oc parlée au sud de la France.*

Barbares : *peuples du nord et de l'est de l'Europe étrangers à la civilisation romaine qui envahissent les royaumes chrétiens au Moyen Âge.*

Monastère : *établissement où des religieux sont soumis à des règles de vie strictes.*

Enluminure : *décoration peinte qui enjolive les manuscrits.*

Dialecte : *parler régional.*

Quatre siècles plus tard, les vers suivants, extraits d'un poème de Villon,

« Frères humains qui après nous vivez,
N'ayez les cœurs contre nous endurcis »
(« Épitaphe Villon »)

sont parfaitement compréhensibles dans leur version originale et témoignent ainsi de l'évolution de la langue.

La féodalité

La société médiévale présente une structure hiérarchique rigide qui se fonde sur la transmission héréditaire du pouvoir, des titres et de la richesse. Elle se compose de trois grands groupes, ou ordres interdépendants entre eux : ceux qui combattent et dirigent — chevaliers et seigneurs —; ceux qui prient — clercs et hommes d'Église —; et ceux qui travaillent — paysans et artisans. Dans ce monde très cloisonné, chacun est toujours le vassal de quelqu'un d'autre, c'est-à-dire son subalterne : l'écuyer est soumis à son chevalier ; l'amant courtois, à sa dame ; le chevalier, à son prince ou à son seigneur. La population est en partie constituée de serfs vivant et travaillant sous la férule du seigneur, qui en retour leur accorde protection. En fait, de bas en haut de la société, tous sont liés par des rapports de dépendance, car le roi lui-même s'assure de la fidélité de ses vassaux souvent en cédant une partie de son royaume sous forme de fiefs (des parcelles de terre). Les seigneurs, en retour, s'engagent à le servir au moment des batailles et des guerres qui l'opposent à ses puissants voisins. Ce statut de « combattant », auquel est associé le titre de chevalier, leur confère un prestige particulier. Réunis à l'intérieur d'une même caste, la noblesse, les chevaliers sont dépositaires des valeurs féodales comme le sens de l'honneur et la fidélité à la parole donnée, alors que le vice le plus dénoncé est, à l'inverse, la trahison.

Ainsi naît une culture à dominante guerrière, puisque les rivalités entre seigneurs éclatent à tout moment, ce dont les romans de chevalerie se font l'écho. L'apprentissage de la vassalité, de ses obligations et responsabilités, passe par des rites, des cérémonies et des épreuves, comme les tournois et les combats entre chevaliers. La courtoisie, qui illustre le raffinement progressif de la vie à la cour, vise elle aussi l'adoption d'un comportement régi par un ensemble de normes et de coutumes. Ainsi

Serf : *de* servus *signifiant « esclave » en latin, c'est-à-dire une personne privée de liberté.*

Vassal : *homme placé dans un rapport de dépendance à l'égard d'un seigneur plus puissant.*

encadrée, la vie de chacun est faite d'obéissance plus que de liberté, de conformisme plus que d'originalité. Le chevalier finit par incarner un modèle à suivre et ses valeurs définissent un idéal de vie qui sera élevé au rang de légende par la littérature médiévale. C'est seulement lorsque s'amorce le déclin de la féodalité, vers la fin du XIIIᵉ siècle, que le système hiérarchique en place va se relâcher, permettant l'expression d'une sensibilité plus personnelle qui ouvre la voie à l'humanisme de la Renaissance.

La mentalité médiévale

Par ailleurs, le sentiment d'appartenir à une nation ne fait pas partie des traits propres à la mentalité médiévale. Dans cette société où tout ce qui relève de l'administration repose sur des relations personnelles et affectives, le sentiment de la solidarité collective tarde à se révéler. Les vilains (on appelle ainsi les paysans) se portent plus facilement à la défense de leur seigneur qu'à celle d'un roi lointain peu connu. Souvent contestée, l'autorité royale demeure fragile. D'ailleurs, le roi lui-même considère son royaume comme un patrimoine qu'il peut subdiviser à sa guise sans tenir compte des intérêts de ses habitants. C'est seulement lors des guerres contre un ennemi extérieur, ou durant les croisades contre les Sarrasins, que les seigneurs oublient leurs rivalités pour s'unir sous la bannière royale. Le sentiment d'être français ne s'affirme réellement que durant la guerre de Cent Ans (1337-1453) dans laquelle s'illustre l'héroïne Jeanne d'Arc en délivrant la France de l'occupation anglaise.

Quant aux croisades elles-mêmes, elles témoignent de la prépondérance absolue de l'Église. Elles opposent les chrétiens aux infidèles, c'est-à-dire aux civilisations non chrétiennes et en particulier aux musulmans. Leur but officiel est la libération des Lieux saints en Palestine. En même temps qu'elles éveillent une grande curiosité pour l'Orient, ces guerres saintes sont à l'origine de cette intolérance dont les conséquences se font sentir encore aujourd'hui dans les rapports de l'Occident avec le monde arabe. Puissance spirituelle, l'Église veut en effet être seule à définir la foi et la morale. Puissance intellectuelle et culturelle, elle établit aussi les fondements de la philosophie et de l'histoire à travers l'interprétation qu'elle fait de la Bible. Parmi les grands théologiens, Thomas d'Aquin (1228-1274) se distingue par la clarté de sa pensée tout en imposant l'exemple par la sainteté de sa vie. Enfin, l'Église, par ses nombreux monastères et lieux de culte, et son armée de chevaliers prêts à la défendre, représente aussi un pouvoir politique et économique considérable. Elle n'échappe pourtant pas aux crises telles

Chœur de la cathédrale de Bourges, joyau de l'art gothique en France, XIIe et XIIIe siècle.

tirés par du bétail, sur de mauvaises routes. C'est pourquoi la communication par les voies fluviales ou maritimes s'avère la plus économique et la plus efficace. Le sel, qui sert d'agent de conservation pour la viande et le poisson, nourriture réservée aux riches, fait l'objet d'échanges commerciaux, avec quelques autres produits de luxe. Le reste de la population se nourrit en général de pain et de céréales. Comme les récoltes sont inégales d'une année à l'autre, il arrive fréquemment que les aliments viennent à manquer. Il en résulte une plus grande vulnérabilité aux épidémies, favorisées en outre par une hygiène déplorable et une médecine inadaptée. Ainsi, l'épidémie de la peste noire (1347-1352), ainsi appelée parce que les cadavres noircissent rapidement, se propage dans toute l'Europe, éliminant plus du tiers de la population.

Au Moyen Âge, les connaissances scientifiques sont certes embryonnaires, mais on relève quelques inventions pratiques comme la boussole et le gouvernail d'étambot. L'architecture impressionne par les solutions ingénieuses qui rendent notamment possible l'élégante élévation de la nef gothique afin de laisser pénétrer la lumière. L'art du vitrail est poussé jusqu'à une extrême sophistication. L'homme du Moyen Âge absorbe d'ailleurs une part de ses connaissances en portant son regard sur les murs des cathédrales couvertes de fresques, de bas-reliefs et de sculptures, réalisés par des artistes qui conservent l'anonymat, comme le prescrit l'humilité chrétienne. C'est généralement la Bible qui détermine la vision de l'univers, à mille lieues des conceptions actuelles. Disque plat, d'assez petite taille, ayant pour milieu la Méditerranée, la Terre est au centre du monde, et le Soleil tourne autour d'elle ; la destinée de l'être humain est dirigée par la roue de Fortune que fait tourner le doigt de Dieu ; l'enfer ou le paradis attend chaque chrétien à la fin de ses jours. Le temps est en effet perçu comme linéaire, commençant par la création divine pour se terminer par la fin du monde. L'angoisse de l'être humain n'est pas tant de faire face au vieillissement et à la mort, mais plutôt d'avoir à affronter son Créateur au Jugement dernier, ce qui explique d'ailleurs les nombreuses conversions en fin de parcours. À ces croyances se greffent les légendes populaires inspirées du folklore qui se mêlent très bien au merveilleux chrétien, à ses miracles, à ses anges et à ses démons. Tout revêt une signification symbolique : autant l'architecture cruciforme des églises que l'armure du chevalier et jusqu'à la nature elle-même qui permet l'épanchement mystique.

Un savoir en développement

que le grand schisme d'Occident (1378-1417) alors que la chrétienté se retrouve avec deux papes qui se font la lutte, l'un résidant à Rome, l'autre réfugié à Avignon, en France.

L'Église joue, en outre, un rôle primordial dans l'art médiéval comme en témoignent ses temples, ses chapelles et ses abbayes d'inspiration romane, puis les majestueuses cathédrales gothiques. Elle donne aussi son impulsion au théâtre sacré et au chant liturgique. Son autorité sera parfois contestée de l'intérieur, mais elle demeure l'institution la plus stable du Moyen Âge et exerce une influence déterminante sur la formation de la France et de sa littérature.

Une économie agraire

Enfin, l'économie médiévale repose essentiellement sur l'agriculture. En effet, du dixième au treizième siècle, l'Europe des forêts cède la place à l'Europe des champs. L'augmentation des terres cultivées, sous l'initiative des seigneurs et des monastères déjà propriétaires de grands domaines, favorise l'essor démographique. L'élevage du cheval et l'invention du moulin à eau puis à vent sont à l'origine de transformations qui permettent de rentabiliser le travail agricole. Les déplacements terrestres s'effectuent encore à l'aide de chariots

À la fin du Moyen Âge, des changements significatifs et de grandes découvertes, notamment celles de l'imprimerie et de l'Amérique, précipitent le passage vers une ère nouvelle. Les rois cessent de considérer le royaume comme une propriété personnelle et prennent progressivement conscience de leur rôle comme chefs d'État en même temps que prend forme le concept de nation. Les villes, qui jusqu'alors servaient surtout de siège épiscopal, connaissent un nouvel essor grâce aux artisans et aux marchands qui s'y établissent. Les banquiers font leur apparition et vont bientôt exercer une influence prépondérante. Certains d'entre eux sont juifs et sont victimes du sentiment d'antisémitisme qui a déjà pris racine en Europe : ils serviront souvent de boucs émissaires au moment des faillites nationales et des défaites militaires. Ils ne sont pas les seules victimes des superstitions et du poids de la tradition : les femmes paient de leur statut nettement inférieur le péché d'Ève qui a soumis Adam à la tentation. Toujours dépendantes d'un homme, leur père, leur mari, leur frère ou même leur fils, elles servent de monnaie d'échange au moment des tractations matrimoniales. Les hommes cherchent en effet à augmenter leur puissance par des unions profitables.

La condition réservée à la femme permet de mesurer l'écart entre la réalité et l'image idéalisée que véhicule la littérature. Comme seule une faible portion de la population accède à la lecture et à l'écriture, la vision de la société à cette époque se restreint forcément à un milieu, généralement celui de la cour. Les troubadours (aussi appelés trouvères selon leur région d'origine), quelquefois d'origine noble, se déplacent de château en château pour chanter les exploits des chevaliers et leurs amours, sans préoccupation pour les misères du paysan. D'ailleurs la culture orale se montre peu soucieuse de vraisemblance, tout comme la culture religieuse qui se nourrit plus de mystère que de raison.

Des différences entre le Moyen Âge et aujourd'hui

Cette description de même que les traits suivants permettent de saisir quelques différences notoires entre la vie au Moyen Âge et celle d'aujourd'hui.

- Au Moyen Âge, l'être humain ne se conçoit pas comme un individu libre et aucun document législatif ne lui reconnaît des droits dont il pourrait se réclamer.
- La mobilité sociale, c'est-à-dire la possibilité de progresser dans la société par ses talents personnels, est extrêmement réduite puisque l'on conçoit plutôt l'organisation sociale comme figée dans le temps parce qu'elle est déterminée par le Créateur.
- L'ambition et le sens de l'initiative sont des qualités valorisées dans une société concurrentielle comme celle d'aujourd'hui ; au Moyen Âge, il vaut mieux pratiquer le conformisme et le respect des traditions et de l'autorité.
- La plus grande partie de l'énergie est fournie par les animaux et par la force physique de l'homme.
- L'espérance de vie (plus ou moins 40 ans) est réduite à cause de plusieurs facteurs : le taux élevé de mortalité à la naissance, les famines et les épidémies nombreuses, le mode de vie guerrier, des conditions de vie précaires et une médecine rudimentaire. La maladie est par ailleurs assimilée à un châtiment divin.

L'émergence de l'écrivain

L'évolution conjointe de la langue et de la littérature

Six siècles séparent les *Serments de Strasbourg*, pratiquement incompréhensibles aujourd'hui, des poèmes de François Villon facilement accessibles. Entre-temps, les écrivains se sont débrouillés seuls, sans grammaire ni dictionnaire (les seuls qui existent concernent le latin), tout en étant influencés par le dialecte de leur région.

Pourtant, même si langue d'oc (au sud-est de la France) et langue d'oïl (au nord-ouest de la France) possèdent leurs frontières géographiques, la poésie courtoise commune aux troubadours et aux trouvères prouve l'attachement à son terroir natal. Elle témoignera bientôt d'un sentiment national en train de se forger. Son développement a été aidé par la formidable attraction qu'ont exercée non seulement l'idéal courtois, mais aussi l'esprit chevaleresque qui tous deux ont galvanisé l'imaginaire des premiers écrivains. Au-delà de leur disparité linguistique et sociale, jongleurs anonymes, seigneurs-troubadours, romanciers-chevaliers ou « pauvres » poètes, tels Rutebeuf ou Villon, tous ont contribué à la naissance de la littérature française.

De la parole à l'écriture

Jusqu'à l'invention de l'imprimerie en 1434 (donc très tardivement) le livre est inexistant. Mis à part les membres du clergé, fort peu de gens savent lire et écrire. Durant toute cette période, la littérature est donc essentiellement orale. Au lieu de suivre une histoire linéaire se déroulant sur une page, c'est la voix du ménestrel rythmée par son souffle et ses intonations que l'on écoute, tout en scrutant sa physionomie ou en observant son corps en mouvement. La littérature du Moyen Âge fait vivre à son public les mêmes émotions que nous procure aujourd'hui le théâtre. Pas de tête-à-tête avec une œuvre dans l'intimité d'une chambre. Les gens se réunissent plutôt dans la cour du château pour assister à la performance d'un jongleur. Virtuose de la parole à la mémoire exceptionnelle, il plaisante (en latin, *joculari*) et bavarde (*jangler*) tout en « jonglant » avec des chansons et des récits. Le silence de la lecture n'existe pas : c'est la voix du jongleur qui ressuscite le courageux Roland pour le faire mourir à nouveau devant un public captif. Accompagnée de musique, la chanson lancinante d'un troubadour peut aussi évoquer le tourment d'un amant pour sa dame.

L'écrivain et la tradition

À l'intérieur de cette culture orale, les premiers jongleurs, troubadours et conteurs sont plutôt ceux qui transmettent ou imitent que ceux qui créent ou inventent. En fait, leur contribution personnelle consiste dans certains cas à ornementer des structures narratives préétablies. Cette littérature présente ainsi un caractère répétitif du fait même qu'elle est très codifiée. Le roi Arthur, Tristan, l'enchanteur Merlin ou les règles de l'amour courtois

ne sont la création d'aucun auteur en particulier tout en étant à la disposition de tous.

L'anonymat étant alors la règle, les écrivains du Moyen Âge ne cherchent pas l'originalité : s'inscrire dans une tradition est pour eux tout naturel. Chacune des œuvres de cette époque représente une variation sur un fond culturel et imaginaire commun. Pourtant coexistent déjà des œuvres rédigées et compilées par de nombreux auteurs, comme *Le Roman de Renart*, et les œuvres d'un Chrétien de Troyes, géniale synthèse d'influences composites, superbement amalgamées dans un style qui porte déjà les traces d'une personnalité bien singulière.

C'est souvent la protection d'un seigneur qui permet à un écrivain de se faire connaître. Assuré d'un gîte, l'ancien jongleur met un terme à ses pérégrinations et s'attache un public attentif et cultivé. Il réunit ainsi les conditions lui permettant de transformer son art de « jongler » à haute voix en art d'écrire en silence. À partir du XIIIe siècle, au moment où naît la vie culturelle des premières villes, les écrivains trouvent un public lettré plus vaste. La littérature écrite s'écarte alors davantage de ses sources orales. C'est le passage de l'oralité à l'écriture qui assure aux œuvres leur pérennité, qui tire le jongleur de l'anonymat et lui donne le statut d'écrivain qui signe ses œuvres.

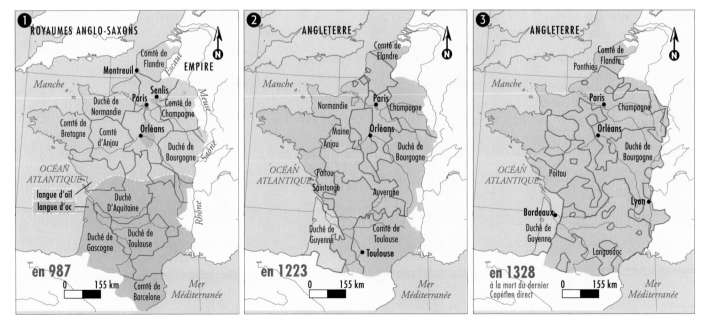

1. Le royaume de France, en rose, est tout petit. Le pays, tel que nous le connaissons aujourd'hui, est subdivisé en duchés, autant de domaines appartenant à de grands seigneurs. La langue d'oc est parlée au sud (les dialectes occitans) et la langue d'oïl au nord. Il y a autant de dialectes qu'il y a de duchés. 2. La progression du domaine royal : l'annexion des duchés à la couronne française. 3. Le royaume de France pratiquement unifié.

Les traits distinctifs de la littérature des origines

*L*a littérature reflète forcément certains des traits de la société médiévale tout en proposant, dans certains cas, une version embellie de la réalité. Comme l'Église exerce une influence prépondérante à l'époque, la littérature en portera les marques : elle sera sous influence religieuse comme l'art en général. Tout en s'inspirant des mythes chrétiens, elle puise aussi dans les légendes locales : c'est une littérature du merveilleux. Chantée ou composée pour un public aristocrate restreint, c'est aussi une littérature de cour. Le héros en est le chevalier et ses valeurs sont celles du combattant : c'est une littérature guerrière. Enfin, même écrite, elle traduit ses origines orales : c'est une littérature versifiée.

Bibliothèque nationale de France, Paris.
Jean Pucelle, *Gautier de Coigny composant*, enluminure tirée du livre *Miracles de la Sainte-Vierge* de Gautier de Coigny, trouvère et bénédictin français, 1330.

1. Une littérature sous influence religieuse

Dans une société pétrie de christianisme, la représentation du monde se fonde sur les explications de la Bible et des textes religieux ; l'amour se plie à un code moral, qui implique la sublimation du désir ; les moments essentiels de la vie sont soulignés par des cérémonies religieuses ou accompagnés de rites liturgiques. Les mentalités médiévales sont façonnées par la religion chrétienne. Les premiers textes, dont la *Cantilène de sainte Eulalie* publiée au IXe siècle, sont des vies de saints qui visent l'exaltation de la foi ; au moment des croisades, les chevaliers eux-mêmes se perçoivent comme des soldats au service de Dieu dans la lutte contre les infidèles. Le théâtre médiéval prend sa source dans la mythologie religieuse avec sa représentation de la Passion du Christ et autres grands mystères, et c'est en son sein que naît le théâtre profane. Enfin, même l'amour courtois que chantent les troubadours se traduit par une forme d'adoration platonique du chevalier pour sa dame qui ressemble au culte du croyant pour la Vierge Marie.

2. Une littérature de cour

Au Moyen Âge, il y a autant de cours qu'il y a de seigneurs puissants en quête de prestige. Pour faire diversion aux tournois et autres activités combatives qui ne suscitent guère l'intérêt des dames, le seigneur et son entourage s'adonnent à des jeux mondains ou à des joutes verbales qui, progressivement, contribuent au raffinement de la culture. C'est à ce public aristocratique que s'adressent les troubadours, dans le but de le divertir mais aussi pour l'instruire des rites et coutumes qui serviront à chacun des chevaliers au moment de rendre hommage à sa dame. Ce cérémonial est d'ailleurs de même nature que celui qu'exige la fidélité au seigneur. Le chevalier assimile ainsi les valeurs prônées par ce milieu très restreint, qui sont par exemple la loyauté au seigneur et à la dame, la vaillance qui se forge dans l'épreuve, l'humilité et l'obéissance.

Ainsi, la sublimation du désir contribue à l'élévation morale du chevalier et sert tout à la fois à renforcer la cohésion dans la noblesse. Un mode de vie s'érige en idéal dont est tout naturellement exclu le vilain (le paysan), cet inconnu dont on parle peu, sauf dans les farces et les fabliaux, et dont presque personne ne chante ni les amours ni les peines. Même la littérature satirique, en se moquant des mœurs de la cour, se trouve ainsi à rendre compte de l'importance de cette dernière.

3. Une littérature guerrière

Au Moyen Âge, l'homme du monde est d'abord un homme de guerre. Ses activités sont belliqueuses : quand il n'est pas pris par des batailles avec des seigneurs rivaux, il part en croisade ou, sinon, il occupe son temps à des activités substituts comme les tournois et la chasse. Les animaux fétiches sont d'ailleurs le cheval, qui sert aux affrontements, et le faucon, qui sert pour la chasse et fait l'objet d'un véritable culte puisque sa domestication exige une très grande patience. Ainsi, les chansons de geste autant que les romans de chevalerie font l'éloge des prouesses du chevalier, qui est le héros de ces récits. C'est d'ailleurs parce qu'elle vante les vertus de la noblesse et qu'elle érige en modèle sa façon de vivre qu'on peut considérer que cette littérature vise des buts autres que le divertissement, qu'elle milite en faveur d'un mode de vie tout en excluant de son champ d'intérêt, par exemple, tout ce qui relève du travail de la terre, sur lequel repose pourtant l'économie.

4. Une littérature du merveilleux

Dans la mentalité du Moyen Âge, on croit qu'il existe des intermédiaires entre l'homme et Dieu, et que le monde réel communique avec le monde surnaturel, sans frontière étanche pour les séparer. Dans les bestiaires de l'époque, les animaux véritables sont décrits avec autant de précision que les animaux chimériques comme la licorne, d'ailleurs maintes fois représentée. Alors que la nuit est un temps qui se prête aux prodiges, la forêt est un lieu propice aux mirages. Le chevalier qui s'y aventure peut faire la rencontre de nains ou de géants, être victime de maléfices ou subir l'envoûtement d'une sorcière.

Ce goût pour les récits fabuleux tient au fait que dans une culture orale, il est impérieux de retenir l'attention de l'auditoire, aussi le troubadour n'hésite-t-il pas à amplifier les faits, voire à les dénaturer pour frapper l'imagination. On peut ajouter que ce goût du merveilleux se fonde partiellement sur l'ignorance de l'interlocuteur ou sur sa crédulité, mais c'est aussi parce que la vraisemblance ne fait vraiment pas partie des critères du troubadour pour juger de son travail. Dans le monde médiéval, on vit très bien avec l'idée du philtre magique qui métamorphose les êtres, comme on accepte très bien la mouvance des faits et des événements qui se transforment en légende.

5. Une littérature versifiée

La prépondérance de la parole sur l'écrit a des conséquences directes sur la forme et le style des œuvres. En effet, sans le support du papier et d'une version permanente, comment mémoriser les œuvres et s'assurer de leur transmission ? À l'instar de la majorité des littératures du monde, la littérature française naissante utilise les ressources sonores et rythmiques de la langue, sous la forme de la versification, pour établir ses fondements.

Jusqu'au *Lancelot* en prose, vers 1225, toutes les œuvres littéraires ou presque sont écrites en vers. Les longues chansons de geste, les volumineux romans de chevalerie, les farces théâtrales empruntent une forme versifiée, spontanément associée à la poésie. Comme dans les comptines pour enfants ou les refrains de chansons, la musique des mots devient le support de la mémoire. Les rimes, la longueur et la coupe des vers, la structure des strophes, toutes les règles de la prosodie servent de cadre pour l'élaboration des œuvres. Voilà pourquoi la distinction entre poésie et prose est difficile à établir et reste un peu artificielle à cette époque. Il faut attendre la fin du Moyen Âge pour que la prose et la poésie deviennent des genres relativement distincts.

Enfin, du fait de leurs origines orales, les œuvres, finalement recopiées à la main par des moines, se présentent comme des textes instables. L'imprimerie n'existe pas et aucun auteur ne revendique la paternité des premières légendes ou épopées. Le lecteur se trouve devant des versions qui présentent des différences : outre le fait que les copistes pouvaient être distraits, myopes ou fatigués en travaillant, dans certains cas, ils parlaient même un autre dialecte que celui qu'ils transcrivaient. Il n'est pas dit non plus que certains d'entre eux, cherchant à échapper à l'ennui de la vie monacale, n'aient pas laissé aller leur imagination pour ajouter ici et là quelques détails ou même des épisodes entiers, autre explication plausible à ces variations d'un texte à l'autre.

Tableau synthèse

Le Moyen Âge littéraire : les origines mythiques

Une littérature sous influence religieuse

- Importance de la mythologie religieuse dans tous les genres.
- Les chansons de geste sont des récits de croisades : le héros chevalier participe à une guerre sainte contre les infidèles.
- Lyrisme qui emprunte un caractère superstitieux, mystique ou fataliste.
- Inquiétude spirituelle liée à la mort et à la peur du Jugement dernier et de l'enfer.

Une littérature de cour

- Le chevalier raffine ses mœurs en sublimant son désir pour la dame.
- Promotion des valeurs et des coutumes de l'élite aristocratique (sens de l'honneur, fidélité et soumission).
- Transposition dans les rapports amoureux du cérémonial relatif à la vassalité.
- Parodie de la vie courtoise.

Une littérature guerrière

- Valorisation du héros épique, le chevalier.
- Exaltation des valeurs guerrières, comme la vaillance et le sens de l'honneur.
- Manichéisme du monde fondé sur une opposition simplifiée entre le bien et le mal.

Une littérature du merveilleux

- Dans les chansons de geste, transformation de faits historiques en légendes.
- Personnages de géants et de nains, de fées et de sorcières ; animaux chimériques.
- Absence de frontière entre le monde réel et le monde surnaturel.
- Philtres, maléfices, et métamorphoses miraculeuses.

Une littérature versifiée

- Chansons de geste composées en laisses (tirade, couplet ou suite de vers) assonancées (avec reprise d'un même son).
- Répétition de formules pour aider à la mémorisation du récit.
- Adoption de la ballade pour exprimer le lyrisme.
- Jeu avec les mots dans les textes à caractère satirique.
- Textes instables, avec des différences selon les versions retenues.

La chanson de geste

*L*a littérature des origines d'un peuple mêle toujours la légende à l'histoire, le désir de glorifier le passé se greffant à la connaissance de faits réels. Chez les Grecs, par exemple, Homère a raconté l'épopée de la guerre de Troie et les aventures d'Ulysse dans l'*Iliade* et l'*Odyssée*. En France, ce sont de très longs récits versifiés qui serviront à garder vivante la mémoire des grands événements et de la « geste » héroïque de ceux qui deviendront peu à peu les Français.

Les chansons de geste s'élaborent graduellement à travers l'art oral des jongleurs. Elles seront transcrites et adaptées en langue vulgaire (c'est-à-dire dans la langue du peuple), soit l'ancien français, entre les XIe et XIIIe siècles.

Les caractéristiques de la chanson de geste

- Au centre de la chanson de geste, le héros épique se distingue par ses qualités exceptionnelles. Son courage, sa loyauté et sa foi le placent au-dessus des autres protagonistes et en font un modèle à imiter, bien qu'il soit en fait inatteignable. Homme d'action et de combat sûr de lui, sa psychologie sommaire se base sur la certitude absolue de la justesse de sa cause. Engagé dans une mission périlleuse contre des ennemis terribles, il meurt en héros regretté de tous.

- Fondés sur des faits historiques importants, ces récits se rapportent à des événements, habituellement des guerres, qui sont transformés par la légende.

- Adoptant une tonalité grave, les chansons de geste ne sont pas concernées par l'expression de l'amour : on y fait très peu allusion à la sexualité ou aux relations conjugales. L'humour en est aussi exclu.

- Généralement regroupées en cycle — par exemple, le cycle de l'empereur Charlemagne —, les chansons de geste relatent notamment les exploits militaires des Francs contre les Sarrasins, les infidèles. Plusieurs racontent les croisades pour reconquérir Jérusalem.

- Les chansons de geste exaltent les idéaux religieux et politiques d'une collectivité. Ce sont des récits exemplaires qui proposent une ligne de conduite, une morale et des valeurs incarnées par le héros épique.

- Le récit lui-même est entrecoupé d'interventions du conteur faites dans le but de maintenir l'intérêt de l'auditoire, ce qui témoigne de l'origine orale des chansons de geste.

- Le récit est formé de plusieurs dizaines de laisses ; celles-ci constituent les couplets de la chanson qui regroupe des vers en nombre variable se terminant par la même assonance, c'est-à-dire par la même voyelle accentuée.

- Le rythme et la musique engendrés par cette versification ainsi que la répétition de formules ou d'expressions stéréotypées facilitent le travail de mémorisation du jongleur et captent l'attention des auditeurs. Même dans les versions modernisées, on trouve quelques-unes des caractéristiques propres à la tradition orale.

- Le style épique privilégie un vocabulaire noble, des superlatifs ou des images parfois grandiloquentes pour magnifier les actions du héros. Les exploits sont décrits et les événements sont racontés sommairement, sans trop de détails ni de nuances : le héros est d'une vaillance inégalable et les ennemis sont cruels et méchants.

L'encadré suivant présente les principales caractéristiques du genre.

La chanson de geste

- Héros exceptionnel dépeint de façon sommaire.
- Faits historiques transposés en légendes.
- Épopée collective proposant un idéal, un modèle.
- Simplicité de la narration, grandiloquence du style.
- Structure en laisses assonancées.

Le héros et le traître

Anonyme

La Chanson de Roland, une chanson de geste de plus de 4 000 vers (traduite ici en français moderne et transposée en prose), raconte l'épopée des origines lointaines et mythiques de la France. Recopiée à différentes époques, cette chanson existe en plusieurs versions ; sa forme définitive serait née sous la plume d'un certain Turold dont on ne sait s'il était poète ou simple copiste. Le récit entremêle faits historiques et embellissements légendaires : en 778, à Roncevaux, dans les Pyrénées, les troupes de Charlemagne, menées par son neveu Roland, affrontent des mercenaires espagnols au service des Sarrasins. Dans le récit, cet épisode s'inscrit dans le cadre d'une croisade opposant chrétiens et musulmans.

Devant la menace d'une nouvelle attaque, l'archevêque convainc Roland de « sonner l'olifant », sorte d'instrument à vent, pour appeler le roi Charles à son secours alors que celui-ci a déjà pris le chemin du retour. Dans cet extrait, les actions héroïques de Roland contrastent avec les propos sarcastiques du traître Ganelon, son beau-père.

ROLAND SONNE L'OLIFANT

132 L'archevêque les entend se quereller. Il pique son cheval de ses éperons d'or pur, vient jusqu'auprès d'eux et se met à les réprimander : « Sire Roland, et vous sire Olivier ! Au nom de Dieu, je vous en prie, ne vous querellez point ! Sonner le cor ne nous serait plus guère d'aucun secours. Néanmoins ce serait mieux, car si le roi revient il pourra nous venger : ceux d'Espagne ne doivent pas s'en retourner satisfaits. Nos Français descendront ici de cheval, nous trouveront morts et démembrés, nous mettront en bière sur des destriers et nous pleureront de deuil et de pitié. Puis ils iront nous inhumer en quelque crypte d'une église, et ni les loups, ni les porcs, ni les chiens ne mangeront nos cadavres. » Roland répond : « Sire, vous avez bien parlé ! »

133 Roland porte alors l'olifant à sa bouche. Il l'emprend bien et de toutes ses forces le fait résonner. Hautes sont les montagnes, et longue la plainte du cor : à trente lieues on l'entend qui s'éloigne. Charles l'entend, et toutes ses compagnies. Le roi dit : « Nos hommes livrent bataille ! » Et Ganelon lui réplique : « Si un autre l'avait prétendu, ç'aurait été un grand mensonge ! »

134 Roland le comte à grande peine et grand effort et grande douleur sonne son olifant. De sa bouche le sang jaillit clair. Sur sa tempe la veine s'est rompue. Du cor qu'il tient ainsi le son est très grand. Charles l'entend là-bas, qui déjà passe les cols. Naimes le duc aussi l'entend, et tous les Français l'écoutent. Le roi dit : « J'entends là-bas l'olifant de Roland ! Il n'en sonnerait pas s'il n'y livrait bataille. » Et Ganelon répond : « Il n'en est rien de cette bataille ! Vous vous faites vieux et fleuri et tout blanc ! De tels propos font de vous un enfant ! Vous connaissez pourtant le grand orgueil de Roland : c'est merveille encore que Dieu l'endure tant ! Déjà il a pris Nobles sans votre commandement : les Sarrasins sortirent de la cité et livrèrent bataille au bon vassal Roland. Puis avec de l'eau il lava le sang sur les prés pour qu'il n'en reste pas de traces honteuses. Pour un seul lièvre, il sonnerait volontiers du cor pendant toute une journée ! Aujourd'hui il se joue sûrement de ses pairs ! Il n'est personne sous le ciel qui oserait lui chercher bataille. Chevauchez donc ! Pourquoi rester ici ? La Terre des aïeux est encore très loin là-bas devant nous... »

135 Roland le comte a la bouche ensanglantée. Sur sa tempe la veine s'est rompue. Il sonne l'olifant à grande peine et grande douleur. Charles l'entend bien là-bas, et ses Français aussi l'entendent. Le roi alors dit : « Ce cor a longue haleine ! » Naimes le duc répond : « Si le baron s'en donne la peine, c'est qu'il livre bataille, voilà mon avis. Celui-là même l'a trahi, qui vous conseille de le laisser tomber. Revêtez vos armures, criez votre cri d'armes et allez porter secours à votre armée vaillante ! Ah ! vous entendez bien que Roland se démène ! »

La Chanson de Roland, laisses 132 à 135 (v. 1070), texte établi par Jean Marcel, Montréal, Lanctôt Éditeur, 1996.

CXXXIII

Rollant ad mis l'olifan a sa buche,
Empeint le ben, par grant vertut le sunet.
Halt sunt li pui e la voiz est mult lunge,
Granz. XXX. liwes l'oïrent il respundre.
Karles l'oït e ses cumpaignes tutes.
Ço dit li reis : « Bataille funt nostre hume ! »
E Guenelun li respundit encuntre :
« S'altre le desist, ja semblast grant mençunge ! »
AOI.

Laisse 133 de la *Chanson de Roland* dans sa forme originale : en français ancien et versifiée.

Cathédrale Saint-Pierre, Angoulême, Charente.
Relief de la façade ouest, linteau dit de *La chanson de Roland*, détail : combat, bataille de Roncevaux, 1130.
En plus de servir à instruire les fidèles sur des passages bibliques, les bas-reliefs d'églises leur rappelaient parfois des faits d'armes.

1. Établissez le rôle et la fonction de chacun des personnages, et situez-les dans leur relation ou leur lien de dépendance.

2. Quels propos de Ganelon sur Roland permettent de conclure à sa trahison ?

3. Relevez les énumérations et les répétitions qui contribuent à rendre l'atmosphère solennelle, et relevez les inversions qui témoignent, entre autres, du caractère versifié du texte d'origine.

4. Montrez que les références au corps témoignent de l'héroïsme de Roland.

5. Quelles valeurs et quels traits de mentalité propres au Moyen Âge cet épisode traduit-il ?

La poésie courtoise

Si amour rime avec toujours, c'est aux troubadours et aux trouvères qu'il revient de l'avoir chanté pour... toujours. À la fin du XIe siècle se développent autour de ces musiciens poètes un nouvel art d'aimer et une manière de vivre à la cour en même temps qu'une poésie lyrique originale. Le concept de courtoisie recouvre ces trois éléments et influence fortement la poésie, bien sûr, mais aussi le roman de chevalerie.

Les caractéristiques de la littérature courtoise

- Apparue dans les cours des grands seigneurs, la courtoisie représente un idéal de vie et d'amour qu'une élite aristocratique veut opposer aux mœurs féodales souvent primitives : loi du plus fort, inégalité du statut des hommes et des femmes, mariages forcés sans considération des sentiments amoureux, etc. L'amour courtois, connu à l'origine sous l'appellation de *fine amor,* représente, quant à lui, la quintessence des manières de cour ; il incarne en quelque sorte cette aspiration au raffinement de l'élite de l'époque.

- Consacrée à un code amoureux exigeant, d'abord élaboré par les troubadours, au sud, et les trouvères, au nord, qui en trouvent (*trobar* signifie « trouver ») les règles, la poésie de ces « auteurs-compositeurs-interprètes » est inséparable de la musique qui accompagne leurs *canso,* leurs chansons d'amour. Peu à peu, les valeurs clés de la *cortesia* ou de la *fine amor* se précisent.

- Ce code de l'amour courtois est une transposition, dans un cadre amoureux, du genre de relations qui existent entre le chevalier et son seigneur, ce qui implique une soumission et une obéissance complètes de l'amant envers sa dame et un serment de fidélité absolue.

- Les troubadours, plutôt que de chercher à satisfaire le désir amoureux, mettent l'accent sur sa sublimation, c'est-à-dire le fait de repousser son accomplissement. Il s'ensuit une sorte de jeu amoureux où l'amant nourrit sans cesse son désir, mais veille à ce qu'il reste inassouvi... ou presque. Cela tient au fait que les chevaliers et les troubadours élisent souvent comme dame l'épouse du suzerain (le seigneur dont ils dépendent), ce qui signifie que la dame est d'un rang supérieur, mais comme celle-ci est mariée, cela signifie aussi que cet amour est par nature adultère (seul Chrétien de Troyes essaiera de réconcilier mœurs chrétiennes et *fine amor*). Ils se placent donc dans un rapport de vassalité avec une dame qui, quant à elle, joue souvent l'indifférence.

- Ce tourment amoureux, à la fois plaisant et douloureux, les troubadours le nomment « joï », terme qu'il ne faut pas confondre avec celui de joie.

- Essentiellement lyrique, la poésie des troubadours et des trouvères s'inspire de leurs sentiments et de leurs aspirations amoureuses. « J'aime, je chante », écrit l'un d'eux. Pourtant, l'emploi systématique du « je » n'a pas de valeur autobiographique et ne renvoie pas véritablement à une expérience personnelle ou véritablement intime. C'est un moyen d'expression mis au service de thèmes et de motifs qui font partie d'un fond culturel et imaginaire commun : le printemps, la saison des amours, la dame inaccessible, les tourments du cœur. Témoignant du fait qu'on se trouve toujours dans une culture orale, la chanson, qui associe le vers à la musique pour servir le travail de la mémoire, demeure la forme poétique privilégiée.

L'encadré suivant présente les principales caractéristiques du genre.

La poésie courtoise

- Opposition aux mœurs primitives de la société féodale.
- Représentation d'une manière de vivre et d'aimer typique de la cour.
- Calque des liens amoureux sur les rapports entre le chevalier et le seigneur.
- Préférence pour le désir amoureux plutôt que pour son assouvissement.
- Expression de sentiments souvent tourmentés dans un cadre adultère.

LORSQUE LES JOURS SONT LONGS EN MAI

Lorsque les jours sont longs en mai
Me plaît le doux chant d'oiseaux lointains,
Et quand je suis parti de là
Il me souvient d'un amour lointain ;
5 Alors je m'en vais si morne et pensif
Que ni chants, ni fleurs d'aubépines
Ne me plaisent plus qu'hiver gelé.

Je tiens pour seigneur de vrai* (véritable)
Celui par qui je verrai l'amour lointain ;
10 Mais pour un bien qui m'échoit* (m'advient)
J'ai deux maux, tant il m'est lointain.
Ah ! si j'étais pèlerin
Pour que mon bâton et ma couverte
Puissent être vus de ses beaux yeux !

15 Joie me viendra quand je lui querrai*, (demanderai)
Pour l'Amour de Dieu, d'accueillir l'hôte lointain,
Et s'il lui plaît je m'hébergerai
Auprès d'elle, moi qui suis lointain,
Alors seront doux entretiens
20 Quand l'hôte lointain sera si voisin
Que les doux propos la soulageront.

Triste et joyeux m'en séparerai,
Si jamais je la vois, de l'amour lointain
Mais je ne sais quand je la verrai,
25 Car notre pays en est trop lointain :
D'ici à là-bas il y a trop de pas et de chemins ;
Et pour le savoir, je ne suis pas devin
Mais qu'il en soit tout comme à Dieu plaira.

Jamais d'amour je ne jouirai
30 Si je ne jouis de cet amour lointain,
Je n'en sais point de plus noble, ni de meilleur
En nulle part, ni près ni loin ;
De tel prix elle est, vraie et parfaite,
Que là-bas au pays des Sarrasins,
35 Pour elle, je voudrais être appelé captif !

Dieu qui fit tout ce qui va et vient
Et forma cet amour lointain
Qu'il me donne le pouvoir, que j'en aie le courage,
Que je puisse voir cet amour lointain,
40 En vérité en semblable demeure
Que la chambre et que le jardin
Me soient en tout temps un palais.

Il dit vrai celui qui m'appelle avide
Et désireux d'amour lointain,
45 Car nulle autre joie ne me plaît autant

*Lai can li jorn son lonc e may
m'es bel dos chans d'auzels de lonc,
e can mi soi partitz de lay
remenbra.m un amor de lonh.
Vau de talan enbrons e clis,
si que chans ni flors dels bels pis
no.m val pus que l'yvern in glatz.*

La dame inaccessible de l'amour courtois

Jaufré Rudel (v. 1130 – v. 1170)
Petit seigneur dont on croit qu'il fut rattaché à la cour du duc et poète Guillaume IX d'Aquitaine, Jaufré Rudel est l'un des tout premiers troubadours. Illustre et inconnu sont deux mots qui résument bien sa vie et son œuvre. Comme le veut une légende dans la plus pure tradition courtoise, il serait tombé amoureux d'une mystérieuse comtesse arabe, la comtesse de Tripoli, qu'il n'aurait pourtant jamais vue ! C'est pour la rencontrer qu'il aurait participé à la croisade de 1147. La légende veut aussi qu'il y soit mort, expirant dans les bras de sa dame.

Des six poèmes de Jaufré Rudel parvenus jusqu'à nous, celui-ci exprime avec délicatesse les sentiments à la fois joyeux et tourmentés de l'amant pour une dame inaccessible et lointaine, trop lointaine.

Que jouissance d'amour lointain.
Mais ce que je veux m'est refusé,
Car ainsi me dota mon parrain,
Que j'aime et dont je ne suis pas aimé.

50 Mais ce que je veux m'est refusé ;
Qu'il en soit maudit, le parrain,
Qui me dota de n'être pas aimé.

Chanson, milieu du XIIᵉ siècle, adaptée par Luc Gauvreau.

Cathédrale Notre-Dame de Chartres.
Vitrail de la verrière du
Zodiaque, Portrait de
Thibaud IV de Champagne, 1250.

1. S'il y a lieu, récrivez les vers qui vous semblent difficiles en modernisant le vocabulaire et la syntaxe.

2. Les troubadours aiment que leur dame soit inatteignable, car cela leur permet de sublimer le désir amoureux. Montrez que ce poème met fortement en relief cet aspect propre à l'amour courtois.

3. Relevez les marques du lyrisme en considérant les aspects suivants :
   – l'expression subjective ;
   – l'expression d'émotions et de sentiments ;
   – le lien avec la nature.

4. Étudiez les images opposées de joie et de tristesse.

5. Soumission et piété sont des qualités très valorisées au Moyen Âge.
   – Comment le sentiment religieux s'exprime-t-il dans le texte ?
   – Comment le poème semble-t-il exprimer une déviation par rapport à cette valeur de la soumission ?

Le lai du chèvrefeuille

C'est mon plaisir et mon vouloir,
du lai qu'on nomme Chèvrefeuille,
que la vraie histoire vous conte,
comme il fut fait, de quoi et d'où.
5 Plusieurs me l'ont conté et dit,
et je l'ai trouvé en écrit,
lai de Tristan et de la reine,
de leur amour qui fut extrême,
dont ils eurent mainte douleur,
10 puis en moururent en un jour.

Le roi Mark était courroucé,
irrité contre son neveu ;
et de sa terre, il le bannit,
pour ce que la reine il aimait.
15 En son pays s'en est allé
Tristan, en Galle, où il naquit ;
toute une année y demeura,
n'eut la force de revenir,
et il y courut grand danger
20 de mort et de destruction.
Ne vous en émerveillez point :
car qui aime loyalement
moult est dolent et tourmenté
quand il n'a pas ce qu'il désire.
25 Tristan est dolent et pensif :
et il sortit de son pays.
En Cornouaille vint tout droit,
là où la reine demeurait.

En la forêt, tout seul, entra,
30 ne voulant pas qu'homme le vît.
En la vêprée, il en sortait,
quand venait temps de s'héberger.
Chez paysans et pauvres gens
prenait la nuit hébergement.
35 Les nouvelles leur demandait
du roi, comme il se comportait.
Eux disent ce qu'ils ont ouï,
que les barons sont convoqués,
qu'à Tintagel doivent venir,

40 où le roi sa cour veut tenir :
à Pentecôte y seront tous ;
moult y aura joie et déduit,
et la reine y sera aussi.
Tristan l'ouït, en grande joie :
45 elle n'y pourra point aller,
que ses yeux ne la voient passer.

Le jour que le roi y alla,
Tristan est au bois revenu,
sur le chemin où il savait
50 que devait passer le cortège.
Un coudrier tranche au milieu
et l'équarrit en le taillant.
Quand il a écorcé la branche,
de son couteau écrit son nom.
55 Si la reine fait attention,
elle que tout indice alerte,
de son ami bien connaîtra
le bâton, lorsqu'il le verra :
autrefois il est arrivé
60 qu'ainsi avait su sa présence.
Voici la teneur de l'écrit
qu'il lui manda et où il dit :
longtemps là il avait été
et attendu et séjourné
65 pour épier et pour savoir
comment il la pourrait revoir,
car ne pouvait vivre sans elle.
D'eux deux il fut semblablement
comme il était du chèvrefeuille
70 qui au coudrier s'attachait :
quand il s'est enlacé et pris
et tout autour du tronc s'est mis,
ensemble ils peuvent bien durer ;
mais, si l'on veut les séparer,
75 bien vite meurt le coudrier
et le chèvrefeuille avec lui :
« Belle amie, ainsi est de nous :
ni vous sans moi, ni moi sans vous ! »

Marie de France, seconde moitié du XIIe siècle.

LA POÉSIE COURTOISE

Le lai, court poème narratif

Marie de France (seconde moitié du XIIe siècle)

Première femme poète française qui vécut probablement à la cour d'Angleterre, Marie de France transforme des légendes celtiques en courts poèmes narratifs qu'on appelle des lais. Composés en octosyllabes à rimes plates, les douze récits qui nous sont parvenus présentent, sur une toile de fond réaliste ponctuée d'éléments de merveilleux, des histoires d'amour adultère (9 cas sur 12) dans lesquelles l'attachement des deux amants compte plus que le respect du lien conjugal établi.

La poésie de Marie de France se distingue par une peinture tout en demi-teintes de la tendresse amoureuse comme l'illustre le lai ci-contre relié à la légende de Tristan et Iseult. Dans ce poème, Tristan, qui ressent une peine extrême loin de sa bien-aimée, lui envoie en quelque sorte un gage d'amour, soit une branche de coudrier entourée d'un brin de chèvrefeuille, symbole de leur attachement.

1. Quels sont les personnages en présence dans ce lai ? Qu'apprend-on sur chacun d'eux ?

2. Quel rôle la nature joue-t-elle dans ce poème ?

3. Quelle vision de l'amour ce poème traduit-il ?

4. Peut-on penser que des poèmes de cette nature ont influencé la conception que les Occidentaux se font du lien amoureux ?

Atelier d'analyse

La sublimation du désir

Bernard de Ventadour (v. 1147 – v. 1170)

Les troubadours sont issus de tous les groupes sociaux et s'il est vrai que l'on compte dans leurs rangs de grands et puissants seigneurs, tel Thibaut de Champagne, il s'en trouve aussi de plus pauvres, plus proches de l'image habituelle que l'on se fait de ces poètes de l'amour, comme Bernard de Ventadour. Plusieurs médiévistes, s'appuyant sur des documents historiques, le présentent comme le fils de pauvres domestiques. Cette condition sociale inférieure ne l'empêche toutefois pas d'être l'un des troubadours les plus appréciés de la cour de la future reine de France, puis d'Angleterre, Aliénor d'Aquitaine.

Cette chanson porte sur l'un des thèmes préférés des troubadours : le « joï d'amour », mélange de désirs et de tourments, caractéristique de leur poésie. Ici, l'amant exprime, sur un ton plaintif, les déchirements propres au sentiment amoureux.

CHANSON

Je ne vois point luire le soleil,
Tellement me sont obscurcis ses rayons ;
Et pourtant je ne m'en émeus point
Car une clarté m'ensoleille
5 D'Amour, qui au cœur m'envoie ses rayons
Et quand d'autres gens s'émeuvent
Je préfère ne pas me laisser abattre
Pour que mon chant n'en souffre pas.

Les prés me semblent verts et vermeils
10 Autant qu'au doux temps de mai
Tellement l'amour me tient joyeux et gai,
La neige m'est fleur blanche et vermeille
Et l'hiver m'est fête de mai,
Depuis que la plus noble et la plus gaie
15 M'a promis de m'octroyer son amour,
Si elle ne me l'a encore ôté.

La peur me donne mauvais conseil
Et par elle le monde meurt et décroît,
Les mauvais encore s'unissent
20 Et l'un et l'autre se conseille
Comment il détruira l'amour fidèle.
Ah ! mauvaises gens méchantes,
Celui qui vous croit ou votre conseil,
Que le Seigneur Dieu le perde et le confonde.

25 De cela je me plains et je soupire
Qu'ils me font deuil, peine et chagrin
Et que leur pèse la joie que j'ai,
Puisque chacun se chagrine
De la joie d'autrui et s'en fait peine,
30 Je ne veux pas avoir meilleur droit
Que de vaincre et guerroyer par ma joie seule
Celui qui plus fort me guerroie.

Nuit et jour je médite et pense et veille,
Je me plains et soupire et m'apaise ;
35 Quand le mieux m'advient j'en retire peine,
Mais une bonne attente m'éveille
Qui mes chagrins apaisent.
Fou, pourquoi dire que j'en retire du mal :
Car si un noble amour me l'envoie,
40 L'envoi seul m'est un gain.

Que ma Dame ne s'émerveille point
Si je lui demande son amour et un baiser,
Contre la folie dont je parle
Ce sera gentille merveille
45 Si elle m'accole et me baise,
Mon Dieu, puisse-t-on se récrier déjà
(Ah ! tel je vous vois et tel je vous ai vu !)
Pour le bonheur que l'on voit en moi !

Noble amour, je me fais votre compagnon
50 Car ce n'est ni promesse ni sort
Mais ce qui plaît à votre grâce
(Dieu je le crois m'en gratifie)
Que si noble amour soit mon sort.
Ah ! Dame, par pitié je vous prie
55 Ayez pitié de votre ami
Qui vous demande grâce si doucement !

Bernard demande grâce à sa Dame
Qui si doucement lui fait grâce
Et si je la vois d'ici peu
60 Je ne crois pas que je la verrai pour longtemps.

Chanson, seconde moitié du XIIᵉ siècle, adaptée par Luc Gauvreau.

Portrait de Bernard de Ventadour, enluminure, XIIIᵉ siècle.

Exploration

Le réseau du sens

1. Assurez-vous de bien comprendre la chanson. Pour ce faire, récrivez les vers qui vous semblent difficiles en modernisant le vocabulaire et la syntaxe.

2. Montrez que ce poème illustre les caractéristiques de base du genre :
   – relation subalterne du troubadour à la dame ;
   – sublimation du désir ;
   – tonalité pieuse.

3. Montrez que le poème présente les caractéristiques suivantes associées au lyrisme :
   – expression subjective ;
   – expression des émotions et des sentiments ;
   – liens avec la nature.

4. Quels sont les mots ou les expressions qui connotent la solitude et l'isolement de l'amant ?

5. Comment expliquez-vous que l'amant se sente obligé de « demander grâce à sa Dame » ?

Le réseau de l'image

6. Faites l'inventaire de toutes les oppositions contenues dans le poème : joie / peine ; clarté / obscurité ; désir / plainte, etc.

7. Relevez les images qui renvoient à la guerre ou celles qui expriment un conflit.

Le réseau du rythme

8. Montrez qu'il y a rupture de ton dans l'envoi final (le dernier quatrain).

Hypothèses d'analyse et de dissertation

1. La poésie des troubadours est essentiellement lyrique. Démontrez-le.

2. L'amour courtois exprime souvent le tourment de l'amant déchiré entre son désir et l'assouvissement de celui-ci. Montrez comment ce poème illustre l'ambiguïté du « joï » des troubadours.

Le lyrisme courtois

Guillaume de Machaut
(v. 1300 – 1377)

Musicien qui exerce une influence décisive sur la Renaissance, Guillaume de Machaut est d'abord connu pour sa *Messe de Notre-Dame*, première messe polyphonique, c'est-à-dire chantée par une chorale à plusieurs voix. On lui doit également de nombreux motets, soit des chants en latin à caractère liturgique. Son statut de chanoine ne l'empêche aucunement de pratiquer la poésie, et même d'exprimer, à la fin de sa vie, son amour pour une toute jeune demoiselle, fruit de son imagination ou personnage réel. À titre de troubadour, il a fixé certaines formes poétiques, comme le lai, le rondeau et la ballade. De plus, il a créé le « dit », un poème narratif aux allures biographiques où le lyrisme courtois se mêle aux réflexions sur la vie quotidienne ou le monde en général. Il laisse notamment entrevoir son intuition de vivre dans une époque de transition, ce qui n'est pas sans entraîner une inquiétude alors que lui-même, pourtant, contribue à ce changement par son œuvre originale et mouvante.

(suite à la page suivante)

LE BAISER

La belle, qui douceur a,
Sur ma taille s'inclina.
Et quand elle fut inclinée,
Ma joie fut renouvelée.
5 Je ne sais pas si elle y dormit,
Mais elle sommeilla un peu sur mi
Mon secrétaire qui était là
Se leva, et alla
Cueillir une verte feuillette.
10 Il la mit sur sa bouchette
Et me dit : « Baisez cette feuille. »
Alors Amour, que je le veuille
        [ou ne le veuille,
Me fit en riant abaisser
15 Pour cette feuillette baiser.
Mais je n'osais pas y toucher,
Bien que je le désirais.
Désir me le commandait,
À rien d'autre il tendait,
20 Et il me dit que je me hâtasse
Pour que la feuillette je baisasse.
Mais il tira la feuille vers lui,
Et mon visage pâlit ;
Car j'étais un peu peureux
25 À cause de mon trouble amoureux.
Cependant, à la douce bouche
Je fis alors une amoureuse touche ;
Car j'y touchai un petit peu,
Certes, rien d'autre il n'y eut :
30 Mais un petit peu je me repentis,
Parce que quand ma Belle sentit
Mon outrage et mon hardiment
Elle me dit bien doucement :
« Ami, vous êtes très courageux ;
35 Ne savez-vous pas d'autres jeux ? »
Mais la belle se mit à sourire
De sa très belle bouche, sans rien dire ;
Et cela me fit imaginer,
Et certainement espérer
40 Que ce geste lui plaisait
Parce qu'elle se taisait.
Toutefois, je m'avisai,
Et tant je la chérissais
Que je lui dis : « Ma chère Dame,
45 S'il y a une pointe de blâme,
Je ne vous ai en rien mal fait,
Au nom de Dieu, corrigez ce méfait
C'est de fin cœur que je vous le demande.
Ma Belle, recevez ici mon amende ;
50 Car *fin amour* me le fit faire,
Par conseil de mon secrétaire ;

La belle qui douceur fine a ;
Et, quant elle y fu enclinee,
Ma joie fu renouvelee :
Si ne sai pas s'elle y dormi,
Mais un po sommilla sur mi.
Mes secretaires qui fu la
Se mist en estant et ala
Cueillir une verde fueillette
Et la mist dessus sa bouchette
Et me dist : « Baisiés ceste fueille ! »
Adonc Amour, veuille ou ne veuille,
Me fist en riant abaissier
Pour ceste fueillette baisier ;
Mais je n'i osoie touchier,
Comment que l'eüsse moult chier.
Lors Desirs le me commandoit,
Qu'a nulle riens plus ne tendoit,
Et disoit que je me hastaisse
Et que la fueillette baisasse.
Mais cilz tira la fueille a li,
Dont j'eus le viaire pali,

Et un grand désir m'y contraignait,
Qui en rien ne faisait semblant,
Et certes, ce baiser je le désirais tant
55 Que m'abstenir je ne le pouvais. »

Voir Dit (c'est-à-dire dit véridique, dit de la vérité), 1364, adapté par Luc Gauvreau.

(suite)

Cet extrait de *Voir Dit* raconte la « hardiesse » de l'amant qui ose embrasser sa dame. L'apparition allégorique d'Amour se présentant comme un dieu, vrai maître du cœur de l'amant et du baiser, vient en quelque sorte troubler la vraisemblance du récit.

Bibliothèque nationale de France, Paris.
Guillaume de Machaut composant, enluminure, 1370.
Comme le chevalier pour ses exploits, le poète courtois ne fait jamais aussi bien que lorsqu'il est inspiré par une femme aimée.

1. Énumérez les étapes de la stratégie de l'amant pour approcher la belle.

2. Expliquez par quels moyens ce poème illustre la relation hiérarchique, caractéristique de l'amour courtois, entre la dame et son amant.

3. L'amour courtois se vit dans la sublimation du désir. Montrez qu'on sent ici un début de transgression de cette règle.

4. Relevez quelques passages qui illustrent les difficultés de lecture de ce poème en expliquant les procédés mis en cause, surtout sur le plan syntaxique.

5. Ce poème peut paraître plus mièvre aux yeux d'un lecteur moderne qu'il ne l'était à l'oreille d'un contemporain. Expliquez.

**Le symbole
de la rose**

**Guillaume de Lorris
(? – v. 1238)**

La vie de Guillaume de Lorris est peu connue. Vers 1230, il écrit *Le Roman de la Rose*, qu'il laisse inachevé et qui sera repris, 40 ans plus tard, par Jean de Meung, un intellectuel érudit. La première partie de l'œuvre illustre les possibilités narratives de l'allégorie. Guillaume de Lorris prend prétexte d'un rêve pour raconter les aventures du narrateur dans un jardin de roses. Là, toutes les valeurs de l'amour courtois sont représentées par les personnages : Jeunesse, Richesse, Jalousie, Courtoisie, Félonie. On trouve aussi le dieu Amour et la dame aimée, symbolisée par la Rose à cueillir. Ce roman connut un réel succès comme en témoigne le fait qu'il est l'un des textes les plus copiés du Moyen Âge. La partie reprise par Jean de Meung suscitera, quant à elle, une querelle durable en raison de l'anti-féminisme dont celui-ci témoigne à l'occasion.

Cet extrait (une transposition en prose du texte versifié) du *Roman de la Rose*, véritable Art d'aimer à l'usage de l'amant courtois, utilise l'allégorie pour souligner la blessure d'amour du narrateur, littéralement foudroyé par l'Amour.

La flèche du dieu Amour

Il y avait là des monceaux de roses ; jamais il n'en fut de plus belles sous les cieux. Il y avait de petits boutons fermés, et d'autres un peu plus gros, et d'autres encore plus développés et prêts à s'épanouir ; ceux-ci ne sont pas à mépriser : les roses larges ouvertes passent en une journée, mais les boutons
5 se gardent frais au moins deux ou trois jours. Les boutons que je vis me plurent fort. Je me dis que celui qui pourrait en cueillir un serait bien heureux, et que si je pouvais en avoir assez pour m'en faire une couronne, elle me serait plus chère qu'un trésor.

Parmi ces boutons j'en élus un si beau qu'à côté de lui je ne prisai nul des
10 autres, après que je l'eus bien regardé, car il était enluminé d'une couleur si vermeille et si fine que Nature n'avait pu mieux faire : elle y avait disposé par grande maîtrise quatre paires de feuilles à la suite ; la queue était droite comme jonc, et par-dessus se dressait le bouton qui répandait une odeur si suave qu'elle emplissait toute la place.

15 Et quand je sentis ce parfum pénétrant, je ne pensai plus à retourner sur mes pas : je me serais volontiers approché pour prendre le bouton, si j'avais osé y porter la main ; mais des chardons aigus et piquants m'en empêchaient ; des épines et des ronces crochues ne me laissaient pas aller plus avant, et je craignais de me blesser.

20 Le dieu d'Amour, qui ne cessait pas de m'épier et de me poursuivre avec son arc tendu, s'était arrêté près d'un figuier. Quand il vit que j'avais choisi ce bouton qui me plaisait plus que tout autre, il prit aussitôt une flèche et l'encocha, puis bandant son arc jusqu'à l'oreille il me visa à l'œil et me planta la sagette raide à travers le cœur. Un froid mortel me saisit, qui depuis m'a
25 causé maint frisson sous chaude pelisse. Aussitôt que je fus enferré, je chus à terre et le cœur me faillit. Je demeurai longtemps gisant et pâmé ; quand je repris mes sens, je me trouvai si faible que je crus avoir perdu beaucoup de sang, mais la sagette qui m'avait percé ne m'avait pas fait saigner, et ma plaie était toute sèche. Je pris alors la flèche à deux mains, et commençai à tirer
30 fort, et en tirant à soupirer, et je tirai tant que j'amenai à moi le fût empenné. Mais la pointe barbelée, qui avait nom Beauté, était fichée si profondément dans mon cœur qu'elle n'en put être extraite ; elle resta dedans, et je l'y sens encore.

Guillaume de Lorris et Jean de Meun, *Le Roman de la Rose* (v. 1230), traduction André Mary, Gallimard, 1992.

1. Comment le narrateur exprime-t-il la beauté, la séduction du jardin et de la rose qu'il veut cueillir ? Quelles sont ses émotions et ses réflexions ?

2. La naissance de l'amour est présentée ici comme un plaisir et une douleur. Relevez les termes qui montrent cette dualité. Étudiez en particulier le portrait et les gestes de l'Amour.

3. L'allégorie est la personnification d'idées ou de sentiments abstraits. Montrez que cet extrait représente une vision allégorique de l'amour courtois.

Le roman de chevalerie

*D*ans un palmarès des héros les plus populaires de tous les temps, le chevalier aurait toutes les chances d'arriver bon premier. De *La Guerre des étoiles* à la réalité virtuelle des jeux électroniques, le héros des romans médiévaux demeure une source inépuisable de récits d'aventures. Sa popularité en a fait l'archétype de toute son époque comme le coureur des bois qui est associé à la colonisation en Nouvelle-France ou le cow-boy, devenu le personnage fétiche de l'épopée du Far West. Il est bel et bien l'ancêtre lointain de tous ces héros masculins avides d'action.

Les caractéristiques du roman de chevalerie

- Vers le milieu du XIIe siècle, le mot « roman » désigne tout ce qui n'est pas écrit en latin. Le « roman de chevalerie » est donc un long récit d'exploits en vers d'abord écrit en ancien français. Avec le développement de la prose, au début du XIIIe siècle,

Bibliothèque nationale de France, Paris.
Evrard d'Espinques, *Combat d'Ivain et d'un chevalier*, enluminure tirée du livre *Lancelot du Lac*, 1470.

le terme « roman » renvoie dorénavant au genre narratif : l'auteur raconte les exploits individuels d'un ou de plusieurs chevaliers en quête d'aventures pour conquérir ou conserver l'amour d'une dame. C'est l'origine de la définition moderne du mot « roman ».

- Par son atmosphère baignée de merveilleux puisant à même le folklore celtique et breton, le roman de chevalerie est au carrefour des littératures épique et courtoise. Il illustre aussi la crise que traverse la chevalerie traditionnelle dans sa quête d'un nouveau modèle, d'un nouveau héros. En effet, comment concilier rudesse des mœurs guerrières, règles du code chevaleresque et idéal de l'amour courtois ? Et ce, sans oublier l'obligation de se conduire en bon chrétien.

- L'union de la littérature guerrière et de la poésie amoureuse engendre un héros plus complexe. Aux tâches dévolues au chevalier s'ajoutent les devoirs de l'amant courtois.

- L'intrigue se fonde sur les combats du héros plus motivé par son amour pour sa dame que par sa loyauté envers son seigneur.

- Les valeurs s'individualisent et le héros gagne en profondeur psychologique. La thématique s'oriente vers la gloire et le prestige, qui permettent de se distinguer pour retenir l'attention de la dame. Lancelot ne part pas en mission officielle comme Roland : il choisit lui-même ses aventures.

- Le récit des péripéties du chevalier constitue la structure même du roman. Le romancier multiplie les épreuves ou leur attribue un caractère de plus en plus extraordinaire. D'exploit en exploit, la réputation du chevalier grandit, et avec elle sa renommée d'amant courtois.

- Le roman de chevalerie emprunte le ton simple et dépouillé de la chanson de geste pour faire le récit des combats et le style lyrique des troubadours pour dépeindre les scènes d'amour.

L'encadré suivant présente une synthèse des principales caractéristiques du genre.

Le roman de chevalerie

- Complexité et humanité accrues du héros, partagé entre sa dame et son seigneur.
- Narration fondée sur la multiplication des aventures, des exploits et des épreuves.
- Thèmes empruntés à la littérature épique et courtoise, et climat de merveilleux.
- Style qui emprunte d'une part à l'épopée et d'autre part au lyrisme des troubadours.

Le château maléfique

Anonyme

Lancelot, le plus célèbre des chevaliers de la Table ronde, a enchanté des générations de lecteurs et de cinéphiles, ses aventures ayant donné naissance à plusieurs films. Issu d'une famille royale, il est élevé par une fée qui l'enlève très jeune à sa mère terrassée par le chagrin à la suite de la destruction du château seigneurial. La magicienne, aussi appelée la Dame du Lac, lui fait franchir la frontière du monde surnaturel avec l'intention de le transformer en parfait chevalier. Le roman lui-même juxtapose les épreuves que doivent surmonter les preux chevaliers pour prouver leur vaillance : ils affrontent des monstres et des dangers de toutes sortes. Les péripéties des uns et des autres se développent en parallèle, sans qu'il y ait nécessairement de lien entre elles. Les héros se lancent à l'aventure pour vivre... des aventures palpitantes !

Toutefois, Lancelot est celui qui se distingue parmi ses pairs, et c'est à ce titre qu'il séduit la reine Guenièvre elle-même. C'est notamment pour la libérer qu'il doit affronter les mille pièges d'un château prodigieux surnommé la Douloureuse Garde. L'extrait ci-contre est une transposition en français moderne d'un récit composé à l'origine en octosyllabes ; il donne un aperçu du combat de Lancelot.

Atelier d'analyse

LANCELOT AFFRONTE MILLE PÉRILS

On lui apporte ses armes ; et quand il est armé, on l'emmène dans le cimetière où étaient les tombes. De là on le conduit dans une chapelle, qui était au bout du cimetière, sous la tour. On lui montre à l'intérieur l'entrée d'un caveau souterrain et on lui dit qu'il y trouvera la clé des enchante-
5 ments. Il se signe, entre, porte son écu devant son visage et tire l'épée. Il ne voit rien, sinon une porte béante et plus loin une grande clarté. Il s'avance vers la porte et, après l'avoir franchie, entend tout autour de lui un grand vacarme. Il passe outre cependant. Alors il lui semble que tout le caveau va s'effondrer et que le sol se met à tournoyer. Il se retient au mur et le suit tout
10 du long jusqu'à une porte qui commande l'entrée d'une autre chambre. Arrivant à la porte, il aperçoit deux chevaliers sculptés en cuivre. Chacun d'eux tient une épée si grande et si pesante que deux hommes auraient beaucoup à faire pour en soulever une seule. Ils gardent l'entrée de la porte et agitent leurs épées si rapidement que nul ne pourrait passer au travers,
15 sans en recevoir un coup. Mais le chevalier n'en a pas peur. Il place son écu au-dessus de sa tête et s'élance en avant. L'une des deux épées l'atteint et fend son écu de part en part. Le coup descend sur l'épaule droite et tranche les mailles de son haubert si durement que le sang vermeil lui coule tout le long du corps. Il heurte la terre des deux mains, mais se relève vite, reprend
20 son épée qui lui avait échappé, remet son écu au-dessus de sa tête et regarde droit devant lui. Il arrive ensuite à une autre porte et voit devant elle un puits, dont l'odeur était fétide. Tout le vacarme qu'on entendait dans le caveau venait de ce puits, qui avait sept bons pieds de large. Le chevalier voit le puits noir et hideux. À côté se tenait un homme, dont la tête était noire
25 comme de l'encre ; de sa bouche s'échappait une flamme toute bleue ; ses yeux luisaient comme deux charbons ardents et ses dents de même. L'homme tenait dans sa main une hache ; et comme le chevalier s'approche, il la prend à deux mains et la lève pour garder la porte. Le chevalier ne voit pas comment il peut entrer ; car le puits, à lui seul, était un obstacle très dan-
30 gereux à franchir pour un chevalier armé. Alors il remet l'épée dans son fourreau, retire l'écu de son cou et le prend de sa main droite par les énarmes. Puis il recule au milieu de la chambre et s'élance le plus vite qu'il peut jusqu'au puits. Il met son écu devant lui et en frappe au visage l'homme qui tenait la hache, avec tant de vigueur que tout son écu se brise ; mais
35 l'homme ne bouge pas. Alors il se jette sur lui de toute la force que lui donne son élan et le heurte si durement qu'il eût été précipité dans le puits, s'il ne s'était tenu solidement à lui. L'homme laisse tomber sa hache, car le chevalier l'a saisi à la gorge, de ses poings qui sont durs et forts. Il le tient si serré qu'il ne peut rester debout et tombe à terre, sans pouvoir se relever. Le
40 chevalier le traîne par la gorge au-dessus du puits et le lance dedans. Alors il tire de nouveau son épée du fourreau et voit devant lui une demoiselle de cuivre, façonnée très élégamment, qui tient les clés des enchantements dans sa main droite. Il les prend, s'approche d'un pilier de cuivre, qui était au milieu de la chambre, et y lit l'inscription suivante : « La grosse clé est pour

45　ce pilier, et la petite ouvre le coffre périlleux. » Le chevalier ouvre le pilier
avec la grosse clé ; et, quand il arrive au coffre, il entend à l'intérieur tant
de bruits et de cris que tout le pilier en tremble. Il se signe et veut ouvrir le
coffre. Mais il voit qu'il en est sorti trente tuyaux de cuivre. De chacun d'eux
s'échappe une voix affreuse ; et c'est à qui criera plus fort que les autres. De
50　ces voix venaient les enchantements et les merveilles du château. Il met la clé
dans le coffre. Quand il l'a ouvert, il en sort un tourbillon impétueux et un si
grand vacarme qu'il lui semble que tous les diables d'enfer y sont. Et en
vérité ils y étaient, car c'étaient bien des diables. Il tombe évanoui. Quand il
revient à lui, il prend la clé du coffre et l'emporte, ainsi que celle du pilier. Il
55　s'en va. Arrivé au puits, il en trouve la place aussi unie que le reste de la
chambre. Il regarde autour de lui : il voit le pilier s'abattre jusqu'en terre,
de même que la demoiselle de cuivre, et les deux chevaliers de cuivre qui
gardaient la porte tombent en morceaux. Il sort en emportant les clés et voit
venir à sa rencontre toute la population du château. Il arrive au cimetière
60　mais n'y voit plus aucune tombe ni les heaumes et les têtes qui étaient
habituellement sur les créneaux. Tout le monde le félicite et il offre les clés
sur l'autel de la chapelle. On l'emmène jusqu'au palais. Il ne serait pas facile
de décrire l'accueil triomphal qui lui fut fait.

Lancelot du Lac (v. 1225), texte établi par François Mosès, Paris, Librairie Générale Française, 1991.

Exploration

1. Assurez-vous de bien comprendre l'extrait. Pour ce faire :
   – cherchez la définition des mots qui vous sont moins familiers, comme « caveau », « béante », « fétide », etc. Interrogez-vous également sur les mots dont la définition peut éclairer la signification du texte, comme « écu », « haubert », « énarmes », etc. ;
   – faites un bref résumé de l'extrait.

2. Dressez la liste des épreuves et des adversaires qu'affronte Lancelot, et des moyens qu'il emploie pour les vaincre.

3. Relevez tout ce qui contribue à souligner le caractère dangereux de l'épreuve que doit surmonter Lancelot.

4. Comment la description des lieux contribue-t-elle à créer l'illusion du danger (obscurité, odeurs, bruits, etc.) ?

5. Comment la description des combats contribue-t-elle à donner un style épique à l'extrait ?

6. Comment le texte contribue-t-il à l'idéalisation du chevalier Lancelot ? Observez notamment :
   – les éléments stylistiques ;
   – les événements.

7. Analysez les caractères du merveilleux dans ce texte.
   – Montrez que le merveilleux baigne dans un climat de religiosité.
   – Montrez que le merveilleux est associé à une inquiétude devant la mort.

Hypothèses d'analyse et de dissertation

1. Analysez la représentation du héros, en particulier sa façon de traduire les valeurs propres à l'époque médiévale (tant celles de l'épopée que celles de la littérature courtoise).

2. Montrez que cet extrait illustre les caractéristiques du roman de chevalerie.

La formation du chevalier

Anonyme (seconde moitié du XIIe siècle)

De l'histoire de Tristan et Iseult, couple d'amants célèbre, il ne reste aucun texte original complet. C'est principalement dans les versions du trouvère anglo-normand Thomas et du jongleur normand Béroul, ainsi que dans de nombreux autres textes en danois, en allemand ou en anglais, que les médiévistes puisent les éléments servant à reconstituer l'histoire. Ces nombreuses versions comportent parfois des différences significatives qui s'expliquent par la dispersion des manuscrits, copiés à des périodes et dans des régions différentes. Elles révèlent toutes la complexité et la richesse de ce roman qui met en scène l'un des plus grands mythes de l'amour-passion en Occident.

Le passage ci-contre est un extrait de la version établie par le médiéviste René Louis qui a transposé en prose le texte composé à l'origine en vers. On y apprend quelle éducation le chevalier devait recevoir pour être en mesure de s'acquitter de ses devoirs.

LES ENFANCES DE TRISTAN

Tristan, durant ses premières années, fut nourri par des servantes dans la maison de son père. Quand il eut sept ans révolus, Rivalen jugea que le temps était venu de le reprendre aux femmes et il le confia à un sage écuyer nommé Gorvenal, qui se chargea de son éducation. Tristan apprit à courir,
5 sauter, nager, monter à cheval, tirer à l'arc, combattre à l'épée, manier l'écu et la lance. Il excella bientôt dans l'art de vénerie et de fauconnerie, expert à reconnaître les qualités et les défauts d'un cheval, les vertus d'un fer bien trempé et l'art de tailler le bois. Il y joignit le chant et le jeu des instruments, car il jouait à merveille de la harpe et de la rote, et composait des lais à la
10 manière des chanteurs bretons. Chose plus rare, il imitait à s'y méprendre le chant du rossignol et des autres oiseaux.

Il venait d'atteindre ses quinze ans quand son père, le roi Rivalen, fut tué dans un guet-apens par son ennemi acharné le duc Morgan. L'orphelin fut recueilli et protégé des atteintes de l'ennemi de son père par le sénéchal
15 Rouault le Foitenant qui l'accueillit dans sa propre maison avec Gorvenal et prit soin de lui comme de ses propres enfants. Bientôt, Gorvenal jugea cette retraite insuffisante pour la sécurité de l'adolescent : il décida de quitter avec lui le Loonois et de se rendre par mer en Cornouailles afin de placer Tristan sous la sauvegarde de son oncle, le roi Marc. Le jeune homme désirait d'un
20 grand désir entrer au service de son oncle dont il avait si souvent entendu parler par son père et par les plus hauts hommes de son entourage. Toutefois, il demanda à son maître Gorvenal de ne pas révéler à Marc qu'il était le fils de Blanchefleur. Il voulait gagner l'estime et la bienveillance du roi par lui-même et par sa seule valeur. Pour rien au monde, il n'eût accepté
25 de devoir la faveur du roi à la naissance et à la parenté. Le sage Gorvenal y consentit volontiers.

Tristan et Iseult, extrait du chapitre II, entre 1172 et 1180, texte établi par René Louis, Paris, © Librairie Générale Française, 1972.

1. Établissez les liens entre les personnages et le héros. Quelles sont les autres informations dont dispose le lecteur ?

2. Le texte résume en quelque sorte les rudiments d'éducation d'un noble de l'époque. Relevez ce qui se rapporte :
   - aux activités guerrières du chevalier ;
   - à l'art du troubadour ;
   - aux valeurs morales.

3. En quoi le texte permet-il de deviner que la société médiévale ne considère pas les femmes comme égales aux hommes ?

LE PHILTRE D'AMOUR

Dès que les deux jeunes gens eurent bu de ce vin, l'amour, tourment du monde, se glissa dans leurs cœurs. Avant qu'ils s'en fussent aperçus, il les courba tous deux sous son joug. La rancune d'Iseult s'évanouit et jamais plus ils ne furent ennemis. Ils se sentaient déjà liés l'un à l'autre par la force
5 du désir, et pourtant ils se cachaient encore l'un de l'autre. Si violent que fût l'attrait qui les poussait vers un même vouloir, ils tremblaient tous deux pareillement dans la crainte du premier aveu.

Quand Tristan sentit l'amour s'emparer de son cœur, il se souvint aussitôt de la foi jurée au roi Marc, son oncle et son suzerain, et il voulut reculer :
10 « Non, se disait-il sans cesse, laisse cela, Tristan, reviens à toi, n'accueille jamais un dessein aussi déloyal. » Il songeait aussi : « Audret, Denoalan, Guenelon et Gondoïne, félons qui m'accusiez de convoiter la terre du roi Marc, ah ! je suis plus vil encore et ce n'est pas sa terre que je convoite. Bel oncle, qui m'avez recueilli orphelin avant même de reconnaître le sang de
15 votre sœur, vous qui me pleuriez tandis que Gorvenal me portait dans la barque sans rames ni voile, que n'avez-vous, dès le premier jour, chassé l'enfant errant venu pour vous trahir ! » Mais son cœur le ramenait sans relâche à la même pensée d'amour. Souvent, il rassemblait son courage, comme fait un prisonnier cherchant à s'évader, et il se répétait : « Change
20 ton désir, aime et pense ailleurs ! » Mais le lacet du veneur le serrait de plus en plus. Quant à Iseult, toute sa pensée n'était plus que l'amour de Tristan. Jusqu'au déclin du jour, durant de longues heures, ils se cherchèrent à tâtons comme des aveugles, malheureux quand ils gardaient le silence et languissaient séparés, plus malheureux encore quand, réunis, ils reculaient
25 devant l'ivresse du premier baiser.

Iseult parla la première et de manière bien féminine : c'est par de longs détours qu'elle s'approcha peu à peu de son ami : « Ah ! quand s'est présentée l'occasion si propice de vous frapper dans le bain, quand j'ai laissé retomber l'épée déjà brandie, Dieu ! qu'ai-je fait ? Ce que je sais aujourd'hui,
30 si je l'avais su alors, par ma foi je vous aurais tué ! — Pourquoi, dit-il, belle Iseult ? Qu'est-ce donc qui vous tourmente ? — Tout ce que je sais me tourmente ; tout ce que je vois me fait mal ; le ciel et la mer me tourmentent et mon corps et ma vie. » Elle se pencha et appuya son bras sur lui : ce fut sa première hardiesse. Ses yeux clairs comme des miroirs s'embuèrent de
35 larmes furtives, sa poitrine se gonfla, ses douces lèvres frémirent, elle inclina la tête. Il lui dit à voix basse : « Iseult, vous seule et l'amour m'avez bouleversé et m'avez pris mes sens. Me voici sorti de la route et si bien égaré que jamais plus je ne la retrouverai. Tout ce que mes yeux voient me semble sans prix. Dans tout ce monde, rien n'est cher à mon cœur, vous seule exceptée. »
40 Iseult dit : « Seigneur, tel êtes-vous pour moi. » Dans leurs beaux corps frémissaient la jeunesse et la vie. Alors que des feux de joie s'allumaient dans l'île et que les marins dansaient en chantant autour des flammes rougeoyantes, les deux ensorcelés, renonçant à lutter contre le désir, s'abandonnèrent à l'amour.

Tristan et Iseult, extrait du chapitre IX, entre 1172 et 1180, texte établi par René Louis, Paris, Hachette, 1992.

Le recours au merveilleux

Anonyme

La fascination qu'exerce l'histoire des amants de Cornouailles tient en grande partie au caractère impossible de cet amour : le fidèle Tristan ramène au roi Marc, son oncle, la jeune femme qu'il vient de « gagner » ; Iseult est remplie de rancœur à l'égard du jeune homme, car non seulement a-t-il tué son oncle, le géant Morholt, mais en plus, elle se croit dédaignée par lui.

Trompés par une servante (ou par un maléfice d'Iseult elle-même selon la version retenue), Tristan et Iseult ont bu un philtre d'amour destiné au roi Marc et à Iseult. L'extrait ci-contre, une transposition en prose du texte versifié, présente une scène remplie de magie et de mystère ; le philtre au pouvoir secret transforme l'amour des jeunes gens en passion absolue et les amène à transgresser toutes les règles morales et sociales.

Bibliothèque nationale de France, Paris.
Tristan boit le philtre d'amour, enluminure tirée du *Livre de Messire Lancelot du Lac* de Gautier Map, 1470.

1. Dressez le champ lexical de l'amour et relevez les images et les expressions qui lui sont associées.

2. L'amour est ici perçu comme un sentiment à la fois douloureux et dangereux. Expliquez pourquoi et donnez-en des preuves.

3. «Iseult parla la première et de manière bien féminine...» En analysant les paroles d'Iseult, que peut-on déduire de la vision de la femme à l'époque?

4. Le texte illustre une double transgression des règles féodales : celles relatives à l'amour courtois mais aussi celles qui concernent les rapports de vassalité, c'est-à-dire les règles de loyauté envers le seigneur qui est le protecteur. Prouvez-le.

5. L'extrait illustre aussi le raffinement stylistique par le recours à plusieurs figures de style qui viennent enjoliver cette scène amoureuse. Relevez un exemple pour chacune des figures de style suivantes :
   – une métaphore ;
   – une personnification ;
   – une comparaison.

L'ADOUBEMENT DE PERCEVAL

Le lendemain, de grand matin, l'hôte se lève, fait porter devant lui au lit du garçon chemise et braies de toile fine, chausses teintes en rouge de brésil, cotte de drap de soie tissé en Inde. Il le prie de s'en revêtir. Mais le garçon s'en défend bien !

5 « Beau sire, vous pourriez mieux dire ! Voyez les habits que me fit ma mère. Ne valent-ils pas mieux que ceux-ci ? Et vous voulez que je les change !

— Par ma tête et par mes deux yeux, garçon, vous vous trompez ! Ceux que j'apporte valent mieux.

— Non ! Valent pis !

10 — Bel ami, ne m'avez-vous dit que vous obéiriez à tous mes commandements ?

— Ainsi ferai et je n'y manquerai en rien. »

Le garçon se vêt donc, mais non des habits donnés par sa mère. Le maître se baisse et lui chausse l'éperon droit. Telle était en effet la coutume : qui 15 faisait un chevalier devait lui chausser l'éperon droit. Des valets s'approchent, portant les pièces de l'armure, se pressant à l'envi pour armer le jeune homme. Mais c'est le maître qui lui ceint l'épée et l'embrasse. Il dit : « Avec cette épée que je vous remets, je vous confère l'ordre le plus haut que Dieu ait créé au monde. C'est l'Ordre de Chevalerie qui ne souffre aucune 20 bassesse. Beau frère, souvenez-vous, si vous devez combattre, que, lorsque crie merci vers vous votre adversaire vaincu, vous devez le prendre en miséricorde et non l'occire. Ne parlez pas trop volontiers. Qui parle trop prononce des mots qui lui sont tournés à folie. Qui trop parle fait un péché, dit le sage. Je vous prie aussi : s'il vous arrive de trouver en détresse, faute de 25 secours, homme ou femme, orphelin ou dame, secourez-les si vous pouvez. Vous ferez bien. Enfin voici une autre chose qu'il ne faut pas mettre en oubli : allez souvent au moutier prier le Créateur de toutes choses qu'il ait merci de votre âme et qu'en ce siècle terrien, il vous garde comme son chrétien. »

Et le Gallois répond :

30 « De tous les apôtres de Rome, soyez béni, beau sire, qui m'enseignez comme ma mère !

— Beau frère, écoutez-moi : ne dites plus que vous savez toutes ces choses de votre mère. Jamais ne vous en ai blâmé, mais désormais, je vous en prie, il vous en faut vous corriger. Si vous le faisiez encore, on dirait que c'est une 35 folie. Pour cela gardez-vous-en bien.

— Beau sire, que dirai-je donc ?

— Que vous enseigna ce vavasseur qui vous chaussa l'éperon. »

Le garçon le promet. Le seigneur fait sur lui le signe de la croix, disant encore : « Puisqu'il te plaît d'aller sans attendre, adieu ! »

Perceval ou le roman du Graal (1181), traduction Jean-Pierre Foucher et André Ortais, Paris, Gallimard, 1986.

LE ROMAN DE CHEVALERIE

Le rite initiatique

Chrétien de Troyes (v. 1135 – v. 1185)

Premier vrai romancier médiéval, Chrétien de Troyes vécut une grande partie de sa vie à la cour de Marie de Champagne, fille d'Aliénor d'Aquitaine. Son œuvre, profondément originale, fait une « molt bele conjointure », une très belle synthèse, en créant des liens entre les légendes bretonnes, la tradition courtoise et les valeurs chrétiennes. Grâce à lui, le roman de chevalerie s'érige en genre littéraire à part entière en puisant dans les aventures des chevaliers de la Table ronde. Chrétien de Troyes donne ses lettres de noblesse à tout un imaginaire surgi du merveilleux tout en rendant plus complexes ses personnages légendaires. Il contribue ainsi à l'évolution du genre romanesque.

Dans *Perceval ou le Conte du Graal*, Perceval le Gallois part à la recherche du Saint-Graal, vase dans lequel le sang du Christ aurait été recueilli. L'expression « être à la recherche du Graal » est d'ailleurs passée dans la langue moderne ; elle signifie « poursuivre un but lointain, souvent inaccessible ». Ce fait à lui seul témoigne non seulement de la popularité de ce roman médiéval, mais encore de la survivance du mythe d'origine. L'extrait choisi (une transposition en prose du texte versifié) présente l'adoubement de Perceval (la cérémonie qui le fait chevalier), qui se situe au début de sa quête religieuse et spirituelle.

Musée de la ville et Galerie d'art, Birmingham.
Burne-Jones, Morris & Co., Merton Abbey Tapestry Works, *La Quête du Saint-Graal*, tapisserie, détail : Bors et Perceval, 1891.

1. Énumérez les étapes de l'adoubement de Perceval.

2. Pour Perceval, l'adoubement est un rite initiatique qui contribue à sa transformation. Montrez :
   – qu'il acquiert une nouvelle identité ;
   – qu'il doit adhérer à un code moral ;
   – qu'il doit faire le deuil de l'enfance ;
   – qu'il témoigne de son esprit de soumission.

3. Montrez que ce cérémonial rend compte de l'importance des valeurs religieuses à l'époque.

4. Devenir chevalier, c'est devenir un combattant qui adopte tous les signes de cet état. Relevez tous les mots qui suggèrent l'idée du combat.

5. Montrez que le texte témoigne aussi, indirectement, du statut inférieur de la femme à cette époque.

LE MARIAGE OU L'AVENTURE ?

Comment ! serez-vous à présent du nombre de ceux, disait monseigneur Gauvain, qui à cause de leurs femmes valent moins ? Honte, par la Vierge Marie, à celui qui se marie pour se dégrader ! Il a le devoir de monter en prix pour elle, celui qui a une telle dame pour amie ou pour femme, car il n'est
5 pas juste qu'elle l'aime, une fois que sa réputation et sa renommée se ternissent. Assurément, vous serez tôt ou tard fâché de son amour, si vous vous dégradez. C'est qu'une femme a vite fait de reprendre son amour, et elle n'a pas tort, si elle méprise celui qui se dégrade si peu que ce soit, quand il est devenu seigneur d'un royaume. C'est maintenant plus que jamais que
10 votre réputation doit croître. Rompez le frein et le licou, et nous irons courir les tournois, vous et moi, afin que l'on ne vous traite pas de jaloux. Vous ne devez plus rêver, mais fréquenter les tournois, participer à des batailles et jouter durement, quoi qu'il doive vous en coûter. Ne pas sortir de chez soi, c'est perdre son temps à rêver. Assurément, il faut que vous veniez, car il n'y
15 aura jamais d'autre excuse ; prenez garde, cher compagnon, que notre compagnie ne cesse par votre faute, car ce n'est pas par ma faute à moi qu'elle s'arrêtera. Une chose me sidère : comment peut-on savourer un plaisir qui se prolonge éternellement ? Un petit bonheur, quand il tarde à venir, est plus agréable à goûter qu'un grand que l'on goûte sans interruption. La joie
20 d'amour qui est longue à venir ressemble au bois vert qui brûle : il produit d'autant plus de chaleur et garde d'autant plus longtemps sa vigueur qu'il tarde davantage à s'enflammer. On peut prendre telle habitude dont il est très difficile de se débarrasser ; quand on le veut, on ne peut pas le faire.

Yvain ou le Chevalier au lion (v. 1177), texte établi par Claude-Alain Chevalier, Paris, Librairie Générale Française, 1990.

LE ROMAN DE CHEVALERIE

La contrepartie de l'amour courtois

Chrétien de Troyes (v. 1135 – v. 1185)

Au cœur de ce second roman de chevalerie se trouve Yvain, le chevalier au lion, qui n'a ni le charme de Tristan ni la popularité de Lancelot mais qui, pourtant, est le héros du roman de chevalerie le plus accompli. Chevalier de la Table ronde, Yvain a réussi à déjouer les sortilèges entourant une fontaine magique, tuant du coup son adversaire. Marié à la veuve de celui-ci, brièvement éplorée, Yvain part à l'aventure et oublie la promesse qu'il lui a faite de revenir avant un an. Il doit alors subir une longue suite d'épreuves et accomplir de nombreux exploits pour reconquérir le cœur de sa dame.

Dans cet extrait transposé en prose du texte original en vers, Yvain va bientôt se marier. Son ami Gauvain l'admoneste sévèrement pour lui rappeler les dangers du mariage pour un chevalier fier de sa réputation. D'une façon habile, il établit un parallèle entre le désir d'aventure et le désir amoureux tel qu'il est conçu dans le code courtois.

1. Quels sont les arguments de Gauvain pour convaincre Yvain que le mariage représente une menace pour le chevalier ?

2. Étudiez les métaphores et les images que Gauvain emploie pour décrire le sentiment amoureux.

3. Montrez que les propos de Gauvain traduisent une forme de misogynie (mépris pour les femmes) qui englobe la vision de l'épouse et la vie au foyer.

4. Quels rapprochements pouvez-vous faire entre cette conception de l'amour et l'amour courtois, ou le « tourment d'amour », que vivent Tristan et Iseult ?

La poésie lyrique

À la fin du Moyen Âge, les crises politiques et religieuses secouent les anciennes évidences alors que les calamités naturelles sèment l'inquiétude. À partir du milieu du XIIIe siècle, le vent morbide de la peste noire souffle sur les faubourgs de Paris et sur les campagnes. La guerre de Cent Ans crache la mort et l'horreur ; les chrétiens reviennent défaits et amers des dernières croisades. Tous ces bouleversements engendrent un lyrisme parfois rude ou ironique, plaintif ou mélancolique, mais surtout empreint d'une nouvelle lucidité.

Alors que le roman de chevalerie s'enlise dans la copie des chefs-d'œuvre passés, la poésie se régénère en s'intéressant au quotidien et aux difficiles conditions de vie des gens du Moyen Âge. Il est bien beau de chanter l'amour, mais ne faut-il pas aussi se pencher sur la pauvreté, sur les malheurs existentiels ? S'il y a l'héroïsme d'un côté, il y a aussi de l'autre les caprices de l'Infortune et la soumission au joug destructeur du Temps et de la Mort.

Les caractéristiques du lyrisme médiéval

- Pour exprimer cette anxiété devant la destinée humaine, les poètes emploient le « je » comme leurs prédécesseurs l'avaient fait. Cependant, ils délaissent les lieux communs de l'amour courtois et tournent leur sensibilité vers la vie de leurs contemporains, ou même la leur.

- La poésie devient sinon plus sociale, du moins plus proche de la réalité. Elle prend également des accents biographiques qui tranchent avec le ton impersonnel des troubadours : le veuvage de Christine de Pizan est loin de se situer dans l'imaginaire merveilleux comme c'était le cas pour le philtre d'amour et la magie de Tristan et Iseult ; on ne traite plus la mort de la même façon, comme une preuve de vaillance, puisqu'on meurt notamment par condamnation de la justice, pendu au bout d'une corde (Villon).

- Les malheurs décrits peuvent aussi être simples et tirés du quotidien : une femme malade, un cheval à la patte cassée, des amis que le vent emporte (Rutebeuf). Les signes inéluctables de la mort accablent une humanité qui semble se résigner à son sort.

- L'explication à ces épreuves, à cette pauvreté morale et physique, les écrivains la trouvent dans la roue de Fortune. Concept clé de la pensée médiévale, la Fortune n'a rien à voir avec la chance ou le hasard, pas plus qu'elle ne représente la richesse matérielle. Elle symbolise plutôt la fatalité des événements, l'impuissance de l'être humain devant les forces de la nature et sa soumission à une Providence divine devenue impénétrable.

- Transformée par les poètes en personnage allégorique, Fortune revêt de multiples masques. Ses brusques sautes d'humeur plongent les hommes dans une inquiétude spirituelle qu'ils expriment par de vains appels à un Dieu apparemment indifférent à leurs malheurs.

- Pour donner forme à leur lyrisme, les poètes privilégient la ballade. Celle-ci se compose de strophes d'égale longueur (plus ou moins 10 vers), qui se terminent toutes par le même vers. Équivalant à une moitié de strophe, l'envoi, qui clôt le poème, contient un message qui s'adresse au destinataire ou au protecteur.

- Tout au long de sa ballade, le poète s'adresse à quelqu'un dont il ne nous révèle l'identité qu'à la fin. Son lyrisme n'est pas uniquement tourné vers lui-même, mais tendu vers une oreille bienveillante, un lecteur empathique.

L'encadré suivant met en lumière les principales caractéristiques de ce genre.

La poésie lyrique

- Témoignage d'une période troublée alors que la vie urbaine prend beaucoup d'importance.
- Distanciation par rapport à l'amour courtois et à la rhétorique des troubadours.
- Emploi du « je » dans un propos plus ou moins biographique.
- Récurrence de certains thèmes (infortune, pauvreté, misère, mélancolie et mort).
- Ton ironique, désabusé ou plaintif.
- Recours à une forme privilégiée, la ballade.

LA COMPLAINTE DE RUTEBEUF

Il ne convient pas que je vous raconte
Comment je me suis mis dans la honte,
Car vous savez déjà bien ce conte
   Et de quelle manière
5 Je pris femme l'année dernière,
Qui ni belle ni gentille était hier.
   Alors naquit ma peine
Qui dura plus d'une semaine,
Car elle commença à la lune pleine.
10   Or entendez,
Vous qui rimes me demandez,
Comment je me suis amendé
   De femme prendre.
Je n'ai rien en gage ni rien à vendre :
15 J'ai tant eu à attendre
   Et tant à faire
(Tout ce que j'ai fait est à refaire)
Que si je voulais vous le retrere*, (raconter)
   Cela durerait trop.
20 Dieu m'a fait compagnon de Job[1],
Il m'a tout enlevé d'un seul coup
   Tout ce que j'avoie*. (j'avais)
De l'œil droit, dont mieux je vois,
Je ne vois plus la voie
25   Ni je puis m'y conduire.
Ah ! cette douleur est si dolente et dure,
Qu'à midi il m'est nuit obscure
   De cet œil.
Or, je n'ai point ce que je veuille*, (je veux)
30 Ainsi je suis dolent et je m'endeuille* (je souffre)
   Profondément,
Car je suis en grand effondrement.
   [...]
Ces mots me sont durs et amers,
35 Et plusieurs se sont changés en vers
   Contre le passé d'antan ;
Peu s'en faut que je sois fou en y songeant.
Inutile de me tanner dans du tan,
   Car le réveil
40 Me tanne assez quand je m'éveille ;
Que je ne sais, que je dorme ou veille
   Ou que je pense,
Où je prendrai mes dépenses
Pour que je puisse passer le temps :
45   Telle est la vie que j'ai gâchée.

LA POÉSIE

Genre littéraire où le sens est suggéré par les images et par le rythme (souvent associé à l'emploi du vers).

Le lyrisme du pauvre troubadour

Rutebeuf
(v. 1230 – v. 1280)

La vie de Rutebeuf demeure assez obscure. Comme l'illustrent ses *Poésies de l'Infortune*, il est le chantre de la pauvreté, promenant un regard critique sur les malheurs qui l'entourent. De la misère humaine enfouie dans les bas-fonds de Paris à l'échec collectif que sont devenues les croisades, des abus de l'Église aux querelles qui secouent l'Université, son œuvre, satirique et réaliste, dresse un portrait accablant de son époque.

 Le poème connu sous le nom de « La Complainte de Rutebeuf », quelque peu abrégé ici, réunit un ensemble de thèmes inspirés de ces années troublées. Le ton lyrique de la complainte tranche radicalement avec celui des troubadours, tout entiers tournés vers les tourments de leur vie amoureuse, plutôt que vers les difficiles conditions de la vie humaine.

---

1. Personnage de la Bible très riche et puissant à qui Dieu enleva tout pour en éprouver la foi.

Tous mes gages sont engagés,	*Mei gage sunt tuit engaigié*
Et de chez-moi je suis déménagé,	*Et d'enchiez moi desmenagiei,*
Car j'ai survécu	*Car g'ai geü*
Trois mois sans personne vue.	*Trois mois, que nelui n'ai veü.*
50 Ma femme a enfant eu,	*Ma fame ra enfant eü,*
Et un mois durant	*C'un mois entier*
Elle gémissait et avait l'air mourant.	*Me ra geü sor le chantier.*
Je gisais pendant ce temps	*Ge [me] gisoie endementier*
Dans l'autre lit,	*En l'autre lit,*
55 Où j'avais peu de délit*. (délices, plaisirs)	*Ou j'avoie pou de delit.*
Jamais je ne fus moins abelit* (agréable)	*Onques mais moins ne m'abelit*
Et gémis plus qu'alors,	*Gesirs que lors,*
Car je suis de mon avoir fors* (privé)	*Car j'en sui de mon avoir fors*
Et je suis blessé à mon corps.	*Et s'en sui mehaigniez dou cors*
60 Jusqu'au finir*. (jusqu'à la mort)	*Jusqu'au fenir.*
Le mal ne sait jamais seul venir ;	*Li mal ne seivent seul venir ;*
Tout ce qui m'était à venir,	*Tout ce m'estoit a avenir,*
M'est advenu.	*C'est avenu.*
Que sont mes amis devenus	*Que sunt mi ami devenu*
65 Que j'avais de si près tenus	*Que j'avoie si pres tenu*
Et tant aimés ?	*Et tant amei ?*
Je crois qu'ils étaient trop clairsemés ;	
Ils ne furent pas bien semés,	
Et qu'ils sont perdus.	
70 Ces amis m'ont bien failli,	
Car jamais, tant que Dieu m'assaillit	
De tous côtés,	
Je n'en vis un seul à mes côtés.	
Je crois que le vent les a ôtés,	
75 L'amour est morte :	
Ce sont amis que le vent emporte,	
Et il ventait devant ma porte	
Et il les emporta,	
Car jamais aucun d'eux ne me réconforta	
80 Ni de son bien ne m'apporta.	
Ceci m'apprend	
Que quiconque a des biens, ami les prend ;	
Mais celui qui trop tard se repend	
D'avoir trop mis	
85 De son avoir pour se faire des amis,	
Il ne les trouve pas sincères, même à demi,	
Pour le secourir.	
Je laisserai donc Fortune courir	
Et je tenterai de me secourir	
90 Si je puis le faire.	

« La Complainte de Rutebeuf », v. 1262, adaptée par Luc Gauvreau.

1. Classez les images et les formules qui traduisent :
   – la pauvreté économique ;
   – le délabrement physique ;
   – la dépression psychologique.

2. Dressez le champ lexical de la solitude.

3. Expliquez l'emploi du pronom « vous ».

4. Résumez la morale que le poète tire de ses malheurs.

5. Relevez cinq vers qui témoignent du fait que l'infortune est le thème privilégié de Rutebeuf.

6. Relevez les vers qui font référence à Dieu. Que traduisent-ils de la relation du poète à la religion ?

7. Parmi les attitudes suivantes, choisissez celle qui s'applique au poète et expliquez votre choix :
   – la débrouillardise ;
   – la sérénité ;
   – l'impuissance devant le malheur ;
   – l'esprit de rébellion ;
   – le mysticisme.

8. Comparez le lyrisme de Rutebeuf avec celui de Jaufré Rudel en tenant compte des aspects suivants :
   – la relation à la vie ;
   – la relation à la nature ;
   – la relation à Dieu ;
   – la tonalité générale.

Un évêque prononce la séparation de corps de deux époux, enluminure tirée de *Décrets de Gratien*, glosé par Barthélémy de Brescia de Gratien de Chiusi, Bologne, 2e quart du XIVe siècle.

Le droit canon permettait aux couples vivant en mésentente de se séparer ; Rutebeuf en aurait-il profité ?

Le lyrisme au féminin

Christine de Pizan (v. 1364 – v. 1431)

La vie de cette femme de lettres française est exceptionnelle. D'origine italienne, veuve dès l'âge de 25 ans, avec trois enfants à sa charge, Christine de Pizan produit une œuvre abondante dans laquelle se manifeste une volonté constante de défendre et de valoriser le rôle et le statut des femmes. L'écriture devient son métier, et lui permet d'assurer sa subsistance et celle de sa famille tout en la plaçant dans une situation singulière pour l'époque. La plupart des jeunes filles se résignent en effet à ce qu'on décide de leur sort, rêvant tout de même du chevalier qui viendra les délivrer ou les distraire.

Dans cette ballade, Christine de Pizan choisit un sujet très personnel, s'écartant ainsi des lieux communs de la poésie des troubadours : elle parle de la tristesse qu'elle ressent après la mort de son mari. C'est la solitude monotone du veuvage qui rythme le poème.

BALLADE DU VEUVAGE

Seulete suis et seulete veux être,
Seulete m'a mon doux ami laissée,
Seulete suis, sans compagnon ni maître,
Seulete suis, dolente et courroucée,
5 Seulete suis en langueur malaisée,
Seulete suis plus que nulle égarée,
Seulete suis sans ami demeurée.

Seulete suis de porte en fenêtre,
Seulete suis en coin cachée,
10 Seulete suis pour moi de pleurs repaistre,
Seulete suis, dolente ou apaisée,
Seulete suis, rien n'est qui tant me siée*, (me plaît)
Seulete suis en ma chambre enserrée
Seulete suis sans ami demeurée.

15 Seulete suis partout et en tout être*, (en tous lieux ou circonstances)
Seulete suis, où que j'aille ou je siée*, (je m'assoie)
Seulete suis plus qu'autre créature terrestre,
Seulete suis de chacun délaissée,
Seulete suis durement abaissée,
20 Seulete suis souvent éplorée,
Seulete suis sans ami demeurée.

Princes, or est ma douleur commencée :
Seulete suis de tout deuil menacée,
Seulete suis plus sombre que moirée*, (plus livide que mûre)
25 Seulete suis sans ami demeurée.

Christine de Pizan, v. fin du XIVe – début du XVe siècle.

1. Classez les vers selon qu'ils expriment :
   – la peine de la veuve, femme désormais sans compagnon ;
   – la réclusion physique ;
   – l'isolement social.

2. Analysez le rythme, en considérant :
   – le rôle de la rime des troisièmes vers par comparaison avec les autres rimes ;
   – l'effet créé par la répétition de « Seulete suis » et du refrain repris à la fin de chaque strophe.

3. Selon vous, ce poème est-il :
   – la complainte d'une veuve à la recherche d'un nouveau compagnon ?
   – un poème d'amour adressé au mari disparu ?
   – la complainte d'une femme démunie ?
   – une prise de conscience féministe ?
   – inclassable dans ces catégories ?
   Justifiez votre réponse.

Atelier d'analyse

BALLADE DES PENDUS

Frères humains qui après nous vivez,
N'ayez les cœurs contre nous endurcis,
Car, se pitié de nous pauvres avez,
Dieu en aura plus tôt de vous mercis.
5 Vous nous voyez ci attachés cinq, six :
Quant de la chair que trop avons nourrie,
Elle est piéça* dévorée** et pourrie, (depuis longtemps) (détruite)
Et nous, les os, devenons cendre et poudre*. (poussière)
De notre mal personne ne s'en rie ;
10 Mais priez Dieu que tous nous veuille absoudre !

Ses frères vous clamons, pas n'en devez
Avoir dédain, quoique fûmes occis
Par justice. Toutefois, vous savez
Que tous hommes n'ont pas bon sens rassis ;
15 Excusez-nous, puisque nous sommes transis*, (trépassés)
Envers le fils de la Vierge Marie,
Que sa grâce ne soit pour nous tarie,
Nous préservant de l'infernale foudre.
Nous sommes morts, âme ne nous harie* (que personne ne nous moleste)
20 Mais priez Dieu que tous nous veuille absoudre !

La pluie nous a débués* et lavés, (lessivés)
Et le soleil desséchés et noircis ;
Pies, corbeaux, nous ont les yeux cavés*, (creusés)
Et arraché la barbe et les sourcils.
25 Jamais nul temps nous ne sommes assis ;
Puis çà, puis là, comme le vent varie,
À son plaisir sans cesse nous charrie,
Plus becquetés d'oiseaux que dés à coudre.
Ne soyez donc de notre confrérie ;
30 Mais priez Dieu que tous nous veuille absoudre !

Prince Jésus, qui sur tous a maîtrie,
Garde qu'Enfer n'ait de nous seigneurie :
À lui n'avons que faire ni que soudre*. (avec lui n'ayons rien à faire ni à payer)
Hommes, ici n'a point de moquerie ;
35 Mais priez Dieu que tous nous veuille absoudre !

« L'Épitaphe de Villon » (1463), dans *Poésies*, traduction Jean Dufournet, Gallimard, 1990.

L'inquiétude face à la mort

François Villon (v. 1431 – v. 1463)

Étudiant révolté devenu voyou, Villon sera bientôt banni de Paris pour ses crimes. Il laisse une œuvre à l'image de sa vie de hors-la-loi, remplie d'intensité et éloignée des sentiers battus. Condamné à mort puis exilé, il disparaît mystérieusement à 32 ans, ou du moins perd-on toute trace de lui. Proche parent de Rutebeuf dans son inspiration, Villon aime décrire la vie pauvre et misérable des marginaux. Le poète se construit un style à nul autre pareil en puisant dans les jargons populaires ; les « menus propos » qu'il recueille, souvent grossiers, servent son esprit parodique et contestataire. Rebelle dans la vie comme dans son œuvre, Villon est le premier des « poètes maudits ». Plusieurs poètes se réclameront de lui, parmi lesquels Baudelaire et Rimbaud qui eux aussi prendront le chemin de la marginalité quatre siècles plus tard.

Souvent surnommée la « Ballade des pendus », cette épitaphe déchirante aurait été écrite par Villon alors qu'il était dans l'attente de sa propre pendaison. Le lecteur peut difficilement rester insensible à l'appel des condamnés surtout quand ceux-ci s'adressent, au-delà des siècles, à tous leurs « frères humains ».

Bibliothèque nationale, Madrid.

Jean Poyet, *Le mois de décembre (sur la bonne et mauvaise mort)*, enluminure tirée d'un livre d'heures, v. 1490.

La grande obsession du Moyen Âge n'est pas la mort elle-même, partout présente, mais plutôt le pardon divin, qui permettait l'accès au paradis ou à la vie éternelle.

Atelier d'analyse

Exploration

Le réseau du sens

1. Pour bien comprendre le texte, récrivez les vers qui vous semblent difficiles en modernisant la syntaxe et le vocabulaire.

2. Dans cette ballade, à qui renvoient les pronoms « nous » et « vous » ? Comment Villon s'y prend-il pour établir une solidarité entre ces deux entités ?

3. Résumez le sens de chacune des strophes en dégageant les étapes de la décomposition charnelle. Montrez que la description prend progressivement un caractère de merveilleux morbide.

4. Expliquez le paradoxe de la présence du sentiment religieux dans ce même contexte.

Le réseau de l'image

5. Dégagez le rôle de la nature dans ce contexte.

6. Quelles expressions ou images laissent poindre l'humour noir de Villon ?

Le réseau du rythme

7. Étudiez le rythme du texte en tenant compte des aspects suivants :
   – la coupe du vers, l'alternance des rimes et la richesse des rimes ;
   – les éléments de répétition, d'énumération, etc.

Hypothèses d'analyse et de dissertation

1. Analysez la représentation de la mort dans cet extrait.

2. Montrez que ce poème présente un paradoxe entre acceptation et rejet par rapport aux valeurs du Moyen Âge.

3. Comparez le lyrisme de Villon avec celui de Bernard de Ventadour.

La littérature satirique

L'humour et la fantaisie sont peu présents dans les romans de chevalerie. Entre deux épreuves pour juger de leur amour ou entre deux combats, les chevaliers ont à peine le temps d'esquisser un sourire. Tout pénétrés de l'importance de leur mission, les héros des romans de la Table ronde ne semblent avoir ni le temps ni le goût de plaisanter, de lever le coude ou de se moquer de leurs sublimes aventures. Quant aux relations sexuelles, les règles de la courtoisie les obligent à une longue et douloureuse abstinence... du moins, par rapport à leur dame ! Seigneurs, chevaliers et troubadours ne riaient pas, mais leurs contemporains s'en sont chargés à leurs dépens, se moquant d'eux volontiers pour leur arracher leur masque trop grave.

Pour bien comprendre la littérature satirique médiévale, il convient de rappeler que l'univers des romans de chevalerie avait peu à voir avec la vie réelle des chevaliers et du reste de la population. Ce monde fictif tournait le dos à une époque ravagée par les guerres et les famines, dominée par l'ignorance et la pauvreté de la vaste majorité.

Les caractéristiques de la littérature satirique

- En marge du sérieux caractéristique de la littérature officielle se sont développés un théâtre comique, des fables en prose ou fabliaux ; de nombreux épisodes regroupés forment un gigantesque roman parodique, *Le Roman de Renart*.

- Dans les campagnes et les villes, un nouveau public composé d'avocats, de commerçants, de moines et de gens du peuple se constitue. C'est pour eux que se créent des personnages nouveaux pour l'époque. À travers l'humour perce une volonté d'être plus près de la réalité sociale et politique, et de prendre ses distances par rapport à l'idéalisme de la littérature courtoise et chevaleresque.

- Les fabliaux mettent généralement en scène des gens simples, pauvres ou peu instruits, qui font face à de puissants personnages : seigneur, prêtre, chevalier, etc. Le but consiste à créer des situations ridicules qui contribuent à la dégradation des haut placés ou qui montrent la duperie du mari par la femme.

- *Le Roman de Renart*, par exemple, invente une cour royale où les animaux sont répartis entre roi et sujets, exploiteurs et exploités.

- L'anecdote se résume en deux lignes, les protagonistes sont des caricatures rapidement esquissées, et l'humour, exagéré, souvent grivois, repose sur un ensemble de procédés comiques : jeux de mots, phrases à double sens, sarcasme, exagération, etc.

- Comme dans les fables, une sentence ou un proverbe ajoute parfois un brin de morale. Toutefois, c'est le ridicule de la situation dans laquelle les personnages sont empêtrés qui tient lieu de véritable morale.

- La littérature satirique fait appel à l'esprit et aux procédés de la parodie. Imitation d'un style, d'un thème ou d'un personnage dans le but de s'en moquer, de le ridiculiser, la parodie médiévale emploie les procédés universels de ce genre drôle et mordant.

- À cette satire sociale s'ajoute une parodie littéraire qui ridiculise le lyrisme plaintif des troubadours ou le ton héroïque de la chanson de geste. Dans tous les cas, la littérature parodique rit à gorge déployée et déchire tout à belles dents, comme si elle exprimait la lucidité et la colère du peuple.

La farce au théâtre

Associé à la littérature satirique, un genre théâtral se distingue, celui de la farce qu'on trouve encore vivant jusque dans le théâtre de Molière au siècle classique. Le terme même de « farce » (le fait de farcir un aliment) illustre son premier usage : on intercalait la farce dans des pièces à caractère religieux comme les *Mystères de la Passion* afin d'en alléger l'atmosphère. Issue d'une longue tradition de fête populaire, la farce constitue le joyau du théâtre comique du Moyen Âge. Elle présente les caractéristiques suivantes :

- Petite pièce aux personnages peu nombreux, elle a toutes les qualités d'une bonne blague, d'une grosse farce.

- L'intrigue, semblable à celle des fabliaux, n'est qu'un prétexte pour s'attaquer à coups de bâton et de traits d'humour gras aux bourgeois, aux nobles, aux profiteurs et aux trompeurs, trompés à leur tour.

- Pour le reste, elle reconduit au théâtre les caractéristiques de la littérature satirique.

LA LITTÉRATURE SATIRIQUE

Regroupe les textes à visée parodique.

La parodie des valeurs courtoises

Anonyme

Écrit par plusieurs auteurs anonymes et structuré en différentes branches, *Le Roman de Renart* raconte les multiples aventures de Renart le goupil. Rusé, malappris, grivois, menteur, Renart use de mille astuces pour tromper ses amis et ridiculiser la religion, les autorités politiques ou les valeurs de l'amour courtois. Le personnage sert en quelque sorte d'exutoire à toutes les frustrations que ressent l'homme, prisonnier d'une société à la fois très cloisonnée et très contraignante comme celle du Moyen Âge. *Le Roman de Renart* connut un tel succès que le nom du personnage, Renart, a remplacé le terme de « goupil » pour désigner l'animal, comme si aujourd'hui on remplaçait le mot « chat » par Félix, ou le mot « canard » par Donald !

Dans cet extrait, tiré de la branche XI, la société des animaux a remplacé celle des hommes et, de ce fait, elle caricature les rapports de pouvoir qui la caractérisent. Pour prendre la place de Noble, le lion-roi, Renart se sert de sa ruse habituelle.

RENART DEVIENT ROI

Mais laissons là Noble et revenons à ce mal embouché de Renart, ce fourbe trompeur. Un certain temps de réflexion l'amène à se dire qu'il a une chance de se retrouver roi et empereur avant la fin du mois (pourvu que Dieu lui soit favorable) en faisant croire aux barons que le lion est mort. Il se
5 dépêche de rédiger un message puis fait venir un serviteur :

« Écoute bien ce que je vais te dire, mon ami, et promets-moi de garder le secret sur les consignes que je vais te donner.

— Vous pouvez me faire confiance, seigneur. Je n'en soufflerai mot, soyez sans crainte ; je vous en donne ma parole. »
10 Avec cette assurance, Renart s'ouvre à lui :

« Voici ce que je voudrais que tu fasses : demain, tu te présenteras devant les barons qui sont à la cour et tu leur annonceras sans barguigner que le roi a été tué. Après quoi, tu me remettras la lettre que voici en leur présence.

— À vos ordres, seigneur, et advienne que pourra. »
15 Il remet donc le pli au garçon qui s'en saisit et, après avoir pris congé, s'éloigne rapidement sans être vu d'âme qui vive. Pendant ce temps, Renart est au comble de l'impatience : son projet va-t-il réussir ? Non sans astuce, le messager attend le point du jour pour sortir de la ville. Il fait galoper son cheval à travers la campagne, suffisamment pour le mettre en sueur puis le
20 ramène à vive allure, lui mettant les flancs en sang à coups d'éperons. Franchissant la porte à bride abattue, il pénètre dans l'enceinte. Puis, après avoir mis pied à terre, c'est en courant qu'il entre dans le palais. Il salue d'abord Renart, puis la reine, comme on le fait pour une dame de son rang.

« Dame, le roi vous salue et ordonne qu'on lise ce message aux barons. Il
25 vous fait dire par mon intermédiaire qu'il a reçu au combat une blessure mortelle.

— Mortelle ! dit Renart. Malheur à moi ! Monseigneur le roi est donc mort ? »

À ces mots, il se jette sur le messager et lui fend le crâne d'un coup de
30 bâton qui le laisse mort sur place : « Tais-toi, dit-il, à Dieu ne plaise que nous ayons ainsi perdu le roi ! »

Avez-vous compris la raison de ce geste ? C'est que Renart ne voulait pas courir le risque d'être dénoncé par le garçon : d'où sa ruse. Il prend alors le message comme si de rien n'était et, au vu de tous les barons, le donne à
35 Tibert le chat qui le parcourt de bout en bout, moustaches dressées.

« Sur ma tête, Renart, le roi est bel et bien mort. Il fait dire à tous les siens sa volonté que dame Fière épouse Renart en tout amour et que celui-ci soit reconnu immédiatement et sans contestation comme souverain de tout le royaume. »
40 Ce qu'ayant entendu, la reine se contente de répondre :

« Puisque telle est sa volonté, je dois la respecter. Je vois bien qu'il n'y a pas d'autre solution. Le sort du royaume est lié au mien, puisque je suis la reine et que je dois le demeurer. Mais je voudrais savoir si le seigneur Renart accepte également.

45   — Mais oui, dame, et je suis prêt à me conformer sans retard à vos ordres.

    — C'est là bien parler, seigneur, sur ma foi. »

Les barons sont à la fois peinés pour le roi qui ne reviendra pas et contents d'avoir Renart comme nouveau seigneur. L'échange des serments entre le goupil et la reine a lieu aussitôt et c'est la liesse dans le palais qui retentit des
50 chansons et des lais joués par les jongleurs sur leurs vielles. Dames et jeunes filles dansent. Toutes et tous mènent grande joie ; on dormit peu cette nuit-là. Le lendemain, sans plus attendre, Renart épouse la dame. Tous les barons du royaume lui prêtent serment de fidélité et s'engagent solennellement à lui venir en aide dès qu'il aura besoin d'eux, ce qu'il se garde bien de refuser. La
55 danse et les jeux réunissent tous les participants au milieu de l'allégresse générale. Puis le connétable Ysengrin, dont c'est la charge, fait dresser les tables et circuler les aiguières pour se laver les mains. Tous s'assoient pour manger. Grimbert le blaireau, le cousin germain de Renart, apporte le premier service, un plat digne d'une aussi noble assistance. Je crois bien qu'il
60 y eut une vingtaine de services, mais je ne les ai pas comptés. À la fin du repas, tous se lèvent rapidement. Les premiers à le faire sont Tibert et Grimbert, les deux bons compagnons, qui vont bénir le lit nuptial. Après quoi, ils se retirent gais et contents, tandis que les amants restent pour se livrer à leur plaisir jusqu'au petit jour. Monseigneur Renart se lève alors, fort
65 satisfait et fier de lui, et se dépêche de faire ouvrir le trésor car ils ne veulent pas attendre davantage. Il distribue une partie de son contenu en or et en argent aux siens de façon à ne plus avoir à y revenir et fait porter le reste à Maupertuis car il craint, non sans raison, d'avoir à faire face au roi au cas où celui-ci reviendrait, et il veut être en mesure de lui résister. C'est pourquoi il
70 accumule assez de provisions pour pouvoir soutenir un siège d'au moins sept ans à mon avis. En effet, la situation de son château le rendant imprenable, on ne peut le réduire qu'en affamant ses occupants. Il le met donc en état de faire face à toute éventualité, et ses souhaits sont comblés quand il se voit proclamé empereur. Alors il ne se connaît plus de joie. Cependant, il
75 continue de munir son château de tout ce qui est nécessaire. La reine le chérit et l'aime comme son légitime époux, car, dit-on, il l'aimait plus que n'avait fait monseigneur Noble le lion.

Le Roman de Renart (entre 1170 et 1250), texte établi par Micheline de Combardieu du Grès et Jean Subrenat, Paris, Union générale d'Éditions, 1981.

Exploration

1. Assurez-vous de bien comprendre le texte. Pour ce faire :
   - cherchez la définition des mots qui vous sont moins familiers, comme «fourbe», «barguigner», etc. Interrogez-vous également sur les mots dont la définition peut éclairer la signification du texte, comme «barons» ;
   - faites un bref résumé du texte.

2. Quels sont les personnages en présence dans le texte ? Précisez leur rôle et leur sort dans le récit.

3. Faites le portrait de Renart en vous appuyant sur sa description et en déduisant ses traits de caractère à partir de son comportement.

4. L'entourage s'adapte-t-il facilement à la disparition du roi ? Justifiez votre réponse en vous appuyant sur le texte.

5. Le texte montre le fonctionnement et la mentalité de la société à l'époque. Justifiez cette affirmation en vous appuyant sur l'extrait.

6. Par plusieurs aspects, ce texte présente une critique des valeurs courtoises. Considérez les aspects suivants :
   - le comportement de Renart avec son entourage et ses subalternes ;
   - les relations de Renart avec la reine ;
   - le comportement des autres acolytes ;
   - les commentaires sur le roi détrôné, Noble le lion.

7. La transposition de la société des humains en société des animaux présente plusieurs avantages à la fois pour l'auteur et pour le lecteur. Discutez de ces avantages en tenant compte des caractéristiques de l'époque médiévale.

8. Analysez la narration en considérant les aspects suivants.
   - Quel type de narrateur l'auteur a-t-il choisi ?
   - Ce choix témoigne-t-il de l'influence de la culture orale ?
   - Relevez les interventions du narrateur.
   - À votre avis, le narrateur est-il favorable ou défavorable à Renart ? Justifiez votre opinion.

Hypothèses d'analyse et de dissertation

1. Composez une introduction et un premier paragraphe de dissertation qui conviendraient au sujet suivant : «Le personnage de Renart sert à introduire un élément de critique sociale dans la littérature médiévale.»

2. Analysez la dynamique sociale telle qu'elle est illustrée dans ce texte.

3. La parodie littéraire vise une contestation des idéologies et des discours dominants d'une époque. Commentez cette affirmation en replaçant *Le Roman de Renart* dans son temps.

La maladie de Pathelin

PATHELIN. Ah ! méchante ! viens ici ! T'avais-je dit d'ouvrir ces fenêtres ? Viens me couvrir ! Chasse ces gens noirs ! Marmara ! Carimari ! Carimara ! Emmenez-les-moi ! Emmenez !

GUILLEMETTE. Qu'est-ce ? Comme vous vous démenez ! Avez-vous perdu le
5 sens ?

PATHELIN. Tu ne vois pas ce que je sens. Voilà un moine noir qui vole. Attrape-le ! Passe-lui une étole ! Au chat, au chat ! Comme il monte !

GUILLEMETTE. Eh ! Qu'est ceci ? N'avez-vous pas honte ? Eh ! Par Dieu ! C'est trop remuer !

10 PATHELIN. Ces médecins m'ont tué avec ces drogues qu'ils m'ont fait boire. Et toutefois il les faut croire ! Ils nous manient comme de la cire !

GUILLEMETTE. Hélas ! Venez le voir, cher Monsieur, il est au plus mal.

LE DRAPIER. Vraiment, il est malade, depuis l'instant où il est revenu de la foire ?

15 GUILLEMETTE. De la foire ?

LE DRAPIER. Par saint Jean, oui ! Je crois qu'il y est allé. Du drap que je vous ai donné à crédit il me faut l'argent, maître Pierre !

PATHELIN. Ah ! maître Jean, plus dures que pierre j'ai chié deux petites crottes noires, rondes comme pelotes. Prendrai-je encore un clystère ?

20 LE DRAPIER. Qu'en sais-je ? Qu'ai-je à voir à cela ? Il me faut neuf francs ou six écus.

PATHELIN. Ces trois morceaux noirs et pointus, les nommez-vous pilules ? Ils m'ont abîmé les mâchoires ! Pour Dieu, ne m'en faites plus prendre ! Maître Jean, ils m'ont fait tout rendre. Ah ! Il n'est rien de plus amer.

25 LE DRAPIER. Mais non ! Par l'âme de mon père, mes neuf francs ne m'ont point été rendus !

GUILLEMETTE. Par le col puisse-t-on prendre de tels gens si ennuyeux ! Allez-vous-en, par tous les diables, puisque au nom de Dieu vous ne voulez rien savoir !

30 LE DRAPIER. Par le Dieu qui me fit naître, j'aurai mon drap avant de partir, ou mes neuf francs !

La Farce de Maître Pathelin (v. 1465), texte établi par Jean Dufournet, © Flammarion, G. F., 1986.

---

1. Quels sont les personnages en présence dans ce texte ? Quel rôle jouent-ils ? Que peut-on rapidement déduire de leur caractère ?

2. Le comique de cette scène est avant tout verbal et s'appuie sur des jeux de mots. Repérez-les.

3. L'humour vise ici plusieurs cibles tout en laissant percer une critique sociale.
   – En dehors du drapier, à qui s'en prend-on ?
   – Les propos sont-ils empreints (ou non) de courtoisie ?

LA LITTÉRATURE SATIRIQUE

Le théâtre profane

Anonyme

La Farce de Maître Pathelin, dont on ne connaît pas le ou les auteurs, met en scène un avocat sans le sou, mais à l'imagination débridée et à la fourberie certaine. Grâce à ces « qualités », Maître Pathelin se procure à crédit une pièce de drap chez un marchand qui se laisse prendre à ses belles paroles. S'ensuit une série de péripéties où le trompeur sera à son tour trompé. Le procédé sera repris par Molière lui-même, qui s'inspirera aussi de ce personnage comique pour créer ses propres valets.

Dans cet extrait, le drapier vient se faire payer. Pathelin, avec la complicité de sa femme Guillemette, feint d'être fou et mourant. D'un jeu de mots à l'autre, la comédie est si bien jouée que le drapier ne sait où donner de la tête.

Un pastiche québécois de la poésie médiévale

Richard Desjardins (1948)

Le chansonnier québécois Richard Desjardins réactualise à sa manière le patrimoine que nous ont légué les troubadours et les poètes du Moyen Âge, ces fondateurs de la chanson française. Avec ses propos ironiques, sa poésie ponctuée d'anglicismes, d'expressions «joualisantes» et d'images provocantes, Desjardins chante avec «rudesse», comme ses lointains prédécesseurs, la pauvreté et les misères contemporaines.

Dans ce pastiche (texte dans lequel l'auteur imite le style d'un maître) du *Grand Testament* de Villon, Desjardins compose l'épitaphe d'un autre condamné. La réussite du poème réside autant dans son habile rappel de la thématique de Villon que dans son adaptation de l'ancien français.

LOMER
(à la Frenchie Villon)

Adieu mon frère, adieu ma sœur,
demain à l'aube les pieds nus,
j'irai dans les vastes noirceurs
d'où personne n'est revenu.

5 Adieu la Terre, tant si bonne,
qui tant d'eau froide m'a fait boire.
Adieu Humains, qu'on me pardonne
si je ne laisse que mon histoire.

En l'an quarantième de mon âge,
10 hors d'enfance et franc de dettes,
pourvu de sens, du moins le crois-je,
nul méfait que ne regrette.

Qui meurt a ses lois de tout dire.
Escoutez bien, honnêtes gens,
15 car on m'a jugé à mourir.
Je me tais et je commence.

Quand vint la vie dedans mes chairs
mes mains tendaient vers la chaleur.
« Profites-en », disait ma mère,
20 « pour un plaisir, mille douleurs. »

Et vint le temps de travailler,
lever moissons à bout de bras,
dans bonnes soupes s'y noyer,
la joie d'aider qui t'aidera.

25 Et vinrent les amoureuses lisses,
fortes fillettes offrant tétins
et vint la nuit que je me glisse
dans leurs cavernes de satin.

Qui donc refuse de jouir
30 des joies du monde quand sincère,
quand transglouti dans le plaisir,
comme en la mer. Comme en Lomer.

Et vint Lomer. Pur étranger
clamant nouvelles des équateurs :
35 « Le temps est venu de changer,
pour mille plaisirs, nulle douleur. »

Il m'instruisit que Terre est ronde
comme on le croit en Portugal,
que puissance et beauté des nombres
40 feront se rompre les étoiles.

Je suis de caravane humaine,
cueillant le fruit où il se trouve,
j'ai traversé le pont qui mène
de l'amitié jusqu'à l'amour.

45 J'ai consenti. Oui, j'ai enfreint
les lois du Deutéronome
et celles de Saint-Augustin.
Je fus allé aimer un homme.

Cette matière à tous n'a plu,
50 trognons de chou et pets de diable,
qui pour le bien torturent et tuent,
ces mêmes qui furent des Croisades.

Alors qu'un jour dans le verger
nous nous aimions sous les olives,
55 ils sont venus nous asperger
de haines lourdes et de chaux vive.

Sans cesse ils ont roué Lomer.
Sans force, substance ou liqueur,
il est tombé sous jets de pierre,
60 son fiel se crevant sur son cœur.

Ils m'ont traîné sous les regards
de tous les fols de Carcassonne,
devant des juges en lambeaux noirs
qui n'ont jamais aimé personne.

65 À l'entendeur voici ma voix :
je dis que je suis comme l'eau
que jamais nul n'escrasera
car toute bête garde sa peau.

L'encre se gèle, tombe le froid.
70 Mon sang dans ses veines roidit.
Qu'on sonne à branle le beffroi,
que s'ouvre à moi le paradis.

Pendant que mes juges faillis
iront bouillir dans les enfers,
75 dans les courtines de Marie,
je m'en irai aimer Lomer.

Adieu la Terre, tant si bonne,
qui tant d'eau froide m'a fait boire.
Adieu Humains, qu'on me pardonne
80 si je ne laisse que mon histoire.

« Lomer », Éditions Foukinic.

British Library, Londres.
La mort, enluminure tirée du *Livre d'heures* de Mirandola, 1450.

1. Ce texte est-il plus proche de la poésie lyrique ou du récit versifié ?

2. Montrez que le poème de Desjardins évoque plusieurs traits de la poésie médiévale en considérant le sens, l'image et le rythme.

3. Ce pastiche de la poésie de Villon vous semble-t-il admiratif ou plutôt parodique (imitation qui vise l'effet comique) ?

4. Analysez le caractère provocateur du texte.

LA RENAISSANCE (1492–1598)

Événements politiques

1515-1547 Règne de François Ier.

1516 Concordat entre le roi et le pape : le roi a le pouvoir de nommer les évêques.

1519 Conquête du Mexique par Cortés.

1530 Fondation du Collège de France. L'Église perd le monopole de l'enseignement.

1534 L'affaire des Placards : écrits anti-catholiques injurieux et séditieux affichés dans des villes comme Paris et Amboise.

1545-1563 Concile de Trente.

1547-1559 Règne d'Henri II, fils de François Ier.

1558-1603 En Angleterre, règne d'Élisabeth Ire.

1572 Massacre de la Saint-Barthélemy (24 août) : massacre de 3000 protestants dans les rues de Paris ; déclenchement d'une nouvelle guerre de religion.

1589-1610 Arrivée des Bourbons sur le trône de France ; règne d'Henri IV.

1598 Édit de Nantes : loi assurant la tolérance religieuse et la paix sociale entre catholiques et protestants.

Contexte socioéconomique

1492 Découverte de l'Amérique par Christophe Colomb.

1515 Renforcement de l'absolutisme royal. Développement de la vie à la cour. (Règne de François Ier.)

1515-1537 Construction de châteaux sur les bords de la Loire, dont Chenonceaux et Chambord.

1517 Publication des 95 thèses de Luther contre les indulgences ; début de la Réforme protestante.

1519-1522 Premier tour du monde entrepris par Magellan.

1525-1536 Développement du protestantisme religieux : organisation de l'Église luthérienne ; adhésion de Jean Calvin à la Réforme ; Henri VIII, chef de l'Église d'Angleterre ; établissement du calvinisme.

1534 Premier voyage de Jacques Cartier au Canada.

1539 Usage obligatoire du français dans les textes de loi et les jugements de cour. (Ordonnance de Villers-Cotterêts.)

1540 Fondation de la Compagnie de Jésus (les Jésuites) par Ignace de Loyola.

1545 Contre-Réforme de l'Église catholique pour faire échec au protestantisme. Début d'une ère de guerres de religion. (Concile de Trente.)

1558 Début de la période élisabéthaine : essor maritime, commercial, agricole, industriel et surtout littéraire en Grande-Bretagne.

1582 Réforme du calendrier par le pape Grégoire XIII.

1589 Redressement économique de la France.

Beaux-arts, philosophie, sciences

1501-1515 Période importante de la Renaissance italienne en sculpture et peinture : Michel-Ange, *David* et voûte de la chapelle Sixtine ; Léonard de Vinci, *La Joconde* ; Raphaël, *Madone à la chaise* ; Titien, *L'Amour sacré et l'Amour profane*.

1514-1557 Développement des mathématiques : utilisation des signes + et – en algèbre ; introduction de la « racine carrée » ; en 1557, invention du signe =.

1516-1519 Séjour de Léonard de Vinci à la cour de France ; diffusion de la Renaissance italienne.

1516 Érasme, édition du *Nouveau Testament*, traduit du grec.

v. 1520 Naissance du « choral » luthérien, chant des protestants.

1536-1541 Michel-Ange, *Le Jugement dernier*.

1538 Introduction du sonnet en France par Clément Marot.

1539 Parution du premier dictionnaire français/latin de Robert Estienne.

1542-1545 Développement de la médecine : description de l'appendicite ; premier traité d'anatomie humaine ; traité de chirurgie d'Ambroise Paré.

1543 Théorie de l'héliocentrisme de Copernic.

1555 Recueil de prédictions et prophéties de Nostradamus.

1562 Apogée de l'école vénitienne de peinture : Véronèse, *Les Noces de Cana*.

1568 Début de la *commedia dell'arte* en Italie.

1573 Sainte Thérèse d'Àvila, *Le Chemin de perfection*.

1581 Premiers ballets de cour, précurseurs de l'opéra français.

1584 Hypothèse de Giordano Bruno sur l'existence d'autres systèmes planétaires.

1585-1596 Développement de la trigonométrie : fractions décimales, calcul logarithmique, tables trigonométriques.

1592 Invention du thermomètre par Galilée.

Chapitre 2

La Renaissance

L'âge d'or de l'humanisme

Musée national, Londres.
Hans Holbein, *Les Ambassadeurs*, 1533.

PRÉSENTATION

Une entrée en matière

*P*lusieurs événements marquent les débuts de la Renaissance, cette ère nouvelle tournée vers le progrès, qui cherche à s'affranchir du Moyen Âge. L'invention de l'imprimerie accélère la diffusion de la connaissance ; l'exploration du Nouveau Monde stimule les échanges commerciaux ; la redécouverte des grands auteurs de l'Antiquité donne son impulsion à la vie intellectuelle, alors que la Réforme stigmatise la polémique entourant le dogme religieux. La Renaissance française, qui couvre tout le XVIᵉ siècle, n'échappe toutefois pas à l'intolérance qui engendre des luttes fratricides entre protestants et catholiques. Quant à la conquête des Amériques, qui prétend répandre la civilisation européenne et la foi chrétienne, elle s'effectue dans un contexte de barbarie sans précédent. Ainsi, la Renaissance, à l'image des Temps modernes dont elle est le début, apparaît comme une époque bouleversée et bouleversante où germeront des œuvres littéraires et artistiques qui expriment une nouvelle conception de la condition humaine.

Une représentation nouvelle du monde

Des chevaliers de la Table ronde aux navigateurs de la Terre ronde, de la magie de Merlin aux inventions scientifiques de Léonard de Vinci, le monde n'est plus le même et s'explique par de nouvelles idées. Déjà en gestation à la fin du Moyen Âge, des changements significatifs touchent tous les domaines du savoir en même temps que s'élabore une réorganisation de l'État. Le pouvoir se concentre entre les mains des monarques alors que l'économie, toujours majoritairement rurale, s'ouvre toutefois à des échanges commerciaux plus variés.

La science sous l'œil de l'Inquisition

La théorie de Nicolas Copernic (1473-1543), confirmée plus tard par Johannes Kepler (1571-1630) et Galilée (1564-1642), selon laquelle les planètes tournent sur elles-mêmes en même temps qu'autour du Soleil, marque un tournant dans la conception du monde qui s'appuyait autrefois sur les explications de la Bible. Tirant profit de navires mieux conçus pour transporter de plus lourdes charges, les grands navigateurs traversent les océans grâce à de nouvelles données scientifiques et mathématiques. Ils démontrent que la Terre est ronde, qu'il y a d'autres continents que l'Europe,

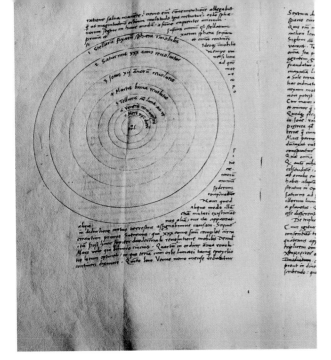

Bibliothèque du Collège Maius, Cracovie.
Nicolas Copernic, représentation du système solaire tirée de son livre *De revolutionibus orbium coelestium libri VI*, 1543.

Musée des Beaux-Arts, Vienne.
Pieter Bruegel l'Ancien, *Le Massacre des Innocents*, 1565.

et que désormais cette dernière ne peut être considérée comme le centre de l'Univers. La rencontre avec les habitants du Nouveau Monde suscite aussi des interrogations sur la nature humaine : les « Sauvages » sont-ils dotés d'une âme et peuvent-ils aspirer au salut éternel ? L'Amérique est-elle le paradis perdu enfin retrouvé ?

L'Église réagit avec virulence à toute sérieuse remise en question de son enseignement, notamment en menaçant du bûcher les astronomes, sort qui sera réservé à Giordano Bruno brûlé vif à Rome en 1600, alors que Galilée, qui fondait pourtant ses découvertes sur l'observation et l'expérimentation, a fini par céder devant le tribunal de l'Inquisition.

La Réforme

Les chrétiens perçoivent que l'Église, autrefois omnipotente, s'est éloignée de sa mission d'origine et qu'elle commet plusieurs abus. Elle fait payer le pardon des fautes, se montre assoiffée de pouvoir temporel et de richesse alors que plusieurs prêtres, et même des cardinaux et des papes, sont indignes ou corrompus. La Réforme, large mouvement de contestation initié par le théologien d'origine allemande Martin Luther (1483-1546), propose d'effectuer un retour aux sources de la foi. Elle encourage chaque croyant à développer un contact personnel avec Dieu par la lecture individuelle et directe des Saintes Écritures, sans l'intermédiaire d'un prêtre ou d'un officiant. L'interprétation des Saintes Écritures, facilitée par les nombreuses traductions en langues vulgaires, devient possible dans une certaine mesure et confirme le rôle

central que peut jouer l'homme dans la compréhension du monde. Ainsi, la Réforme, qui donne naissance au protestantisme, assène un dur coup à l'autorité du pape. Le roi d'Angleterre Henri VIII en tire parti pour se proclamer chef de l'Église anglicane quand Clément VII refuse son divorce.

Dans les dernières décennies du siècle, les conflits entre les factions religieuses dégénèrent en guerre civile sur le sol français. C'est dans ce contexte que sera assassiné le roi de France Henri III en 1589 ; son successeur Henri IV, qui avait renié sa foi protestante

Antiquité : par ce terme, les écrivains de la Renaissance désignent les civilisations grecque et latine qui s'épanouissent du VIᵉ siècle avant J.-C. au IIᵉ siècle après J.-C.

Temps modernes : pour plusieurs historiens, l'époque moderne commence à la Renaissance ; pour d'autres, elle commence avec le Siècle des lumières. Les caractéristiques suivantes contribuent à définir la modernité : une culture écrite plutôt qu'orale, l'émergence de l'État-nation, l'idée du progrès plutôt que la référence à la tradition et la place prépondérante de la bourgeoisie. Les historiens ne s'entendent pas non plus sur l'événement qui clôt la modernité, mais l'invention de l'ordinateur et la mondialisation seraient à situer dans la postmodernité.

Inquisition : tribunal ecclésiastique institué pour lutter contre l'hérésie, c'est-à-dire contre toute forme de théorie et de comportement qui s'éloigne du dogme catholique établi. Au Moyen Âge et à la Renaissance, elle sert quelquefois des fins politiques.

Langues vulgaires : par opposition au latin parlé par l'élite, les langues vulgaires sont celles parlées par le peuple ; elles deviendront langues nationales, comme le français et l'espagnol. Syn. : langues vernaculaires.

pour accéder au trône et assurer la paix du royaume, subira le même sort en 1610. On constate donc que l'édit de Nantes, signé en 1598, qui accordait à tous la liberté de conscience, n'arrive pas à calmer les passions.

L'influence de la culture italienne

La Réforme participe également à la culture humaniste dont l'Italie est le berceau, et qui se répand en Europe, notamment grâce à l'imprimerie et aux artistes eux-mêmes qui se déplacent d'une ville à l'autre : Léonard de Vinci (1452-1519) est invité à la cour de France alors que Joachim Du Bellay rejoint à Rome son oncle, cardinal attaché au Vatican. À cause de la proximité des majestueuses ruines de Rome et d'un accès plus aisé aux grandes œuvres de l'Antiquité, les humanistes italiens ont été les premiers à redécouvrir la valeur inestimable de la culture gréco-latine. Que ce soit la rigueur de l'argumentation des philosophes, la perfection des formes créées par les architectes, la beauté du corps humain dévoilée par les sculpteurs, l'héroïsme des odyssées chanté par les poètes, tout concourt à faire de l'Antiquité le bain de jouvence qui fera renaître l'Occident. C'est d'ailleurs avec un constant souci pédagogique que les humanistes commentent et publient les textes antiques tout en faisant la promotion de l'enseignement des langues anciennes : le latin, le grec et l'hébreu.

Fer de lance de cette révolution artistique, la découverte des lois de la perspective permet de représenter le monde avec une exactitude toute géométrique, dans ses proportions harmonieuses, tel qu'il est réellement perçu par le regard humain. Cette union des arts et des sciences témoigne du rôle unique de l'humain dans la Création. Car si la Bible n'explique plus tout, qui le fera ? L'homme, répondent les humanistes de la Renaissance.

Protégés par les richissimes mécènes de Florence, de Venise ou de Bologne, les artistes italiens créent les premiers chefs-d'œuvre de la Renaissance, qui s'imposent comme modèles à travers toute l'Europe. Grâce à l'imprimerie qui connaît un succès foudroyant, le livre assure la diffusion de la culture humaniste. Parallèlement à l'essor des universités se crée une vaste confrérie de savants, d'intellectuels et d'artistes qui partagent tous une même curiosité passionnée, une même confiance inébranlable en l'humanité. Désormais les œuvres du Hollandais

Institut de France, Paris.
Léonard de Vinci, *Coupe transversale d'un palais dans une ville avec rues souterraines*, séparation de la circulation en différents niveaux, dessin, 1484.

Érasme (1469-1536), de l'Anglais Thomas More (1478-1535), du Français François Rabelais (1494-1553) deviennent accessibles et contribuent à la propagation accélérée du savoir.

L'importance de la ville et de la cour

Le livre fait désormais partie des objets de luxe qui contribuent au prestige de cette classe montante qu'est la bourgeoisie. Constituée de notables, mais aussi de marchands et de banquiers, la classe bourgeoise insuffle son dynamisme à l'économie. Les foires commerciales constituent l'une des activités qui témoignent de l'essor des villes où surgit une élite qui se distingue par son style de vie. La construction de palais et de maisons somptueuses stimule la création artistique. Le goût de la beauté se répand jusque dans les campagnes où l'on transforme même les anciennes forteresses pour les mettre au goût du jour et les rendre plus confortables.

Les rois eux-mêmes donnent l'exemple par un train de vie fastueux. François Ier, qui règne sur la France dans la première moitié du siècle, entretient la magnificence de sa cour et le culte de sa personne pour renforcer le pouvoir royal. Il s'assure la fidélité des grands du royaume en octroyant des postes et des distinctions qui menacent toutefois l'équilibre du budget. Parallèlement, il doit travailler à rendre plus efficace le régime fiscal (en particulier la levée

Mécène : *personne puissante, qui vient en aide aux artistes ; en contrepartie, ceux-ci contribuent à son prestige personnel.*

des impôts), ce qui apparaît comme une étape nécessaire, mais remplie d'embûches, pour mener à bien la réorganisation administrative de l'État. Le roi déclare aussi le français langue officielle du royaume, reléguant le latin au rang de langue morte tout en portant un dur coup aux dialectes qui florissaient jusqu'alors en France, hors de tout contrôle. Enfin, en finançant les voyages de Jacques Cartier, il rend possible l'expansion de la culture française en Amérique. Bientôt, l'économie prendra définitivement une dimension mondiale grâce à l'établissement de colonies, entraînant la disparition, à plus ou moins longue échéance, de civilisations avancées et complexes, notamment en Amérique latine.

Des caractéristiques particulières La description précédente et les caractéristiques suivantes permettent de mieux cerner la mentalité d'une époque différente de la nôtre.

- Les femmes sont considérées comme des êtres imparfaits plus portés vers l'émotion que vers la raison, et de ce fait plus proches des forces maléfiques, ce qui explique que la grande majorité des victimes de la chasse aux sorcières soient des représentantes du « sexe faible ».
- Pourtant, plusieurs femmes se distinguent comme chefs d'État parmi lesquelles Marguerite d'Autriche, Catherine de Médicis, Élisabeth Iʳᵉ ou comme artistes et intellectuelles parmi lesquelles Marguerite de Navarre, sœur de François Iᵉʳ, ou Louise Labé.
- Même si l'époque progresse vers une intelligence éclairée, la fascination pour la magie et l'occultisme persiste ; les gens continuent d'être habités par la crainte du diable et de l'enfer.
- Plusieurs hommes d'Église, du côté des protestants comme des catholiques, se mettent au service d'un dogmatisme rigide et pourfendent le péché inexorablement, en opposition directe avec l'ouverture d'esprit que manifestent les humanistes. Leur influence se fera sentir jusqu'au siècle suivant, notamment chez Pascal et les jansénistes.
- Autrefois interdite par l'Église, la dissection de cadavres humains permet d'approfondir la connaissance de l'anatomie. Cette pratique demeure toutefois très réglementée : elle est permise uniquement à des fins d'enseignement et doit être pratiquée sur des cadavres de criminels de basse extraction et, dans la mesure du possible, étrangers à la ville.
- La Renaissance est aussi une époque de transition entre la culture médiévale et les premiers balbutiements de la culture moderne où se creuse l'écart entre une élite érudite et savante et le reste de la population, toujours illettrée, encore ignorante des récentes découvertes sur le cosmos, de la nouvelle vision du monde et de l'être humain.

L'écrivain de la Renaissance et son lecteur

Tout au long de cette période, la culture se transforme profondément et de façon durable : d'orale qu'elle était, elle devient écrite, entraînant comme conséquence la distinction très nette entre prose et poésie. L'apparition du livre imprimé modifie le travail de l'écrivain, son rôle et sa place dans la société. Il faut dire que l'invention de Gutenberg (1434) marque si profondément la Renaissance qu'on peut se demander si l'époque aurait eu le même retentissement sans elle. Le portrait de l'humaniste, un livre à la main, au milieu des ouvrages de sa bibliothèque n'est-il pas l'image la plus courante pour évoquer la Renaissance ? Alors que l'artiste au Moyen Âge s'effaçait souvent devant son sujet, l'écrivain pétri d'humanisme sort désormais de l'anonymat, signe ses œuvres, revendique une carrière et une reconnaissance publiques. Des poètes se regroupent à l'intérieur d'écoles littéraires comme la Pléiade fondée par Ronsard, partagent des idées, définissent une esthétique, composent des manifestes et cherchent à se singulariser par rapport à leurs prédécesseurs.

Partageant avec son lecteur un fonds culturel commun, l'écrivain profite de la plus grande diffusion du livre imprimé pour asseoir sa renommée. La lecture n'est plus réservée aux quelques érudits qui auparavant avaient accès à de trop rares manuscrits. L'œuvre d'un penseur italien, par exemple, circule plus facilement au-delà des frontières de son pays. L'accès aux idées est rendu plus facile et chaque artiste enrichit son style par le contact avec les histoires de ses contemporains de toutes nationalités. Il s'intéresse également aux autres disciplines valorisées par l'humanisme : philosophie, droit, science, philologie, théologie, etc. Ajoutons aussi que le latin, encore largement considéré comme la langue de la culture savante, favorise la communication directe, sans traduction. Même s'ils demeurent une minorité,

École littéraire : regroupement d'écrivains qui partagent une vision commune de la littérature, avec à leur tête un chef de file. Ex. : La Pléiade avec Ronsard comme chef de file. On utilise comme synonymes les termes « mouvement littéraire » et « courant littéraire » dont le sens, dans les deux cas, est plus large.

les intellectuels forment enfin un groupe beaucoup plus vaste et diversifié qu'au Moyen Âge. Si plusieurs sont, comme leurs prédécesseurs, membres de l'Église, cela ne les empêche pas de se consacrer au développement d'une pensée laïque et d'une littérature profane.

L'homme de lettres, d'art ou de science est bientôt sollicité pour participer à l'administration du royaume, construire ou décorer des palais, peindre le portrait de son protecteur, soigner ses maladies, rédiger ses discours, composer son éloge ou son épitaphe. À cause de cette proximité avec les grands du royaume, l'écrivain comme l'artiste deviennent des courtisans soumis aux mœurs de la cour. Ils y gagnent une certaine aisance financière qui leur permet de se consacrer à leur œuvre sans trop de soucis. Leur liberté d'action et de pensée est toutefois limitée par le fait qu'ils doivent apprendre à plaire aux puissants qui les protègent sinon à les flatter. Cependant, le véritable frein à la création apparaît

surtout durant les guerres de religion : l'expression de la moindre sympathie envers l'adversaire peut entraîner pour l'écrivain au mieux la censure, au pire l'exil ou la mort.

En cette période où les cultures nationales s'affirment, l'écrivain exalte les qualités de sa langue maternelle et milite en sa faveur. Certains, comme Rabelais, participent activement à l'enrichissement du français en faisant entrer des centaines de mots, de proverbes et d'expressions dans la langue alors que d'autres contribuent à fixer l'orthographe, la grammaire et la syntaxe. À l'heure où les premiers dictionnaires s'écrivent, le vocabulaire dont se sert l'écrivain, son intérêt pour les mots français jamais encore utilisés à l'écrit représentent une source documentaire essentielle pour l'élaboration de ces ouvrages de référence.

C'est en effet un des paradoxes de la Renaissance qu'un retour à l'Antiquité ait fini par servir la cause des langues modernes.

Galerie de l'Académie, Florence.

Cesare Mussini, *Léonard mourant*, mort de l'artiste Léonard de Vinci dans les bras du roi François Ier le 2 mai 1519, 1828.

Protecteur des arts et des lettres, et par le fait même grand promoteur d'un mouvement de Renaissance française, François Ier a notamment hébergé dans une de ses résidences l'artiste et inventeur Léonard de Vinci pendant deux ans, l'accompagnant même, dit-on, jusqu'au seuil de la mort.

Littérature et humanisme

Couvrant plus d'un siècle marqué par de nombreux bouleversements, la littérature de la Renaissance est remarquable par sa diversité stylistique et thématique. Entre les chroniques de Rabelais qui plongent le lecteur dans une atmosphère de carnaval et les courts essais de Montaigne traitant de sa « vie domestique », il y a autant de différences qu'entre la belle Hélène célébrée dans un sonnet de Ronsard et Pantagruel, le savoureux géant sorti de l'imagination de Rabelais. Cependant, les œuvres de ces auteurs portent toutes la marque de la culture humaniste.

Les traits distinctifs de la littérature de la Renaissance

1. La référence à l'Antiquité

Le Moyen Âge avait certes accès à la culture de l'Antiquité (période préchrétienne) : les érudits connaissaient les grands auteurs, notamment Aristote, Platon, Virgile, Cicéron et Ovide, mais c'est à la Renaissance que s'approfondit la lecture des textes anciens, y compris la Bible. Cet engouement pour la culture antique renouvelle les cadres de la création. Aussi les références sont-elles multiples : citations d'auteurs grecs ou latins, personnages créés sur le modèle des héros de ce passé fabuleux ou qui en portent le nom, allusions à des événements ou à des œuvres, références à la mythologie gréco-latine, emprunts de certaines formes poétiques et imitations variées. C'est aussi à ce retour dans le passé qu'on doit la naissance de la comédie et de la tragédie françaises. Cette influence s'étend d'ailleurs au siècle classique et même bien au-delà.

Ainsi la Renaissance rétablit la continuité avec l'Antiquité, ce qui la porte à privilégier la culture savante, rendant parfois difficile l'accès aux œuvres pour un lecteur actuel.

2. Une préférence pour la culture savante

Au Moyen Âge, les fabliaux, les farces, le *Roman de Renart* reflétaient les croyances d'un peuple qui, bien que soumis à l'autorité religieuse et civile, n'en était pas moins joyeusement irrespectueux. Même dans les romans de chevalerie,

pourtant réservés à une élite, les dragons, les philtres et les enchantements divers témoignaient de l'influence du folklore et touchaient l'imagination populaire. Or, durant la Renaissance, le fossé se creuse entre la culture de l'élite et celle du peuple. Les écrivains de la Renaissance dédaignent les genres naïfs ou proches de la parodie loufoque. En tournant le dos à cette tradition du comique populaire, la littérature savante se drape de sérieux et tient à distance les multiples patois et dialectes qui retentissent encore sur la place publique. Ce clivage entre une culture savante et une culture populaire, qui connaîtra son apogée au XVIIe siècle avec le classicisme, n'est pas exclusif à la France, mais il est particulièrement important dans ce pays.

L'œuvre de François Rabelais se distingue en faisant coexister la culture populaire médiévale avec l'érudition de la Renaissance. En effet, dans ses chroniques romanesques, Rabelais reste fidèle à l'imaginaire, à l'esprit et à la verve propres à la culture populaire. On dira d'ailleurs souvent que son œuvre transporte en pleine Renaissance l'esprit carnavalesque du Moyen Âge.

3. La conscience de soi

À la Renaissance, l'être humain se détache du groupe pour se constituer en tant qu'individu, qui désormais revendique sa singularité. Plusieurs faits témoignent de ce changement de mentalité : la publication de biographies et d'autobiographies ; en peinture, les multiples portraits de personnages célèbres, et la signature des œuvres par les artistes.

L'émergence d'une subjectivité, qu'elle soit émotive chez des poètes comme Ronsard et Du Bellay ou plus intellectuelle chez l'essayiste Montaigne, demeure un fait fondamental de la Renaissance. Rompant avec le lyrisme codifié des troubadours, les humanistes se mettent en quête de moyens pour se rapprocher de leur moi intime, pour exprimer une sensibilité personnelle qui peut aller du rire tonitruant de Rabelais devant tout un monde à avaler, au scepticisme éclairé de Montaigne en passant par le cri déchirant de la passion chez Louise Labé.

Mythologie : ensemble des mythes propres à une civilisation, c'est-à-dire des récits qui mettent en scène des personnages légendaires et des événements fabuleux qui, avec le temps, acquièrent une valeur de symbole.

Ici encore, le livre joue un rôle capital dans la naissance de cette subjectivité. Lorsqu'il plonge dans le livre, le lecteur plonge aussi en lui-même. Dans le silence de la lecture, le moi se retire du monde, s'isole des petits événements quotidiens tout comme des grandes perturbations que vit l'Europe. Parce qu'ils sont tout autant lecteurs qu'écrivains, les auteurs du XVIᵉ siècle vivent avec plus d'intensité la transformation des consciences que déclenche la diffusion spectaculaire de l'écrit rendue possible par l'imprimerie. Au-delà de la diversité de leurs ouvrages, c'est cette expérience fondamentale qu'ils nous font partager.

4. La problématique de l'identité nationale

Par l'édit de Villers-Cotterêts en 1539, François Iᵉʳ promulgue le français langue de l'État. Les jours du latin sont comptés, même si l'Église le maintient comme langue du culte religieux. En faisant la promotion de leur langue maternelle et en invitant à produire des œuvres en français, des écrivains comme Ronsard et Du Bellay font un choix manifeste en faveur d'une littérature nationale, au détriment d'une littérature continentale qui aurait été véhiculée par le latin. Ils s'opposent ainsi à plusieurs grands intellectuels de l'époque qui favorisaient au contraire cette langue prestigieuse, offrant l'avantage de s'appuyer sur une tradition et qui permettait en outre la communication au-delà des frontières entre chaque pays. En optant pour le français, les écrivains vont de plus en plus donner préséance à la culture profane sur la culture sacrée. Leurs intérêts se déplacent vers les préoccupations de l'époque ou la description de ses particularités : par exemple, la réflexion sur les cannibales du Nouveau Monde chez Montaigne, le programme d'éducation humaniste chez Rabelais, les mœurs amoureuses des nobles chez Marguerite de Navarre.

Ainsi, le français déclasse à la fois le latin et les dialectes parlés en France et deviendra, au siècle suivant, la langue de prestige parlée dans plusieurs cours d'Europe.

Préciosité : mouvement surtout associé à des femmes qui combattent la vulgarité dans le langage et militent en faveur du raffinement des mœurs.

Baroque : style qui privilégie le mouvement et l'ornementation, en émergence à la fin de la Renaissance et dont l'influence s'étend jusqu'au début du XVIIIᵉ siècle et même au-delà.

5. L'optimisme et le goût de l'exploration

L'appétit du savoir s'allie au goût de la vie, de la joie et du rire. On fait désormais confiance à la nature humaine et à sa capacité d'analyse. La littérature s'ouvre à l'érotisme et la passion se fait plus charnelle, comme chez Ronsard et encore plus chez Louise Labé. L'imagination permet au corps de communiquer avec l'âme et tous deux doivent désormais s'épanouir également. Une « âme saine dans un corps sain », et pourquoi pas aussi dans une belle demeure, somptueusement décorée, sertie au cœur d'un jardin soigneusement entretenu. C'est que la noblesse tout autant que la bourgeoisie prend effectivement goût au luxe et à l'élégance. Les mœurs se civilisent : l'usage de manger et de se moucher avec les mains se perd. On invente la fourchette ; on utilise le mouchoir. Même le mysticisme s'imprègne de sensualité, on fait référence à l'expérience corporelle pour le décrire.

La littérature, qui reflète une époque plus optimiste, prend plaisir au jeu avec les mots, avec les sonorités et à l'expérimentation de nouvelles formes poétiques. Le sonnet, qui connaîtra une faveur qui ne se démentira pas jusqu'au XIXᵉ siècle, est introduit en France notamment par Clément Marot qui traduit Pétrarque (1304-1374), humaniste et poète italien de grande renommée. Au théâtre, tout comme chez Rabelais, l'esprit carnavalesque continue de s'exprimer.

À la fin du siècle, cette exubérance bascule dans un certain maniérisme ; ce style, qui penche vers l'ornementation, annonce la **préciosité** qui s'associera à l'esprit **baroque** au siècle suivant.

Synthèse

La Renaissance et l'humanisme

- La prédominance de la culture écrite sur la culture orale.
- De nouveaux cadres à la création inspirés de la culture gréco-latine (en contrepartie de la rupture plus ou moins généralisée avec la littérature médiévale).
- La préférence pour la culture savante plutôt que pour la culture populaire.
- La prise de conscience de soi et l'émergence de la subjectivité.
- Le militantisme en faveur d'une langue et d'une littérature nationales.
- La confiance dans la nature humaine et l'importance accordée à l'éducation.
- Une exploration de formes littéraires variées.

Le récit

*P*renant le relais des interminables romans de chevalerie, les chroniques « gargantuesques » de Rabelais illustrent la complicité de la culture populaire avec la culture savante tout en faisant la parodie des romans chevaleresques. Reproduisant l'esprit carnavalesque des fêtes populaires, ces récits souvent farfelus ressemblent, par plusieurs aspects, au théâtre de farces et de sotties.

Chez Rabelais, le récit présente les caractéristiques suivantes :

- Genre hybride, le récit mêle narration et argumentation.
- Présentant certaines des caractéristiques du roman d'apprentissage (récit d'initiation à la vie avec un héros qui surmonte des épreuves avant de s'intégrer à la société), le récit illustre, par le biais de l'histoire du héros Gargantua, les principales valeurs humanistes : la foi en la nature humaine, la soif de connaissance et un idéal de sagesse pacifique.
- La critique sociale traduit les préoccupations de la Renaissance concernant la restauration de la foi et l'assainissement des mœurs politiques.
- Sous le couvert du comique et du grotesque, le récit vise non seulement à plaire au lecteur, mais aussi à l'instruire.

La nouvelle

Née en Italie au XIVe siècle sous la plume du célèbre écrivain Boccace (1313-1375), la nouvelle se répand en France pour devenir très populaire avec la Renaissance. Dépourvu de règles précises, ce type de récit se distingue par sa brièveté ; il s'attache, comme son nom l'indique, à raconter ce qui est nouveau. La nouvelle parle donc d'événements et de personnages contemporains. En ce sens, elle aspire à un certain réalisme puisque, à l'exemple des personnages de l'*Heptaméron*, un recueil de nouvelles de Marguerite de Navarre, elle prétend raconter des « histoires vécues » et par le fait même vraisemblables.

La nouvelle présente les caractéristiques suivantes :

- Tout comme les petits genres de la littérature médiévale dont elle s'inspire, soit les fabliaux, les contes et les farces, la nouvelle se fonde sur une intrigue rudimentaire. Les personnages, peu nombreux, sont campés dans une atmosphère et un décor présentés en quelques phrases.
- La tension dramatique, brossée en quelques traits, mène à un retournement décisif, le dénouement étant le plus souvent très court.
- Du conte, dont elle rejette habituellement le merveilleux, la nouvelle conserve l'art de raconter. Comme dans le *Décaméron* de Boccace, qui est le modèle de ce nouveau genre, un prologue présente un groupe de personnages dont l'un prend la parole pour raconter aux autres une histoire — la nouvelle proprement dite — qu'il a lui-même vécue ou qu'on lui a rapportée.
- Une fois le récit terminé, le narrateur et les personnages discutent de la moralité de l'histoire. Cette fin rapproche la nouvelle du conte ou de la fable moralisatrice.
- Les thèmes et les personnages de la nouvelle ne sont tirés ni de l'histoire de la France ni de l'univers chevaleresque. C'est plutôt la vie sociale et les mœurs amoureuses des nobles, des bourgeois, des commerçants et des membres du clergé qui y sont décrites.
- Ce n'est pas pour autant une littérature édifiante qui cherche à présenter une vision idéalisée des choses. Au contraire, l'intention réaliste de la nouvelle lui fait porter un regard plutôt critique sur son époque, et on y reconnaît souvent le ton parodique et satirique de la littérature populaire du Moyen Âge. Sur ce dernier point, elle se rapproche des chroniques de Rabelais.

Le théâtre

Le théâtre vit une période de transition puisqu'il poursuit la tradition du Moyen Âge tout en annonçant le XVIIe siècle.

- Il perpétue la tradition du théâtre religieux avec des genres comme les mystères et les miracles, c'est-à-dire des mises en spectacle d'épisodes de la vie du Christ, d'un saint ou de la Vierge.
- Le théâtre profane repose sur des genres courts comme la sottie et la farce déjà en vogue au Moyen Âge, qui toutes deux présentent des retournements de situations comiques advenant à des personnages du peuple.
- En prenant comme modèles les auteurs de l'Antiquité grecque et romaine, mais en s'inspirant aussi d'auteurs italiens récents comme Boccace et Pétrarque, les dramaturges d'allégeance humaniste composent les premières comédies et les premières tragédies, des genres plus réglementés et par nature plus élitistes.

- Les comédies, qui mettent en scène des personnages modestes, peuvent être composées en prose alors que la tragédie est déjà considérée comme le genre noble par excellence, toujours en vers, dont le héros est d'ailleurs un prince ou un personnage de haut lignage.
- À la Renaissance, les troupes se professionnalisent, mais les spectacles de cour, avec déguisements, effets surprises et intermèdes musicaux, sont encore présentés par les nobles.

- Dès son arrivée en France, la *commedia dell'arte* (d'origine italienne) connaît un grand succès et son influence touche à la fois la conception des personnages, masqués, et le jeu des comédiens plus orienté vers la gestuelle et vers l'improvisation.
- Bien que le théâtre soit un genre très prisé à la Renaissance, il faudra attendre le siècle classique pour que se distinguent des auteurs qui sauront franchir le cap de la postérité en s'inscrivant dans la tradition mise en place par leurs prédécesseurs.

Bibliothèque nationale de France, Paris.
Enluminure tirée du livre le *Décaméron* (1348) de Jean Boccace, 1460.
Marguerite de Navarre a écrit son *Heptaméron* sur le modèle du célèbre *Décaméron* publié presque deux cents ans plus tôt, avec moult histoires d'amour et de trahison, mais la mort ne lui a pas permis de se rendre à cent nouvelles comme Boccace.

LE RÉCIT

Tout texte qui se compose d'une histoire (la fiction, les événements racontés) et d'une narration (la façon dont les événements sont racontés).

PROLOGUE

C'est que vous, mes bons disciples, et quelques autres fous oisifs, en lisant les joyeux titres de quelques livres de notre invention, comme *Gargantua*, *Pantagruel*, *Fessepinte*, *La Dignité des braguettes*, *Des pois au lard avec commentaire*, etc., vous pensez trop facilement qu'on n'y traite que de
5 moqueries, folâtreries et joyeux mensonges, puisque l'enseigne extérieure (c'est le titre) est, sans chercher plus loin, habituellement reçue comme moquerie et plaisanterie. Mais il ne faut pas considérer si légèrement les œuvres des hommes. Car vous-mêmes vous dites que l'habit ne fait pas le moine, et tel est vêtu d'un froc qui au-dedans n'est rien moins que moine, et
10 tel est vêtu d'une cape espagnole qui, dans son courage, n'a rien à voir avec l'Espagne. C'est pourquoi il faut ouvrir le livre et soigneusement peser ce qui y est traité. Alors vous reconnaîtrez que la drogue qui y est contenue est d'une tout autre valeur que ne le promettait la boîte : c'est-à-dire que les matières ici traitées ne sont pas si folâtres que le titre le prétendait.

15 Et en admettant que le sens littéral vous procure des matières assez joyeuses et correspondant bien au titre, il ne faut pourtant pas s'y arrêter, comme au chant des sirènes, mais interpréter à plus haut sens ce que hasard vous croyiez dit de gaieté de cœur.

Avez-vous jamais crocheté une bouteille ? canaille ! souvenez-vous de la
20 contenance que vous aviez. Mais avez-vous jamais vu un chien rencontrant quelque os à moelle ? C'est, comme dit Platon au livre II de *La République*, la bête la plus philosophe du monde. Si vous l'avez vu, vous avez pu noter avec quelle dévotion il guette son os, avec quel soin il le garde, avec quelle ferveur il le tient, avec quelle prudence il l'entame, avec quelle passion il le
25 brise, avec quel zèle il le suce. Qui le pousse à faire cela ? Quel est l'espoir de sa recherche ? Quel bien en attend-il ? Rien de plus qu'un peu de moelle. Il est vrai que ce peu est plus délicieux que beaucoup d'autres produits, parce que la moelle est un aliment élaboré selon ce que la nature a de plus parfait, comme le dit Galien, au 3ᵉ livre *Des Facultés naturelles* et au 11ᵉ de *L'Usage*
30 *des parties du corps*.

À son exemple, il vous faut être sages pour humer, sentir et estimer ces beaux livres de haute graisse, légers à la poursuite et hardis à l'attaque. Puis, par une lecture attentive et une méditation assidue, rompre l'os et sucer la substantifique moelle, c'est-à-dire — ce que je signifie par ces symboles
35 pythagoriciens — avec l'espoir assuré de devenir avisés et vaillants à cette lecture. Car vous y trouverez une bien autre saveur et une doctrine plus profonde, qui vous révélera de très hauts sacrements et mystères horrifiques, tant sur notre religion que sur l'état de la cité et la gestion des affaires.

Gargantua, extrait du Prologue (1534), dans *Œuvres complètes*, texte orignal, translation en français moderne, préface et notes par Guy Dormesson, © Éditions du Seuil, 1973 et novembre 1995.

À la découverte du livre

François Rabelais (1494-1553)

Moine et médecin, bon vivant et fin lettré, Rabelais a laissé une œuvre gigantesque, à l'image de ses personnages, les bons géants Pantagruel et Gargantua. Relatant une suite de «faicts et prouesses espouvantables» et «très horrifiques» – enfin relativement ! –, les cinq livres de Rabelais (quoique le dernier soit d'attribution douteuse) sont écrits dans l'esprit de sa célèbre devise : «Le rire est le propre de l'homme.» Ils font tour à tour passer le lecteur de l'atmosphère d'un carnaval du Moyen Âge à la gravité des grands débats intellectuels de la Renaissance. Souvent difficile d'accès à cause des multiples références culturelles, cette œuvre récompense toutefois le lecteur qui s'y plonge par l'intelligence

(suite à la page suivante)

(suite)

qu'on y trouve à coup sûr. Événements et personnages merveilleux, humour subversif et licencieux, vocabulaire coloré et éclectique, puisant autant dans le langage écrit que parlé : ces éléments chez Rabelais contribuent à l'entrecroisement de la culture savante avec la culture populaire. Œuvre charnière d'une époque charnière, elle s'impose comme un monument de la langue et de la littérature françaises.

Dans cet extrait tiré du prologue de *Gargantua*, qui a été adapté en français moderne pour faciliter la lecture, Rabelais s'adresse à ses lecteurs pour leur indiquer ce qu'ils devraient chercher dans son œuvre.

Archives f. Kunst & Geschichte, Berlin. **Lithographie en couleurs d'après une aquarelle d'Oskar Woite et parue dans un recueil des** *Voyages de Gulliver*, **Berlin, 1882.** Si les géants ont toujours habité l'imaginaire des peuples, de Polyphème le cyclope jusqu'à l'incroyable Hulk, l'écrivain britannique Jonathan Swift a pris le relais de Rabelais en s'en servant pour critiquer sa société à travers les voyages du personnage de Gulliver.

1. Quel portrait des lecteurs Rabelais présente-t-il dans le premier paragraphe ? Tenez compte des aspects suivants :
   – les expressions qu'utilise Rabelais pour les caractériser ;
   – les préjugés qu'il leur attribue ;
   – leur façon de réagir aux titres.

2. Énumérez les conseils que donne Rabelais à ses lecteurs sur la façon de lire ses œuvres (au moins quatre recommandations).

3. Montrez que le prologue annonce une des caractéristiques de l'œuvre de Rabelais, soit le mélange de culture savante et de culture populaire.

4. Il faut « sucer la substantifique moelle ». Expliquez le sens de cette recommandation appliquée à la lecture.

5. Parmi les moyens suivants, lesquels Rabelais utilise-t-il pour retenir l'intérêt du lecteur ?
   – L'anecdote.
   – Le refrain.
   – La variété syntaxique.
   – Le jeu avec les sonorités du langage.
   – L'énumération expressive.
   – La personnification.

   Justifiez votre réponse.

COMMENT PANTAGRUEL COUVRIT DE SA LANGUE TOUTE UNE ARMÉE, ET CE QUE L'AUTEUR VIT DANS SA BOUCHE

Tandis que Pantagruel avec toute sa troupe entrait sur les terres des Dipsodes, tout le monde en était joyeux ; ils se rendirent aussitôt à lui, et, de leur plein gré, lui apportaient les clés de toutes les villes où il allait, excepté les Almyrodes, qui voulurent lui résister, et répondirent à ses hérauts qu'ils
5 ne se rendraient que sur de bonnes garanties.

« Quoi, dit Pantagruel, en demandent-ils de meilleures que la main au pot et le verre au poing ? Allons, et qu'on me les mette à sac. »

Ils se mirent donc tous en ordre, décidés à donner l'assaut. Mais en chemin, passant dans une grande plaine, ils furent surpris par une grosse
10 averse. Sur quoi ils se mirent à se trémousser et à se serrer les uns contre les autres. Voyant cela, Pantagruel leur fit dire par les capitaines que ce n'était rien et qu'il voyait bien au-dessus des nuées que ce ne serait qu'une petite ondée, mais, à toutes fins utiles, qu'ils se mettent en ordre car il voulait les couvrir. Ils se mirent alors en bon ordre, bien serrés, et Pantagruel tira sa
15 langue à moitié seulement, et les couvrit comme une poule couve ses poussins.

Pendant ce temps, moi, qui vous fais ces contes si véridiques, je m'étais caché sous une feuille de bardane, aussi large que l'arche du pont de Mantrible ; mais, quand je les vis si bien couverts, je m'en allai vers eux me
20 mettre à l'abri, mais je ne le pus pas, tant ils étaient nombreux ; comme le dit le proverbe : « Au bout de l'aune, il n'y a plus de toile. » Je montai donc par-dessus le mieux que je pus, et je cheminai bien deux lieues sur sa langue, si bien que j'entrai dans sa bouche.

Mais, ô dieux et déesses, que vis-je là ? Que Jupiter me terrasse de son
25 triple foudre, si je mens à ce sujet. J'y cheminais comme l'on fait dans l'église Sainte-Sophie à Constantinople, et j'y vis des rochers, aussi grands que les monts de Dantzig, je crois que c'étaient ses dents, et de grands prés, de grandes forêts, de puissantes et grosses villes, aussi grandes que Lyon ou Poitiers.
30 La première personne que j'y rencontrai, ce fut un bonhomme qui plantait des choux. Aussi, tout ébahi, lui demandai-je :

« Mon ami, que fais-tu ici ?

— Je plante des choux, dit-il.

— Et pourquoi et comment ? dis-je.
35 — Ha, messire, dit-il, tout le monde ne peut pas avoir les couillons aussi pesants qu'un mortier, et nous ne pouvons pas tous être riches. Je gagne ainsi ma vie, et je vais les vendre au marché dans la cité qui est là derrière.

— Jésus, dis-je, il y a ici un nouveau monde ?

— Certes, dit-il, il n'est pas nouveau ; mais l'on dit bien que, hors d'ici, il
40 y a une terre neuve où ils ont soleil et lune, et tout plein de belles affaires ; mais celui-ci est plus ancien.

— Oui mais, dis-je, mon ami, quel nom porte cette ville où tu vas vendre tes choux ?

— Elle porte le nom, dit-il, d'Aspharage, et les habitants sont des
45 chrétiens, gens de bien, qui vous feront un bon accueil. »

Bref, je décidai d'y aller.

Or, en chemin, je rencontrai un compagnon qui tendait des pièges aux pigeons, et je lui demandai :

« Mon ami, d'où viennent ces pigeons-ci ?
50 — Sire, dit-il, ils viennent de l'autre monde. »

L'exploration de mondes nouveaux

François Rabelais (1494-1553)

Rabelais n'est pas l'inventeur des géants, mais c'est à lui qu'il revient de leur avoir donné des proportions démesurées. Comparé à Pantagruel, tout autre géant se transforme immédiatement en nain inoffensif. Chez Rabelais, le gigantisme n'est pas le simple attribut d'un personnage plus grand que les autres : il symbolise aussi une manière de voir le monde, de le comprendre. Rabelais fait de cet être énorme, parfois plus grand que le paysage dans lequel il évolue, une loupe grossissante pour établir des correspondances inattendues entre le corps humain considéré comme un microcosme, et le macrocosme, c'est-à-dire l'univers entier.

Dans cet extrait, le narrateur, Alcofribas Nasier (anagramme de François Rabelais, soit un nom obtenu par la transposition des lettres de son véritable nom), raconte comment il a eu l'occasion d'entrer dans la bouche de Pantagruel et d'y vivre pendant quelques mois. L'anecdote est aussi incroyable que « l'autre monde » qu'il découvre dans cet antre...

Archives f. Kunst & Geschichte, Berlin.
Gravure sur bois, 1854, d'après un dessin de Gustave Doré dans *Œuvres de Rabelais*, Paris, 1873.

Je pensai alors que, quand Pantagruel bâillait, les pigeons entraient à toute volée dans sa gorge, croyant que c'était un colombier.

55 Puis j'entrai dans la ville, que je trouvai belle, puissante et d'un bel aspect ; mais à l'entrée les gardiens me demandèrent mon certificat de santé, ce dont je fus fort ébahi, et 60 je leur demandai :

« Messieurs, y a-t-il ici danger de peste ?

— Ô Seigneur, dirent-ils, on meurt tant près d'ici que le chariot 65 des morts n'arrête pas de courir par les rues.

— Vrai Dieu, dis-je, et où ? »

À cela ils me répondirent que c'était à Laryngues et Pharingues, 70 qui sont deux villes aussi grosses que Rouen et Nantes, riches et bien commerçantes, et que la peste était venue d'une puante et infecte exhalaison naguère sortie des 75 abîmes, et qui a fait mourir plus de vingt-deux fois cent soixante mille et seize personnes depuis huit jours. Alors je suppute, je calcule, et je trouve que c'était 80 une puante haleine qui était venue de l'estomac de Pantagruel lorsqu'il mangea tant d'aillade, comme nous l'avons dit plus haut.

Partant de là, je passai entre les 85 rochers, qui étaient ses dents, et je réussis à monter sur l'une d'elles ; là je trouvai les plus beaux lieux du monde, de beaux et grands jeux de paume, de belles galeries, de belles prairies, beaucoup de vignes et une infinité de fermettes à la mode italienne, dans les champs pleins de délices ; là, je demeurai bien quatre mois et je ne fis jamais meilleure chère qu'alors.

90 Puis je descendis par les dents de derrière pour aller aux lèvres ; mais en passant je fus détroussé par des brigands dans une grande forêt, qui est vers les oreilles.

Puis, en redescendant, je trouvai une petite bourgade dont j'ai oublié le nom, où je fis encore meilleure chère que jamais, et où je gagnai un peu 95 d'argent pour vivre. Savez-vous comment ? À dormir ; car on loue les gens à la journée pour dormir, et ils gagnent cinq à six sous par jour ; mais ceux qui ronflent bien fort gagnent bien sept sous et demi. Je racontai aux sénateurs comment on m'avait détroussé dans la vallée ; ils me dirent qu'en vérité les gens qui vivaient au-delà étaient malfaisants et brigands de nature ; à cela je 100 vis que, de même que nous avons des contrées en deçà et au-delà des monts, de même ils en ont en deçà et au-delà des dents ; mais il fait bien meilleur vivre en deçà et l'air y est meilleur.

Là je me mis à penser qu'on ne se trompe pas quand on dit que la moitié du monde ne sait pas comment l'autre vit, vu que personne n'avait encore écrit sur ce pays-là, où il y a plus de vingt-cinq royaumes habités, sans compter les déserts et un gros bras de mer ; mais j'ai composé là-dessus un grand livre intitulé l'*Histoire des Rengorgés* ; je les ai nommés ainsi parce qu'ils demeurent dans *la gorge* de mon maître Pantagruel.

Finalement je voulus m'en retourner, et passant par sa barbe, je me jetai sur ses épaules, et de là je dévale à terre et tombe devant lui.

Quand il m'aperçut, il me demanda :

« D'où viens-tu, Alcofrybas ? »

Je lui réponds :

« De votre gorge, Messire.

— Et depuis quand y es-tu ? dit-il.

— Depuis, dis-je, que vous marchiez contre les Almyrodes.

— Il y a, dit-il, plus de six mois. Et de quoi vivais-tu ? Que buvais-tu ? »

Je réponds :

« Seigneur, la même chose que vous, et sur les plus friands morceaux qui passaient dans votre gorge, je prélevais des droits de douane.

— Oui mais, dit-il, où chiais-tu ?

— Dans votre gorge, Messire, dis-je.

— Ha, ha, tu es un gentil compagnon, dit-il. Nous avons, avec l'aide de Dieu, conquis tout le pays des Dipsodes, et je te donne la châtellenie de Salmigondis.

— Merci beaucoup, dis-je, Messire. Vous me faites plus de faveur que je n'ai mérité de votre part. »

Pantagruel, extrait du chapitre XXXII (1532), dans *Œuvres complètes*, texte orignal, translation en français moderne, préface et notes par Guy Dormesson, © Éditions du Seuil, 1973 et novembre 1995.

1. Dans les premiers paragraphes (lignes 1 à 15), montrez que Rabelais parle de la guerre de façon humoristique.

2. Cette description d'un autre monde correspond assez fidèlement à la réalité de l'époque. Relevez dans le texte divers éléments qui illustrent les caractéristiques suivantes :
   – la présence de la religion ;
   – l'importance des villes ;
   – une économie qui repose sur l'agriculture ;
   – une époque où l'on découvre des mondes nouveaux ;
   – la menace des épidémies.

3. Le corps et ses fonctions – boire, manger, digérer – occupent une place centrale dans l'œuvre de Rabelais. Relevez les images, les comparaisons et les métaphores corporelles, et montrez qu'elles contribuent au comique dans cet extrait.

4. La description évite le piège de l'utopie en présentant à la fois les maux de cette société et ses bons côtés. Démontrez-le.

5. Chez Rabelais, la narration sert souvent des buts argumentatifs ou moralisateurs. Est-ce le cas dans ce récit ?

6. Dégagez les caractéristiques de l'écriture de Rabelais en rapport avec les composantes suivantes :
   – la conception des personnages et de l'intrigue ;
   – le choix du narrateur ;
   – les qualités particulières du style (style humoristique, imagé, lisible, etc.).

7. Comparez ce récit avec celui de Marguerite de Navarre (page suivante).

Atelier d'analyse

PUNITION PLUS RIGOUREUSE QUE LA MORT D'UN MARI ENVERS SA FEMME ADULTÈRE

Le Roi Charles, huitième de ce nom, envoya en Allemagne un gentilhomme nommé Bernage, sieur de Sivray près Amboise, lequel, pour faire bonne diligence, n'épargnait jour ni nuit pour avancer son chemin ; de sorte que, un soir bien tard, arriva en un château d'un gentilhomme où il demanda
5   logis, ce qu'à grand peine put avoir. Toutefois, quand le gentilhomme entendit qu'il était serviteur d'un tel Roi, s'en alla au-devant de lui et le pria de ne se mal contenter de la rudesse de ses gens car, à cause de quelques parents de sa femme qui lui voulaient mal, il était contraint tenir ainsi la maison fermée. Aussi ledit Bernage lui dit l'occasion de sa légation, en quoi le gentil-
10 homme s'offrit de faire tout son service à lui possible au Roi son maître. Et le mena dedans sa maison, où il le logea et festoya honorablement.

Il était heure de souper. Le gentilhomme le mena en une belle salle tendue de belle tapisserie. Et ainsi que la viande fut apportée sur la table, vit sortir de derrière la tapisserie une femme, la plus belle qu'il était possible de
15 regarder ; mais elle avait sa tête toute tondue, le demeurant du corps habillé de noir, à l'allemande. Après que ledit seigneur eut lavé avec le seigneur de Bernage, l'on porta l'eau à cette dame qui lava et s'alla seoir au bout de la table, sans parler à nullui, ni nul à elle. Le seigneur de Bernage la regarda bien fort, et lui sembla une des plus belles dames qu'il avait jamais vues,
20 sinon qu'elle avait le visage bien pâle et la contenance bien triste. Après qu'elle eut mangé un peu, elle demanda à boire, ce que lui apporta un serviteur de léans, dedans un émerveillable vaisseau, car c'était la tête d'un mort, dont les yeux étaient bouchés d'argent. Et ainsi but deux ou trois fois la demoiselle. Après qu'elle eut soupé et fait laver les mains, fit une révérence
25 au seigneur de la maison et s'en retourna derrière la tapisserie, sans parler à personne. Bernage fut tant ébahi de voir chose si étrange qu'il en devint tout triste et pensif. Le gentilhomme, qui s'en aperçut, lui dit : « Je vois bien que vous vous étonnez de ce que vous avez vu en cette table. Mais, vu l'honnêteté que je trouve en vous, je ne vous veux celer que c'est, afin que vous ne
30 pensiez qu'il y ait en moi telle cruauté sans grande occasion. Cette dame que vous avez vue est ma femme, laquelle j'ai plus aimée que jamais homme pourrait aimer femme, tant que, pour l'épouser, j'oubliai toute crainte, en sorte que je l'amenai ici dedans malgré ses parents. Elle aussi me montrait tant de signes d'amour que j'eusse hasardé dix mille vies pour la mettre
35 céans à son aise et à la mienne, où nous avons vécu un temps à tel repos et contentement que je me tenais le plus heureux gentilhomme de la chrétienté. Mais en un voyage que je fis, où mon honneur me contraignit d'aller, elle oublia tant son honneur, sa conscience et l'amour qu'elle avait en moi qu'elle fut amoureuse d'un jeune gentilhomme que j'avais nourri céans.
40 Dont à mon retour je me cuidai apercevoir ; si est-ce que l'amour que je lui portais était si grand que ne me pouvais défier d'elle jusqu'à la fin que l'expérience me creva les yeux : et vis ce que je craignais plus que la mort. Parquoi l'amour que je lui portais fut converti en fureur et désespoir, en telle sorte que je la guettai de si près qu'un jour, feignant aller dehors, me
45 cachai en la chambre où maintenant elle demeure, où bientôt après mon partement elle se retira ; et y fit venir ce jeune gentilhomme, lequel je vis

---

L'envers de l'amour courtois

Marguerite de Navarre (1492-1549)

Sœur du roi François Ier, Marguerite de Navarre reçoit une éducation digne des plus grands humanistes. Personnage important dans le domaine des lettres, elle réunit autour d'elle une cour où brillent plusieurs artistes qui profitent de son mécénat. Auteure d'un des plus célèbres recueils de nouvelles, elle deviendra la protectrice du poète Clément Marot et du prédicateur de la Réforme Jean Calvin. Après quelques œuvres mystiques, elle écrit *Heptaméron*, qui ne paraîtra que dix ans après sa mort. Sur le modèle du *Décaméron* de Boccace, elle crée sept personnages qui pendant sept jours (du grec « hepta » qui signifie sept) se racontent des histoires « vécues ». Bien que les protagonistes soient des nobles cultivés, leur conversation porte davantage sur la vie privée et amoureuse que sur les affaires de la cour.

L'extrait ci-contre présente un aperçu troublant et cruel des thèmes abordés dans *Heptaméron* : mariage et infidélité, amour et jalousie, passion et vengeance.

entrer avec la privauté qui n'appartenait qu'à moi avoir à elle. Mais quand je vis qu'il
50 voulait monter sur le lit auprès d'elle, je saillis dehors et le pris entre ses bras, où je le tuai. Et pource que le crime de ma femme me sembla si grand
55 qu'une telle mort n'était suffisante pour la punir, je lui ordonnai une peine que je pense qu'elle a plus désagréable que la mort : c'est de l'enfermer
60 en ladite chambre où elle se retirait pour prendre ses plus grandes délices, et en la compagnie de celui qu'elle aimait trop mieux que moi. Auquel
65 lieu je lui ai mis dans une armoire tous les os de son ami, tendus comme une chose précieuse en un cabinet. Et afin qu'elle n'en oublie la mémoire,
70 en buvant et mangeant lui fais servir à table, au lieu de coupe,

la tête de ce méchant, et là tout devant moi, afin qu'elle voie vivant celui qu'elle a fait son mortel ennemi par sa faute, et mort pour l'amour d'elle celui duquel elle avait préféré l'amitié à la mienne. Et ainsi elle voit à dîner et
75 à souper les deux choses qui plus lui doivent déplaire : l'ennemi vivant et l'ami mort, et tout par son péché. Au demeurant, je la traite comme moi-même, sinon qu'elle va tondue, car l'arraiement des cheveux n'appartient à l'adultère, ni le voile à l'impudique. Parquoi s'en va rasée, montrant qu'elle a perdu l'honneur de la chasteté et pudicité. S'il vous plaît de prendre la peine
80 de la voir, je vous y mènerai. »

Ce que fit volontiers Bernage ; lesquels descendirent à bas, et trouvèrent qu'elle était en une très belle chambre, assise toute seule devant un feu. Le gentilhomme tira un rideau qui était devant une grande armoire, où il vit pendus tous les os d'un homme mort. Bernage avait grande envie de parler à
85 la dame, mais, de peur du mari, il n'osa. Le gentilhomme qui s'en aperçut lui dit : « S'il vous plaît lui dire quelque chose, vous verrez quelle grâce et parole elle a. » Bernage lui dit à l'heure : « Madame, votre patience est égale au tourment : je vous tiens la plus malheureuse femme du monde. » La dame, ayant la larme à l'œil, avec une grâce tant humble qu'il n'était possible de plus, lui
90 dit : « Monsieur, je confesse ma faute être si grande que tous les maux que le seigneur de céans — lequel je ne suis digne de nommer mon mari — me saurait faire ne me sont rien au prix du regret que j'ai de l'avoir offensé. » En disant cela se prit fort à pleurer. Le gentilhomme tira Bernage par le bras et l'emmena. Le lendemain au matin, s'en partit pour aller faire la charge que
95 le Roi lui avait donnée. Toutefois, disant adieu au gentilhomme, ne se put tenir de lui dire : « Monsieur, l'amour que je vous porte et l'honneur et privauté que vous m'avez faite en votre maison me contraignent à vous dire qu'il me semble, vu la grande repentance de votre pauvre femme, que vous lui devez user de miséricorde. Et aussi vous êtes jeune, et n'avez nuls enfants ;

Musée du Louvre, Paris.
Giovanni Battista Tiepolo,
Le Christ et la femme adultère, 1760.
Les histoires mettant en scène des femmes infidèles constituent un des moteurs les plus puissants de la machine littéraire… mais elles ne se terminent pas toujours aussi bien que dans cette nouvelle de l'*Heptaméron* ou dans ce passage des Évangiles.

100 et serait grand dommage de perdre une si belle maison que la vôtre, et que ceux qui ne vous aiment peut-être point en fussent héritiers. » Le gentilhomme, qui avait délibéré de ne parler jamais à sa femme, pensa longuement aux propos que lui tint le seigneur de Bernage. Et enfin connut qu'il disait la vérité, et lui promit que, si elle persévérait en cette humilité, il en
105 aurait quelque fois pitié. Ainsi s'en alla Bernage faire sa charge. Et quand il fut retourné devant le Roi son maître, lui fit tout au long le conte que le prince trouva tel comme il disait. Et entre autres choses, ayant parlé de la beauté de la dame, envoya son peintre nommé Jean de Paris, pour lui rapporter cette dame au vif. Ce qu'il fit après le consentement de son mari,
110 lequel, après longue pénitence, pour le désir qu'il avait d'avoir enfants, et pour la pitié qu'il eut de sa femme qui en si grande humilité recevait cette pénitence, la reprit avec soi. Et en eut depuis beaucoup de beaux enfants.

Heptaméron, extrait de la trente-deuxième nouvelle (1559), texte établi par Simone de Reyff, © Flammarion, G.-F., 1988.

 *Atelier* d'analyse

Exploration

1. Assurez-vous de bien comprendre le texte. Pour ce faire :
   – cherchez la définition des mots qui vous sont moins familiers, comme « diligence », « légation », etc. Interrogez-vous également sur les mots dont la définition peut éclairer la signification du texte, comme « gentilhomme », « tapisserie », etc. ;
   – faites le plan de l'extrait.

2. Montrez que le début du texte (lignes 1 à 11) baigne dans un climat d'étrangeté. Relevez ailleurs dans le récit d'autres éléments qui contribuent au prolongement de cette atmosphère.

3. Montrez que la description de la dame, à la fois son physique et son comportement, est plutôt stéréotypée.

4. Décrivez le châtiment imposé à l'épouse et expliquez en quoi il illustre le raffinement dans l'art de la torture.

5. Des deux crimes, l'adultère de l'épouse et l'assassinat de l'amant, lequel semble être considéré comme le plus grave ? Justifiez votre choix.

6. Montrez qu'il s'effectue dans le texte un déplacement de la culpabilité, du mari assassin vers l'épouse.

7. Bernage et le mari représentent-ils deux types d'hommes et deux visions différentes de la morale ? Sont-ils vraiment si éloignés l'un de l'autre dans leur conception de la place et du rôle de la femme ?

8. En adoptant la perspective de l'époque, quelle vision de l'amour et du mariage se dégage du texte ? En quoi cette vision diffère-t-elle de celle d'aujourd'hui ? En adoptant un point de vue actuel, commentez le cynisme du dénouement.

Hypothèses d'analyse et de dissertation

1. Analysez les thèmes de l'amour, de la jalousie et de la culpabilité tels qu'ils sont représentés dans cet extrait.

2. D'un point de vue actuel, ce récit peut paraître antiféministe. Commentez cette affirmation.

Pierre de Ronsard : le chef de file de la Pléiade

Courte biographie

é en 1524, Ronsard est fils de famille noble. Très fier de ses origines, il veut embrasser la carrière des armes et devenir courtisan lorsqu'une grave maladie lui fait perdre l'ouïe et l'oblige à envisager une autre carrière. Comme il est alors coutumier pour les fils de bonne famille, on lui confie des charges ecclésiastiques pour lui assurer un revenu ; il n'est pas prêtre, mais aumônier et réside toute sa vie dans les prieurés (ce sont des couvents) que le roi lui attribue en récompense de ses services. Avec quelques amis animés de la même ferveur que lui pour la poésie, il fonde, au moment de ses études, un groupe poétique qui prendra bientôt le nom de Pléiade. La jeune école littéraire tire profit du succès personnel de son chef de file qui rapidement gagne en notoriété. Il compose d'abord des poèmes inspirés de Pindare (poète de l'Antiquité grecque), textes plutôt rébarbatifs, pour ensuite prendre comme modèle Pétrarque (Italie, 1304-1374). En des sonnets d'un lyrisme plus personnel et plus gracieux , il chante sa passion pour une jeune femme, Cassandre Salviati. Toute son existence, il excelle à exprimer l'émotion amoureuse et nombreux sont ses vers qui invitent à jouir de la vie avant que la vieillesse éteigne toute possibilité de séduction. Adepte d'Épicure (philosophe grec qui propose de profiter des plaisirs de la vie), Ronsard tient à distance toute forme de rigidité morale, comme en témoignent d'ailleurs les vers suivants tirés du *Discours des Misères de ce temps*, texte versifié à caractère autobiographique, qui nous donne aussi un bref aperçu de ce que pouvait être la vie des privilégiés à l'époque de la Renaissance :

Mais quand le ciel est triste et tout noir d'épaisseur,
Et qu'il ne fait aux champs ni plaisant ni bien seur,
Je cherche compagnie, ou je joue à la prime,
Je voltige ou je saute, ou je lutte ou j'escrime,
Je dis le mot pour rire et à la vérité
Je ne loge chez moi trop de sévérité.
J'aime à faire l'amour, j'aime à parler aux femmes,
À mettre par écrit mes amoureuses flammes,
J'aime le bal, la danse et les masques aussi,
La musique, le luth, ennemis du souci.

Devenu poète officiel, Ronsard prête son génie à l'écriture de pièces pour des circonstances comme les fêtes royales, les grands événements du royaume, la mort de gentilshommes illustres. Au moment des guerres de religion, il prend définitivement parti pour les catholiques jusqu'à écrire des pamphlets d'une étonnante virulence contre les protestants. Grand admirateur de Ronsard, le poète Agrippa d'Aubigné (1552-1630) se fera, quant à lui, le porte-parole des protestants. Échappant de peu à la mort lors des

Musée Cantonal des Beaux-Arts, Lausanne. François Dubois, *La Nuit de la Saint-Barthélemy*, détail : massacre des huguenots sortant du Louvre ; Catherine de Médicis se penchant sur les corps nus des premières victimes, 1572.

massacres de la Saint-Barthélemy (1572), d'Aubigné adresse au roi ces vers où vibre une ardente rancœur devant le spectacle de la France déchirée, mise à feu et à sang par ces guerres fratricides :

> *En allant à la mort, tout plein d'autorité,*
> *Il prononça ces mots : « Ô Dieu de vérité,*
> *Montre à ces juges faux leur stupide ignorance*
> *Et je prononcerai, condamné, leur sentence.*
> *Vous n'êtes, compagnons, plus juges, mais bourreaux ».*

Alors que d'Aubigné continue à combattre avec les armées huguenotes (les protestants calvinistes), Ronsard, lui, revient à une attitude modérée plus conforme à son caractère. À la fin de sa vie, il échoue avec *La Franciade* à satisfaire les attentes trop contraignantes du roi qui lui demandait une épopée de l'histoire de France. Son influence à la cour décroît. Retiré en campagne, il s'éteint en 1585, quatre ans avant l'assassinat du roi Henri III et l'avènement de Henri IV, qui doit abjurer sa foi protestante pour assurer la paix du royaume.

Toute l'œuvre de Ronsard témoigne de la diversité de son inspiration et de son adhésion aux valeurs de l'humanisme. Ses poèmes les plus célèbres demeurent toutefois ceux qui expriment son élan amoureux et son inquiétude sur la mort.

Vous trouverez d'autres renseignements sur Ronsard aux pages 68, 69 et 71.

DESCRIPTION DU GENRE DE PRÉDILECTION

L'influence de la Pléiade sur la poésie

Étroitement liée à l'essor de la langue française, la poésie vit son heure de gloire sous le règne de François Ier. Depuis la fin du Moyen Âge, plusieurs courants témoignent de sa vitalité, tel celui des grands rhétoriqueurs qui misaient sur la virtuosité formelle. Un poète comme Clément Marot illustre d'ailleurs le penchant de ses prédécesseurs pour le jeu de mots qui confine à l'acrobatie verbale, comme on peut le constater dans l'extrait suivant écrit dans l'orthographe de l'époque :

> *En m'esbatant je fais rondeaulx en rithme,*
> *Et en rithmant bien souvent je m'enrime (je m'enrhume) ;*
> *Brief, c'est pitié d'entre nous rithmailleurs,*
> *Car vous trouvez assez de rithme ailleurs,*
> *Et quand vous plaist, mieux que moi rithmassez.*

C'est pourtant ce poète, plus que simple rimailleur, qui fait la transition entre un art très savamment stylisé et la Pléiade qui regroupe, sous la gouverne de Ronsard, sept poètes qui se fixent les objectifs suivants :
- Ouvrir la poésie à l'influence des humanistes.
- Imiter les auteurs antiques, mais directement en français.
- Militer en faveur d'une littérature nationale tout en contribuant au prestige de la poésie, considérée comme le genre de prédilection. Du Bellay écrit d'ailleurs le manifeste *Défense et Illustration de la langue française* pour appuyer cet idéal.
- Renouveler l'inspiration et enrichir le vocabulaire français au contact d'œuvres comme celle du poète italien Pétrarque (1304-1374), une autre influence majeure pour la poésie de cette époque.
- Prendre ses distances par rapport à la poésie médiévale en pratiquant de nouvelles formes poétiques comme le sonnet, d'ailleurs emprunté à Pétrarque par Marot. Composé de deux quatrains et de deux tercets, le sonnet oppose généralement deux thèmes qui se « nouent » à la troisième strophe.

À cause de ses règles strictes, presque mathématiques, la poésie semble plus apte que la prose à dévoiler les harmonies secrètes du langage et à en révéler la perfection. Parce qu'elle s'apparente à un langage idéal, voire divin, la poésie devient le genre littéraire privilégié pour célébrer la grandeur du royaume. Cette poésie adopte des formes variées, soit :
- l'épigramme, court poème satirique ;
- l'épitaphe, inscription funéraire souvent versifiée ou poème à la mémoire d'un défunt ;
- l'ode, long poème sur un sujet souvent grave ;
- l'hymne, poème à la gloire de Dieu, du roi ou de héros légendaires ;
- le sonnet, poème composé de deux quatrains et de deux tercets ;
- le blason, description en vers de toutes les parties du corps d'une personne.

La nature dans le lyrisme amoureux

Pierre de Ronsard (1524-1585)

Après avoir chanté ses amours à l'égard de l'indifférente Cassandre, Ronsard poursuit l'écriture de son recueil en célébrant les beautés de la douce Marie, dont le nom même contient le verbe aimer. Sa poésie évolue et revêt une plus grande simplicité pour s'adresser à cette jeune bergère. La nature demeure cependant une source inépuisable d'images et de métaphores. Lorsqu'il évoque Marie, Ronsard déploie son talent pour suggérer la jeunesse de la demoiselle et sa grâce, aussi fragile que le temps qui passe.

Dans ce sonnet, le poète, toujours porté vers l'épicurisme, invite Marie à se lever tôt pour profiter de la vie.

MARIE, LEVEZ-VOUS...

Marie, levez-vous, ma jeune paresseuse :
Jà la gaie alouette au ciel a fredonné,
Et jà le rossignol doucement jargonné,
Dessus l'épine assis, sa complainte amoureuse.

5 Sus ! debout ! allons voir l'herbelette perleuse,
Et votre beau rosier de boutons couronné,
Et vos œillets mignons, auxquels aviez donné,
Hier au soir, de l'eau d'une main si soigneuse.

Harsoir en vous couchant vous jurâtes vos yeux
10 D'être plus tôt que moi ce matin éveillée ;
Mais le dormir de l'Aube, aux filles gracieux,

Vous tient d'un doux sommeil encor les yeux sillée.
Çà ! çà ! que je les baise et votre beau tétin,
Cent fois, pour vous apprendre à vous lever matin.

Amours de Marie, XIX (1555), dans *Les Amours*, texte établi par Albert-Marie Schmidt, Paris, © Éditions Gallimard, 1981.

Collection particulière, Belgique.
Paulus Moreelse, *Bergère*, 1627.

1. Relevez les références à la nature et expliquez comment elles s'intègrent à la stratégie du poète pour réveiller Marie.

2. Ce poème emprunte à la fois le ton de l'invitation, de la supplication et du reproche. Étudiez l'alternance de ces tonalités affectives.

3. Entre écriture érudite et style accessible, quel semble être ici le choix de Ronsard ? Justifiez votre réponse.

Atelier de comparaison

L'hymne à la vie à deux périodes différentes

L'hymne à la vie, version de la Renaissance

MIGNONNE, ALLONS VOIR SI LA ROSE

À Cassandre

Mignonne, allons voir si la rose
Qui ce matin avoit desclose
Sa robe de pourpre au Soleil,
A point perdu ceste vesprée
5 Les plis de sa robe pourprée,
Et son teint au vostre pareil.

Las ! voyez comme en peu d'espace,
Mignonne, elle a dessus la place
Las ! las ses beautez laissé cheoir !
10 Ô vrayment marastre Nature,
Puis qu'une telle fleur ne dure
Que du matin jusques au soir !

Donc, si vous me croyez, mignonne,
Tandis que vostre âge fleuronne
15 En sa plus verte nouveauté,
Cueillez cueillez vostre jeunesse :
Comme à ceste fleur la vieillesse
Fera ternir vostre beauté.

Les Odes (1551-1552), dans *Œuvres complète*, tome I, édition établie, présentée et annotée par Jean Céard, Daniel Ménager et Michel Simonin, Bibliothèque de la Pléiade, © Éditions Gallimard.

LA POÉSIE

Pierre de Ronsard (1524-1585)

Plus qu'aucune autre, l'œuvre de Ronsard symbolise le statut exceptionnel de la poésie à l'époque de la Renaissance. Issu de la petite noblesse, Ronsard est introduit très tôt à la cour de François Ier où il a le statut de poète officiel. Parsemée de références mythologiques, sa poésie chante surtout l'amour ou plutôt ses amours avec Cassandre, Hélène, Marie. Chez lui, la symbolique de la nature enrichit l'expression du sentiment amoureux. Parfumé de fraîcheur et de simplicité, ce sentiment est cependant menacé par le temps destructeur.

Augmenté à la suite de chaque nouvelle rencontre amoureuse, le volumineux recueil des *Amours* débute avec la célébration de la passion de « glace et de feu » que Ronsard éprouve pour la belle et indifférente Cassandre.

Musée du Louvre, Paris.
Jean Cousin, *Eva prima Pandora*, 1538.

L'hymne à la vie, version de Raymond Queneau au XXᵉ siècle

SI TU T'IMAGINES

Si tu t'imagines
si tu t'imagines
fillette fillette
si tu t'imagines
5 xa va xa va xa
va durer toujours
la saison des za
la saison des za
saison des amours
10 ce que tu te goures
fillette fillette
ce que tu te goures

Si tu crois petite
si tu crois ah ah
15 que ton teint de rose
ta taille de guêpe
tes mignons biceps
tes ongles d'émail
ta cuisse de nymphe
20 et ton pied léger
si tu crois petite
xa va xa va xa
va durer toujours
ce que tu te goures
25 fillette fillette
ce que tu te goures

les beaux jours s'en vont
les beaux jours de fête
soleils et planètes
30 tournent tous en rond
mais toi ma petite
tu marches tout droit
vers sque tu vois pas
très sournois s'approchent
35 la ride véloce
la pesante graisse
le menton triplé
le muscle avachi
allons cueille cueille
40 les roses les roses
roses de la vie
et que leurs pétales
soient la mer étale
de tous les bonheurs
45 allons cueille cueille
si tu le fais pas
ce que tu te goures
fillette fillette
ce que tu te goures

L'Instant fatal, © Éditions Gallimard, 1948.

Atelier de comparaison

1. Dans la première strophe du poème de Ronsard, expliquez comment la comparaison avec la rose prend vite l'allure d'une personnification. Montrez l'efficacité de ce procédé.

2. Expliquez comment la deuxième strophe du même poème témoigne en fait d'un aspect dramatique de la vie.

3. Dans la troisième strophe, montrez comment la référence à la nature contribue à rendre métaphorique l'ensemble des vers.

4. Expliquez en quoi le poème de Ronsard illustre une morale épicurienne (qui prône les jouissances de la vie).

5. Faites ressortir les éléments qui indiquent les liens d'intertextualité entre le poème de Queneau et celui de Ronsard (intertextualité : les liens qui se tissent entre deux textes, l'un servant d'inspiration à l'autre).

6. Dans lequel des deux poèmes l'humour semble-t-il l'emporter sur la mélancolie ?

7. Démontrez que le poème de Queneau :
   – porte plusieurs marques de la langue orale ;
   – possède plusieurs caractéristiques qui l'apparentent à la chanson (ce qu'il va d'ailleurs devenir).

ÉPITAPHE DE MARIE

Ci reposent les os de la belle Marie,
Qui me fit pour Anjou quitter mon Vendômois,
Qui m'échauffa le sang au plus vert de mes mois,
Qui fut toute mon Tout, mon bien et mon envie.

5 En sa tombe repose honneur et courtoisie,
Et la jeune beauté qu'en l'âme je sentois,
Et le flambeau d'Amour, ses traits et son carquois,
En ensemble mon cœur, mes pensers et ma vie.

Tu es, belle Angevine, un bel astre des cieux ;
10 Les Anges tous ravis se paissent de tes yeux.
La terre te regrette. Ô beauté sans seconde !

Maintenant tu es vive, et je suis mort d'ennui.
Malheureux qui se fie en l'attente d'autrui !
Trois amis m'ont déçu : toi, l'Amour, et le monde.

Sur la mort de Marie, XIII (1578), dans *Les Amours*, texte établi par Albert-Marie Schmidt,
© Éditions Gallimard, 1964.

IL FAUT LAISSER...

Il faut laisser maisons et vergers et jardins,
Vaisselles et vaisseaux que l'artisan burine,
Et chanter son obsèque en la façon du Cyne*, (cygne)
Qui chante son trépas sur les bords Méandrins.

5 C'est fait, j'ai dévidé le cours de mes destins,
J'ai vécu, j'ai rendu mon nom assez insigne,
Ma plume vole au ciel pour être en quelque signe,
Loin des appâs mondains qui trompent les plus fins.

Heureux qui ne fut onc*, plus heureux qui retourne (jamais)
10 En rien comme il était, plus heureux qui séjourne
D'homme fait nouvel ange auprès de Jésus-Christ,

Laissant pourrir çà-bas sa dépouille de boue,
Dont le sort, la fortune et le destin se joue,
Franc des liens du corps pour n'être qu'un esprit.

Les Derniers Vers, VI, 1586, Bibliothèque nationale de France, Paris.

La nostalgie du temps qui passe

Pierre de Ronsard (1524-1585)

Bouleversé, comme beaucoup de ses contemporains, par les guerres de religion qui font rage, Ronsard devient, en vieillissant, de plus en plus sensible à la présence de la mort qui rôde autour de lui. Déjà tangible dans ses œuvres antérieures, cette conscience aiguë du caractère éphémère de la vie humaine rend encore plus bouleversantes la mort de Marie et la sienne qui suivra peu après.

Dans les deux sonnets ci-contre, Ronsard pleure la disparition de sa muse et pressent sa mort prochaine.

1. Comparez les deux poèmes et montrez les éléments qu'ils ont en commun et leurs différences, aux points de vue du sens, du rythme et de l'image.

2. Montrez que Marie, même morte, se présente aux yeux de Ronsard comme une incarnation de la vie.

3. Montrez que le deuxième poème illustre le détachement qui précède l'acceptation de la mort.

Un nouveau lyrisme plus personnel

Joachim Du Bellay (1522-1560)

Quatre ans après avoir publié *Défense et Illustration de la langue française*, Du Bellay se rend à Rome à titre de secrétaire du cardinal Jean Du Bellay, son cousin. Or, ce fervent admirateur de l'Antiquité est déçu par la Ville éternelle, peu conforme à l'image qu'il s'en était faite. En effet, ce ne sont, dit-il, que « vieux palais, vieux arcs et vieux murs ». Dans le recueil *Les Antiquités de Rome*, Du Bellay semble déchiré entre cette réalité cruelle et son désir d'évoquer la Rome éternelle des poètes latins, qu'il persiste à prendre pour modèles.

Au désabusement face aux vestiges d'une grandeur révolue s'ajoute bientôt l'amertume de l'être déraciné. Répondant parfaitement au vœu de Du Bellay, les 191 sonnets des *Regrets* laissent un « goût à la fois de fiel et de miel, mélangé de sel ».

Dans le style nostalgique et personnel qu'il a décidé d'adopter pour exprimer ses regrets, Du Bellay semble résumer sa conception du lyrisme.

JE NE VEUX POINT FOUILLER...

Je ne veux point fouiller au sein de la nature,
Je ne veux point chercher l'esprit de l'univers,
Je ne veux point sonder les abîmes couverts,
Ni dessiner du ciel la belle architecture.

5 Je ne peins mes tableaux de si riche peinture,
Et si hauts arguments ne recherche à mes vers :
Mais suivant de ce lieu les accidents divers,
Soit de bien, soit de mal, j'écris à l'aventure.

Je me plains à mes vers, si j'ai quelque regret :
10 Je me ris avec eux, je leur dis mon secret,
Comme étant de mon cœur les plus sûrs secrétaires.

Aussi ne veux-je tant les peigner et friser,
Et de plus braves noms ne les veux déguiser
Que de papiers journaux ou bien de commentaires.

Les Regrets (1558), édition établie par S. de Sacy, © Éditions Gallimard, 1967.

Musée Kunsthistorisches, Vienne.
Jean Lemaire ou Pierre Lemaire, *Paysage avec les dioscures du Monte Cavallo*, vers 1630.

1. Dressez la liste des verbes associés au travail du poète. Distinguez entre ce qu'il veut faire et ce qu'il ne veut plus faire.

2. Pourquoi le poème se classe-t-il dans la poésie lyrique ?

3. « Écrire à l'aventure », voilà la formule qui semble résumer le projet d'écriture de Du Bellay. Le choix du sonnet, avec ses contraintes formelles, met-il un frein à cette liberté selon vous ?

Atelier d'analyse

HEUREUX QUI, COMME ULYSSE...

Heureux qui, comme Ulysse, a fait un beau voyage,
Ou comme celui-là qui conquit la toison,
Et puis est retourné, plein d'usage et raison,
Vivre entre ses parents le reste de son âge !

5 Quand reverrai-je, hélas, de mon petit village
Fumer la cheminée, et en quelle saison
Reverrai-je le clos de ma pauvre maison,
Qui m'est une province, et beaucoup davantage ?

Plus me plaît le séjour qu'ont bâti mes aïeux
10 Que des palais romains le front audacieux,
Plus que le marbre dur me plaît l'ardoise fine,

Plus mon Loire gaulois que le Tibre latin,
Plus mon petit Liré que le mont Palatin,
Et plus que l'air marin la douceur angevine.

Les Regrets (1558), édition établie par S. de Sacy, © Éditions Gallimard, 1967.

L'émergence du nationalisme

Joachim Du Bellay (1522-1560)

Au cœur de la Rome antique, le poète, habité par la nostalgie de la mère patrie, ne peut s'empêcher de rêver au retour. Il aura finalement le bonheur de rentrer en France, en 1558, année où sont publiés *Les Regrets*. Atteint de surdité, en proie à toutes sortes de tracasseries, Du Bellay meurt subitement à l'âge de 37 ans.

Dans le sonnet ci-contre, l'un des plus connus de l'œuvre de Du Bellay, le poète regrette son « petit village » dont il oppose la simplicité à la grandeur de Rome.

Exploration

Le réseau du sens

1. Assurez-vous de bien comprendre le texte. Pour ce faire :
   – cherchez la définition des mots qui vous sont moins familiers, comme « ardoise », « clos », etc. Interrogez-vous également sur les mots dont la définition peut éclairer la signification du texte, comme « toison », « Tibre », etc. ;
   – récrivez les vers qui vous semblent difficiles en modernisant la syntaxe.

2. Résumez chaque strophe. Quelle progression remarquez-vous dans l'expression des idées et des sentiments ?

3. Comment Du Bellay fait-il sentir sa nostalgie du pays natal ?

4. Entre les joies de la découverte que procure le voyage et le plaisir de rester chez soi, quel choix Du Bellay fait-il et pour quelles raisons ?

Le réseau de l'image

5. Relevez les références faites à l'Antiquité, d'une part, et au « petit village », d'autre part. Entre la gloire audacieuse et la douceur de vivre, quel est le choix de Du Bellay ?

6. Dans les troisième et quatrième strophes, quel procédé stylistique Du Bellay emploie-t-il pour indiquer ses préférences ?

Le réseau du rythme

7. Relevez les éléments rythmiques et analysez comment la ponctuation contribue au ton expressif du poème.

Hypothèses d'analyse et de dissertation

1. Ce poème pourrait décrire le dilemme des écrivains de la Renaissance qui voulaient s'inspirer de l'Antiquité tout en restant fidèles à la culture et à la langue françaises. Commentez.

2. En quoi ce poème est-il le contraire d'une invitation au voyage ?

L'érotisme au féminin

Louise Labé (1524-1566)

Poétesse talentueuse et admirée, Louise Labé brille par son audace dans le monde masculin de la poésie du XVIᵉ siècle. De manière convaincante, cette Lyonnaise passionnée inverse les rôles traditionnels et inchangés depuis les premiers troubadours : dans ses sonnets, c'est la femme qui aime, et c'est l'homme qui devient l'objet de ses désirs. Son érotisme tranche vivement avec la retenue pudique de certains poètes de la Pléiade, dont Ronsard dans certaines de ses œuvres. Pour évoquer ses amours tourmentées, elle mêle ses soupirs de bonheur à ses larmes et se sert de l'opposition entre l'eau et le feu qui traduit de manière particulièrement expressive son élan amoureux. Le réseau des antithèses, qui organise la structure du poème, sert alors à évoquer parfois l'être aimé, parfois l'exigence de l'amour. Ce procédé renvoie à l'image d'une femme prise entre la violence impérieuse de ses pulsions et l'impossibilité de les satisfaire.

Les deux sonnets ci-contre illustrent cette situation.

JE VIS, JE MEURS...

Je vis, je meurs ; je me brûle et me noie ;
J'ai chaud extrême en endurant froidure ;
La vie m'est et trop molle et trop dure ;
J'ai grands ennuis entremêlés de joie.

5 Tout à coup je ris et je larmoie,
Et en plaisir maint grief tourment j'endure ;
Mon bien s'en va, et à jamais il dure ;
Tout en un coup je sèche et je verdoie.

Ainsi Amour inconstamment me mène ;
10 Et quand je pense avoir plus de douleur,
Sans y penser je me trouve hors de peine.

Puis quand je crois ma joie être certaine
Et être au haut de mon désiré heur,
Il me remet en mon premier malheur.

Sonnets (1555), dans *Œuvres poétiques*, édition de Françoise Charpentier, © Éditions Gallimard, 1992.

BAISE M'ENCOR...

Baise m'encor, rebaise-moi et baise ;
Donne m'en un de tes plus savoureux,
Donne m'en un de tes plus amoureux :
Je t'en rendrai quatre plus chauds que braise.

5 Las ! te plains-tu ? Çà, que ce mal j'apaise,
En t'en donnant dix autres doucereux.
Ainsi, mêlant nos baisers tant heureux,
Jouissons-nous l'un de l'autre à notre aise.

Lors double vie à chacun en suivra.
10 Chacun en soi et son ami vivra.
Permets m'Amour penser quelque folie :

Toujours suis mal, vivant discrètement,
Et ne me puis donner contentement
Si hors de moi ne fais quelque saillie.

Sonnets, op. cit.

1. Dressez la liste des antithèses présentes dans ces sonnets. Quel est le principal conflit exprimé par chacun de ces poèmes ?

2. Relevez toutes les notations sensorielles dans ces deux poèmes. Quel semble être le sens privilégié : le toucher, l'ouïe, le goût, la vue ou l'odorat ?

3. Montrez que les tercets des deux poèmes expriment des sentiments de même nature.

4. En vous inspirant de ces poèmes, faites un portrait de Louise Labé, telle que vous l'imaginez.

5. Les poèmes de Louise Labé, qui décrivent une femme entièrement soumise à un amour passionné mais malheureux, vous semblent-ils contredire les propos du texte intitulé « Préface à une lectrice », présenté à la page 77 ?

L'essai

L'essai fait son apparition à la Renaissance ; son importance s'étend jusqu'à nos jours. Souvent aussi bref que la nouvelle, l'essai appartient à la littérature de réflexion. Tout en touchant tous les domaines de la pensée humaine, la philosophie, la religion, la politique ou l'histoire, l'essai ne peut être assimilé à aucun d'eux. À l'aube des Temps modernes, l'essai témoigne de l'émergence d'une nouvelle subjectivité, d'une relation inédite entre le moi et le monde. Pour que cette liberté de pensée propre à l'essayiste puisse se manifester, il a fallu que l'univers des certitudes — religieuses, philosophiques, scientifiques — héritées du Moyen Âge soit ébranlé à l'époque de la Renaissance. Libérée des dogmes, l'expérience personnelle permet à la pensée de se ressourcer. De plus, comme le voulait l'humanisme, l'essai place la personne humaine au centre du monde.

L'essai est difficile à classer ; pourtant, aucun genre littéraire n'a un nom aussi explicite.

- Essai veut dire tentative, épreuve, expérience, mais aussi possibilité d'essayer, de risquer, et de se tromper afin de… recommencer.
- Lorsque Michel de Montaigne retient cette appellation, c'est pour signifier qu'il opte pour une démarche et une façon d'écrire et non pour l'obtention de résultats ou pour l'atteinte de certitudes.
- Défini comme une analyse libre bien plus que comme un bilan définitif, l'essai peut aborder tous les sujets qui mettent l'intelligence et la sensibilité de l'écrivain à l'épreuve.
- Écrire un essai, c'est prendre conscience de ses émotions pour ensuite transformer l'émoi en réflexion. Montaigne parle de la mort à partir du saisissement qu'il ressent à la suite d'un accident de cheval où il pense perdre la vie ; de l'amitié, à travers le chagrin provoqué par le décès de son ami Étienne de La Boétie ; de l'éducation, en se remémorant celle qu'il a reçue.
- Quel que soit le sujet abordé, il y a dans l'essai une tension entre le récit de l'expérience vécue et la réflexion qu'elle provoque, entre la vie privée et la vie sociale, entre le personnel et l'universel, entre l'émoi et les idées. « D'autres forment l'homme, moi je le raconte », écrit Montaigne.
- Chez Montaigne, l'essai est l'amalgame d'un récit de style autobiographique et d'un discours argumentatif et analytique. À cause de l'émotion qui déclenche la réflexion, l'essai appelle souvent un certain lyrisme ; dans le cas de Montaigne, ce lyrisme se manifeste par l'emploi du « je » et d'un vocabulaire qui exprime la subjectivité du narrateur.
- Poussé par l'ambition d'élaborer une pensée abstraite à partir d'une expérience vécue, l'essayiste passe souvent du « je » au « nous » (ou même au « il ») ; le mouvement se fait ainsi souvent du particulier au général.
- Subjectivité et objectivité, récit et réflexion, termes concrets et abstraits s'entremêlent dans l'essai, ce qui en fait un genre hybride.
- Ce genre, né avec Montaigne, est appelé à connaître un grand succès. De nombreux essais seront donc publiés ; plusieurs d'entre eux n'auront aucune prétention littéraire, se contentant de traiter d'un sujet de façon neutre ou impersonnelle.
- On classe généralement aujourd'hui dans cette catégorie toute forme d'écriture utilisée pour réfléchir sur un sujet tiré de la réalité ; au sens moderne de l'essai, l'ouvrage intitulé *Défense et Illustration de la langue française* et les préfaces de romans se classeraient dans ce genre aux délimitations fluctuantes.

Le choix du français

Joachim Du Bellay (1522-1560)

Descendant d'une puissante famille de lettrés, Joachim Du Bellay est l'un des principaux acteurs de la renaissance poétique. Éduqué dans le culte de la culture gréco-latine, il se fait d'abord connaître en prenant la défense de la langue française. Manifeste poétique de toute sa génération, *Défense et Illustration de la langue française* propose de s'inspirer des écrivains de l'Antiquité, mais d'écrire les textes non en latin, comme plusieurs humanistes le souhaitaient, mais directement en français. Le but est donc de s'appuyer sur une culture reconnue pour donner à la langue nationale son prestige. Cet amour de son pays et de sa langue, Du Bellay le ressentira particulièrement lors de son séjour de quatre ans à Rome. C'est là qu'il écrit *Les Antiquités de Rome* et *Les Regrets*, deux recueils dans lesquels il dit sa peine d'être si loin de la « douceur angevine » de sa terre natale.

Dans l'extrait ci-contre, Du Bellay refuse de sombrer dans une admiration béate pour les langues anciennes ou dans un pessimisme facile quant à l'avenir de cette langue nouvelle qu'est le français.

POURQUOI LA LANGUE FRANÇAISE N'EST PAS SI RICHE QUE LA GRECQUE ET LATINE

Ainsi puis-je dire de notre langue, qui commence encore à fleurir sans fructifier, ou plutôt, comme une plante et vergette, n'a point encore fleuri, tant se faut qu'elle ait apporté tout le fruit qu'elle pourrait bien produire. Cela, certainement, non pour le défaut de la nature d'elle, aussi apte à
5   engendrer que les autres : mais pour la coulpe de ceux qui l'ont eue en garde, et ne l'ont cultivée à suffisance, ainsi comme une plante sauvage, en celui même désert où elle avait commencé à naître, sans jamais l'arroser, la tailler, ni défendre des ronces et épines qui lui faisaient ombre, l'ont laissée envieillir et quasi mourir. Que si les anciens Romains eussent été aussi
10 négligents à la culture de leur langue, quand premièrement elle commença à pulluler, pour certain en si peu de temps elle ne fût devenue si grande. Mais eux, en guise de bons agriculteurs, l'ont premièrement transmuée d'un lieu sauvage en un domestique : puis afin que plus tôt et mieux elle pût fructifier, coupant à l'entour les inutiles rameaux, l'ont pour échange d'iceux restaurée
15 de rameaux francs et domestiques, magistralement tirés de la langue grecque, lesquels soudainement se sont si bien entés et faits semblables à leur tronc que désormais n'apparaissent plus adoptifs, mais naturels. De là sont nées en la langue latine ces fleurs et ces fruits colorés de cette grande éloquence, avec ces nombres et cette liaison si artificielle, toutes lesquelles
20 choses, non tant de sa propre nature que par artifice, toute langue a coutume de produire. Donc si les Grecs et Romains, plus diligents à la culture de leurs langues que nous à celle de la nôtre, n'ont pu trouver en icelles, sinon avec grand labeur et industrie, ni grâce, ni nombre, ni finalement aucune éloquence, nous devons nous émerveiller si notre vulgaire n'est si riche
25 comme il pourra bien être, et de là prendre occasion de le mépriser comme chose vile et de petit prix ? Le temps viendra (peut-être), et je l'espère moyennant la bonne destinée française, que ce noble et puissant royaume obtiendra à son tour les rênes de la monarchie, et que notre langue (si avec François n'est du tout ensevelie la langue française) qui commence encore à
30 jeter ses racines, sortira de terre, et s'élèvera en telle hauteur et grosseur qu'elle se pourra égaler aux mêmes Grecs et Romains, produisant comme eux des Homères, Démosthènes, Virgiles et Cicérons, aussi bien que la France a quelquefois produit des Périclès, Nicias, Alcibiades, Thémistocles, Césars et Scipions.

Défense et Illustration de la langue française, extrait du chapitre III (1549), dans *Les Regrets*, édition établie par S. de Sacy, © Éditions Gallimard, 1967.

1. D'après Du Bellay, quelles sont les raisons qui ont permis aux Romains et aux Grecs de faire fructifier leur langue ?

2. Que manque-t-il au français pour être l'égal du grec et du latin ? Quelles sont les causes de cette lacune ? Que propose Du Bellay pour améliorer la langue française ?

3. Ce passage s'appuie sur une métaphore filée (une métaphore qui a plusieurs prolongements dans le texte). Quelle est-elle ? Étudiez son développement dans le texte.

4. Ce texte semble critiquer « ceux qui l'ont eue en garde », parlant ici de la langue française. En quoi les reproches qu'on leur adresse peuvent-ils être perçus comme une critique du Moyen Âge ?

PRÉFACE À UNE LECTRICE

Étant le temps venu, Mademoiselle, que les sévères lois des hommes n'empêchent plus les femmes de s'appliquer aux sciences et disciplines, il me semble que celles qui ont la commodité doivent employer cette honnête liberté, que notre sexe a autrefois tant désirée, à icelles apprendre, et montrer
5 aux hommes le tort qu'ils nous faisaient en nous privant du bien et de l'honneur qui nous en pouvait venir ; et si quelqu'une parvient en tel degré que de pouvoir mettre ses conceptions par écrit, le faire soigneusement et non dédaigner la gloire, et s'en parer plutôt que de chaînes, anneaux et somptueux habits, lesquels ne pouvons vraiment estimer nôtres que par
10 usage. Mais l'honneur que la science nous procurera sera entièrement nôtre, et ne nous pourra être ôté, ne par finesse de larron, ne force d'ennemis, ne longueur du temps. Si j'eusse été tant favorisée des Cieux, que d'avoir de l'esprit grand assez pour comprendre ce dont il a eu envie, je servirais en cet endroit plus d'exemple que d'admonition. Mais, ayant passé partie de ma
15 jeunesse à l'exercice de la Musique, et, ce qui m'a resté de temps, l'ayant trouvé court pour la rudesse de mon entendement, et ne pouvant de moi-même satisfaire au bon vouloir que je porte à notre sexe, de le voir non en beauté seulement, mais en science et vertu passer ou égaler les hommes, je ne puis faire autre chose que prier les vertueuses Dames d'élever un peu
20 leurs esprits par-dessus leurs quenouilles et fuseaux, et s'employer à faire entendre au monde que, si ne nous sommes faites pour commander, si ne devons-nous être dédaignées pour compagnes, tant ès affaires domestiques que publiques, de ceux qui gouvernent et se font obéir. Et, outre la réputation que notre sexe en recevra, nous aurons valu au public que les hommes
25 mettront plus de peine et d'étude aux sciences vertueuses, de peur qu'ils n'aient honte de voir précéder celles desquelles ils ont prétendu être toujours supérieurs quasi en tout.

« Préface », *Louise Labé Lyonnaise* (1554), dans *Œuvres poétiques*, édition de Françoise Charpentier, © Éditions Gallimard, 1992.

L'ESSAI

Un humanisme féministe

Louise Labé (1524-1566)

Fille d'artisans à l'aise, elle reçoit une éducation poussée qui inclut même le maniement des armes. Elle épouse très jeune un artisan cordier plus âgé qu'elle, ce qui lui vaut le surnom de « la Belle Cordière ». Elle se présente comme une représentante originale du pétrarquisme, ce courant qui s'inspire de la poésie de Pétrarque en mettant l'accent sur l'idéalisation de l'amour et qui exercera une profonde influence en France, notamment sur la Pléiade. Elle fréquente les intellectuels et les poètes, et semble s'être permis quelques aventures amoureuses avec certains d'entre eux. Qu'elle ait été accusée d'esprit de débauche, notamment par Calvin, réformiste et puritain, ne surprend donc pas puisque, aujourd'hui encore, ses poèmes brûlent d'une passion troublante.

Refusant d'être victime de sa réputation, Louise Labé affirme avec fierté le caractère innovateur et contestataire de son œuvre, comme en témoigne cette préface adressée à une lectrice.

1. Récrivez en les modernisant les phrases dont le sens vous paraît obscur, puis faites le plan de l'argumentation.

2. Montrez que l'emploi du « je » conjugué à celui du « nous » contribue à donner un ton de manifeste féministe à ce texte.

3. Les hommes sont-ils seuls responsables de la situation inférieure dans laquelle les femmes se trouvent ? Quelle semble être l'opinion de Louise Labé à ce sujet ?

4. Montrez que le texte de Louise Labé exprime un point de vue sur les rapports entre hommes et femmes très différent de ce qui est illustré par l'anecdote racontée par Marguerite de Navarre (p. 62-64).

L'essai inventé

Michel de Montaigne (1533-1592)

Auteur d'une œuvre inclassable de la littérature française, Michel Eyquem, seigneur de Montaigne, est le fils d'un magistrat assez modeste. Rien ne semblait présager sa passion tardive pour l'écriture. Élevé par un père aux idées anti-conformistes, il reçoit une éducation humaniste complète. Après avoir frôlé la mort dans un accident, il se retire sur ses terres, à l'âge de 40 ans. Il consacre les vingt dernières années de sa vie à ses *Essais*. Inlassablement, il remet son ouvrage sur le métier et complète ses *Essais*, dont on connaît trois versions. Dans cette œuvre composite, l'auteur est à la fois l'objet et le sujet de sa réflexion car, selon lui, « chaque homme porte en lui tout entière la forme de la condition humaine ».

Conscient de la nouveauté de sa démarche, Montaigne prend d'abord soin d'expliquer celle-ci au lecteur. Invitation ou mise en garde ?

AU LECTEUR

Tu as ici un livre de bonne foi, lecteur. Il t'avertit, dès le début, que je ne m'y suis pas assigné d'autres buts que familiaux et personnels. Je ne m'y suis pas du tout préoccupé de ton intérêt, ni de ma gloire : je n'ai pas assez de forces pour assumer un tel projet. Je voulais que ce livre soit commode avant
5 tout pour mes parents et mes amis : que, lorsqu'ils m'auront perdu (ce qui ne saurait tarder), ils puissent y retrouver certains traits de mon caractère et de mon tempérament, et qu'ils entretiennent ainsi de manière plus exhaustive et plus vivante la connaissance qu'ils ont eue de moi. Si j'avais écrit pour rechercher les faveurs du monde, je me serais mieux paré, et je me
10 présenterais avec une démarche étudiée. Mais je veux qu'on me voie là tel que je suis dans ma forme simple, naturelle et ordinaire, sans effort et sans artifice : car c'est moi que je peins. Mes défauts se liront sur le vif, ainsi que ma manière d'être naïve, du moins autant que me le permettent les convenances. Si j'avais été de ces peuplades dont on dit qu'elles vivent encore dans
15 la douce liberté des premières lois de la nature, je t'assure que je me serais très volontiers peint tout entier ici, et tout nu. Ainsi, lecteur, je suis moi-même la matière de mon livre : il n'est pas raisonnable de prendre sur tes loisirs pour un sujet si frivole et si vain.

Adieu donc ; de Montaigne, ce 12 juin 1580.

Les Essais (1580), translation de Bruno Roger-Vasselin, coll. Classiques Hachette, Paris, Hachette, 1994.

Version en français ancien
L'AUCTEUR AU LECTEUR

C'est icy un livre de bonne foy, lecteur. Il t'advertit dez l'entree, que ie ne m'y suis proposé aulcune fin, que domestique et privee : ie n'y ay eu nulle consideration de ton service, ny de ma gloire ; mes forces ne sont pas capables d'un tel dessein. Ie l'ay voué à la commodité particuliere de mes parents et amis : à ce que m'ayants perdu (ce qu'ils ont à
5 *faire bientost), ils y puissent retrouver quelques traicts de mes conditions et humeurs, et que par ce moyen ils nourrissent plus entiere et plus vifve la cognoissance qu'ils ont eue de moy. Si c'eust esté pour rechercher la faveur du monde, ie me feusse paré de beautez empruntees : ie veulx qu'on m'y veoye en ma façon simple, naturelle et ordinaire, sans estude et artifice ; car c'est moy que ie peins. Mes defaults s'y liront au vif, mes imper-*
10 *fections et ma forme naïfve, autant que la reverence publicque me l'a permis. Que si i'eusse esté parmy ces nations qu'on dict vivre encores soubs la doulce liberté des premieres loix de nature, ie t'asseure que ie m'y feusse tres voluntiers peinct tout entier et tout nud. Ainsi, lecteur, ie suis moy mesme la matiere de mon livre : ce n'est pas raison que tu employes ton loisir en un subiect si frivole et si vain ; adieu donc.*

15 *De Montaigne, ce 12 de juin 1580.*

Musée Alte Pinakothek, Munich.
Albrecht Dürer, *Autoportrait* (autoportrait à la veste de fourrure), 1500.
La vague de l'autoportrait et l'émergence de l'autobiographie sont toutes deux représentatives de l'individualisme nouveau de la Renaissance.

1. Résumez les intentions de Montaigne, les buts qu'il poursuit autant que ceux qu'il rejette.

2. Relevez les passages où Montaigne s'adresse directement au lecteur. Qu'y a-t-il de provocant et de paradoxal dans la mise en garde qu'il lui adresse ?

3. Selon Montaigne, parler de soi-même serait un sujet « frivole et vain » et n'intéresserait que nos parents et amis. Discutez de ce point de vue.

4. Comparez cet avertissement au lecteur de Montaigne avec le « Prologue » de Rabelais (p. 57). Montrez que les valeurs de l'humanisme qui sont mises en relief sont différentes.

Michel de Montaigne (1533-1592)

Dans sa tentative de se peindre lui-même, Montaigne s'aperçoit vite qu'il change sans cesse. Ses émotions, ses intentions, ses pensées sont continuellement modifiées par le temps qui passe. Et puis, en cette époque où on découvre que la Terre est ronde et qu'elle tourne autour du Soleil, bien peu de choses paraissent désormais stables et immobiles. Dans ces conditions, quelle peut être l'importance de la réflexion d'un écrivain qui se demande en outre quelle est sa place dans ce monde ?

Montaigne tente de mesurer les conséquences des perpétuels changements sur son sujet, c'est-à-dire lui-même. Dans cet extrait, le temps est venu pour Montaigne de se demander : qui suis-je ?

DU REPENTIR

Les autres forment l'homme ; moi je le raconte, et j'en représente un, en particulier, bien mal formé ; celui-là, si j'avais à le façonner de nouveau, je le ferais vraiment bien différent de ce qu'il est : désormais, c'est fait et ce n'est plus à faire. Cela dit, les traits de mon pinceau ne s'égarent point, quoiqu'ils
5 changent et se diversifient. Le monde n'est qu'une éternelle balançoire, toutes choses y oscillent sans cesse, la terre, les rochers du Caucase, les pyramides d'Égypte, tant sous l'effet de l'oscillation générale que de la leur propre ; la constance même n'est rien d'autre qu'une oscillation alanguie. Je ne puis m'assurer de mon objet, il se trouble et chancelle, du fait d'une
10 ivresse naturelle. Je le saisis en cette position, comme il est à l'instant où je m'occupe de lui. Je ne peins pas l'être, je peins le passage : non pas le passage d'un âge à un autre, ou, comme dit le peuple, de sept en sept ans, mais de jour en jour, de minute en minute. Il faut accommoder mon histoire à l'heure. Je pourrai sous peu avoir des revirements non seulement de fortune,
15 mais aussi d'intention. C'est une mise en registre d'événements divers et mouvants et de pensées indécises et, le cas échéant, contradictoires : soit que je sois moi-même différent, soit que je saisisse les sujets à travers des circonstances et des préoccupations différentes. Toujours est-il qu'il peut bien m'arriver de me contredire, mais la vérité, comme disait Démade, je ne la
20 contredis pas. Si mon âme pouvait se poser, je ne ferais pas sur moi des essais, je me résoudrais : elle est toujours en train d'apprendre et d'éprouver.

J'expose une vie basse et sans éclat, cela revient au même. On peut tirer aussi bien toute la philosophie morale d'une vie ordinaire et privée que d'une vie de plus riche étoffe ; chaque homme porte en lui tout entière la
25 forme de la condition humaine.

Les Essais, extrait du Livre III, chapitre 2 (1580), translation de Bruno Roger-Vasselin, coll. Classiques Hachette, Paris, Hachette, 1994.

---

1. Le changement est au cœur de cet extrait. Dressez le champ lexical de ce thème et relevez les images qui lui sont associées.

2. Dans cet extrait, Montaigne donne des arguments et des exemples qui, selon lui, empêchent son âme et son écriture de « se poser ». Relevez-les et isolez les formules les plus marquantes.

3. Montaigne présente ici sa vision du monde et il en profite pour discourir sur son œuvre. Quels buts vise-t-il ? Quelles seraient les caractéristiques de son œuvre ?

4. Montrez que ce texte reflète le monde en transition de la Renaissance.

DES CANNIBALES

Les Cannibales font leurs guerres contre les nations qui sont au-delà de leurs montagnes, plus avant dans les terres, guerres où ils vont tout nus, n'ayant en fait d'armes que des arcs ou des épées de bois, aiguisées à un bout à la façon des fers de nos épieux. C'est une chose étonnante que la dureté de
5 leurs combats, qui ne finissent jamais qu'en tueries et en effusion de sang ; car, les déroutes et l'effroi, ils ne savent pas ce que c'est. Chacun rapporte, en trophée personnel, la tête de l'ennemi qu'il a tué, et l'attache à l'entrée de son logis. Après une longue période où ils traitent bien leurs prisonniers avec tous les agréments auxquels ils peuvent penser, celui qui en est le
10 maître, fait une grande assemblée des gens de sa connaissance ; il attache une corde à l'un des bras du prisonnier, corde au bout de laquelle il le tient éloigné de quelques pas, de peur d'être blessé par lui, et donne au plus cher de ses amis l'autre bras à tenir de la même façon ; et eux deux, en présence de toute l'assemblée, le massacrent à coups d'épée. Cela fait, ils le rôtissent,
15 ils en mangent ensemble, et en envoient des lopins à ceux de leurs amis qui sont absents. Ce n'est pas, comme on pense, pour s'en nourrir, ainsi que faisaient, dans l'Antiquité, les Scythes ; c'est pour figurer une extrême vengeance. À preuve, le fait qu'ayant remarqué que les Portugais, qui s'étaient alliés à leurs adversaires, usaient d'une autre sorte de mort contre eux quand
20 ils les prenaient, laquelle consistait à les enterrer jusqu'à la ceinture et à leur tirer sur le reste du corps une pluie de traits, puis à les pendre, ils pensèrent que ces représentants de l'Autre Monde, en hommes qui avaient semé la connaissance de beaucoup plus grands spécialistes qu'eux pour toute sorte de méchanceté, ne prenaient pas sans cause cette sorte de vengeance et
25 qu'elle devait être plus amère que la leur ; et ils commencèrent à abandonner leur ancienne manière pour adopter celle-ci. Je ne suis pas fâché que nous soulignions l'horreur barbare qu'il y a dans une telle action, mais je le suis vraiment que, jugeant bien de leurs fautes, nous soyons si aveugles sur les nôtres. Je pense qu'il y a plus de barbarie à manger un homme vivant qu'à le
30 manger mort, à déchirer par des tortures et des supplices un corps ayant encore toute sa sensibilité, à le faire rôtir par le menu, à le faire mordre et mettre à mort par les chiens et les pourceaux (comme nous l'avons non seulement lu, mais vu de fraîche date [...]).

Les Essais, extrait du Livre I, chapitre 31 (1580), translation de Bruno Roger-Vasselin, coll. Classiques Hachette, Paris, Hachette, 1994.

Le relativisme culturel

Michel de Montaigne (1533-1592)

Comme la plupart de ses contemporains, Montaigne est fasciné par les mœurs des peuples « sauvages » que l'on vient de découvrir. Dans une foire à Caen, il a l'occasion d'apercevoir quelques indigènes ramenés du Brésil. Il lit aussi des récits de voyage pour se familiariser avec ces civilisations jusque-là inconnues.

Sans en prendre la défense, Montaigne considère ici le cannibalisme des peuples du Nouveau Monde sous un angle original : en effet, il dresse un parallèle entre la « barbarie » des Sauvages et la prétention à la civilisation des Européens.

Exploration

1. Assurez-vous de bien comprendre le texte. Pour ce faire :
   – cherchez la définition des mots qui vous sont moins familiers, comme « épieux », « agréments », « lopins », etc. Interrogez-vous également sur les mots dont la définition peut éclairer la signification du texte, comme « cannibales », « traits », etc. ;
   – faites un court résumé de l'extrait.

2. Dressez la liste des actions « barbares » commises par les Sauvages. Quel effet Montaigne veut-il provoquer en insistant sur ces gestes cruels ?

3. Distinguez les passages où la description objective des mœurs des cannibales cède la place aux interventions et aux commentaires de l'auteur. Dégagez le sens de ces commentaires.

4. Quels termes Montaigne utilise-t-il pour relativiser ou justifier la cruauté des Sauvages ?

5. Quel rôle l'exemple des Portugais joue-t-il dans son argumentation ?

6. Quelle phrase résume le mieux la critique de Montaigne à l'endroit des Européens ?

7. Distinguez les arguments qui cherchent à émouvoir le lecteur de ceux qui s'adressent à sa raison.

8. Ce texte présente-t-il les caractéristiques de l'essai ? (Voir la description du genre, p. 75.)

Hypothèses d'analyse et de dissertation

1. Analysez le relativisme culturel de Montaigne en vous appuyant sur la comparaison entre la culture des cannibales et celle des Européens.

2. Montrez comment Montaigne se sert de l'anecdote des cannibales pour remettre en question la prétention des Européens à la supériorité de leur civilisation.

Les Indiens dépeints comme des cannibales, illustration de la première édition latine (Rome, E. Argenteus) des lettres de Christophe Colomb sur la découverte des Amériques, 1493.

RÉSONANCE CONTEMPORAINE QUÉBÉCOISE

LA BELLE HISTOIRE DE COLOMBE COLOMB

Chers lecteurs, n'oubliez pas dans vos prières
Que je vous raconte la belle histoire de Colombe Colomb,
Globe-trotter à lunettes faisant chaque soir sa prière,
Pin-up aussi, porteuse d'une unique paire de tétons.

5 Cette belle histoire, croyez-le ou non, fut vécue.
Elle m'a été imposée comme un passé par quelque chose
Que j'ai dans la tête mais que je n'entends plus,
Par une sorte de soleil obligatoire noir et rose.

Tout ce que je touche je gâche.
10 Le rose quand je l'applique se brouille de gris.
Mon noir est brun comme du caca de vache.
Mais j'irai jusqu'au bout : j'ai dit.

Si j'étais moins écœuré de la vie,
Je te raconterais sans doute mieux cette belle histoire.
15 Quand on a envie de se suicider, mon amie,
Les vers qu'on fait on les brise à mesure.

« Chers lecteurs… », *La Fille de Christophe Colomb*, © Éditions Gallimard, 1969.

Archives f. Kunst & Geschichte, Berlin.
R. Weibezahl, *Colomb découvre l'Amérique*, lithographie, 1832.

Une satire actuelle de l'épopée

Réjean Ducharme (1941-)

Écrivain fantôme de la littérature québécoise, lauréat de nombreux prix, connu aussi comme artiste sous le pseudonyme de Roch Plante, Réjean Ducharme refuse les entrevues et n'est connu que par deux photos, l'une le présentant en jeune homme candide et l'autre, en marcheur au visage tendu, sur un arrière-fond de froid hivernal. Ces photos livrent en quelque sorte les deux tonalités, fantaisiste et amère, d'une œuvre peuplée de personnages jeunes qui cherchent à préserver la pureté de l'enfance.

Proche d'Alfred Jarry par son côté iconoclaste et de l'Oulipo par la forme (la contrainte de l'écriture en vers qui riment), *La Fille de Christophe Colomb* se présente comme une satire du mythe du grand explorateur ou encore comme une burlesque épopée de la modernité.

1. Relevez, dans le texte, les mots ou les expressions qui témoignent de l'esprit satirique de Ducharme.

2. Montrez que l'emploi des couleurs ne sert pas uniquement à la description.

3. Dans ce contexte, en quoi les derniers vers présentent-ils une rupture de ton troublante ?

LE BAROQUE ET LE CLASSICISME (1598-1715)

Événements politiques

1598	Édit de Nantes.
1608	Fondation de Québec.
1610	Assassinat d'Henri IV.
1610-1617	Régence de Marie de Médicis.
1617-1643	Règne de Louis XIII, le Juste.
1618-1648	Guerre de Trente Ans.
1624-1642	Ministère de Richelieu.
1642	Fondation de Montréal.
1643	Mort de Louis XIII.
1643-1661	Régence d'Anne d'Autriche.
1643-1661	Ministère de Mazarin.
1648-1652	La Fronde.
1661-1715	Règne de Louis XIV, Roi-Soleil.
1662-1682	Ministère de Colbert.
1682	Installation de la cour à Versailles.
1685	Révocation de l'édit de Nantes.
1701-1713	Guerre de la succession d'Espagne.
1715	Mort de Louis XIV.

Contexte socioéconomique

1598-1610	Période de prospérité économique. Politique d'expansion commerciale.
1610-1617	Révolte de la noblesse rurale contre les privilèges accordés à la haute noblesse.
1618-1648	Luttes de la royauté contre les protestants pour récupérer la puissance politique et militaire.
1624-1642	Mainmise sur le système d'imposition. Centralisation de l'appareil administratif. Politique d'expansion territoriale de la France.
1648-1652	Révolte des nobles contre l'autorité de Mazarin et d'Anne d'Autriche.
1661-1715	Monarchie absolue de droit divin. Contrôle total de l'administration et du système d'imposition.
1662-1682	Allocation de pension à 90 hommes de lettres.
1685	Reprise de la guerre contre les protestants.
1701-1715	Période d'unification du royaume de France, agrandissement de son territoire, mais endettement.
1715	Fin d'une époque marquée par l'apogée du classicisme dans les arts, l'architecture et la littérature et une vie à la cour empreinte des manières des courtisans et d'un cérémonial rigide.

Beaux-arts, philosophie, sciences

1605-1618	Développement de l'observation des astres : formulation par Kepler des lois du mouvement des planètes ; introduction de la lunette astronomique par Galilée.
1607	Naissance de l'opéra : Monteverdi, *Orfeo*.
1609	Apogée de la peinture baroque flamande : Rubens, *Adoration des mages*.
1633	Rétractation de Galilée, condamné par l'Inquisition, à propos du mouvement de rotation de la Terre.
1635	Création de l'Académie française.
1637	Développement du rationalisme français : Descartes, *Discours de la méthode*.
1642	Début du classicisme chez les peintres français : Le Brun, Poussin et de Lorrain.
1642-1687	Développement des sciences mathématiques : invention de la machine à calculer par Pascal et développement du calcul des probabilités ; élaboration des règles du calcul différentiel par Leibniz ; élaboration des règles du calcul intégral par Newton.
1648	Fondation de l'Académie Royale de Peinture et de Sculpture.
1666	Création de l'Académie des sciences.
1668-1684	Travaux au château de Versailles : dessin des jardins par Le Nôtre ; conception par Le Brun de la galerie des Glaces.
1685	Naissance de Bach, Haendel et D. Scarlatti.
1687	Formulation de la théorie de l'attraction universelle par Newton.
1690	En Angleterre, développement de la pensée empiriste : Locke, *Essai sur l'entendement humain*.
1695-1720	En Italie, apogée de l'art de la lutherie avec Stradivarius.

Chapitre 3

Le baroque et le classicisme
Des courants concurrents et complémentaires

Musée des Beaux-Arts de Catalogne, Barcelone.
Giovanni Battista Tiepolo, *Le Menuet*, 1756.

PRÉSENTATION

Une entrée en matière

eux visions de l'art orientent la création artistique en France au XVIIᵉ siècle. Venu de l'Italie, le mouvement baroque est orienté vers la virtuosité et le goût de l'ornementation. Il prolonge l'esprit de la Renaissance avant d'être déclassé par le classicisme dans la deuxième moitié du siècle. La frontière entre les courants est toutefois loin d'être étanche : certains auteurs entremêlent les styles au fil de leur production alors que d'autres évoluent de l'un vers l'autre.

Une définition du baroque

Les termes « baroque » et « classicisme » ont chacun plusieurs sens, qui sont parfois difficiles à discerner. Le mot « baroque » vient du portugais *barroco* qui signifie « perle de forme irrégulière ». Pendant longtemps, le mot a conservé en français cette connotation d'étrangeté, ce qui s'explique probablement par la fermeture d'esprit que les gens de l'époque manifestaient à l'égard d'un art venu d'ailleurs. L'épithète « classique »

Une définition du classicisme

implique, quant à lui, l'idée de « bon goût », mais il peut aussi être synonyme d'esprit « traditionnel ». En outre, l'auteur « classique » se définit comme un écrivain dont la renommée est établie ou, de façon plus restrictive, comme un représentant du classicisme, cette doctrine littéraire qui s'est épanouie au XVIIᵉ siècle, sous le règne de Louis XIV (1661-1715), alors que la civilisation française atteignait son apogée en Europe.

La représentation du monde

Le féodalisme, déjà sur son déclin à la Renaissance, fournit toutefois encore les cadres de référence pour comprendre partiellement le fonctionnement de la société du XVIIᵉ siècle. Celle-ci se divise en trois groupes qui se complètent par leur fonction sociale : le clergé à qui revient le rôle de prier pour préserver les hommes de la fureur de Dieu et la noblesse, qui assure la protection du royaume par les armes, constituent les ordres privilégiés. Il y a aussi le tiers état, formé de 95 % des habitants, qui travaille pour nourrir les deux premiers groupes.

L'héritage du féodalisme

Dans la tradition du féodalisme, les individus naissent inégaux en droits et en devoirs. Leur statut dans la société dépend moins de leurs efforts ou de leur mérite personnel que de leur naissance.

Château et Trianons, Versailles.
Henri Testelin, *Colbert présente les membres de l'Académie royale des sciences à Louis XIV*, portrait du roi (détail), 1667.

Selon qu'ils sont issus de la noblesse ou du peuple, les Français de l'époque n'accèdent pas aux mêmes emplois, ne sont pas soumis à une seule et même justice et ont un mode de vie fort différent. Ainsi, quand on affirme que c'est la naissance qui conditionne l'avenir, cela signifie dans les faits qu'un grand nombre de privilèges sont accordés à la caste supérieure. Les nobles se distinguent du commun des mortels par le titre qu'ils portent (gentilhomme, et plus particulièrement baron, marquis, comte ou duc, etc.) ; ils sont les seuls à pouvoir devenir officiers dans l'armée ou à briguer la fonction de cardinal. En fait, depuis que les familles les plus puissantes se sont liguées contre la couronne dans l'épisode de la Fronde, Louis XIV, pour éviter de nouveaux troubles, retient les nobles à Versailles et les maintient en attente de faveurs qu'il distribue à son gré. Prisonniers du protocole et de rituels asservissants, les nobles cherchent à plaire au souverain et n'ont plus guère l'occasion de jouer les héros. Souvent réduits à rivaliser entre eux à propos des dépenses ou de la liberté de mœurs, ils sont responsables de la perception négative de la vie de courtisan chez les gens du peuple qui, eux, vivent dans une extrême précarité.

Les conditions de vie du peuple

Habitant en grande majorité la campagne, les gens du peuple dépendent du climat pour leur subsistance et se trouvent réduits à la mendicité lorsque la récolte est insuffisante. Peu scolarisés, ils ne lisent pas, se révoltent peu, sinon pour protester contre l'impôt qui augmente de façon effarante sous le règne de Louis XIV. Leur espérance de vie est réduite (autour de 40 ans) et la mortalité infantile continue d'être très importante, puisque le quart des nourrissons meurent quelques mois après leur naissance. La peste, extrêmement contagieuse, fait encore des ravages, mais aussi la grippe, qui peut entraîner des conséquences graves faute de médicaments adéquats pour la soigner. Même si son enseignement s'améliore dans les universités, la médecine donne encore souvent dans le charlatanisme.

La montée de la bourgeoisie

Il faut toutefois noter qu'au XVIIe siècle le clivage s'accentue au sein du tiers état, puisque certains individus s'élèvent au-dessus de la masse, notamment par les profits qu'ils tirent du commerce. Il s'agit des bourgeois, nommés ainsi parce que leurs activités s'exercent principalement dans les bourgs, c'est-à-dire les villes. Progressivement, ils amassent des biens, accèdent à la propriété et développent l'appétit du pouvoir. Louis XIV se montre sensible à leur dynamisme et les prend à son service comme fonctionnaires. Par leurs multiples talents, les grands ministres de Louis XIV comme Jean-Baptiste Colbert contribuent d'abord à assurer la stabilité du régime de la monarchie absolue. Dans cette forme de gouvernement, le roi détient son pouvoir de Dieu et c'est à Lui seul qu'il rend compte de ses décisions. Ses sujets lui doivent obéissance ; toute révolte est interdite, aussi injustes que puissent être les mesures prises par le souverain.

La vie religieuse

Omniprésente à l'époque, la religion donne son caractère sacré à l'absolutisme royal. Louis XIV impose d'ailleurs, par la révocation de l'édit de Nantes en 1685, l'unité religieuse au royaume et les protestants font de nouveau l'objet de persécutions. En début de règne, il combat aussi le jansénisme, doctrine selon laquelle le salut éternel n'est accessible qu'à quelques rares élus, indépendamment de leur conduite personnelle. Plus généralement, le terme de « dévot » s'applique à ces gens qui, tout en se pliant de façon stricte aux principes religieux, souhaitent étendre ce rigorisme au reste de la société. À l'opposé, les « libertins » sont adeptes d'une plus grande latitude morale et philosophique.

Le cadre politique

La monarchie absolue, faut-il le préciser, ne s'est pas installée d'un seul coup en France comme permet de le constater un petit recul dans le temps. Deux règnes entrecoupés

Féodalisme : *système politique et social fondé sur un rapport de dépendance du vassal au seigneur.*

de deux régences précèdent l'avènement de Louis XIV sur le trône. Henri IV, reconnu pour son naturel généreux et pour sa vie amoureuse mouvementée, qui lui vaut le surnom de « Vert Galant », a dû renier sa foi protestante pour devenir roi des Français. Il meurt, assassiné en 1610, fort probablement victime du fanatisme religieux. Son règne est suivi de la régence de Marie de Médicis ; femme à l'ambition dévorante, elle ne recule devant rien, pas même la conspiration contre le dauphin, son fils, pour conserver le pouvoir. Louis XIII, roi de 1617 à 1643, doit assassiner le conseiller de sa mère pour enfin prendre la place qui lui revient. Dès lors, le roi met en place une politique centralisatrice orchestrée par son ministre, le cardinal de Richelieu. Plusieurs institutions, comme l'Académie française, sont alors créées dans le but de réglementer la création littéraire. Louis XIV lui-même hérite du titre de roi alors qu'il est âgé d'à peine cinq ans ; sa mère, Anne d'Autriche, assure alors la régence en s'appuyant sur un ministre habile, Jules Mazarin, qui compte parmi ses faits d'armes d'avoir maté la Fronde, cette insurrection des nobles qui aurait pu dégénérer en guerre civile. Louis XIV n'oubliera jamais cet épisode traumatisant de son enfance. C'est d'ailleurs pourquoi il tiendra la noblesse éloignée des affaires de l'État.

Dès sa maturité, Louis XIV assume la responsabilité de gouverner par lui-même. Il vise la cohésion

Archives f. Kunst & Geschichte, Berlin.
Louis Felix Butavand, *Mlle de Scudéry*, gravure sur cuivre d'après le dessin de Charles Abraham Chasselat, 1840.

sociale en suscitant l'adhésion de tout le royaume à sa politique de grandeur. De ce point de vue, sa réussite la plus notoire est d'imposer l'idée qu'on ne saurait mieux travailler à sa gloire personnelle qu'en servant celle du roi. Il sollicite tous les talents à Versailles et cherche à impressionner par le faste de son château, exemple grandiose et inégalé d'architecture classique. La cour établit les normes du bon goût et du bon parler. Dans ce monde d'apparence et d'exquise politesse où tous rivalisent pour gagner la faveur du roi, il importe de contenir ses émotions et d'éviter l'excès sous peine de ridicule. En somme, il faut toujours se montrer d'agréable compagnie et se comporter en honnête homme. Pour échapper aux contraintes de la cour, il y a la guerre où la vaillance au combat sert encore les intérêts du roi. Entraînant des coûts qui mettent en péril les finances du royaume, les conflits avec les pays frontaliers sont d'ailleurs nombreux, puisque le roi cherche à agrandir le territoire national afin de démontrer à l'Europe la prééminence de sa couronne.

Tout au long du siècle, l'essentiel de la vie culturelle se passe à la cour ; des salons, animés par des grandes dames comme la marquise de Rambouillet (1588-1655) ou Mlle de Scudéry (1607-1701), auront toutefois contribué à propager la préciosité. Sous leur égide, ce courant exerce une influence non négligeable sur le raffinement des mœurs, qui entraîne, en littérature, l'élégance dans l'expression des sentiments et le goût de l'analyse psychologique.

Vue intérieure de la Galerie des glaces du château de Versailles construite en 1678.

Enfin, la conception théologique d'un ordre immuable de la réalité est cautionnée par René Descartes, sommité en philosophie et en mathématique. Sa principale contribution se situe sur le plan de la méthode. L'argumentation doit désormais s'appuyer sur la raison plutôt que sur la tradition pour expliquer le fonctionnement de l'Univers, œuvre du grand architecte divin.

Les différences avec l'époque actuelle

Ainsi, la société du XVIIe siècle se distingue de la société actuelle par des différences notoires :

- c'est une société très hiérarchisée où les êtres humains n'ont pas tous les mêmes droits ;
- c'est une société largement analphabète où la littérature s'adresse à un cercle réduit de lecteurs qui vit souvent dans l'entourage royal ;
- la noblesse, classe qui se distingue par ses titres et d'autres privilèges hérités à la naissance, ne trouve pas d'équivalence en Amérique ;
- le mode de vie est réglé sur un code des bonnes manières, loin des banalités du quotidien ;
- la mentalité est façonnée par la religion et la monarchie elle-même tire sa légitimité de l'union du politique et du religieux, alors que les démocraties occidentales modernes reposent (en principe du moins) sur leur séparation ;
- il est de règle courante que les sujets pratiquent la religion de leur souverain et Louis XIV, par la révocation de l'édit de Nantes, élimine la possibilité de tout protestantisme dans le royaume ;
- l'idée d'une vie après la mort (le salut éternel) détermine en grande partie la vision que l'être humain se fait de son passage sur terre.

L'écrivain du XVIIe siècle et son lecteur

L'écrivain du XVIIe siècle ne vit pas de sa plume. Les droits d'auteur sont, en effet, inexistants. Aussi est-

Sa position sociale

il impérieux pour lui de trouver un mécène qui consentira à l'entretenir en échange d'éloges et de dédicaces flatteuses. Le roi lui-même octroie des rentes et des pensions tout en exigeant, en retour, que les artistes servent la gloire de sa couronne. C'est pourquoi l'écrivain du XVIIe siècle ne cherchera pas d'abord à se distinguer par son originalité, comme c'est le cas actuellement, mais plutôt à répondre aux attentes de son protecteur.

Un auteur qui aspire à la renommée ne retire aucun avantage à s'opposer aux puissants dont dépend sa survie. On comprendra que, dans ce contexte, peu de voix s'élèvent contre les injustices ou se portent à la défense des opprimés. En fait, sauf chez Molière, le peuple lui-même est peu représenté en littérature, car le spectateur du XVIIe siècle, qui vit dans le cercle royal, souhaite non seulement qu'on le flatte dans ses goûts mais encore qu'on le confirme dans ses préjugés : sur scène, les princes se doivent d'être majestueux, les soldats, farouches, et les femmes, coquettes tout en ayant de l'esprit. Lorsqu'il crée, l'écrivain s'appuie sur les œuvres du passé, s'excusant même des libertés prises à leur égard. Les lecteurs (gens de la cour ou bourgeois proches de la cour) se retrouvent en terrain connu puisqu'ils ont généralement étudié les grands textes de l'Antiquité, et souvent même dans leur langue d'origine.

Pour réussir, l'écrivain du XVIIe siècle cherche à plaire au petit cercle des courtisans et

La vision du rôle de l'écrivain

évite de choquer : le scandale n'est pas son but. Il est ainsi sensible aux influences qui s'exercent dans son milieu. De la préciosité en vogue à la cour et dans les salons, il retient le goût pour le beau langage et la courtoisie ; du jansénisme, il retient une vision souvent tragique de la vie et un sentiment de fatalité quant au destin de l'être humain.

Ainsi, dans ce siècle de décorum, d'autorité et de tradition, il paraît de mise d'avoir le goût du sublime, de respecter plus élevé que soi et d'ignorer, voire de ridiculiser, les inférieurs. Il convient de tenir l'actualité à distance. Dans ce siècle de moralisme et d'héroïsme, on aspire à devenir pur et à sacrifier sa gloire personnelle au profit de celle du roi. Ce n'est pas la société qu'on vise à améliorer, mais soi-même. La responsabilité du bien et du mal est dans le camp de l'individu. L'écrivain, loin de récuser cette éthique, y souscrit généralement.

Sublime : ce qu'il y a de plus élevé dans le style, dans les sentiments, etc.

DESCRIPTION DES COURANTS

Le courant baroque

*T*out au long du XVIIᵉ siècle, deux courants se côtoient : le baroque et le classicisme. Le premier se répand en Europe alors que l'autre se concentre surtout en France. Le baroque constitue en Europe une réaction au protestantisme, à son côté austère et à sa rigidité. C'est un courant sensible à la dynamique d'une société en transition, qui quitte les valeurs sûres et statiques du Moyen Âge chrétien pour s'ouvrir à l'ère moderne. Son influence se fait sentir en France dans plusieurs domaines, notamment dans la décoration intérieure, dans l'architecture et jusqu'en littérature.

Musée national des Beaux-Arts, Copenhague.
Karel Dujardin, *Allégorie*, 1663.

Les traits distinctifs du courant baroque

1. Le goût du mouvement et le mélange des formes

Jusqu'à l'avènement de Louis XIV, les souverains français vivent une époque troublée, faite d'intrigues politiques. Les découvertes de Nicolas Copernic (1473-1543) sur les mouvements planétaires, entérinées par Galilée (1564-1642), ont en outre ébranlé les croyances et semé le doute, ce que traduisent entre autres les crises religieuses qui se prolongent en Europe jusqu'au XVIIᵉ siècle. Les artistes baroques choisissent d'exprimer le malaise de l'être humain devant un monde en bouleversement par l'irrégularité et le mélange des formes : chez eux, tout est mobile et illusoire. Les frontières entre les genres ne sont pas étanches ; le tragique côtoie le comique comme dans la tragicomédie.

Au théâtre, les personnages se présentent souvent masqués ou déguisés et sont susceptibles de se métamorphoser en cours d'action ; on ira même jusqu'à entretenir la confusion quant à leur identité sexuelle. Les dramaturges baroques, comme Pierre Corneille au début de sa carrière, aiment les effets de mise en scène : les pièces à machines épatent le spectateur grâce aux multiples changements de décor. Des trappes s'ouvrent, où disparaissent les personnages. Chez Molière, plus tard, des statues bougent mystérieusement et suscitent la frayeur. On constate aussi une plus grande tendance à représenter la société dans sa globalité, à permettre la rencontre des citadins et des paysans tout autant que celle des nobles ou des bourgeois avec leurs valets, comme c'est fréquemment le cas chez Molière.

En peinture et en sculpture, le baroque se distingue par l'adoption de la spirale, qui place les personnages dans un état d'équilibre précaire, et en architecture, par une surenchère de contrastes dans la décoration.

2. Le sens du sublime

Le héros baroque est prêt à se battre pour sauver son honneur et celui de sa famille ; cherchant à se distinguer par des actions héroïques, il ira jusqu'à la provocation et jusqu'à mettre sa vie en péril. Il y a du Don Quichotte (héros de la littérature hispanique) en lui puisqu'il adhère à l'idéal chevaleresque qui implique le dépassement de soi. Souvent libre penseur comme Dom Juan, il déconcerte par des actions qui contredisent ses valeurs ou par des comportements qui confondent ses acolytes laissés perplexes devant la dualité de son caractère. Le héros baroque est en fait un précurseur du héros romantique tout enivré de lui-même, s'exaltant de ses prouesses.

La palette des émotions est aussi très large, mais le sentiment d'une liberté à exercer, l'angoisse devant le passage du temps et l'inquiétude devant la mort dominent.

3. L'excès dans l'expression du sentiment

L'artiste baroque exprime avec emphase des sentiments qui se distinguent avant tout par leur intensité : mysticisme profond, passion ardente, héroïsme magnifique, pathétique éploré. Autant le personnage baroque éprouve le goût du risque pour impressionner ses semblables (on parlera de personnage picaresque), autant l'artiste baroque aura tendance à privilégier la virtuosité stylistique pour épater le lecteur ou le spectateur. Dans un texte baroque, une figure de style en engendre une autre, les antithèses jouent sur les extrêmes et la métaphore a tendance à se renouveler tout au long du texte (on utilisera le terme de métaphore filée dans ce cas) jusqu'au feu d'artifice, à l'apothéose finale. On aime aussi les jeux d'ombre et de lumière, en fait tout procédé qui, par son ingéniosité, donne l'impression du dynamisme tout en visant un effet de surprise chez le spectateur.

4. La fantaisie et l'imagination

Pour l'artiste baroque, la vie est un théâtre où l'être humain se met en représentation. L'art baroque est tourné vers l'imagination et l'originalité ; il répugne aux règles et à la sagesse. Pour un poète comme Saint-Amant, la vie est fourmillante et profuse plutôt qu'ordonnée, mesurée, harmonieuse ou décente. L'être humain est déchiré par des forces contradictoires et poussé à l'excès par des idéaux souvent fantasques. L'artiste baroque nourrit son imagination d'images associées à l'eau qui coule en cascade et tourbillonne, et au feu qui palpite et danse.

Le courant classique

Le classicisme privilégie l'équilibre plutôt que le mouvement, car Louis XIV cherche avant tout à donner l'impression d'une grande stabilité politique. Le classicisme répond au désir de Louis XIV de placer la littérature et les arts au service de sa gloire, d'encadrer la création par des normes et des exigences, tout cela dans le but de se démarquer par rapport aux autres souverains d'Europe.

L'écrivain classique propose un idéal d'homme « civilisé », qui se conforme aux attentes du pouvoir, cherchant avant tout à plaire et à séduire son public. Les caractéristiques suivantes, qui concernent le classicisme, illustrent l'écart avec la vision du monde baroque, mais aussi certains points de rencontre. Plusieurs exemples se rapportent ici au théâtre, genre privilégié sous le règne de Louis XIV, mais le roman subit en fin de siècle l'influence de la tragédie et gagne lui aussi en sobriété.

Les traits distinctifs du classicisme

1. Une littérature royale

La littérature doit servir la gloire du roi et, par extension, favoriser le rayonnement de la civilisation française. Le théâtre, parce qu'il implique la représentation en public, sert bien un régime qui cherche à ritualiser même la vie privée. Sous Louis XIV, tout doit prendre des allures de majesté : le langage, volontiers influencé par le courant précieux (d'où la prédominance de l'alexandrin, vers souple et altier), les relations sociales portées vers le protocole, et l'art toujours empreint de solennité. Ce goût pour tout ce qui est de l'ordre du grandiose, du spectaculaire, rapproche le classicisme du courant baroque.

Château et Trianons, Versailles.
Pierre Patel, *Vue du château de Versailles*, 1668.
Si la vie de cour était balisée de règles et de codes très stricts, il n'en sera pas autrement des bâtiments et des jardins du château de Versailles, modèle de rigueur et d'ordre.

2. L'idéal de l'honnête homme

Le recours à la raison va dans le sens d'une acceptation des valeurs de la noblesse, valeurs teintées toutefois d'esprit bourgeois. On promeut l'idéal de l'honnête homme : capable d'exploits sans en faire étalage, cultivé sans être vaniteux, de bonne compagnie et sachant courtiser sans s'humilier. L'individu vise la juste mesure et évite d'affirmer son originalité pour ne pas porter ombrage au Roi-Soleil. Ces valeurs, comme on peut le voir, s'éloignent de celles préconisées par le courant baroque.

Les œuvres témoignent des difficultés à vivre dans une telle société. Le héros analyse avec lucidité ses mobiles personnels, il tempère ses ambitions car nombreux sont les courtisans qui se battent pour obtenir la faveur du roi. Par conséquent, les thèmes de la rivalité et de la jalousie coexistent avec ceux de l'honneur et du devoir. De plus, l'amour place souvent le jeune homme ou la jeune fille en conflit avec l'autorité parentale. En fait, le sens de l'honneur et des responsabilités l'emportent sur le goût du bonheur.

3. Une réalité de convention : les critères de vraisemblance et de bienséance

L'écrit contribue à créer l'illusion de la réalité, c'est-à-dire à rendre crédible la fiction racontée. Aux yeux d'un lecteur moderne, cette réalité paraît toutefois codifiée et stéréotypée, car elle se cantonne dans le sublime et évite la représentation de la sensualité, de la violence, de la vulgarité ou du bizarre. Dans les tragédies, on présente sur scène des personnages d'extraction noble, qui sont les seuls à faire preuve de courage et à participer à des actions héroïques. Dans les comédies, on se moque de la façon de vivre des bourgeois (commerçants et notables), de leur sens de l'épargne et du travail. Quant au bas peuple, pratiquement absent sauf chez Molière où il sert de faire-valoir, il ne vient à l'idée de personne de faire entendre ses revendications.

La littérature s'astreint aussi à respecter une certaine décence morale (la règle de la bienséance) : ainsi, au théâtre, on évite l'érotisme et on relègue en coulisse les gestes de violence. Les personnages gagnent en sublime ce qu'ils perdent en humanité. Dans les intrigues, les grandes passions sont coupables, les excès sont punis. Le but est de maîtriser ses émotions afin de préserver l'illusion de l'harmonie.

4. Une littérature réglementée : l'imitation des modèles et les contraintes de composition

Tout au long du XVIIe siècle s'échafaude une pensée critique qui puise ses fondements dans l'Antiquité grecque et romaine. Plusieurs théoriciens formulent des normes et des directives pour encadrer la création, et même pour soumettre les artistes à leurs critères de beauté. Leurs lois s'appliquent surtout à la tragédie qui a primauté sur les autres genres.

Sur le plan de l'intrigue dramatique, on recommande de ramener l'action à un fil conducteur pour éviter l'éparpillement des épisodes : c'est la règle de l'unité d'action. Le temps de l'intrigue doit se rapprocher le plus possible du temps de la représentation pour donner l'illusion que fiction et réalité se confondent : c'est l'unité de temps, qu'on étend toutefois aux vingt-quatre heures d'une journée afin de se donner une marge de manœuvre. Enfin, les événements se succèdent dans un espace clos : c'est l'unité de lieu qui concentre et intensifie le conflit (l'action se situe souvent dans un vestibule, lieu polyvalent, lieu à la fois de passage et de rencontre). L'ensemble de ces trois règles est connu sous le nom de « règle des trois unités ».

Dans la composition, on recherche l'unification ; sur le plan du style, on favorise l'épuration, et cette tendance s'étend au roman comme en témoigne *La Princesse de Clèves*. La langue est celle de la cour, dont l'Académie française, fondée en 1635, fixe l'usage. Seul Molière s'aventure dans la transcription des dialectes régionaux et populaires.

5. La finalité morale : plaire pour instruire

L'art doit justifier son existence d'un point de vue moral. Les auteurs consacrent leur attention à des questions de foi et font planer un climat de religiosité sur la fin du siècle au moment où Louis XIV lui-même délaisse les plaisirs par souci de son salut éternel. Certains genres deviennent alors à la mode à cause de leur caractère intrinsèquement moralisateur : c'est le cas des fables, des maximes, des sermons. L'œuvre classique propose au lecteur ou au spectateur des exemples de comportements socialement et moralement acceptables. Tout incline à la modération, à la juste mesure.

Molière : l'homme de théâtre complet

Une entrée en matière

En France, le XVIIᵉ siècle est le siècle du théâtre par excellence. La conception qu'on se fait du théâtre est elle-même le fruit d'influences multiples, dont la plus décisive est celle du philosophe grec Aristote. Dans son traité intitulé *Poétique*, il donne au théâtre la vocation de créer le plus possible l'illusion du vrai — ce qu'il appelle la *mimesis*, d'où vient le terme mimétique, synonyme de vraisemblable — tout en expurgeant de l'âme les émotions néfastes — il s'agit ici de la catharsis. Ainsi, dans une époque qui subit fortement l'influence religieuse, le théâtre semble contribuer à la distinction entre le bien et le mal tout en participant à la politique de grandeur du roi.

Molière, l'incarnation de tendances multiples

Parmi les trois dramaturges de grand renom que sont Corneille, Racine et Molière, ce dernier se distingue parce qu'il est le seul à connaître toutes les facettes du métier d'homme de théâtre : il est non seulement dramaturge (à noter que ce terme s'applique à tout écrivain de théâtre, fût-il auteur de comédies), mais aussi comédien, directeur de troupe et metteur en scène. Il a essayé tous les genres, à la fois la farce et la tragédie surtout en début de carrière, puis la comédie dans laquelle il excelle. Certaines de ses comédies comme *Le Misanthrope* et *Tartuffe* présentent toutefois des caractères d'une humanité profonde qui rapproche ces pièces du drame qui sera prisé par Diderot au siècle suivant, puis par les romantiques. À la fois baroque et classique, Molière ne recule pas devant le mélange des genres. Il crée des comédies-ballets qui allient texte, danse, chant et musique et des comédies à machines très populaires à son époque. Exemples connus, *Le Bourgeois gentilhomme* et *Le Malade imaginaire* sont aujourd'hui souvent montées sans intermission musicale. Chez Molière, les nobles échangent avec des gens du peuple, et dans *Dom Juan*, Sganarelle se présente comme un valet capable de réflexion, ce qui l'éloigne de la conception traditionnelle faisant du domestique un pitre dépourvu d'humanité. Sganarelle éprouve des doutes et des inquiétudes.

La vie de Molière

Dans sa trajectoire personnelle, Molière illustre en quelque sorte les qualités d'initiative de la classe bourgeoise dont il est issu, et celle à laquelle appartiennent aussi Corneille et Racine, et la plupart des écrivains de l'époque. De son vrai nom Jean-Baptiste Poquelin, Molière est né dans une famille aisée, qui le destine au droit ou, sinon, au métier de tapissier. Il choisit toutefois de devenir comédien, métier peu honorable pour l'époque. Les débuts de l'Illustre-Théâtre, la compagnie qu'il fonde avec Madeleine Béjart, dont il épousera la fille (peut-être est-ce la sœur) quelques années plus tard, sont marqués par des échecs répétés qui le poussent à quitter Paris pour aller en région acquérir de l'expérience sur les planches. De retour à Paris en 1657, il s'essaie à la tragédie, en vain. Il remporte enfin le succès tant attendu grâce à une farce, *Les Précieuses ridicules*, pièce qui caricature les excès et les travers d'un courant alors à la mode, la préciosité. Molière continue sur sa lancée et écrit régulièrement des pièces qu'il met en scène et dans lesquelles lui-même joue. Dix ans plus tard, alors qu'il est au sommet de sa gloire, deux de ses pièces, *Tartuffe* et *Dom Juan*, sont interdites, car les dévots se déchaînent contre lui. *Le Misanthrope*, une comédie amère, ne parvient pas non plus à séduire le public de la cour.

Devenu prospère grâce à l'appui du roi qui devient même le parrain de son fils, Molière s'est fait de nombreux ennemis. Ses lourdes responsabilités, les infidélités de sa jeune épouse, la perte de ses enfants en bas âge, tout cela contribue à miner sa santé. Molière ne se laisse pourtant pas abattre et s'inspire du charlatanisme des médecins qui le soignent pour composer une farce qui obtiendra immédiatement la faveur du public, soit *Le Médecin malgré lui*. Sur un sujet connexe, il compose sa dernière pièce, *Le Malade imaginaire*, alors que lui-même est atteint gravement d'une maladie qui le fait tousser sur scène, jusqu'à cette dernière représentation où il s'écroule d'épuisement, avant de mourir (en 1673), probablement de tuberculose. Ce n'est que sur l'intervention du roi que l'Église accepte d'enterrer Molière dans un endroit toutefois réservé aux non-baptisés. Le plus grand auteur comique français n'échappe donc que partiellement à la vindicte du parti dévot qui longtemps l'a accusé de professer le libertinage, c'est-à-dire la liberté de penser et d'agir en dehors de principes imposés de l'extérieur.

Vous trouverez d'autres renseignements sur Molière aux pages 106, 108 et 110.

DESCRIPTION DU GENRE DE PRÉDILECTION

Le théâtre

Le texte théâtral

Lorsqu'on le compare au roman, le texte d'une pièce de théâtre déçoit à la lecture par l'absence de narration et de description. La compréhension de l'intrigue en devient plus difficile.

Le texte dramatique se présente généralement sous la forme d'une série de répliques de longueur variable, dont certaines prennent l'allure de longues tirades ou de monologues. Il est accompagné de didascalies, incluant tous les renseignements qui ne sont pas destinés à être dits sur scène, comme la liste des personnages et la description des décors (ces indications scéniques apparaissent généralement en italique dans le texte).

Dans la dramaturgie classique, les répliques sont souvent versifiées en alexandrins et les didascalies s'avèrent généralement peu nombreuses. L'art de la mise en scène n'est pas encore très développé à l'époque. En outre, dans la tragédie, la décence veut que les comédiens se touchent à peine et bougent peu pour conserver toute leur dignité.

La représentation théâtrale

Il va de soi que la magie du théâtre opère s'il y a spectacle. La mise en scène permet de prendre conscience de la nature plurielle du dialogue théâtral : les acteurs échangent entre eux des répliques, mais le public est le principal interlocuteur auquel s'adresse l'auteur. Les conséquences de ce fait concernent le processus d'analyse. Il faut distinguer les notions suivantes :

- le lieu de la fiction, tel qu'il est précisé dans le texte, qui est l'endroit où se situent les événements imaginés par le dramaturge (ex. : l'Espagne pour *Le Cid* de Corneille) ;
- l'espace scénique qui comprend la scène, les coulisses et l'espace de la salle où se trouve l'auditoire ;
- le temps de la fiction, l'époque où se situe l'intrigue (ex. : l'Antiquité grecque pour *Phèdre*) ;
- le temps de la représentation, celui du spectacle sur scène.

Au XVIIe siècle, l'intention des auteurs de la tragédie est de donner un caractère universel à la représentation, notamment en transposant l'intrigue dans l'Antiquité. Quant au spectateur, laissé libre de son interprétation, il peut certes déduire les liens avec le contexte politique du XVIIe siècle. Ainsi, on ne cherche pas à recréer l'époque par le décor et les costumes. On vise la sobriété sauf, semble-t-il, sur le plan de la déclamation du texte, très accentuée, plutôt emphatique. Dans le but de respecter la bienséance, on renvoie en coulisse tout acte violent ou érotique. Un personnage, le messager, rapporte en paroles les actions violentes qui ont été reléguées hors scène. Dans le théâtre classique, les mots comptent plus que les gestes pour faire progresser l'intrigue.

Molière, qui fait dans la comédie, privilégie, quant à lui, un jeu plus naturel et se montre sensible à la gestuelle du comédien. Sur le plan de la représentation, Molière se met lui-même en scène comme acteur principal de ses pièces, et il sait mettre à profit ses traits physiques tout comme ceux de ses acteurs. À la fin de sa vie, alors qu'il souffre probablement de tuberculose, il fait tousser les personnages qu'il incarne, et accentue la démarche voûtée que lui donne sa grande fatigue. Mime de génie, il sait susciter le comique par les déplacements sur scène, pouvant aller jusqu'à la chorégraphie.

Les catégories de pièces à l'époque de Molière

Aujourd'hui, Molière est essentiellement reconnu pour son génie d'écrivain comique. Pourtant, en début de carrière, il s'entête à produire des tragédies qui obtiennent une faible audience, au risque de mettre sa troupe en faillite. En effet, la tragédie est le genre qui domine à l'époque, celui sur lequel doit se fonder une réputation de grand écrivain. Devant l'insuccès de ses tragédies et pour renflouer les coffres de sa compagnie, Molière se tourne vers la farce, que les comédiens italiens en résidence à Paris ont contribué à modeler, avant d'en arriver à l'écriture de ses comédies plus complexes.

De son côté, en suivant les traces de son frère, écrivain méconnu, Corneille ouvre au XVIIe siècle le chemin à la tragédie, en pratiquant d'abord un genre composite, la tragicomédie. Conservant un esprit baroque, Corneille se dirige ensuite vers la tragédie, beaucoup plus réglementée à l'époque, dans laquelle triomphe Racine, son jeune rival, qui saura le mieux exploiter le cadre bien défini de ce type de pièce.

Les descriptions suivantes permettent de comparer les quatre genres dramatiques prédominants du XVIIe siècle en considérant les personnages, l'intrigue, la structure, la thématique et le style.

Tableau synthèse

Le théâtre au XVIIᵉ siècle

La tragicomédie (courant baroque)	La tragédie (courant classique)
• **Personnages** issus de rangs divers avec, au centre de l'œuvre, un héros masculin fidèle à l'idéal aristocratique de générosité, qui poursuit une quête chevaleresque.	• **Personnages** de rang élevé, déchirés entre leurs devoirs envers la famille, l'État et Dieu.
• **Intrigue** à rebondissements multiples et imprévus avec intervention possible du merveilleux et du fantastique.	• **Intrigue** concentrée, qui se plie à la règle de bienséance et à la règle des trois unités, d'action, de lieu et de temps, soit un seul péril en un seul endroit (pas ou peu de changement de décor) et en une seule journée.
• Exploration de formes variées et goût pour les **structures** complexes, en particulier la mise en abyme, c'est-à-dire le fait d'insérer une pièce dans la pièce, ce qui permet au dramaturge de réfléchir sur son art. • Mélange des genres et peu de règles de composition.	• La tragédie comporte cinq actes : – acte I : l'exposition et la présentation de base des éléments de l'intrigue ; – acte II : le nœud, soit l'obstacle qui nous plonge dans le tragique ; – acte III : la péripétie, soit l'événement imprévu, le changement de situation ; – acte IV : la catastrophe qui amène le bouleversement irréversible de la situation ; – acte V : le dénouement, avec une fin généralement malheureuse.
• Le dénouement peut être positif.	• L'action se situe généralement dans le contexte de l'Antiquité grecque et romaine.
• **Thèmes** de l'exaltation morale et de la gloire héroïque ; code de l'honneur ayant pour but de proposer des modèles de comportement héroïque ; jeu, illusion, rêve et sensation.	• **Thématique** teintée de pessimisme : la fatalité, la destinée humaine, le pouvoir, l'amour, la loyauté, la pièce ayant comme but moral d'expurger de l'homme les sentiments néfastes.
• Pour le **style**, il arrive que les vers soient de longueurs variables comme dans la pièce *Le Cid* de Corneille.	• Le **style** est solennel, adoptant le rythme majestueux de l'alexandrin et conservant un registre linguistique soutenu.
• Goût du déguisement et multiplication des décors.	• Mise en scène sobre qui met l'accent sur le caractère cérémoniel de la représentation.
• Exemple de tragicomédie : *Le Cid* de Corneille.	• Exemple de tragédie : *Phèdre* de Racine.

La farce (courant baroque)

- **Personnages** archétypaux (traits grossis et répétitifs) avec présence fréquente d'un valet qui reflète les traits associés au domestique : rusé, bavard et débrouillard.

- **Intrigue** qui repose sur une opposition élémentaire : d'un côté, les personnages sympathiques et vainqueurs et de l'autre, les personnages ridicules et perdants. Cette opposition invite le spectateur à prendre parti.

- Pièce courte, souvent en un seul acte avec une grande liberté générale sur le plan de la **structure** (absence de règles).

- **Thématique** de la relation entre les générations : égoïsme et avarice des vieillards par opposition au goût de l'amour et à la moquerie de la jeunesse.

- **Style** : influence marquée de la *commedia dell'arte* avec une écriture généralement en prose qui vise le rire plus facile.

- **Mise en scène** : Molière joue sur trois registres du comique, soit :
  - comique de mots (vivacité d'esprit et répliques alertes) ;
  - comique de gestes (mimiques variées, jeu corporel, coups de bâton, ce qui accentue la dimension visuelle du théâtre de Molière) ;
  - comique de situations (quiproquos, poursuites et déguisements).

- Exemples de farces : *Les Précieuses ridicules* et *Les Fourberies de Scapin* de Molière.

La comédie (influence baroque et classique)

- Les **personnages** principaux sont issus de la bourgeoisie, alors que le bas peuple est représenté sur scène par les personnages secondaires ; tous sont d'une complexité variable selon la profondeur de la pièce.

- **Intrigue** qui s'appuie souvent sur des conflits entre les générations et qui révèle les excès dans les mœurs et les caractères ; le contexte est celui de la vie quotidienne au XVIIe siècle.

- La comédie compte généralement cinq actes.

- La composition reste très flexible : l'exposition peut s'étendre sur plus d'un acte, et le personnage principal peut apparaître tardivement, parfois même vers le milieu de la pièce pour réserver l'effet de surprise.

- **Thématique** des grands défauts humains : le rapport de l'amour à l'argent à l'intérieur du cadre familial avec, comme but, un message de tolérance et de bon sens (corriger les vices en riant).

- Le **style** permet l'usage de la prose (*Dom Juan* de Molière) et le mélange de registres (grande liberté quand la comédie reste proche de la farce, alors qu'elle suit les règles classiques de plus près quand elle cherche à s'élever).

- **Mise en scène** : emprunte à la farce les procédés comiques, soit :
  - comique de mots (vivacité d'esprit et répliques alertes) ;
  - comique de gestes (mimiques variées, jeu corporel, coups de bâton, ce qui accentue la dimension visuelle) ;
  - comique de situations (quiproquos, poursuites et déguisements).

- Exemples de comédies : *Dom Juan, Le Misanthrope, L'Avare, Les Femmes savantes* et *Tartuffe* de Molière.

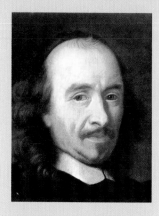

La mise en abyme : réflexion sur le théâtre

Pierre Corneille (1606-1684)

Né à Rouen, ville où il réside la plus grande partie de sa vie, Pierre Corneille compose une part de son œuvre sous le règne de Louis XIII, alors que le courant baroque exerce en France une influence prépondérante. Son œuvre en portera les marques tout en témoignant de l'évolution des mentalités par l'évolution des formes, puisqu'il passe de l'écriture de comédies et de pièces à machines à la tragicomédie, puis enfin à la tragédie elle-même. D'inspiration nettement baroque, les premières pièces recherchent l'effet spectaculaire avec de multiples changements de décor qui ont pour fonction de représenter la mobilité du monde et la fugacité des choses. *L'Illusion comique*, qui illustre cette veine, met en outre en scène des acteurs dont le métier consiste à se déguiser, à feindre et à mentir, révélant en fait la vérité par l'illusion. La pièce est construite comme une sorte de théâtre dans le théâtre. Cela

(suite à la page suivante)

LE MÉTIER DE COMÉDIEN

PRIDAMANT
Mon fils comédien !

ALCANDRE
D'un art si difficile
5 Tous les quatre, au besoin, ont fait un doux asile ;
Et, depuis sa prison, ce que vous avez vu,
Son adultère amour, son trépas imprévu,
N'est que la triste fin d'une pièce tragique
Qu'il expose aujourd'hui sur la scène publique,
10 Par où ses compagnons en ce noble métier
Ravissent à Paris un peuple tout entier.
Le gain leur en demeure, et ce grand équipage,
Dont je vous ai fait voir le superbe étalage,
Est bien à votre fils, mais non pour s'en parer
15 Qu'alors que sur la scène il se fait admirer.

PRIDAMANT
J'ai pris sa mort pour vraie, et ce n'était que feinte ;
Mais je trouve partout même sujet de plainte.
Est-ce là cette gloire, et ce haut rang d'honneur
20 Où le devait monter l'excès de son bonheur ?

ALCANDRE
Cessez de vous en plaindre. À présent le théâtre
Est en un point si haut que chacun l'idolâtre ;
Et ce que votre temps voyait avec mépris
25 Est aujourd'hui l'amour de tous les bons esprits,
L'entretien de Paris, le souhait des provinces,
Le divertissement le plus doux de nos princes,
Les délices du peuple, et le plaisir des grands ;
Il tient le premier rang parmi leurs passe-temps ;
30 Et ceux dont nous voyons la sagesse profonde
Par ses illustres soins conserver tout le monde
Trouvent dans les douceurs d'un spectacle si beau
De quoi se délasser d'un si pesant fardeau.
Même notre grand Roi, ce foudre de la guerre,
35 Dont le nom se fait craindre aux deux bouts de la terre,
Le front ceint de lauriers, daigne bien quelquefois
Prêter l'œil et l'oreille au Théâtre françois.
C'est là que le Parnasse étale ses merveilles ;
Les plus rares esprits lui consacrent leurs veilles ;
40 Et tous ceux qu'Apollon voit d'un meilleur regard
De leurs doctes travaux lui donnent quelque part.
D'ailleurs, si par les biens on prise les personnes,
Le théâtre est un fief dont les restes sont bonnes ;
Et votre fils rencontre en un métier si doux
45 Plus d'accommodement qu'il n'eût trouvé chez vous.
Défaites-vous enfin de cette erreur commune,
Et ne vous plaignez plus de sa bonne fortune.

Pridamant

Je n'ose plus m'en plaindre, et vois trop de combien
50 Le métier qu'il a pris est meilleur que le mien.
Il est vrai que d'abord mon âme s'est émue :
J'ai cru la comédie au point où je l'ai vue ;
J'en ignorais l'éclat, l'utilité, l'appas,
Et la blâmais ainsi, ne la connaissant pas ;
55 Mais, depuis vos discours, mon cœur plein d'allégresse
A banni cette erreur avecque sa tristesse.
Clindor a trop bien fait.

Alcandre

N'en croyez que vos yeux.

L'Illusion comique, acte V, scène V, 1636.

(suite)

permet à Corneille, par la bouche d'Alcandre, de faire la promotion d'un genre en voie de devenir le premier passe-temps des princes.

Dans cet extrait, le magicien et metteur en scène Alcandre a fait apparaître le fils de Pridamant ; c'est ainsi que le père apprend que son fils est devenu comédien.

Andrea Pozzo, coupole en trompe-l'œil, peintures du plafond d'une église des Jésuites à Vienne en Autriche, aménagements 1703-1707.
En art, l'illusion est exploitée à travers la technique très baroque du trompe-l'œil et de la mise en abyme, notamment dans la décoration des plafonds d'églises et de palais.

1. La mise en abyme est un procédé qui permet d'intégrer une œuvre dans une autre, dans le but de réfléchir sur la littérature. Dans cet extrait, quels indices témoignent de l'usage de la mise en abyme ?

2. Les deux répliques d'Alcandre présentent une apologie du théâtre.
    – Comment Alcandre considère-t-il le métier de comédien ?
    – Dans la première réplique, relevez les mots et les expressions qui font référence à l'image de grandiose et aux effets produits sur le spectateur.

    – Dans la deuxième réplique, relevez la série d'expressions synonymes par lesquelles Alcandre fait la louange du théâtre.
    – Quels vers expriment le fait que cette fascination pour le théâtre est nouvelle ?

3. Quels vers traduisent l'importance de la thématique chevaleresque ?

4. Comment l'extrait témoigne-t-il du fait que, au XVIIe siècle, la culture est étroitement liée à la politique ?

L'influence baroque : la tragicomédie

Pierre Corneille (1606-1684)

Fils d'avocat et avocat lui-même, Corneille est très tôt attiré par la carrière littéraire. La pièce *Le Cid*, à l'origine classée parmi les tragicomédies à cause de sa fin heureuse et du mélange des formes (par exemple, la présence de vers de longueur variable dans une tirade de Don Rodrigue), lui permet d'accéder à la position de dramaturge le plus en vue de sa génération. Cette pièce, qui a pour cadre l'Espagne médiévale, témoigne pourtant des préoccupations des contemporains de l'auteur. Elle représente une société encore marquée par les valeurs chevaleresques du Moyen Âge, où dominent de grands seigneurs jaloux de leurs privilèges. L'intrigue présente en effet un conflit entre nobles : souffleté par Don Gormas, Don Diègue obtient de son fils Rodrigue que celui-ci venge son honneur.

Le dialogue oppose Don Diègue à son fils Don Rodrigue, qui sera surnommé le Cid à cause de ses exploits guerriers. Celui-ci est sorti vainqueur du duel qui l'a opposé à Don Gormas, le père de Chimène, la femme qu'il comptait épouser. En tuant le père de sa promise, il a sauvé l'honneur de son père. Le père est fier de cet exploit alors que le fils tente de lui faire entendre les arguments de l'amour.

Atelier d'analyse

LE CODE DE L'HONNEUR

DON DIÈGUE
Rodrigue, enfin le ciel permet que je te voie !

DON RODRIGUE
Hélas !

5   **DON DIÈGUE**
Ne mêle point de soupirs à ma joie ;
Laisse-moi prendre haleine afin de te louer.
Ma valeur n'a point lieu de te désavouer :
Tu l'as bien imitée, et ton illustre audace
10 Fait bien revivre en toi les héros de ma race :
C'est d'eux que tu descends, c'est de moi que tu viens :
Ton premier coup d'épée égale tous les miens ;
Et d'une belle ardeur ta jeunesse animée
Par cette grande épreuve atteint ma renommée.
15 Appui de ma vieillesse, et comble de mon heur,
Touche ces cheveux blancs à qui tu rends l'honneur,
Viens baiser cette joue, et reconnais la place
Où fut empreint l'affront que ton courage efface.

DON RODRIGUE
20 L'honneur vous en est dû : je ne pouvais pas moins,
Étant sorti de vous et nourri par vos soins.
Je m'en tiens trop heureux, et mon âme est ravie
Que mon coup d'essai plaise à qui je dois la vie ;
Mais parmi vos plaisirs ne soyez point jaloux
25 Si je m'ose à mon tour satisfaire après vous.
Souffrez qu'en liberté mon désespoir éclate ;
Assez et trop longtemps votre discours le flatte.
Je ne me repens point de vous avoir servi ;
Mais rendez-moi le bien que ce coup m'a ravi.
30 Mon bras, pour vous venger, armé contre ma flamme,
Par ce coup glorieux m'a privé de mon âme ;
Ne me dites plus rien ; pour vous j'ai tout perdu :
Ce que je vous devais, je vous l'ai bien rendu.

DON DIÈGUE
35 Porte, porte plus haut le fruit de ta victoire :
Je t'ai donné la vie, et tu me rends ma gloire ;
Et d'autant que l'honneur m'est plus cher que le jour,
D'autant plus maintenant je te dois de retour.
Mais d'un cœur magnanime éloigne ces faiblesses ;
40 Nous n'avons qu'un honneur, il est tant de maîtresses !
L'amour n'est qu'un plaisir, l'honneur est un devoir.

DON RODRIGUE
Ah ! que me dites-vous ?

DON DIÈGUE

45 Ce que tu dois savoir.

DON RODRIGUE

Mon honneur offensé sur moi-même se venge,
Et vous m'osez pousser à la honte du change !
L'infamie est pareille, et suit également
50 Le guerrier sans courage et le perfide amant.
À ma fidélité ne faites point d'injure ;
Souffrez-moi généreux sans me rendre parjure :
Mes liens sont trop forts pour être ainsi rompus ;
Ma foi m'engage encor si je n'espère plus ;
55 Et ne pouvant quitter ni posséder Chimène,
Le trépas que je cherche est ma plus douce peine.

Le Cid, acte III, scène VI, 1636.

Bibliothèque nationale de France, Paris.
Chimène et le Cid, gravure, 1780.

Exploration

1. Assurez-vous d'abord de bien comprendre l'extrait du *Cid*. Pour ce faire,
   – cherchez les mots qui posent problème, comme « infamie », « perfide », etc., et ceux dont la définition est susceptible d'éclairer la signification du texte, comme « honneur » ;
   – faites un bref résumé de l'extrait.

2. Dans la deuxième réplique du père (lignes 6 à 18), quels arguments relèvent du thème de l'honneur de la famille, de la lignée ?

3. Face au code de valeurs prôné par son père, quelle est la position de Don Rodrigue : l'adhésion, la réticence, la soumission ou la révolte ? Justifiez votre réponse.

4. Dans la troisième réplique de Don Diègue (lignes 35 à 41), relevez des vers qui sonnent comme des maximes. Selon vous, quel effet l'auteur veut-il produire sur l'auditoire ?

5. « Et ne pouvant quitter ni posséder Chimène,
   Le trépas que je cherche est ma plus douce peine. »
   Comment ces deux vers illustrent-ils le caractère tragique de la pièce ?

6. L'usage de plusieurs figures de style contribue à l'élévation du style. Relevez dans l'extrait :
   – quelques métonymies et métaphores significatives en justifiant vos choix ;
   – des vers à caractère antithétique en expliquant l'effet que vise le personnage qui les utilise.

7. Dans une perspective de représentation, quelles couleurs dans le décor et les costumes conviendraient le plus à l'extrait du *Cid* ? Justifiez vos choix en vous appuyant sur le sens et la dynamique des personnages.

Hypothèses d'analyse et de dissertation

1. Montrez que le conflit des générations entre Don Diègue et Don Rodrigue illustre une opposition entre deux codes de valeurs.

2. Analysez le thème de l'héroïsme dans l'extrait du *Cid*.

Le héros cornélien

Pierre Corneille (1606-1684)

À la suite de la querelle déclenchée par la représentation du *Cid*, pièce qui ne satisfait pas aux attentes des théoriciens du classicisme, Corneille choisit de se soumettre à leurs règles en écrivant *Horace*, sa première tragédie. Prototype du personnage cornélien, Horace est guidé par un seul principe : le devoir envers l'État. Cette valeur l'emporte sur son sens de la famille et sur l'amour qu'il porte à sa femme. Cette pièce sera la première d'une série de treize tragédies s'inspirant toutes de l'histoire romaine.

La pièce s'articule autour d'un combat entre les trois Horaces et les trois Curiaces, champions désignés pour régler le différend entre Rome et Albe. L'intrigue se corse du fait que le Romain Horace a épousé une native d'Albe et qu'un des Curiaces est fiancé à la sœur d'Horace. Dans un geste de colère, Horace, vainqueur du combat, tuera sa sœur Camille parce que celle-ci, au lieu de louer la gloire de son frère, pleure la mort de son fiancé. Dans la scène ci-contre, Camille affronte son frère.

LA VICTOIRE D'HORACE

Scène V. Horace, Camille, Procule. *Procule porte en sa main les trois épées des Curiaces.*

HORACE
Ma sœur, voici le bras qui venge nos deux frères,
5 Le bras qui rompt le cours de nos destins contraires,
Qui nous rend maîtres d'Albe ; enfin voici le bras
Qui seul fait aujourd'hui le sort de deux États ;
Vois ces marques d'honneur, ces témoins de ma gloire,
Et rends ce que tu dois à l'heur de ma victoire.

10 CAMILLE
Recevez donc mes pleurs, c'est ce que je lui dois.

HORACE
Rome n'en veut point voir après de tels exploits,
Et nos deux frères morts dans le malheur des armes
15 Sont trop payés de sang pour exiger des larmes :
Quand la perte est vengée, on n'a plus rien perdu.

CAMILLE
Puisqu'ils sont satisfaits par le sang épandu,
Je cesserai pour eux de paraître affligée,
20 Et j'oublierai leur mort que vous avez vengée ;
Mais qui me vengera de celle d'un amant
Pour me faire oublier sa perte en un moment ?

Musée du Louvre, Paris.
Jacques Louis David,
Le serment d'Horace, 1784.
Ce tableau néoclassique illustre à merveille la fatalité tragique puisqu'il présente à droite les femmes s'affligeant déjà de la mort d'un fils, d'un frère ou d'un époux.

HORACE

Que dis-tu, malheureuse ?

25 **CAMILLE**

Ô mon cher Curiace !

HORACE

Ô d'une indigne sœur insupportable audace !
D'un ennemi public dont je reviens vainqueur
30 Le nom est dans ta bouche et l'amour dans
    ton cœur !
Ton ardeur criminelle à la vengeance aspire !
Ta bouche la demande, et ton cœur la respire !
Suis moins ta passion, règle mieux tes désirs,
35 Ne me fais plus rougir d'entendre tes soupirs ;
Tes flammes désormais doivent être étouffées ;
Bannis-les de ton âme, et songe à mes trophées :
Qu'ils soient dorénavant ton unique entretien.

CAMILLE

40 Donne-moi donc, barbare, un cœur comme le tien ;
Et si tu veux enfin que je t'ouvre mon âme,
Rends-moi mon Curiace, ou laisse agir ma flamme :
Ma joie et mes douleurs dépendaient de son sort ;
Je l'adorais vivant, et je le pleure mort.
45 Ne cherche plus ta sœur où tu l'avais laissée ;
Tu ne revois en moi qu'une amante offensée,
Qui, comme une furie, attachée à tes pas,
Te veut incessamment reprocher son trépas.
Tigre altéré de sang, qui me défends les larmes,
50 Qui veux que dans sa mort je trouve encor
    des charmes,
Et que, jusques au ciel élevant tes exploits,
Moi-même je le tue une seconde fois !

Puissent tant de malheurs accompagner ta vie,
55 Que tu tombes au point de me porter envie ;
Et toi, bientôt souiller par quelque lâcheté
Cette gloire si chère à la brutalité !

HORACE

Ô ciel ! qui vit jamais une pareille rage !
60 Crois-tu donc que je sois insensible à l'outrage,
Que je souffre en mon sang ce mortel déshonneur ?
Aime, aime cette mort qui fait notre bonheur,
Et préfère du moins au souvenir d'un homme
Ce que doit ta naissance aux intérêts de Rome.

65 **CAMILLE**

Rome, l'unique objet de mon ressentiment !
Rome, à qui vient ton bras d'immoler mon amant !
Rome qui t'a vu naître, et que ton cœur adore !
Rome enfin que je hais parce qu'elle t'honore !
70 Puissent tous ses voisins ensemble conjurés
Saper ses fondements encor mal assurés !
Et si ce n'est assez de toute l'Italie,
Que l'Orient contre elle à l'Occident s'allie ;
Que cent peuples unis des bouts de l'univers
75 Passent pour la détruire et les monts et les mers !
Qu'elle-même sur soi renverse ses murailles,
Et de ses propres mains déchire ses entrailles !
Que le courroux du ciel allumé par mes vœux
Fasse pleuvoir sur elle un déluge de feux !
80 Puissé-je de mes yeux y voir tomber ce foudre,
Voir ses maisons en cendre, et tes lauriers en poudre,
Voir le dernier Romain à son dernier soupir,
Moi seule en être cause, et mourir de plaisir !

Horace, acte IV, scène v, 1640.

---

1. La scène repose sur l'opposition entre le héros Horace et sa sœur Camille. Dans un tableau sur deux colonnes, relevez les insultes que chacun profère. Quels traits de caractère, quelles valeurs trahissent ces échanges ?

2. Expliquez comment les relations entre les deux personnages illustrent l'incompatibilité entre l'héroïsme et l'amour dans la tragédie cornélienne.

3. Horace fait fréquemment usage de métonymies dans ses interventions, ce qui contribue à créer une impression de morcellement du corps, de morcellement de l'individu. Relevez-en quelques-unes. En quoi cet usage est-il justifié dans le contexte ?

4. D'autres procédés stylistiques contribuent au raffinement du style. Relevez dans l'extrait :
   – quelques métaphores ;
   – une comparaison ;
   – une antithèse ;
   – des anaphores (répétition de mots en début de vers).

5. Par leur construction en symétrie ou en parallèle, quels vers contribuent au caractère énergique de la tirade de Camille ?

6. L'extrait traduit aussi une certaine vision de la place et du rôle de la femme : en quoi cela diffère-t-il de l'époque actuelle ? Les valeurs représentées ici sont-elles encore vivantes dans notre société ? (Pensez à l'univers des bandes dessinées, aux films de hors-la-loi, etc.)

La fatalité dans la tragédie classique

Jean Racine (1639-1699)

Très tôt orphelin, Racine reçoit une solide éducation chez les religieuses de Port-Royal, haut lieu du jansénisme. Fortement influencé par cette doctrine puritaine sévère, il lui doit probablement une part de sa personnalité tourmentée.

Son premier grand succès, *Andromaque*, lui permet de remplacer Corneille dans la faveur du public. Désormais moins intéressé par les actions héroïques et les thèmes chevaleresques, le public des courtisans, converti au raffinement des manières, apprécie les fines analyses psychologiques dans lesquelles excelle Racine.

Le héros racinien se distingue du héros cornélien par son destin marqué du sceau de la fatalité. L'homme est une marionnette dans le jeu des passions et du pouvoir. Condamné au malheur, il illustre en fait une vision très pessimiste de la condition humaine dans laquelle même l'amour est perçu comme une pulsion néfaste qui anéantit l'idéal. Dans cet extrait d'*Andromaque*, Oreste avoue ses sentiments à Hermione, fiancée à Pyrrhus, roi d'Épire. Cette passion se révèle funeste, puisqu'elle entraîne l'assassinat de Pyrrhus, le suicide d'Hermione et la folie d'Oreste…

Un aveuglement funeste

HERMIONE

Le croirai-je, Seigneur, qu'un reste de tendresse
Vous fasse ici chercher une triste princesse ?
Ou ne dois-je imputer qu'à votre seul devoir
5 L'heureux empressement qui vous porte à me voir ?

ORESTE

Tel est de mon amour l'aveuglement funeste.
Vous le savez, Madame ; et le destin d'Oreste
Est de venir sans cesse adorer vos attraits,
10 Et de jurer toujours qu'il n'y viendra jamais.
Je sais que vos regards vont rouvrir mes blessures,
Que tous mes pas vers vous sont autant de parjures :
Je le sais, j'en rougis. Mais j'atteste les Dieux,
Témoins de la fureur de mes derniers adieux,
15 Que j'ai couru partout où ma perte certaine
Dégageait mes serments et finissait ma peine.
J'ai mendié la mort chez des peuples cruels
Qui n'apaisaient leurs dieux que du sang des mortels :
Ils m'ont fermé leur temple ; et ces peuples barbares
20 De mon sang prodigué sont devenus avares.
Enfin je viens à vous, et je me vois réduit
À chercher dans vos yeux une mort qui me fuit.
Mon désespoir n'attend que leur indifférence :
Ils n'ont qu'à m'interdire un reste d'espérance ;
25 Ils n'ont, pour avancer cette mort où je cours,
Qu'à me dire une fois ce qu'ils m'ont dit toujours.
Voilà, depuis un an, le seul soin qui m'anime.
Madame, c'est à vous de prendre une victime
Que les Scythes auraient dérobée à vos coups,
30 Si j'en avais trouvé d'aussi cruels que vous.

HERMIONE

Quittez, Seigneur, quittez ce funeste langage.
À des soins plus pressants la Grèce vous engage.
Que parlez-vous du Scythe et de mes cruautés ?
35 Songez à tous ces rois que vous représentez.
Faut-il que d'un transport leur vengeance dépende ?
Est-ce le sang d'Oreste enfin qu'on vous demande ?
Dégagez-vous des soins dont vous êtes chargé.

ORESTE

40 Les refus de Pyrrhus m'ont assez dégagé,
Madame : il me renvoie ; et quelque autre puissance
Lui fait du fils d'Hector embrasser la défense.

Andromaque, acte II, scène 2, 1667.

1. Dans la première réplique d'Oreste (vers 7 à 30), relevez les termes et les expressions qui sont de l'ordre des émotions et des sentiments.

2. Par l'analyse de cette même réplique, montrez que ce personnage a toutes les caractéristiques du héros tragique.

3. Montrez comment l'attitude et les sentiments d'Hermione évoluent au fil de ses répliques.

4. Tout un réseau métaphorique lié à la violence et à la guerre traverse les répliques des deux personnages : démontrez-le.

5. Dans cet extrait, quelle est l'importance du sens du devoir ? Est-il équivalent chez les deux personnages ?

Musée du Louvre, Paris.
Pierre-Narcisse Guérin, *Andromaque et Pyrrhus* (à gauche, Hermione, à droite, Oreste), 1810.

L'influence du baroque sur la comédie

Jean-Baptiste Poquelin, dit Molière (1622-1673)

Auteur, acteur et directeur de troupe, Molière est l'homme de théâtre complet qui ne vit que pour son art. Au début de sa carrière, ses tournées en province lui permettent d'acquérir des connaissances variées sur la façon de vivre partout en France, et il en tire profit dans son théâtre. En effet, Molière n'a pas son pareil pour créer des personnages de valets truculents et pour varier le ton grâce à des scènes où les petites gens s'expriment en patois régionaux, ce qui est alors tout à fait original au théâtre. Il sait aussi ironiser sur la cupidité des bourgeois. Toutefois, son attitude est plus ambivalente quand il s'agit de mettre en scène des personnages nobles : le sort de ses pièces ne dépend-il pas surtout du bon plaisir des grands seigneurs ? Le personnage de Dom Juan, d'extraction noble, illustre cette ambiguïté de Molière envers les gentilshommes libertins de son époque, séducteurs souvent cyniques, dont on envie le sort, tout en sentant à quel point ils sont d'habiles manipulateurs.

(suite à la page suivante)

LE VICE À LA MODE

SGANARELLE. Ah ! monsieur, que j'ai de joie de vous voir converti ! Il y a longtemps que j'attendais cela, et voilà, grâce au Ciel, tous mes souhaits accomplis.

DOM JUAN. La peste le benêt !

5 SGANARELLE. Comment, le benêt ?

DOM JUAN. Quoi ? Tu prends pour de bon argent ce que je viens de dire, et tu crois que ma bouche était d'accord avec mon cœur ?

SGANARELLE. Quoi ? ce n'est pas… Vous ne… Votre… Oh ! quel homme ! quel homme ! quel homme !

10 DOM JUAN. Non, non, je ne suis point changé, et mes sentiments sont toujours les mêmes.

SGANARELLE. Vous ne vous rendez pas à la surprenante merveille de cette statue mouvante et parlante ?

DOM JUAN. Il y a bien quelque chose là-dedans que je ne comprends pas ; 15 mais quoi que ce puisse être, cela n'est pas capable ni de convaincre mon esprit, ni d'ébranler mon âme ; et si j'ai dit que je voulais corriger ma conduite et me jeter dans un train de vie exemplaire, c'est un dessein que j'ai formé par pure politique, un stratagème utile, une grimace nécessaire où je veux me contraindre, pour ménager un père dont j'ai besoin, et me mettre à 20 couvert, du côté des hommes, de cent fâcheuses aventures qui pourraient m'arriver. Je veux bien, Sganarelle, t'en faire confidence, et je suis bien aise d'avoir un témoin du fond de mon âme et des véritables motifs qui m'obligent à faire les choses.

SGANARELLE. Quoi ! vous ne croyez rien du tout, et vous voulez cependant 25 vous ériger en homme de bien ?

DOM JUAN. Et pourquoi non ? Il y en a tant d'autres comme moi, qui se mêlent de ce métier, et qui se servent du même masque pour abuser le monde !

SGANARELLE. Ah ! quel homme ! quel homme !

DOM JUAN. Il n'y a plus de honte maintenant à cela : l'hypocrisie est un vice à 30 la mode, et tous les vices à la mode passent pour vertus. Le personnage d'homme de bien est le meilleur de tous les personnages qu'on puisse jouer aujourd'hui, et la profession d'hypocrite a de merveilleux avantages. C'est un art de qui l'imposture est toujours respectée ; et quoiqu'on la découvre, on n'ose rien dire contre elle. Tous les autres vices des hommes sont exposés 35 à la censure et chacun a la liberté de les attaquer hautement, mais l'hypocrisie est un vice privilégié, qui, de sa main, ferme la bouche à tout le monde, et jouit en repos d'une impunité souveraine. On lie, à force de grimaces, une société étroite avec tous les gens du parti. Qui en choque un, se les jette tous sur les bras ; et ceux que l'on sait même agir de bonne foi là-40 dessus, et que chacun connaît pour être véritablement touchés, ceux-là, dis-je, sont toujours les dupes des autres ; ils donnent hautement dans le panneau des grimaciers, et appuient aveuglément les singes de leurs actions. Combien crois-tu que j'en connaisse qui, par ce stratagème, ont rhabillé adroitement les désordres de leur jeunesse, qui se sont fait un bouclier du 45 manteau de la religion, et, sous cet habit respecté, ont la permission d'être les plus méchants hommes du monde ? On a beau savoir leurs intrigues et

les connaître pour ce qu'ils sont, ils ne laissent pas pour cela d'être en crédit parmi les gens ; et quelque
50 baissement de tête, un soupir mortifié, et deux roulements d'yeux rajustent dans le monde tout ce qu'ils peuvent faire. C'est sous cet abri favorable que je veux me sauver, et
55 mettre en sûreté mes affaires. Je ne quitterai point mes douces habitudes ; mais j'aurai soin de me cacher et me divertirai à petit bruit. Que si je viens à être découvert, je
60 verrai, sans me remuer, prendre mes intérêts à toute la cabale, et je serai défendu par elle envers et contre tous. Enfin c'est là le vrai moyen de faire impunément tout ce
65 que je voudrai. Je m'érigerai en censeur des actions d'autrui, jugerai mal de tout le monde, et n'aurai bonne opinion que de moi. Dès qu'une fois on m'aura choqué tant
70 soit peu, je ne pardonnerai jamais et garderai tout doucement une haine irréconciliable. Je ferai le vengeur des intérêts du Ciel, et, sous ce prétexte commode, je pousserai mes
75 ennemis, je les accuserai d'impiété, et saurai déchaîner contre eux des zélés indiscrets, qui, sans connaissance de cause, crieront en public contre eux, qui les accableront d'in-
80 jures, et les damneront hautement de leur autorité privée. C'est ainsi qu'il faut profiter des faiblesses des hommes, et qu'un sage esprit s'accommode aux vices de son siècle.

Dom Juan, acte V, scène II, 1665.

Musée des Beaux-Arts, Strasbourg.
Alexandre-Évarsite Fragonard, *Dom Juan et la statue du commandeur*, 1830.

(suite)

Cet extrait fait suite à une scène où Dom Juan a promis à son père d'avoir bonne conduite, mais il avoue maintenant à son valet Sganarelle que ce n'était qu'une feinte puisque, désormais, il fait le choix de devenir hypocrite. Son cynisme s'exprime notamment par le fait qu'il ne craint pas la statue d'un homme qu'il a tué ; celle-ci finira toutefois par l'entraîner en enfer.

1. Dans cette scène, quel est le rôle de Sganarelle par rapport à son maître ?

2. Avant la longue réplique de Dom Juan, expliquez comment Molière arrive à maintenir le mouvement alerte de la scène (de la première phrase à la ligne 28).

3. Montrez comment Molière profite de la profession d'hypocrisie de Dom Juan pour faire une critique des mœurs de son époque, marquée par l'esprit de courtisan.

4. Analysez l'influence du courant baroque sur cette pièce en vous référant aux caractéristiques du courant.

La comédie de caractères

Molière (1622-1673)

Molière veut élever la comédie au rang de la tragédie, genre le plus considéré dans la hiérarchie littéraire de l'époque. Dans cette perspective, il écrit en vers ses pièces les plus ambitieuses, comme *Tartuffe* et *Le Misanthrope*. Dans cette dernière, une comédie amère, il oppose deux caractères : celui d'Alceste, esprit rigoureux qui n'hésite pas à dire la vérité sur tout, à celui de Philinte, modèle d'honnête homme, qui ne répugne pas à la flatterie pour maintenir de bonnes relations. Chacun de ces deux personnages représente une facette de la personnalité de Molière qui, épris de justice et de vérité, peut aussi se montrer pragmatique, voire indulgent.

Dans cet extrait, Alceste et Philinte exposent chacun leur vision personnelle de la nature humaine et de la vie en société.

La nature humaine

PHILINTE
Vous voulez un grand mal à la nature humaine !

ALCESTE
Oui, j'ai conçu pour elle une effroyable haine.

5 PHILINTE
Tous les pauvres mortels, sans nulle exception,
Seront enveloppés dans cette aversion ?
Encore en est-il bien, dans le siècle où nous sommes...

ALCESTE
10 Non : elle est générale, et je hais tous les hommes :
Les uns, parce qu'ils sont méchants et malfaisants,
Et les autres, pour être aux méchants complaisants,
Et n'avoir pas pour eux ces haines vigoureuses
Que doit donner le vice aux âmes vertueuses.
15 De cette complaisance on voit l'injuste excès
Pour le franc scélérat avec qui j'ai procès :
Au travers de son masque on voit à plein le traître ;
Partout il est connu pour tout ce qu'il peut être ;
Et ses roulements d'yeux et son ton radouci
20 N'imposent qu'à des gens qui ne sont point d'ici.
On sait que ce pied plat, digne qu'on le confonde,
Par de sales emplois s'est poussé dans le monde,
Et que par eux son sort de splendeur revêtu
Fait gronder le mérite et rougir la vertu.
25 Quelques titres honteux qu'en tous lieux on lui donne,
Son misérable honneur ne voit pour lui personne ;
Nommez-le fourbe, infâme et scélérat maudit,
Tout le monde en convient et nul n'y contredit.
Cependant sa grimace est partout bienvenue :
30 On l'accueille, on lui rit, partout il s'insinue ;
Et s'il est, par la brigue, un rang à disputer,
Sur le plus honnête homme on le voit l'emporter.
Têtebleu ! ce me sont de mortelles blessures,
De voir qu'avec le vice on garde des mesures ;
35 Et parfois il me prend des mouvements soudains
De fuir dans un désert l'approche des humains.

PHILINTE
Mon Dieu, des mœurs du temps mettons-nous moins en peine,
Et faisons un peu grâce à la nature humaine ;
40 Ne l'examinons point dans la grande rigueur,
Et voyons ses défauts avec quelque douceur.
Il faut, parmi le monde, une vertu traitable ;
À force de sagesse, on peut être blâmable ;
La parfaite raison fuit toute extrémité,
45 Et veut que l'on soit sage avec sobriété.
Cette grande raideur des vertus des vieux âges
Heurte trop notre siècle et les communs usages ;
Elle veut aux mortels trop de perfection :
Il faut fléchir au temps sans obstination ;

50 Et c'est une folie à nulle autre seconde
De vouloir se mêler de corriger le monde.
J'observe, comme vous, cent choses tous les jours,
Qui pourraient mieux aller, prenant un autre cours ;
Mais quoi qu'à chaque pas je puisse voir paraître,
55 En courroux, comme vous, on ne me voit point être ;
Je prends tout doucement les hommes comme ils sont,
J'accoutume mon âme à souffrir ce qu'ils font ;
Et je crois qu'à la cour, de même qu'à la ville,
Mon flegme est philosophe autant que votre bile.

60 ALCESTE

Mais ce flegme, monsieur, qui raisonne si bien,
Ce flegme pourra-t-il ne s'échauffer de rien ?
Et s'il faut, par hasard, qu'un ami vous trahisse,
Que, pour avoir vos biens, on dresse un artifice,
65 Ou qu'on tâche à semer de méchants bruits de vous,
Verrez-vous tout cela sans vous mettre en courroux ?

PHILINTE

Oui, je vois ces défauts dont votre âme murmure
Comme vices unis à l'humaine nature ;
70 Et mon esprit enfin n'est plus offensé
De voir un homme fourbe, injuste, intéressé,
Que de voir des vautours affamés de carnage,
Des singes malfaisants, et des loups pleins de rage.

Le Misanthrope, acte I, scène I, 1666.

LE MISANTHROPE.

ALCESTE.

J'entre en une humeur noire, en un chagrin profond,
Quand je vois vivre entre eux les hommes comme ils font.

Acte I, sc. I.

Archives f. Kunst & Geschichte, Berlin.
Lithographie d'après les dessins d'Edmond A. F. Geffroy, tirés des
Œuvres complètes de Molière, Paris (Laplace, Sanchez et Cie.), 1885.

1. Alceste représente le misanthrope (synonyme d'antisocial) et Philinte, l'honnête homme. Dans un tableau sur deux colonnes, répartissez les éléments suivants relatifs à chaque personnage :
   – l'attitude face à la nature humaine ;
   – les traits de caractère valorisés par chacun ;
   – un ou deux vers qui résument bien la philosophie de chacun.

2. Cet extrait présente-t-il uniquement un comique de caractère (caricature de traits psychologiques) ou également un comique de mœurs (comique incluant une critique sociale) ? Justifiez votre réponse.

3. Les classiques prétendent que la nature humaine est universelle : les caractères et les philosophies de la vie de Philinte et d'Alceste illustrent-ils cette idée ? Discutez.

4. Comparez les positions respectives d'Alceste et de Philinte avec celle de Dom Juan dans l'extrait précédent. Compte tenu des renseignements sur Molière, de quel personnage l'écrivain serait-il le plus proche ? Nuancez votre réponse, s'il y a lieu.

La comédie-ballet

Molière (1622-1673)

Molière sait à merveille faire jaillir le rire ou la surprise. Son travail d'auteur se nourrit de son expérience de la scène. Dans la comédie d'intrigue, il joue du quiproquo et de l'imbroglio ; dans la comédie de caractère, il pousse à l'extrême le contraste entre vice et vertu ; dans la comédie de mœurs, il dénonce les travers de son temps. Le comique du langage est souligné par les mimiques et la gestuelle.

Appartenant au genre hybride de la comédie-ballet où la comédie est accompagnée de musique et de danse, *Le Malade imaginaire* témoigne de l'influence continue du courant baroque sur l'œuvre de Molière. Pour servir ses intérêts de malade soucieux d'épargner des frais médicaux, Argan veut marier sa fille Angélique à un jeune médecin. Dans cet extrait où intervient Toinette, la domestique qui ajoute son grain de sel, chacune des répliques semble accentuer le quiproquo entre Argan, le père, et sa fille Angélique.

L'OBÉISSANCE D'UNE FILLE

ARGAN, *se met dans sa chaise.* — Ô çà, ma fille, je vais vous dire une nouvelle où peut-être ne vous attendez-vous pas : on vous demande en mariage. Qu'est-ce que cela ? Vous riez ? Cela est plaisant, oui, ce mot de mariage. Il n'y a rien de plus drôle pour les jeunes filles. Ah ! nature, nature ! À ce que je
5 puis voir, ma fille, je n'ai que faire de vous demander si vous voulez bien vous marier.

ANGÉLIQUE. — Je dois faire, mon père, tout ce qu'il vous plaira de m'ordonner.

ARGAN. — Je suis bien aise d'avoir une fille si obéissante : la chose est donc conclue, et je vous ai promise.

10 ANGÉLIQUE. — C'est à moi, mon père, de suivre aveuglément toutes vos volontés.

ARGAN. — Ma femme, votre belle-mère, avait envie que je vous fisse religieuse, et votre petite sœur Louison aussi ; et de tout temps elle a été aheurtée à cela.

15 TOINETTE, *tout bas.* — La bonne bête a ses raisons.

ARGAN. — Elle ne voulait point consentir à ce mariage ; mais je l'ai emporté et ma parole est donnée.

ANGÉLIQUE. — Ah ! mon père, que je vous suis obligée de toutes vos bontés !

TOINETTE. — En vérité, je vous sais bon gré de cela, et voilà l'action la plus
20 sage que vous ayez faite de votre vie.

ARGAN. — Je n'ai point encore vu la personne ; mais on m'a dit que j'en serais content, et toi aussi.

ANGÉLIQUE. — Assurément, mon père.

ARGAN. — Comment ! l'as-tu vu ?

25 ANGÉLIQUE. — Puisque votre consentement m'autorise à vous ouvrir mon cœur, je ne feindrai point de vous dire que le hasard nous a fait connaître, il y a six jours, et que la demande qu'on vous a faite est un effet de l'inclination que, dès cette première vue, nous avons prise l'un pour l'autre.

ARGAN. — Ils ne m'ont pas dit cela, mais j'en suis bien aise et c'est tant
30 mieux que les choses soient de la sorte. Ils disent que c'est un grand jeune garçon bien fait.

ANGÉLIQUE. — Oui, mon père.

ARGAN. — De belle taille.

ANGÉLIQUE. — Sans doute.

35 ARGAN. — Agréable de sa personne.

ANGÉLIQUE. — Assurément.

ARGAN. — De bonne physionomie.

ANGÉLIQUE. — Très bonne.

ARGAN. — Sage et bien né.

40 ANGÉLIQUE. — Tout à fait.

ARGAN. — Fort honnête.

ANGÉLIQUE. — Le plus honnête du monde.

ARGAN. — Qui parle bien latin et grec.

ANGÉLIQUE. — C'est ce que je ne sais pas.

45 ARGAN. — Et qui sera reçu médecin dans trois jours.

ANGÉLIQUE. — Lui, mon père ?

ARGAN. — Oui. Est-ce qu'il ne te l'a pas dit ?

ANGÉLIQUE. — Non, vraiment. Qui vous l'a dit, à vous ?

ARGAN. — Monsieur Purgon.

50 ANGÉLIQUE. — Est-ce que monsieur Purgon le connaît ?

ARGAN. — La belle demande ! Il faut bien qu'il le connaisse, puisque c'est son neveu.

ANGÉLIQUE. — Cléante, neveu de monsieur Purgon ?

ARGAN. — Quel Cléante ? Nous parlons de celui pour qui l'on t'a demandée
55 en mariage.

ANGÉLIQUE. — Hé ! Oui.

ARGAN. — Hé bien ! c'est le neveu de M. Purgon, qui est le fils de son beau-frère le médecin, monsieur Diafoirus ; et ce fils s'appelle Thomas Diafoirus, et non pas Cléante ; et nous avons conclu ce mariage-là ce matin, monsieur
60 Purgon, monsieur Fleurant et moi, et demain ce gendre prétendu doit m'être amené par son père. Qu'est-ce ? Vous voilà toute ébaubie ?

ANGÉLIQUE. — C'est, mon père, que je connais que vous avez parlé d'une personne, et que j'ai entendu une autre.

Le Malade imaginaire, acte I, scène V, 1673.

Atelier d'analyse

Exploration

1. Assurez-vous d'abord de bien comprendre l'extrait. Pour ce faire,
   - cherchez les mots qui posent problème, comme «physionomie», «ébaubie», etc. ;
   - faites un bref résumé de l'extrait.

2. Faites l'étude des personnages en considérant :
   - les traits de caractère qui se déduisent des interventions d'Argan et d'Angélique ;
   - la dynamique de leur relation ;
   - la vision qui se dégage des rapports familiaux dans la société de l'époque.

3. Analysez comment Molière arrive à créer un comique de situation :
   - en considérant la caricature de la soumission d'Angélique (dressez le champ lexical de ce terme dans les répliques de ce personnage) ;
   - en relevant les répliques qui marquent le retournement de situation ou la fin du quiproquo ;
   - en expliquant comment la scène se présente en contrepoint de la première intervention d'Argan, notamment en ce qui a trait au plaisir du mariage et à la nature des jeunes filles («Ah ! nature, nature ! »).

4. Analysez comment Molière arrive à créer un comique de langage :
   - en soulignant toutes les phrases interrogatives ou exclamatives du texte et en considérant leur effet sur le rythme de la scène ;
   - en isolant la réplique plus longue susceptible de faire rire par un comique de noms ;
   - en étudiant la structure syntaxique des courtes répliques entre Angélique et Argan, et l'effet visé par Molière ;
   - en caractérisant le rythme général de la scène où il n'y a aucun silence ni aucun monologue.

5. Cette scène peut-elle donner lieu à un comique de gestes et de mimiques ?
   - Repérez dans le texte tous les passages se référant aux mimiques et aux gestes : vous apparaissent-ils suffisants ?
   - Certaines répliques pourraient-elles être dites en aparté (parole en retrait du dialogue et entendue par le spectateur) ? Justifiez votre réponse.

6. Dans une perspective de mise en scène de l'extrait,
   - choisissez des comédiens parmi les acteurs connus et justifiez votre choix ;
   - décrivez les décors, les costumes et, s'il y a lieu, les effets d'éclairage et de bruitage tout en les justifiant.

7. Y a-t-il d'autres aspects non abordés dans ces questions qui vous touchent ou qui vous semblent importants ?

Hypothèses d'analyse et de dissertation

1. Dans cet extrait du *Malade imaginaire*, montrez comment Molière exploite les ressources du comique.

2. Analysez comment Molière traite de façon comique le thème du conflit entre les générations.

La poésie

Une mise en contexte

Au XVIIe siècle, la poésie est héritière de la tradition qui veut que le vers contribue à l'élévation du propos. Même dans les conversations courantes, il peut paraître élégant d'avoir recours à la versification, ce qui donne en quelque sorte une preuve supplémentaire de sa culture. Ainsi, la poésie ne se confine pas à l'expression des sentiments et au lyrisme ; elle est encore associée au récit comme ce fut le cas au Moyen Âge avec l'épopée, et elle est présente sur scène. Les tragédies, qui appartiennent au genre le plus considéré à l'époque, sont toutes composées en vers, de même que les grandes comédies de Molière. On comprendra donc que la distinction entre les genres n'est pas la même que celle que l'on fait aujourd'hui.

La poésie comme genre

La poésie, entendue dans le sens de l'écriture de textes versifiés, a tendance au cours du siècle à se réduire à un passe-temps ou encore à servir à des fins politiques, notamment à faire l'éloge des grands seigneurs dont les poètes cherchent la protection. Quelques poètes d'esprit baroque se démarquent toutefois, parmi lesquels Théophile de Viau, Saint-Amant et Tristan L'Hermite. À cette liste, il faut ajouter Jean de La Fontaine, poète à part entière, qui doit surtout sa réputation à la fable, genre qu'il contribue à remettre à la mode et dans lequel il se surpasse. Les fables se présentent comme des petits récits versifiés pleins de cocasserie et d'émotion où l'on se sert notamment d'animaux pour faire la morale à l'être humain. Par leur irrégularité de forme et leur rythme alerte, les fables illustrent surtout la persistance de l'esprit baroque tout au long du XVIIe siècle.

Enfin, il est à noter que plusieurs chansons composées au XVIIe siècle feront partie du bagage apporté par les premiers colons venus s'installer en Nouvelle-France. Tout en permettant un rapprochement avec la culture populaire, elles célèbrent les joies simples du quotidien et les amours naïves. Les chansons suivantes datent de cette époque : *Au clair de la lune, Auprès de ma blonde, À la claire fontaine, Dans les prisons de Londres* et *Ma belle, si tu voulais.*

Les caractéristiques du vers baroque

- Il exprime la spontanéité de l'inspiration.
- Plaisant à l'oreille, il est perçu comme une ornementation du langage.
- Il sert l'esprit courtois, notamment dans les madrigaux, qui sont de petits poèmes galants.
- Il exploite la thématique du drame personnel, au ton volontiers confidentiel.
- Il peut avoir une visée didactique comme dans les fables.
- Il exprime une sensualité associée à l'émotion.
- Il peut aussi, particulièrement dans les fables, exprimer la méfiance par rapport aux puissants.
- De longueur variable, le vers baroque se distingue ainsi par sa variété dans l'expression et par la vivacité de son rythme.

Les caractéristiques du vers classique

- Il se prête aux propos politiques dans les odes qui sont des poèmes souvent adressés à la gloire du roi.
- Il sert des buts didactiques, puisqu'on cherche, comme dans *L'Art poétique* de Boileau, à énoncer et à illustrer les règles, les normes et les grands principes de la doctrine littéraire.
- Il s'écrit dans une langue raffinée et pure : Malherbe, entre autres, se prononce contre l'usage de néologismes ou d'archaïsmes.
- Dans un but de régularité parfaite, il vise l'application des règles de versification codifiées par les théoriciens du classicisme. Les suivantes sont les plus importantes :
  - concordance de la phrase avec le vers (les phrases doivent se terminer en fin de vers et non au milieu) ;
  - adoption de l'alternance des rimes masculines et féminines, modèle imposé par Ronsard au siècle précédent (il est à noter que toutes les tragédies et comédies suivent le patron des rimes plates, c'est-à-dire deux rimes féminines suivies de deux rimes masculines) ;
  - la poésie classique vise l'harmonie sonore ;
  - les rimes sont désormais constituées de la reprise d'au moins deux sons identiques en fin de vers. L'exemple suivant tiré de *L'art d'écrire* de Boileau illustre ces règles de composition.

    Hâtez-vous lentement ; et, sans perdre courage,
    Vingt fois sur le métier remettez votre ouvrage :
    Polissez-le sans cesse et le repolissez ;
    Ajoutez quelquefois, et souvent effacez.

C'est contre ces mêmes règles et contre cette conception générale de la poésie, qui font dans certains cas passer le travail de versification avant l'inspiration, que se rebelleront les romantiques au XIXe siècle.

LA POÉSIE

Genre littéraire où le sens est suggéré par les images et par le rythme (souvent associé à l'emploi du vers).

La poésie du courtisan

François de Malherbe (1555-1628)

Fils de magistrat, Malherbe s'inscrit dans cette filiation d'écrivains qui choisissent la poésie non pour la liberté qu'elle offre mais pour les contraintes qu'elle impose à l'inspiration. Précurseur du classicisme, il se montre rigoriste en tout : sur le plan de la langue, c'est un partisan de la clarté et du mot juste ; sur le plan de l'art, c'est un adepte de la facture impeccable, que saluera Boileau ; sur le plan de la pensée, son conformisme sans faille en fait le candidat idéal pour le rôle de poète de cour.

Cet extrait d'une ode composée à l'intention de la régente Marie de Médicis illustre le style solennel de la poésie d'apparat pratiquée par Malherbe.

LOUANGE À LA REINE

C'est en la paix que toutes choses
Succèdent selon nos désirs :
Comme au printemps naissent les roses,
En la paix naissent les plaisirs :
5 Elle met les pompes aux villes,
Donne aux champs les moissons fertiles :
Et de la majesté des lois
Appuyant les pouvoirs suprêmes,
Fait demeurer les diadèmes
10 Fermes sur la tête des rois.

Ce sera dessous cette égide
Qu'invincible de tous côtés,
Tu verras ces peuples sans bride
Obéir à tes volontés :
15 Et surmontant leur espérance,
Remettras en telle assurance
Leur salut qui fut déploré,
Que vivre au siècle de Marie,
Sans mensonge et sans flatterie,
20 Sera vivre au siècle doré.

Les muses, les neuf belles fées
Dont les bois suivent les chansons,
Rempliront de nouveaux Orphées
La troupe de leurs nourrissons :
25 Tous leurs vœux seront de te plaire :
Et si ta faveur tutélaire
Fait signe de les avouer,
Jamais ne partit de leurs veilles
Rien qui se compare aux merveilles
30 Qu'elles feront pour te louer.

Ode à la reine mère, 1610.

1. Quels sont, selon Malherbe, les avantages de la paix pour un royaume ?

2. À quoi voit-on que Malherbe est en faveur du pouvoir absolu des rois ?

3. À la lecture de ce poème, quelles seraient, selon vous, les caractéristiques de la poésie de cour ?

Atelier de comparaison

Le baroque et le symbolisme

La poésie d'inspiration baroque de Saint-Amant

LE CONTEMPLATEUR

Tantôt, saisi de quelque horreur
D'être seul parmi les ténèbres,
Abusé d'une vaine erreur,
Je me feins mille objets funèbres ;
5 Mon esprit en est suspendu,
Mon cœur en demeure éperdu
Le sein me bat, le poil me dresse,
Mon corps est privé de soutien
Et, dans la frayeur qui m'oppresse,
10 Je crois voir tout pour ne voir rien.

Tantôt délivré du tourment
De ces illusions nocturnes,
Je considère au firmament
L'aspect des flambeaux taciturnes
15 Et, voyant qu'en ces doux déserts
Les orgueilleux tyrans des airs
Ont apaisé leur insolence,
J'écoute, à demi transporté,
Le bruit des ailes du silence
20 Qui vole dans l'obscurité.

Œuvres poétiques, 1629.

Marc-Antoine Girard, sieur de Saint-Amant (1594-1661)

Poursuivant dans la veine de la poésie baroque chère à son compatriote Théophile de Viau, Marc-Antoine Girard de Saint-Amant fait figure de marginal par son goût du déplacement dans un siècle sédentaire. Il est l'homme de tous les lieux. Il voyage de l'Amérique à l'Afrique et il se trouve aussi à l'aise dans les cabarets populaciers que dans les salons huppés. Son esprit libertin ne l'empêche pas d'être élu à l'Académie française, cette institution fondée par le cardinal de Richelieu, qui consacre les grands écrivains.

Par opposition à l'art plutôt pompeux de Malherbe, Saint-Amant se veut moderne : sa poésie, comme l'illustre ce bref extrait d'un long poème de 460 vers, est personnelle et sensuelle. Elle chante les beautés de la nuit et de la solitude. C'est pourquoi elle annonce les poètes romantiques, et même le poète symboliste Rimbaud qui cultivera cet art de la sensation.

La poésie symboliste d'Arthur Rimbaud

SENSATION

Par les soirs bleus d'été, j'irai dans les sentiers,
Picoté par les blés, fouler l'herbe menue :
Rêveur, j'en sentirai la fraîcheur à mes pieds.
Je laisserai le vent baigner ma tête nue !

5 Je ne parlerai pas, je ne penserai rien ;
Mais l'amour infini me montera dans l'âme,
Et j'irai loin, bien loin, comme un bohémien,
Par la Nature, — heureux comme avec une femme.

Poésies, 1870.

1. Le baroque aime ce qui exprime l'équilibre fragile : montrez comment le poème illustre ce trait.

2. Montrez que cette poésie est à la fois personnelle et sensuelle.

3. Relevez deux vers où sont représentées ces caractéristiques.

4. Comparez le poème de Marc-Antoine Girard avec celui de Rimbaud, poète symboliste du XIXe siècle, en tenant compte des aspects suivants :
   – thématique ;
   – signification et présence du poète ;
   – figures de style ;
   – tonalité ;
   – rythme du poème.

Musée national SMPK, Berlin.
Caspar David Friedrich, *Un homme et une femme contemplant la lune*, 1830.
« J'écoute, à demi-transporté,
Le bruit des ailes du silence
Qui vole dans l'obscurité. »
Marc-Antoine Girard,
Le contemplateur.

Atelier de comparaison

Deux visions de l'art poétique : celle de Boileau et celle de Verlaine

Un art poétique du classicisme

L'ART D'ÉCRIRE

Enfin Malherbe vint, et, le premier en France,
Fit sentir dans les vers une juste cadence ;
D'un mot mis en sa place enseigna le pouvoir,
Et réduisit la muse aux règles du devoir.
5   Par ce sage écrivain la langue réparée
N'offrit plus rien de rude à l'oreille épurée.
Les stances avec grâce apprirent à tomber,
Et le vers sur le vers n'osa plus enjamber.
Tout reconnut ses lois ; et ce guide fidèle
10 Aux auteurs de ce temps sert encor de modèle.
Marchez donc sur ses pas ; aimez sa pureté,
Et de son tour heureux imitez la clarté.
Si le sens de vos vers tarde à se faire entendre,
Mon esprit aussitôt commence à se détendre ;
15 Et, de vos vains discours prompt à se détacher,
Ne suit point un auteur qu'il faut toujours chercher.
  Il est certains esprits dont les sombres pensées
Sont d'un nuage épais toujours embarrassées ;
Le jour de la raison ne le saurait percer.
20 Avant donc que d'écrire, apprenez à penser.
Selon que notre idée est plus ou moins obscure,
L'expression la suit, ou moins nette, ou plus pure.
Ce que l'on conçoit bien s'énonce clairement,
Et les mots pour le dire arrivent aisément.
25 [...]
  Travaillez à loisir, quelque ordre qui vous presse,
Et ne vous piquez point d'une folle vitesse :
Un style si rapide, et qui court en rimant,
Marque moins trop d'esprit que peu de jugement.
30 J'aime mieux un ruisseau qui, sur la molle arène,
Dans un pré plein de fleurs lentement se promène,
Qu'un torrent débordé qui, d'un cours orageux,
Roule, plein de gravier, sur un terrain fangeux.
Hâtez-vous lentement ; et, sans perdre courage,
35 Vingt fois sur le métier remettez votre ouvrage :
Polissez-le sans cesse et le repolissez ;
Ajoutez quelquefois, et souvent effacez.

L'Art poétique, chant I, 1674.

Nicolas Boileau, dit Boileau-Despréaux (1636-1711)

Boileau, qui a fait des études de droit, devient l'avocat d'une cause gagnée d'avance, celle du classicisme, puisque, au moment où il prend la défense de cette doctrine, elle a déjà donné ses œuvres les plus importantes. Dans son *Art poétique* il en formule les grands principes. Il perpétue ainsi la tradition française de réfléchir sur le processus de la création. Une telle entreprise ne peut être que féconde puisqu'elle contribue au renouvellement de la littérature en facilitant la critique de conceptions esthétiques établies.

Cet extrait est l'un des plus connus de *L'Art poétique*. Les maîtres d'école y ont abondamment puisé les formules toutes faites servant à enseigner l'écriture et la composition à leurs élèves.

Verlaine, en écrivant presque deux siècles plus tard son propre manifeste, propose une vision aux antipodes de celle de Boileau ; celle-ci aura un impact majeur sur la poésie moderne.

Un art poétique du symbolisme

ART POÉTIQUE

De la musique avant toute chose,
Et pour cela préfère l'Impair
Plus vague et plus soluble dans l'air,
Sans rien en lui qui pèse ou qui pose.

5 Il faut aussi que tu n'ailles point
Choisir tes mots sans quelque méprise :
Rien de plus cher que la chanson grise
Où l'Indécis au Précis se joint.

C'est des beaux yeux derrière des voiles,
10 C'est le grand jour tremblant de midi,
C'est, par un ciel d'automne attiédi,
Le bleu fouillis des claires étoiles !

Car nous voulons la Nuance encor,
Pas la Couleur, rien que la nuance !
15 Oh ! la nuance seule fiance
Le rêve au rêve et la flûte au cor !

Fuis du plus loin la Pointe assassine,
L'Esprit cruel et le Rire impur,
Qui font pleurer les yeux de l'Azur,
20 Et tout cet ail de basse cuisine !

Prends l'éloquence et tords-lui son cou !
Tu feras bien, en train d'énergie,
De rendre un peu la Rime assagie.
Si l'on n'y veille, elle ira jusqu'où ?

25 O qui dira les torts de la Rime ?
Quel enfant sourd ou quel nègre fou
Nous a forgé ce bijou d'un sou
Qui sonne creux et faux sous la lime ?

De la musique encore et toujours !
30 Que ton vers soit la chose envolée
Qu'on sent qui fuit d'une âme en allée
Vers d'autres cieux à d'autres amours.

Que ton vers soit la bonne aventure
Éparse au vent crispé du matin
35 Qui va fleurant la menthe et le thym...
Et tout le reste est littérature.

Paul Verlaine, « Art poétique » (1874), *Jadis et Naguère,* **1884.**

Atelier de comparaison

1. Relevez tous les vers faisant référence à la raison et expliquez le rôle que Boileau lui attribue dans la création.

2. D'après Boileau, quels écueils faut-il éviter pour bien écrire ? Selon vous, ces règles s'appliquent-elles mieux à la prose ou à la poésie ?

3. *L'Art poétique* de Boileau constitue-t-il une synthèse de la doctrine classique ? Commentez en tenant compte des aspects retenus ou négligés par l'auteur.

4. Compte tenu du fait qu'un art poétique est une sorte de manifeste qui présente la vision littéraire d'un poète ou d'un courant poétique, comparez le poème de Boileau avec celui de Verlaine, composé deux siècles plus tard. Tenez compte des trois réseaux de la poésie, soit le sens, l'image et le rythme.

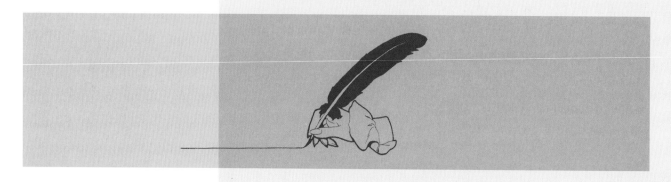

LES ANIMAUX MALADES DE LA PESTE

Un mal qui répand la terreur,
Mal que le ciel en sa fureur
Inventa pour punir les crimes de la terre,
La peste (puisqu'il faut l'appeler par son nom),
5 Capable d'enrichir en un jour l'Achéron,
Faisait aux animaux la guerre.
Ils ne mouraient pas tous, mais tous étaient frappés :
On n'en voyait point d'occupés
À chercher le soutien d'une mourante vie ;
10 Nul mets n'excitait leur envie ;
Ni loups ni renards n'épiaient
La douce et l'innocente proie ;
Les tourterelles se fuyaient ;
Plus d'amour, partant plus de joie.

15 Le Lion tint conseil, et dit : « Mes chers amis,
Je crois que le Ciel a permis
Pour nos péchés cette infortune.
Que le plus coupable de nous
Se sacrifie aux traits du céleste courroux ;
20 Peut-être il obtiendra la guérison commune.
L'histoire nous apprend qu'en de tels accidents
On fait de pareils dévouements.
Ne nous flattons donc point ; voyons sans indulgence
L'état de notre conscience.
25 Pour moi, satisfaisant mes appétits gloutons,
J'ai dévoré force moutons.
Que m'avaient-ils fait ? Nulle offense ;
Même il m'est arrivé quelquefois de manger
Le berger.
30 Je me dévouerai donc, s'il le faut : mais je pense
Qu'il est bon que chacun s'accuse ainsi que moi ;
Car on doit souhaiter, selon toute justice,
Que le plus coupable périsse.
— Sire, dit le Renard, vous êtes trop bon roi ;
35 Vos scrupules font voir trop de délicatesse.
Eh bien ! manger moutons, canaille, sotte espèce,
Est-ce un péché ? Non, non. Vous leur fîtes, Seigneur,
En les croquant, beaucoup d'honneur ;
Et quant au berger, l'on peut dire
40 Qu'il était digne de tous maux,
Étant de ces gens-là qui sur les animaux
Se font un chimérique empire. »
Ainsi dit le Renard ; et flatteurs d'applaudir.
On n'osa trop approfondir
45 Du Tigre, ni de l'Ours, ni des autres puissances,
Les moins pardonnables offenses :
Tous les gens querelleurs, jusqu'aux simples mâtins,
Au dire de chacun, étaient de petits saints.
L'Âne vint à son tour, et dit : « J'ai souvenance

LA POÉSIE

La fable, un récit versifié

Jean de La Fontaine (1621-1695)

Nul mieux que Jean de La Fontaine n'illustre la précarité des conditions de vie des écrivains au XVIIe siècle : fils de bourgeois de province couvert de dettes après une jeunesse dissipée, il offre ses services à un noble puissant, Foucquet, surintendant des finances sous Louis XIV. Au moment où son mécène est répudié par le roi, La Fontaine, sans pension, doit trouver un nouveau protecteur. Au total, il en connaîtra quatre avant de mourir en 1695 à un âge avancé pour l'époque, soit 74 ans. Entre-temps, il excelle dans un genre, la fable, qui tient à la fois du poème, du conte et de la comédie. Il se sert d'animaux pour faire réfléchir ses contemporains sur la morale qui a cours dans leur société.

Son œuvre rend compte, en fait, d'une vision pessimiste des rapports entre puissants et démunis, les premiers profitant de leur force pour manger les seconds, dans tous les sens du mot. C'est d'ailleurs le caractère cynique de la philosophie sous-jacente à ces courts récits, faits pour enseigner la morale aux jeunes enfants, qui contribue à

(suite à la page suivante)

(suite)

faire de La Fontaine un auteur controversé. La fable choisie pourrait servir d'appui à cette critique et ranimer le débat sur La Fontaine, ce qui est signe de l'originalité d'une œuvre qui encore aujourd'hui suscite l'intérêt.

50 Qu'en un pré de moines passant,
    La faim, l'occasion, l'herbe tendre, et, je pense,
    Quelque diable aussi me poussant,
    Je tondis de ce pré la largeur de ma langue ;
    Je n'en avais nul droit, puisqu'il faut parler net. »
55 À ces mots on cria haro sur le Baudet.
    Un Loup, quelque peu clerc, prouva par sa harangue
    Qu'il fallait dévouer ce maudit animal,
    Ce pelé, ce galeux, d'où venait tout leur mal.
    Sa peccadille fut jugée un cas pendable.
60 Manger l'herbe d'autrui ! quel crime abominable !
    Rien que la mort n'était capable
    D'expier son forfait. On le lui fit bien voir.

    Selon que vous serez puissant ou misérable,
    Les jugements de cour vous rendront blanc ou noir.

    Fables, livre VII, 1694.

Bibliothèque nationale de France, Paris.
Enluminure tirée de l'œuvre *Livre des Propriétés des Choses* de Barthélémy l'Anglais, Moyen Âge.

1. En vous appuyant sur cet extrait, expliquez ce qui fait de la fable un genre hybride, à la fois
    – narratif,
    – poétique,
    – et didactique,
    – et qui s'adresse à deux publics, les enfants et les adultes.

2. Expliquez comment la fable transpose sur le plan du récit la hiérarchie sociale et les valeurs propres à la société du XVIIᵉ siècle. Cette fable conserve-t-elle, selon vous, un caractère actuel ?

3. Qui sert de bouc émissaire dans cette fable ? Qui assume la responsabilité du mal ? Le choix de La Fontaine vous paraît-il porteur de signification ?

4. Que pensez-vous des opinions suivantes sur La Fontaine ?
    – La Bruyère, son contemporain, l'adore et trouve qu'il élève « les petits sujets jusqu'au sublime ».
    – Lamartine, au XIXᵉ siècle, se demande quel charme on peut trouver à ces animaux « égoïstes, railleurs, avares, sans pitié, sans amitié, plus méchants que nous ».
    – Valéry au XXᵉ siècle voit les fables comme étant « le chef-d'œuvre d'un artiste attentif ».

5. Le fait de versifier la fable contribue-t-il au plaisir du lecteur ? Relevez les procédés qui donnent du rythme au récit.

La prose au XVIIᵉ siècle

Au siècle de la galanterie, la prose ne jouit pas du prestige accordé au langage versifié. Considéré comme un genre mineur, le roman d'inspiration baroque connaît toutefois un énorme succès.

Le roman baroque du début du siècle

Il présente les caractéristiques suivantes :
- ses formes sont variées ;
- ses intrigues sont à rebondissements multiples :
  - le roman pastoral, comme *L'Astrée*, qui en est l'exemple le plus connu, raconte les épreuves que doit surmonter un couple de bergers amoureux, Céladon et Astrée, avant de pouvoir célébrer leur union ;
  - dans la veine héroïque tout en évoluant vers l'analyse sentimentale, on trouve les romans de Mˡˡᵉ de Scudéry, *Le Grand Cyrus* et *La Clélie*. Comptant jusqu'à dix volumes, ils sont à la fois des romans sentimentaux et d'aventures ;
  - la veine comique s'illustre par le roman parodique qui utilise un antihéros pour se moquer du roman d'aventures ;
  - *Les Aventures de Télémaque* illustre enfin le prolongement de l'influence baroque jusqu'en 1699, année de sa publication : roman hybride, il tient à la fois de l'épopée et de l'essai didactique.

Ces romans ne sont guère lus aujourd'hui, mais ils ont contribué, par leur grande popularité, à modeler les mentalités. Leur influence est latente au XVIIIᵉ siècle, notamment sur Diderot qui reprend cet usage propre au courant baroque d'un narrateur qui commente le processus d'écriture dans son roman *Jacques le Fataliste*. André Gide s'en inspire à nouveau, au XXᵉ siècle, dans la composition de son antiroman *Les Faux-Monnayeurs*. Ce procédé de mise en abyme va finalement devenir une des marques distinctives du roman influencé par le structuralisme des années 1970.

La prose classique

Elle se distingue par les caractéristiques suivantes :
- sa fonction, dans plusieurs cas, est de prolonger par l'écrit le discours oral comme dans les lettres de Mᵐᵉ de Sévigné ;
- comparée à la poésie, elle est considérée comme une forme sans apprêt, et pour cette raison, on la réserve aux genres mineurs ;
- plusieurs œuvres sont écrites au fil des jours, et les écrivains se montrent souvent peu soucieux de publication, ce qui est le cas des *Pensées* de Pascal, réflexions libres imprimées après le décès de l'auteur ;
- plusieurs genres doivent leur naissance à des circonstances particulières :
  - les maximes, ces commentaires ou réflexions à but moralisateur, sont issues d'un jeu de société auquel s'amusaient les grandes dames ;
  - le portrait moralisateur est une catégorie où l'on trouve un seul écrivain, La Bruyère ;
  - la correspondance privée est élevée au rang d'art épistolaire par Mᵐᵉ de Sévigné alors que les lettres, qui s'adressent à un seul interlocuteur, ne sont pas faites, par définition, pour être publiées.
- Dans la deuxième moitié du siècle, au moment où domine le classicisme, les écrivains se tournent vers des romans qui adaptent à la narration les normes de la tragédie : on réduit le nombre de personnages, l'action est concentrée et le déroulement évolue de façon linéaire. On y favorise l'analyse psychologique.

  Illustrant ces mêmes caractéristiques, le roman *Les Lettres portugaises* connaît un vif succès. Ce roman jusqu'à récemment anonyme, dont on croyait l'histoire véridique, a été composé par Guilleragues (entre 1628 et 1685).
- Au XVIIᵉ siècle, l'exemple le mieux réussi du roman d'analyse psychologique demeure toutefois *La Princesse de Clèves* (entre 1672 et 1677) de Mᵐᵉ de La Fayette.
- Enfin, le conte de fées, plus proche de la culture populaire, est aussi soumis à l'épuration du style que privilégie le classicisme : le merveilleux se dépouille de détails inutiles tout en se souciant de vraisemblance et en prenant quelquefois des accents philosophiques.
- Il reste que la prose classique traverse les âges par ses qualités de naturel, son lexique dépouillé et la clarté de la pensée.

Somme toute, c'est probablement la prose classique qui annonce les genres qui seront en vogue au XVIIIᵉ siècle, parmi lesquels le conte philosophique, le roman épistolaire et les essais de toutes sortes.

Le thème de la condition humaine

Blaise Pascal (1621-1695)

Orphelin de mère très jeune, Pascal est éduqué par son père. Celui-ci s'étonne de l'intelligence précoce de son fils, qui se montre déjà brillant mathématicien à onze ans, inventant même une machine à calculer pour rendre service à sa famille. Influencé par son milieu familial très porté sur la dévotion, Pascal interprète certains événements de sa vie comme des miracles. Il se porte, dans son œuvre, à la défense de la religion, toujours avec cet esprit à la fois rationnel et intuitif qui le caractérise. Dans la polémique opposant les jansénistes aux jésuites, il prend parti pour la rigueur janséniste contre l'esprit plus ouvert des jésuites, une position qu'il exprime avec éloquence dans *Les Provinciales*. Par son style et ses idées, il exerce une influence indiscutable sur les prosateurs classiques français.

Réunies et publiées après la mort de Pascal, les *Pensées* ont pour but de convaincre les incrédules. La pensée présentée ici illustre la manière dont Pascal gagne son lecteur à sa cause par une parole sensible, éloignée de tout discours dogmatique.

PENSÉE SUR LE DIVERTISSEMENT

Divertissement. — Quand je m'y suis mis quelquefois, à considérer les diverses agitations des hommes, et les périls et les peines où ils s'exposent, dans la cour, dans la guerre, d'où naissent tant de querelles, de passions, d'entreprises hardies et souvent mauvaises, etc., j'ai découvert que tout le
5 malheur des hommes vient d'une seule chose, qui est de ne savoir pas demeurer en repos, dans une chambre. Un homme qui a assez de bien pour vivre, s'il savait demeurer chez soi avec plaisir, n'en sortirait pas pour aller sur la mer ou au siège d'une place. On n'achètera une charge à l'armée si cher, que parce qu'on trouverait insupportable de ne bouger de la ville ; et on
10 ne recherche les conversations et les divertissements des jeux que parce qu'on ne peut demeurer chez soi avec plaisir.

Mais quand j'ai pensé de plus près, et qu'après avoir trouvé la cause de tous nos malheurs, j'ai voulu en découvrir la raison, j'ai trouvé qu'il y en a une bien effective, qui consiste dans le malheur naturel de notre condition
15 faible et mortelle, et si misérable, que rien ne peut nous consoler, lorsque nous y pensons de près.

Quelque condition qu'on se figure, si l'on assemble tous les biens qui peuvent nous appartenir, la royauté est le plus beau poste du monde, et cependant qu'on s'en imagine, accompagné de toutes les satisfactions qui
20 peuvent le toucher, s'il est sans divertissement, et qu'on le laisse considérer et faire réflexion sur ce qu'il est, cette félicité languissante ne le soutiendra point, il tombera par nécessité dans les vues qui le menacent, des révoltes qui peuvent arriver, et enfin de la mort et des maladies, qui sont inévitables ; de sorte que, s'il est sans ce qu'on appelle divertissement, le voilà malheureux,
25 et plus malheureux que le moindre de ses sujets, qui joue et qui se divertit.

Pensées, 1670.

1. Ce texte, qui appartient à la catégorie générale de l'essai, présente l'opinion personnelle de Pascal sur le monde. Commentez les phrases suivantes, qui illustrent cette opinion.
   – « [...] j'ai découvert que tout le malheur des hommes vient d'une seule chose, qui est de ne savoir pas demeurer en repos, dans une chambre. »
   – « [...] on ne recherche les conversations et les divertissements des jeux que parce qu'on ne peut demeurer chez soi avec plaisir. »
   – « [...] j'ai trouvé (qu'il y a une raison) bien effective (de tous nos malheurs), qui consiste dans le malheur naturel de notre condition faible et mortelle, et si misérable, que rien ne peut nous consoler [...]. »

2. Même le roi n'échappe pas, aux yeux de Pascal, à la condition humaine décrite par lui comme misérable. Donnez des preuves tirées du texte à l'appui de cette opinion.

3. Le jansénisme repose sur une vision pessimiste de la condition humaine. Trouve-t-on des marques de ce pessimisme dans ce texte ? Partagez-vous cette vision pessimiste de Pascal ? Expliquez.

4. Dans le contexte actuel, la réflexion sur la condition humaine a-t-elle perdu toute pertinence ? Avez-vous l'impression qu'avec les changements apportés par la science, tous les problèmes sont réglés ou en voie de l'être ?

Extrait de « Lettre à Monsieur et Madame de Grignan »

À Madame de Grignan
À Paris, vendredi 23ᵉ février 1680.

Je ne vous parlerai que de Mᵐᵉ Voisin : ce ne fut point mercredi, comme je vous l'avais mandé, qu'elle fut brûlée, ce ne fut qu'hier. Elle savait son arrêt dès
5 lundi, chose fort extraordinaire. Le soir elle dit à ses gardes : « Quoi ? nous ne ferons point médianoche ! » Elle mangea avec eux à minuit, par fantaisie, car il n'était point jour maigre ; elle but beaucoup de vin, elle chanta vingt chansons à boire. Le mardi, elle eut la question ordinaire, extraordinaire ; elle avait dîné et dormi huit heures ; elle fut confrontée à Mᵐᵉˢ de Dreux, Le Féron, et
10 plusieurs autres, sur le matelas : on ne dit pas encore ce qu'elle a dit ; on croit toujours qu'on verra des choses étranges. Elle soupa le soir, et recommença, toute brisée qu'elle était, à faire la débauche avec scandale : on lui en fit honte, et on lui dit qu'elle ferait bien mieux de penser à Dieu, et de chanter un *Ave maris stella*, ou un *Salve*, que toutes ces chansons : elle chanta l'un et l'autre en
15 ridicule, elle mangea le soir et dormit. Le mercredi se passa de même en confrontations, et débauche, et chansons : elle ne voulut point voir de confesseur. Enfin le jeudi, qui était hier, on ne voulut lui donner qu'un bouillon : elle en gronda, craignant de n'avoir pas la force de parler à ces Messieurs. Elle vint en carrosse de Vincennes à Paris ; elle étouffa un peu, et fut embarrassée ; on la
20 voulut faire confesser, point de nouvelles. À cinq heures, on la lia ; et, avec une torche à la main, elle parut dans le tombereau, habillée de blanc : c'est une sorte d'habit pour être brûlée ; elle était fort rouge, et l'on voyait qu'elle repoussait le confesseur et le crucifix avec violence. Nous la vîmes passer à l'hôtel de Sully, Mᵐᵉ de Chaulnes et Mᵐᵉ de Sully, la Comtesse, et bien
25 d'autres. À Notre-Dame, elle ne voulut jamais prononcer l'amende honorable, et, à la Grève, elle se défendit, autant qu'elle put, de sortir du tombereau : on l'en tira de force, on la mit sur le bûcher, assise et liée avec du fer ; on la couvrit de paille ; elle jura beaucoup ; elle repoussa la paille cinq ou six fois ; mais enfin le feu s'augmenta, et on l'a perdue de vue, et ses cendres sont en l'air présen-
30 tement. Voilà la mort de Mᵐᵉ Voisin, célèbre par ses crimes et par son impiété. On croit qu'il y aura de grandes suites qui nous surprendront.

Un juge, à qui mon fils disait l'autre jour que c'était une étrange chose que de la faire brûler à petit feu, lui dit : « Ah ! Monsieur, il y a certains petits adoucissements à cause de la faiblesse du sexe. — Eh quoi ! Monsieur, on les
35 étrangle ? — Non, mais on leur jette des bûches sur la tête ; les garçons du bourreau leur arrachent la tête avec des crocs de fer. » Vous voyez bien, ma fille, que cela n'est pas si terrible que l'on pense : comment vous portez-vous de ce petit conte ? Il m'a fait grincer les dents.

Lettres, 1680.

1. Plusieurs remarques qui émaillent le récit des jours précédant l'exécution de Mᵐᵉ Voisin tendent à justifier son châtiment. Relevez ces passages.

2. Que peut-on déduire du caractère de la Voisin ?

3. Relevez les passages qui témoignent de l'importance de la religion.

4. Quels sentiments la narratrice traduit-elle dans le deuxième paragraphe du texte ?

5. Cette lettre nous permet de déduire certains traits de la mentalité de l'époque : quels sont-ils ? Appuyez vos propos sur des exemples tirés du texte.

6. Pourquoi le lecteur d'aujourd'hui peut-il être rebuté par cette description ?

L'écriture épistolaire

Marie de Rabutin-Chantal, marquise de Sévigné (1626-1696)

D'origine noble, Mᵐᵉ de Sévigné reçoit une solide formation qui lui donne le goût de la lecture et de l'écriture. Elle écrit assidûment, sinon de façon compulsive, relatant sa vie dans ses nombreuses lettres à ses amis et à sa fille. Elle y décrit les valeurs de son milieu, tissant au fil du temps une chronique des mœurs de l'époque.

Tiré d'une lettre à sa fille, madame de Grignan, cet extrait donne un aperçu du style alerte et naturel de Mᵐᵉ de Sévigné. Elle dépeint une scène courante de la vie parisienne, dans ce cas-ci le supplice de la Voisin, accusée d'avoir fourni du poison à quelques grands noms de la noblesse et d'avoir pratiqué la sorcellerie. Dans sa lettre, Mᵐᵉ de Sévigné exprime le point de vue d'une grande dame qui n'éprouve aucune pitié pour la victime, brûlée vive sur la place publique. Or, il est possible qu'on ait choisi de condamner cette simple femme du peuple pour éviter qu'elle ne fasse des révélations gênantes.

**Les maximes :
une littérature
moralisatrice**

François, duc de La Rochefoucauld (1613-1680)

Raconter la vie de ce grand seigneur, c'est en quelque sorte suivre le parcours de la noblesse durant le siècle. Tel qu'attendu d'un jeune noble, le jeune La Rochefoucauld s'illustre dans la carrière des armes par des qualités chevaleresques traditionnellement associées à sa caste. Au moment de la Fronde, sa fierté d'esprit, son indépendance de caractère l'amènent à prendre le parti de l'insurrection contre la régente et son puissant ministre, Mazarin. Plus tard, il se rallie au roi et se plie au rôle de courtisan que réserve Louis XIV aux membres de la noblesse. Mais ce n'est pas sans en éprouver une certaine amertume, sentiment dont sont empreintes ses *Maximes*, courtes sentences à but moral, au style condensé et sobre. À l'époque, elles firent scandale par leur vision résolument pessimiste de la nature humaine.

Les maximes suivantes donnent un aperçu de ce que pouvait être la vision du monde d'un grand aristocrate au XVIIᵉ siècle. Tout est vu à partir de l'amour-propre qui apparaît comme le thème central de l'œuvre.

RÉFLEXIONS MORALES

L'amour-propre est le plus grand de tous les flatteurs (2).

L'amour-propre est plus habile que le plus habile homme du monde (4).

La clémence des princes n'est souvent qu'une politique pour gagner l'affection des peuples (15).

5 Cette clémence, dont on fait une vertu, se pratique tantôt par vanité, quelquefois par paresse, souvent par crainte, et presque toujours par tous les trois ensemble (16).

L'intérêt parle toutes sortes de langues, et joue toutes sortes de personnages, même celui de désintéressé (39).

10 La sincérité est une ouverture de cœur. On la trouve en fort peu de gens ; et celle que l'on voit d'ordinaire n'est qu'une fine dissimulation pour attirer la confiance des autres (62).

Il n'y a point de déguisement qui puisse longtemps cacher l'amour où il est, ni le feindre où il n'est pas (70).

15 Ce que les hommes ont nommé amitié n'est qu'une société, qu'un ménagement réciproque d'intérêts, et qu'un échange de bons offices ; ce n'est enfin qu'un commerce où l'amour-propre se propose toujours quelque chose à gagner (83).

Il est plus honteux de se défier de ses amis que d'en être trompé (84).

20 Ce qui paraît générosité n'est souvent qu'une ambition déguisée, qui méprise de petits intérêts, pour aller à de plus grands (246).

Nous aurions souvent honte de toutes nos belles actions, si le monde voyait tous les motifs qui les produisent (409).

On n'a guère de défauts qui ne soient plus pardonnables que les moyens 25 dont on se sert pour les cacher (411).

Les Maximes (1664), 1678.

---

1. Ces maximes présentent-elles des traits communs ?
2. Quelle idée ces maximes donnent-elles de la vie au XVIIᵉ siècle ?
3. Est-il vrai qu'elles traduisent une vision pessimiste de la vie ?
4. Sélectionnez deux maximes qui ont retenu votre attention et expliquez votre choix.

UNE MÈRE CONSEILLE SA FILLE

La magnificence et la galanterie n'ont jamais paru en France avec tant d'éclat que dans les dernières années du règne de Henri second. Ce prince était galant, bien fait et amoureux ; quoique sa passion pour Diane de Poitiers, duchesse de Valentinois, eût commencé il y avait plus de vingt ans,
5 elle n'en était pas moins violente, et il n'en donnait pas des témoignages moins éclatants.

Comme il réussissait admirablement dans tous les exercices du corps, il en faisait une de ses plus grandes occupations. C'étaient tous les jours des parties de chasse et de paume, des ballets, des courses de bagues, ou de
10 semblables divertissements ; les couleurs et les chiffres de Mme de Valentinois paraissaient partout, et elle paraissait elle-même avec tous les ajustements que pouvait avoir Mlle de La Marck, sa petite-fille, qui était alors à marier.

La présence de la reine autorisait la sienne. Cette princesse était belle, quoiqu'elle eût passé la première jeunesse ; elle aimait la grandeur, la ma-
15 gnificence et les plaisirs. Le roi l'avait épousée lorsqu'il était encore duc d'Orléans, et qu'il avait pour aîné le dauphin, qui mourut à Tournon, prince que sa naissance et ses grandes qualités destinaient à remplir dignement la place du roi François 1er, son père.

[...]

20 Jamais cour n'a eu tant de belles personnes et d'hommes admirablement bien faits ; et il semblait que la nature eût pris plaisir à placer ce qu'elle donne de plus beau, dans les plus grandes princesses et dans les plus grands princes. Mme Élisabeth de France, qui fut depuis reine d'Espagne, commençait à faire paraître un esprit surprenant et cette incomparable beauté
25 qui lui a été si funeste. Marie Stuart, reine d'Écosse, qui venait d'épouser M. le Dauphin, et qu'on appelait la reine Dauphine, était une personne parfaite pour l'esprit et pour le corps : elle avait été élevée à la cour de France, elle en avait pris toute la politesse, et elle était née avec tant de dispositions pour toutes les belles choses, que, malgré sa grande jeunesse, elle les aimait
30 et s'y connaissait mieux que personne. La reine, sa belle-mère, et Madame, sœur du roi, aimaient aussi les vers, la comédie et la musique. Le goût que le roi François 1er avait eu pour la poésie et pour les lettres régnait encore en France ; et le roi son fils aimant les exercices du corps, tous les plaisirs étaient à la cour. Mais ce qui rendait cette cour belle et majestueuse était le nombre
35 infini de princes et de grands seigneurs d'un mérite extraordinaire.

[...]

Mme de Chartres, qui avait eu tant d'application pour inspirer la vertu à sa fille, ne discontinua pas de prendre les mêmes soins dans un lieu où ils étaient si nécessaires et où il y avait tant d'exemples si dangereux. L'ambition
40 et la galanterie étaient l'âme de cette cour, et occupaient également les hommes et les femmes. Il y avait tant d'intérêts et tant de cabales différentes, et les dames y avaient tant de part que l'amour était toujours mêlé aux affaires et les affaires à l'amour. Personne n'était tranquille, ni indifférent ; on songeait à s'élever, à plaire, à servir ou à nuire ; on ne connaissait ni
45 l'ennui, ni l'oisiveté, et on était toujours occupé des plaisirs ou des intrigues. Les dames avaient des attachements particuliers pour la reine, pour la reine Dauphine, pour la reine de Navarre, pour Madame, sœur du roi, ou pour la duchesse de Valentinois. Les inclinations, les raisons de bienséance ou le rapport d'humeur faisaient ces différents attachements. Celles qui avaient
50 passé la première jeunesse et qui faisaient profession d'une vertu plus austère, étaient attachées à la reine. Celles qui étaient plus jeunes et qui

LE RÉCIT

Le récit : genre narratif comprenant tout texte qui se compose d'une histoire (les événements racontés) et d'une narration (la façon dont les événements sont racontés).

Le roman classique par excellence

Marie-Madeleine Pioche de La Vergne, comtesse de La Fayette dite Mme de La Fayette (1634-1693)

Femme de prestige et de pouvoir, intime du duc de La Rochefoucauld, la comtesse de La Fayette fréquente les milieux mondains et tient salon. Reconnue pour son talent littéraire et son érudition, elle écrit un roman qui connaît un immense succès ; il se distingue par sa finesse à saisir l'intériorité des personnages. Considéré par plusieurs comme le modèle du roman d'analyse, *La Princesse de Clèves* traduit l'atmosphère de galanterie et de manigance qui caractérise la vie à la cour, mais il traduit aussi un amour sublimé, d'inspiration courtoise.

Dans cet extrait, tiré des premières pages du roman, dont elle situe l'intrigue à l'époque

(suite à la page suivante)

Musée des Beaux-Arts, Rouen.
François Clouet, *Le Bain de Diane*, 1560.
Depuis la Renaissance, il était à la mode de représenter les grands de ce monde sous les traits de dieux ou de héros antiques ; ici, Diane de Poitiers est confondue avec la déesse de la chasse à la beauté légendaire.

(suite)

d'Henri II, Mme de Chartres met en garde sa fille contre le danger que représente la vie à la cour pour une jeune fille. Ce qu'il nous est donné à voir laisse déjà présager la décision que prendra Mme de Clèves, l'héroïne du roman, qui optera finalement pour la sérénité en renonçant à toute liaison amoureuse après la mort de son mari.

cherchaient la joie et la galanterie, faisaient leur cour à la reine Dauphine. La reine de Navarre avait ses favorites ; elle était jeune et elle avait du pouvoir sur le roi son mari : il était joint au connétable, et avait par là beaucoup de
55 crédit. Madame, sœur du roi, conservait encore de la beauté et attirait plusieurs dames auprès d'elle. La duchesse de Valentinois avait toutes celles qu'elle daignait regarder ; mais peu de femmes lui étaient agréables ; et excepté quelques-unes, qui avaient sa familiarité et sa confiance, et dont l'humeur avait du rapport avec la sienne, elle n'en recevait chez elle que les
60 jours où elle prenait plaisir à avoir une cour comme celle de la reine.

Toutes ces différentes cabales avaient de l'émulation et de l'envie les unes contre les autres : les dames qui les composaient avaient aussi de la jalousie entre elles, ou pour la faveur, ou pour les amants ; les intérêts de grandeur et d'élévation se trouvaient souvent joints à ces autres intérêts moins impor-
65 tants, mais qui n'étaient pas moins sensibles. Ainsi il y avait une sorte d'agitation sans désordre dans cette cour, qui la rendait très agréable, mais aussi très dangereuse pour une jeune personne. Mme de Chartres voyait ce péril et ne songeait qu'aux moyens d'en garantir sa fille. Elle la pria, non pas comme sa mère, mais comme son amie, de lui faire confidence de toutes les galan-
70 teries qu'on lui dirait, et elle lui promit de lui aider à se conduire dans des choses où l'on était souvent embarrassée quand on était jeune.

La Princesse de Clèves, 1678.

1. Faites des recherches sur les différents personnages qui apparaissent dans le texte.

2. Montrez que la description du roi, de la reine et de leur entourage tend à les présenter comme des idéaux.

3. Dans le quatrième paragraphe, dégagez les valeurs importantes que fait ressortir Mme de La Fayette par le biais d'une description des personnages importants de cette cour.

4. « L'ambition et la galanterie étaient l'âme de cette cour » : expliquez les conséquences de cela sur les relations entre les gens.

5. On dit que *La Princesse de Clèves* est un roman d'amour mais aussi un roman d'apprentissage, c'est-à-dire un roman où le héros apprend les règles et les comportements souhaitables dans une société. Démontrez cette affirmation en vous appuyant sur cet extrait.

6. Abstraction faite du contexte, les inquiétudes de cette mère pour la vertu de sa fille semblent-elles dépassées aujourd'hui ou conservent-elles un caractère d'actualité ? Commentez.

LES GENS D'ESPRIT

Un homme en place doit aimer son prince, sa femme, ses enfants, et après eux les gens d'esprit ; il les doit adopter, il doit s'en fournir et n'en jamais manquer ; il ne saurait payer, je ne dis pas de trop de pensions et de bienfaits, mais de trop de familiarité et de caresses les secours et les services qu'il en
5 tire, même sans le savoir : quels petits bruits ne dissipent-ils pas ? quelles histoires ne réduisent-ils pas à la fable et à la fiction ? ne savent-ils pas justifier les mauvais succès par les bonnes intentions, prouver la bonté d'un dessein et la justesse des mesures par le bonheur des événements, s'élever contre la malignité et l'envie pour accorder à de bonnes entreprises de meilleurs
10 motifs, donner des explications favorables à des apparences qui étaient mauvaises ; détourner les petits défauts, ne montrer que les vertus, et les mettre dans leur jour ; semer en mille occasions des faits et des détails qui soient avantageux, et tourner le ris et la moquerie contre ceux qui oseraient en douter, ou avancer des faits contraires ? Je sais que les Grands ont pour
15 maxime de laisser parler et de continuer d'agir ; mais je sais aussi qu'il leur arrive en plusieurs rencontres que laisser dire les empêche de faire.

Les Caractères, 1688.

Musée national du Château de Versailles.
Pierre Louis Dumesnil, *La reine Christine de Suède et sa cour*.
Durant son règne, Christine de Suède a su s'entourer d'hommes d'esprit tels que le philosophe et savant René Descartes.

1. Résumez le rôle que l'homme en place devrait attribuer à l'homme d'esprit selon La Bruyère.

2. Quels avantages l'homme d'esprit peut-il tirer de cette situation ? Et l'homme en place, c'est-à-dire l'homme de pouvoir ?

3. Selon vous, cette vision favorise-t-elle la stabilité du pouvoir ou le changement social ?

4. En quoi l'institution des droits d'auteur apparaît-elle comme une amélioration dans les conditions de vie de l'écrivain ? Permet-elle plus d'indépendance dans la critique sociale ?

LA PROSE
genres variés du XVIIe siècle

Portraits d'époque

Jean de La Bruyère (1645-1696)

Né dans un milieu bourgeois, La Bruyère est avocat. Il fréquente les cercles influents, ce qui lui fournit l'occasion d'observer à loisir ses contemporains. *Les Caractères*, sa seule œuvre, présente une série de portraits teintés de pessimisme. L'ouvrage paraît alors que les années fastes du classicisme sont passées, si bien qu'on a tendance à associer le ton désabusé de sa prose au climat qui marque la fin du règne de Louis XIV. Le pessimisme prend ici des accents acrimonieux et l'humour tout empreint de tolérance de Molière tourne à la satire chez La Bruyère. Toutefois, lorsqu'il touche à des sujets d'ordre social, La Bruyère exerce un esprit critique qui annonce l'usage que les encyclopédistes feront de la raison, qui servira moins au siècle suivant à plier l'individu aux conventions qu'à les lui faire remettre en question.

La Bruyère se définit comme un homme d'esprit, par rapport aux « hommes en place » que représentent les mécènes, ceux-là mêmes qui accordent leur protection aux écrivains.

Le conte

Charles Perrault (1628-1703)

Membre d'une influente famille bourgeoise, Charles Perrault occupe, sous Louis XIV, un poste stratégique, celui de chargé de la politique artistique et littéraire du roi. Perçu comme un adepte de la modernité contre le retour à l'Antiquité, Perrault favorise le fait de trouver son inspiration dans la culture contemporaine plutôt que dans l'Antiquité. En donnant une forme écrite à des récits appartenant à la culture populaire, il illustre par l'exemple sa prise de position et annonce la vogue que connaîtra le conte au XVIIIᵉ siècle. Dans ces histoires apparemment conçues pour enseigner la sagesse aux enfants, mais souvent destinées aux adultes, les petites filles sont particulièrement menacées : elles trouvent sur leur chemin des loups pour les manger, des ogresses pour les passer à la marmite, et des barbes-bleues qui en font collection. Est-ce par souci d'alléger le climat de ses récits que Perrault les parsème de formules magiques ? Celles-ci apparaissent comme des clés pour comprendre le monde de l'enfance.

Cet extrait provient de la version de Perrault du conte très connu du *Petit Chaperon rouge* ; il présente la scène finale, morale incluse.

L'APPÉTIT DES LOUPS

Ensuite il [le loup] ferma la porte, et s'alla coucher dans le lit de la Mère-grand, en attendant le petit chaperon rouge, qui quelque temps après vint heurter à la porte. Toc, toc. « Qui est là ? » Le petit chaperon rouge, qui entendit la grosse voix du Loup, eut peur d'abord, mais croyant que sa Mère-
5 grand était enrhumée, répondit : « C'est votre fille le petit chaperon rouge, qui vous apporte une galette et un petit pot de beurre que ma Mère vous envoie. » Le Loup lui cria en adoucissant un peu sa voix : « Tire la chevillette, la bobinette cherra. » Le petit chaperon rouge tira la chevillette, et la porte s'ouvrit. Le Loup, la voyant entrer, lui dit en se cachant dans le lit sous la
10 couverture : « Mets la galette et le petit pot de beurre sur la huche, et viens te coucher avec moi. » Le petit chaperon rouge se déshabille, et va se mettre dans le lit, où elle fut bien étonnée de voir comment sa Mère-grand était faite en son déshabillé. Elle lui dit : « Ma mère-grand, que vous avez de grands bras ! — C'est pour mieux t'embrasser, ma fille. — Ma mère-grand,
15 que vous avez de grandes jambes ! — C'est pour mieux courir, mon enfant. — Ma mère-grand, que vous avez de grandes oreilles ! — C'est pour mieux écouter, mon enfant. — Ma mère-grand, que vous avez de grands yeux ! — C'est pour mieux voir, mon enfant. — Ma mère-grand, que vous avez de grandes dents ! — C'est pour te manger. » Et en disant ces mots, ce méchant
20 Loup se jeta sur le petit chaperon rouge, et la mangea.

Moralité

On voit ici que de jeunes enfants,
Surtout de jeunes filles
Belles, bien faites, et gentilles,
25 *Font très mal d'écouter toute sorte de gens,*
Et que ce n'est pas chose étrange,
S'il en est tant que le loup mange.
Je dis le loup, car tous les loups
Ne sont pas de la même sorte ;
30 *Il en est d'une humeur accorte,*
Sans bruit, sans fiel et sans courroux,
Qui privés, complaisants et doux,
Suivent les jeunes Demoiselles
Jusque dans les maisons, jusque dans les ruelles ;
35 *Mais hélas ! qui ne sait que ces Loups doucereux,*
De tous les Loups sont les plus dangereux.

« Le Petit Chaperon rouge », *Contes*, 1697.

1. Résumez l'anecdote (en prose) et la moralité (en vers) en une phrase ou deux.

2. Relevez tous les procédés qui contribuent au rythme alerte du récit.

3. L'usage des animaux dans les contes est-il de même nature que l'usage que La Fontaine en fait dans les fables ?

4. Relevez tous les passages qui donnent à interpréter le conte dans un autre sens que celui d'une aventure enfantine, tout en précisant cette seconde signification (à noter ici le sens du mot « ruelle », qui signifie la partie de la chambre à coucher où les dames de qualité recevaient leurs visiteurs à l'époque).

5. L'adhésion au jansénisme de la famille Perrault était un fait connu à l'époque : peut-on reconnaître l'influence de cette philosophie religieuse sur la morale du conte ?

La résonance du classicisme en Amérique, et jusqu'à aujourd'hui

L'implantation de la culture française en Nouvelle-France

À l'instar des autres grandes puissances européennes, la France poursuit au XVIIᵉ siècle une politique d'expansion territoriale et commerciale. Elle établit une colonie en territoire nord-américain, d'abord à Québec en 1608, puis à Ville-Marie (Montréal) en 1642.

Dans la logique des idéaux religieux de l'époque, un défi s'ajoute au contact des populations autochtones, celui de les évangéliser. Une élite religieuse et civile met sur pied un réseau d'institutions qui pourvoit aux besoins des habitants et contribue à l'implantation des valeurs culturelles et idéologiques de la mère patrie. Plusieurs communautés religieuses, parmi lesquelles les Jésuites, les Récollets, les Sulpiciens, les Ursulines et les Hospitalières, participent à l'effort de colonisation. Progressivement, une nation émerge au confluent de deux cultures : les premiers colons venus d'Europe apportent leur savoir-faire, leur foi, leur langue ; les Indiens fournissent l'exemple de leur acclimatation à ce pays.

Les écrits coloniaux témoignent de la vision de cette élite qui s'est déplacée sur de nouvelles terres pour y apporter la parole de Dieu tout en servant les intérêts de la monarchie. Des femmes, notamment Marie de l'Incarnation (Marie Guyart, de son nom de jeune fille), ont apporté leur contribution en rédigeant des chroniques qui décrivent les difficultés de la vie quotidienne dans une nature encore sauvage.

Toutefois, ce sont les premiers colons eux-mêmes qui ont laissé un très précieux héritage aux générations qui ont suivi, soit toutes ces chansons apportées de France, dont plusieurs berceuses qu'on fredonnait le soir pour endormir les enfants, et que ces derniers apprenaient pour les chanter à leur tour, une fois adultes, à leurs propres enfants. Plusieurs contes nous sont aussi parvenus, qui servaient à l'origine à égayer les soirées avant d'être transposés à l'écrit. Le plus connu de ces derniers s'inspire de la légende de la chasse-galerie et présente des bûcherons qui concluent un pacte avec le diable dans le but d'aller rejoindre leur « blonde » dans la grande ville. Ce conte montre à la fois l'emprise de la religion sur les premiers habitants et leur soif de liberté qui les amène à se rebeller — notamment en blasphémant — contre les contraintes de toutes sortes reliées au nouveau pays.

La persistance des valeurs baroques et classiques

La résurgence des valeurs baroques à intervalles réguliers est assurée par un genre en particulier, la poésie. Ainsi, au XIXᵉ siècle, les romantiques voudront libérer le vers du carcan classique en donnant préséance à l'inspiration, valeur associée au courant baroque, plutôt qu'au travail et à la soumission aux règles, valeurs classiques. Le rythme doit servir à faire vibrer l'émotion au cœur du poème et non à faire entendre la voix de la raison. Les symbolistes, après eux, multiplient les expérimentations formelles allant jusqu'à rompre complètement avec les règles de la versification classique, notamment en faisant éclater la frontière entre prose et poésie. Très proches des poètes baroques, ils s'intéressent à traduire en mots la fugacité des sensations.

Plusieurs écrivains reprendront à leur compte, de façon singulière, certaines des caractéristiques du classicisme. Ainsi, au XIXᵉ comme au XXᵉ siècle, des pièces de théâtre ressuscitent des mythes ou des héros antiques comme c'est le cas pour *La Guerre de Troie n'aura pas lieu* de Giraudoux (1882-1944) ou *Orphée* de Jean Cocteau (1889-1963). Nourrie de culture classique, Marguerite Yourcenar (1903-1987) s'inscrit aussi dans cette veine et ressuscite des héros du passé avec son roman *Mémoires d'Hadrien*. Sa phrase ample, sa pensée claire, le registre soutenu de sa langue rappellent les qualités que l'on prête à la prose classique.

Enfin, il se trouve des écrivains qui considèrent que les règles favorisent l'inspiration. C'est le cas d'un groupe comme l'Oulipo qui, au XXᵉ siècle, se soumet à des contraintes pour que surgisse, fruit de ce contexte, une littérature imprévue. Ces auteurs marient en quelque sorte un principe classique — le respect de règles (qu'ils inventent eux-mêmes) — à un esprit baroque puisque le résultat de leur démarche n'a rien de conformiste ou de traditionnel, mais se caractérise plutôt par une rare originalité. *Les exercices de style* où Raymond Queneau raconte la même histoire de 99 façons différentes et *La Disparition* de Georges Perec, qui fait disparaître la lettre « e » de son long roman, sont deux exemples qui illustrent ce choix.

LA POÉSIE

La chanson en Nouvelle-France

Anonyme

On connaît plusieurs versions de cette chanson qui possède même deux titres différents, soit *En revenant des noces* et *À la claire fontaine*. Probablement composée par un jongleur, sorte de poète-chansonnier, en France au siècle précédent, elle aurait fait le voyage en Nouvelle-France avec les hommes de Champlain en 1608. À la fois chanson d'amour et hymne patriotique, elle aurait servi de chant de rapatriement aux Patriotes en 1837. Sa transcription témoigne en quelque sorte de l'état de la langue orale à l'époque.

EXTRAITS ILLUSTRANT L'EXPANSION DE LA CULTURE FRANÇAISE ET DU CLASSICISME

À LA CLAIRE FONTAINE

À la claire fontaine,
M'en allant promener,
J'ai trouvé l'eau si belle
Que je m'y suis baigné.

5 *Refrain*
Lui y a longtemps que je t'aime,
Jamais je ne t'oublierai.

J'ai trouvé l'eau si belle
Que je m'y suis baigné.
10 Sous les feuilles d'un chêne,
Je me suis fait sécher.

Sous les feuilles d'un chêne,
Je me suis fait sécher.
Sur la plus haute branche,
15 Le rossignol chantait.

Sur la plus haute branche,
Le rossignol chantait.
Chante, rossignol, chante,
Toi qui as le cœur gai.

20 Chante, rossignol, chante,
Toi qui as le cœur gai.
Tu as le cœur à rire,
Moi je l'ai-t-à pleurer.

Tu as le cœur à rire,
25 Moi je l'ai-t-à pleurer.
J'ai perdu ma maîtresse
Sans l'avoir mérité.

J'ai perdu ma maîtresse
Sans l'avoir mérité,
30 Pour un bouquet de roses
Que je lui refusai.

Pour un bouquet de roses
Que je lui refusai.
Je voudrais que la rose
35 Fût encore au rosier.

Je voudrais que la rose
Fût encore au rosier,
Et moi et ma maîtresse
Dans les même's amitiés.

1. Relevez des structures de phrases qui témoignent du caractère oral de la chanson.

2. La chanson fournit-elle des indices sur les raisons de la perte de la bien-aimée? Analysez entre autres l'usage qui est fait des images associées au rosier.

3. Cette chanson témoigne à la fois d'une vision lyrique et nostalgique du monde : commentez cette affirmation.

LE STYX

La remontée du fleuve continua, mais je naviguai sur le Styx. Dans les camps de prisonniers, sur les bords du Danube, j'avais vu jadis des misérables couchés contre un mur s'y frapper continuellement le front d'un mouvement sauvage, insensé et doux, en répétant sans cesse le même nom.
5 Dans les caves du Colisée, on m'avait montré des lions qui dépérissaient parce qu'on leur avait enlevé le chien avec qui on les avait accoutumés à vivre. Je rassemblai mes pensées : Antinoüs était mort. Enfant, j'avais hurlé sur le cadavre de Marullinus déchiqueté par les corneilles, mais comme hurle la nuit un animal privé de raison. Mon père était mort, mais un
10 orphelin de douze ans n'avait remarqué que le désordre de la maison, les pleurs de sa mère, et sa propre terreur ; il n'avait rien su des affres que le mourant avait traversées. Ma mère était morte beaucoup plus tard, vers l'époque de ma mission en Pannonie ; je ne me rappelais pas exactement à quelle date. […] Durant les guerres daces, j'avais perdu des camarades que
15 j'avais cru ardemment aimer ; mais nous étions jeunes, la vie et la mort étaient également enivrantes et faciles. Antinoüs était mort. Je me souvenais de lieux communs fréquemment entendus : on meurt à tout âge ; ceux qui meurent jeunes sont aimés des dieux. J'avais moi-même participé à cet infâme abus de mots ; j'avais parlé de mourir de sommeil, de mourir
20 d'ennui. J'avais employé le mot agonie, le mot deuil, le mot perte. Antinoüs était mort.

L'Amour, le plus sage des dieux… Mais l'amour n'était pas responsable de cette négligence, de ces duretés, de cette indifférence mêlée à la passion comme le sable à l'or charrié par un fleuve, de ce grossier aveuglement
25 d'homme trop heureux, et qui vieillit. Avais-je pu être si épaissement satisfait ? Antinoüs était mort. Loin d'aimer trop, comme sans doute Servianus à ce moment le prétendait à Rome, je n'avais pas assez aimé pour obliger cet enfant à vivre. Chabrias, qui, en sa qualité d'initié orphique, considérait le suicide comme un crime, insistait sur le côté sacrificiel de cette fin ;
30 j'éprouvais moi-même une espèce d'horrible joie à me dire que cette mort était un don. Mais j'étais seul à mesurer combien d'âcreté fermente au fond de la douceur, quelle part de désespoir se cache dans l'abnégation, quelle haine se mélange à l'amour. Un être insulté me jetait à la face cette preuve de dévouement ; un enfant inquiet de tout perdre avait trouvé ce moyen de
35 m'attacher à jamais à lui. S'il avait espéré me protéger par ce sacrifice, il avait dû se croire bien peu aimé pour ne pas sentir que le pire des maux serait de l'avoir perdu.

Mémoires d'Hadrien, © Éditions Gallimard, 1951.

---

1. Faites un travail de recherche pour situer les lieux géographiques et les personnages historiques.

2. Analysez comment l'extrait est traversé par le double thème de l'amour et de la mort.

3. Expliquez comment le texte traduit l'érudition de l'auteure et son goût pour la culture de l'Antiquité.

Résonance au XXe siècle

Marguerite Yourcenar (1903-1987)

De son vrai nom de Crayencour, Yourcenar est née à Bruxelles d'un père issu de l'aristocratie qui lui donnera lui-même une éducation humaniste. Dès l'âge de 16 ans, elle éprouve le désir de devenir écrivain et de nourrir son imaginaire de voyages et de culture classique. Vers la fin des années 1930, elle tombe amoureuse d'une universitaire américaine et la suit aux États-Unis. Elle enseigne dans des collèges américains, mais renoue rapidement avec son projet d'écriture lorsqu'elle retrouve ses notes de jeunesse sur Hadrien. De facture très classique, les *Mémoires d'Hadrien* connaissent un immense succès, grâce à la vaste érudition qui les imprègne ou malgré elle. L'œuvre tient à la fois de la chronique historique et du bilan existentiel.

Cet extrait des *Mémoires d'Hadrien* expose la vive douleur qui s'empare de l'empereur à la mort d'Antinoüs, son jeune amant.

Événements politiques

1715 Mort de Louis XIV.

1715-1723 Régence de Philippe II, duc d'Orléans.

1723-1774 Règne de Louis XV, le Bien-Aimé.

1744 Prise de Louisbourg.

1755 Prise de l'Acadie et déportation des Acadiens.

1759 Prise de Québec.

1760 Prise de Montréal.

1763 Fin de la guerre de Sept Ans et cession de la Nouvelle-France à l'Angleterre (traité de Paris).

1774-1792 Règne de Louis XVI.

1776 Déclaration d'indépendance américaine (4 juillet).

1783 Traité de Versailles.

1787 Première Constitution américaine.

1789 Washington élu président des États-Unis.

1789 Début de la Révolution française ; ouverture des états généraux (5 mai).

1789 Prise de la Bastille (14 juillet).

1789 Abolition de la féodalité (4 août).

1789 Déclaration des droits de l'homme et du citoyen (26 août).

1793 Exécution de Louis XVI et de Marie-Antoinette.

1794 Exécution de Danton, Desmoulins, Robespierre et Saint-Juste.

1799 Coup d'État de Napoléon Ier. Fin de la Révolution.

Contexte socioéconomique

1723-1774 Période de croissance démographique et agricole ; développement de l'activité industrielle.

1723-1774 Époque caractérisée par un désir de libéralisation des mœurs et de la pensée.

1744-1763 Période de rivalité franco-anglaise marquée par la perte de plusieurs colonies françaises aux mains des Anglais.

1756-1763 Agitation politique ; création de l'impôt sur le revenu ; contestation de la monarchie.

1756-1763 Prolifération des cafés et des salons où l'on discute science, philosophie et littérature.

1760 Début de la révolution industrielle en Angleterre.

1774 Ouverture de la monarchie au monde moderne. (Règne de Louis XVI.)

1789 Début d'une crise sans précédent dans l'histoire de la France, prélude à la Révolution française.

1789 Avec la prise de la Bastille, une prison d'État, transformation de la révolution parlementaire en révolution populaire.

1789 Fin de l'absolutisme royal au profit d'une monarchie constitutionnelle. Abolition des privilèges.

Beaux-arts, philosophie, sciences

v. 1725 Apogée de la période baroque en musique avec les œuvres de Bach, Haendel, Vivaldi et D. Scarlatti.

1730-1734 Mise au point d'instruments de mesure : le thermomètre de Réaumur, le sextant, le dynamomètre, le chronomètre, le thermomètre Celsius.

1734-1762 Développement de l'esprit critique dans les écrits des encyclopédistes : Voltaire, *Lettres philosophiques* ; Montesquieu, *De l'esprit des lois* ; Rousseau, *Contrat social*.

1735 Essor de l'opéra français : Rameau, *Les Indes galantes*.

1745 Invention du métier à tisser mécanique.

1750 Parution du premier tome de l'*Encyclopédie*.

1752 Querelle des « Bouffons », opposant les tenants de la musique française à ceux de la musique italienne.

1759 Début du classicisme en musique : Haydn fixe les règles de la symphonie classique.

1781-1790 Grands traités philosophiques de Kant : *Critique de la raison pure*, *Critique de la raison pratique*, *Critique de la faculté de juger*.

v. 1785 Nouvelle école française de peinture : œuvres de David et de Gros.

v. 1785 Apogée des peintres portraitistes et paysagistes anglais : Reynolds, Gainsborough.

1786-1787 Période des grands opéras de Mozart : *Les Noces de Figaro* et *Don Giovanni*.

1789 Lavoisier, *Traité élémentaire de chimie*. Loi de Lavoisier : loi de conservation de la masse.

Chapitre 4

Les Lumières
La libération de l'esprit

Musée de l'Ermitage, Saint-Pétersbourg.
Jean-Baptiste Perronneau, *L'Enfant au livre*, 1745.

PRÉSENTATION

Une entrée en matière

 e siècle des Lumières ne commence véritablement qu'en 1715 avec la mort de Louis XIV et se termine après la Révolution française qui marque une rupture avec l'Ancien Régime. Le XVIIIe siècle est dominé par une confiance absolue dans les pouvoirs de la raison. Celle-ci est censée dissiper les superstitions, passer les traditions au crible de l'esprit critique tout en frayant la voie au bonheur sur terre. Il n'est pas d'écrit qui ne serve à réfléchir sur l'ordre du monde et sur la vie en société ; il n'est pas d'écrivain qui ne soit en même temps philosophe. À toute fiction se mêle une part d'argumentation. Par ailleurs, le vers, qui était le moyen d'expression privilégié du siècle classique, prend nettement du recul. La prose, plus souple et plus naturelle, se met au service de l'essai, le genre de prédilection dans une littérature à but utilitaire.

La situation dans le temps

Les caractéristiques dominantes

La représentation du monde

La mort de Louis XIV, en 1715, est accueillie avec soulagement, car elle met fin au climat de morosité qui a marqué les dernières années de son règne. Avec la régence de Philippe d'Orléans (1715-1723) s'ouvre une ère de liberté, qui touche autant le domaine des idées que celui de la moralité. À sa majorité, Louis XV prend la relève et maintient la stabilité dans le royaume malgré les deux guerres qui affectent son règne, soit la guerre de la Succession d'Autriche (1741-1748) et la guerre de Sept Ans (1756-1763). Sa relative indolence dans la façon de gouverner et les scandales de sa vie privée contribuent toutefois à discréditer la royauté. Après la mort de Louis XV en 1774, Louis XVI devient roi. Il tente vainement de réduire les privilèges de la noblesse et de renflouer les coffres du royaume, puisque le problème majeur demeure celui des finances publiques, mises à sec notamment par les guerres et le faste de la cour. Toutes les mesures envisagées pour équilibrer le budget de l'État, notamment la mise en circulation du papier-monnaie, se soldent par un échec. Le nouveau système de l'impôt, mal géré et mal réparti, permet encore aux plus fortunés de se soustraire à leurs obligations.

La situation sociopolitique et économique

Le fardeau fiscal repose de plus en plus sur les épaules des **paysans**, qui constituent le groupe social le plus nombreux en France à cette époque. Ces iniquités exacerbent les tensions. Elles se manifestent d'abord au sein de la noblesse qui bloque tout amendement de nature à porter atteinte à ses privilèges, puis au sein de la **bourgeoisie** qui ne s'accommode plus de la **féodalité** (ou de ce qui en reste) parce que ce système statique freine son esprit d'entreprise. Quant aux milieux dits éclairés, ils s'appuient sur la science pour remettre en question à la fois la monarchie et le dogme chrétien qui lui sert de fondement. Enfin, le clergé répond à ces attaques en multipliant les gestes de censure. Toutefois, le Trône et l'Église, ces alliés de toujours, voient leur autorité décliner progressivement.

Le despotisme, qui est lié à la **monarchie absolue**, entraîne nombre d'injustices, par exemple l'emprisonnement arbitraire d'un citoyen sans aucune forme de procès. La répétition d'actes de cette nature finit par déclencher de violentes réactions et radicalise les idées de réforme. Ainsi, les philosophes en viennent à rejeter toute cette conception de prestige et de privilèges légués de père en fils par la naissance au sein d'une classe, la noblesse. Ils prônent plutôt l'égalité des droits entre citoyens et croient que le succès repose avant tout sur le mérite personnel. Toutes ces idées vont bientôt se répandre jusque dans les couches populaires, fournissant ainsi la base de l'idéologie révolutionnaire.

S'appuyant sur une économie essentiellement agricole, la société française connaît la prospérité jusqu'à la décennie qui précède la Révolution.

Elle accuse néanmoins un retard par rapport à l'Angleterre qui s'est engagée dans la voie du **libéralisme** en développant considérablement son secteur manufacturier en vue d'échanges commerciaux. L'Angleterre a également mieux réussi son implantation dans les colonies, et le traité de Paris, en 1763, confirme sa mainmise sur ses établissements des Indes et de l'Amérique. C'est à cette occasion que la Nouvelle-France, qui couvre alors un territoire beaucoup plus vaste que le Québec actuel, lui est cédée.

Le projet de l'Encyclopédie

C'est dans cette société en mutation que germe l'idée de publier une encyclopédie qui rend compte de l'évolution du savoir. Confiée à l'écrivain Denis Diderot, au mathématicien d'Alembert et à une vaste équipe de collaborateurs, l'entreprise dépasse rapidement le cadre commercial et scientifique initial pour prendre des dimensions idéologiques. Comme l'indique son titre, l'objectif de l'*Encyclopédie ou Dictionnaire raisonné des sciences, des arts et des métiers* est d'inventorier les connaissances, tout en mettant l'accent sur les techniques de production ou les activités manuelles. Ce parti pris d'envisager la réalité d'un point de vue utilitaire a pour but de fournir à l'humanité des moyens d'assurer le progrès, gage de bonheur terrestre. Un tel but, on le voit, va à l'encontre de la vision du siècle précédent, plus préoccupé du salut éternel.

Ainsi, bien que le peuple fasse toujours appel à la religion pour donner un sens à sa destinée, la pensée avant-gardiste des philosophes gruge peu à peu les vieilles convictions et ébranle l'ordre social. La cour cesse graduellement de constituer le seul pôle d'attraction culturel et intellectuel, alors que les

Sotheby's, Londres.
Théobald Michau, *Scène de moisson*, 1720.

Ancien Régime : la France sous la monarchie absolue, avant la Révolution française.

Noblesse : classe des privilégiés portant un titre, comme duc ou comte, hérité de père en fils.

Paysan : synonyme de cultivateur ou de fermier.

Bourgeoisie : classe émergente qui se détache du peuple, poussée par le désir de réussite. Elle comprend les marchands, mais aussi les hauts fonctionnaires et une certaine élite qui se distingue par son instruction.

Féodalité : forme d'organisation sociale héritée du Moyen Âge où les seigneurs appartiennent à la noblesse ; les paysans sont sous leur dépendance alors que le clergé est l'intercesseur auprès de Dieu.

Monarchie absolue : régime où le roi exerce tous les pouvoirs sans avoir à rendre de comptes, sinon à Dieu.

Libéralisme : doctrine où la liberté économique se concilie avec les libertés propres aux démocraties.

salons, la plupart animés par des femmes, prennent une importance accrue : on y discute science, philosophie et littérature ; les encyclopédistes les fréquentent ; les idées nouvelles y circulent librement. On se réunit aussi dans les cafés, comme le célèbre Procope, à Paris, ou dans les clubs.

La fin d'une époque Pourtant, ce siècle profondément optimiste et qui se plaît au raffinement et à la frivolité va bientôt basculer dans le chaos. En 1788, une crise économique qui s'éternise, aggravée en outre par de mauvaises récoltes, provoque des mouvements de rébellion à Paris. Devant la pression populaire, Louis XVI, mal conseillé par ses proches, multiplie les bévues, notamment en tentant de s'enfuir. Faisant figure de traître, il est exécuté en 1793. Comble d'ironie, c'est lui-même qui avait suggéré au docteur Guillotin, l'inventeur de la guillotine, quelques modifications pour rendre cette machine de mort plus performante. Sa femme Marie-Antoinette, honnie des insurgés, notamment parce qu'elle est d'origine étrangère, le suivra de près sur l'échafaud. Le prince héritier lui-même est confié à des gens du peuple et on ira jusqu'à perdre toute trace de son existence. Paradoxe de l'histoire, les jeunes chefs révolutionnaires Danton, Desmoulins, Robespierre et Saint-Just, rongés par leur ambition personnelle, en viennent à se dénoncer les uns les autres ; ils finiront par subir le sort de leurs ennemis et mourront tous sur l'échafaud. Auréolé par ses victoires en tant que général, Napoléon prend la relève en devenant Premier consul. Il remet de l'ordre dans le pays. Il va se déclarer empereur en 1804 et exercer sur la France un pouvoir de nature dictatoriale, sans toutefois sacrifier totalement les acquis de la Révolution.

Marie-Antoinette conduite au supplice, gravure sur bois, parue dans « Mercure de France », janvier 1848.

Ainsi, la société du XVIIIᵉ siècle se distingue de la société actuelle par des différences notoires : *Les différences par rapport au monde actuel*

- la France conserve des structures sociales qui remontent au Moyen Âge, marquées du sceau de la féodalité ancienne, jusqu'à la Révolution qui mettra fin à l'Ancien Régime en 1789 ;
- il est très valorisé d'être bourgeois au XVIIIᵉ siècle puisqu'on reconnaît à la bourgeoisie un grand dynamisme, l'esprit de réforme et le goût du travail ;
- l'économie française repose essentiellement sur l'agriculture, et les paysans sont les plus imposés de tous les groupes sociaux ;
- le peuple ne jouit d'aucune protection sociale : rien qui ressemble à l'assurance-maladie ; aucune association n'exprime ses revendications : sa vulnérabilité est donc très grande ;
- le taux de mortalité infantile est extrêmement élevé, de même que l'abandon d'enfants ;
- dans les écoles, la situation est bien différente de celle d'aujourd'hui puisque le maître enseigne individuellement à chaque enfant dans une classe où tous les groupes d'âges sont réunis ;
- les villes sont non seulement surpeuplées, mais insalubres, et il y flotte perpétuellement une odeur nauséabonde. La conception de l'hygiène et du confort est d'ailleurs loin de celle d'aujourd'hui puisqu'on préfère, dans les hautes classes, se parfumer plutôt que se laver. La peur de l'eau est un trait de mentalité généralisé.

L'écrivain des Lumières et son lecteur

Les écrivains du XVIIIᵉ siècle veulent instruire, aussi la diffusion du savoir compte-t-elle au rang de leurs préoccupations principales. Leurs efforts sont récompensés, puisque le taux d'alphabétisation augmente, notamment grâce aux cabinets de lecture qui jouent en quelque sorte le rôle de nos bibliothèques actuelles. Le nombre de lecteurs va en augmentant, atteignant les milieux plus humbles, ce qui n'est pas sans influencer les écrivains qui s'intéressent de plus en plus aux conditions de vie du citoyen ordinaire. Celui-ci ne se soumet plus aveuglément au pouvoir politique ; il cherche à être éclairé sur sa propre nature, sur ses droits et sur les principes de sa vie en société. *Un lectorat en transformation*

Au siècle précédent, un Molière visionnaire avait créé Dom Juan, le prototype du libertin, celui qui s'adonne à la recherche des plaisirs charnels, qui refuse de se plier aux conventions sociales. Marginal au siècle du classicisme, le type du libertin s'impose

Musée des Beaux-Arts, Rouen.
Gabriel Lemonnier, *Une lecture chez Madame Geoffrin*
(avec, entre autres : d'Alembert, Montesquieu, Diderot, Malherbe,
Turgot, Rameau, Réaumur, Vanloo, Vernet), 1812.

d'interdit sont publiées par des éditeurs étrangers et profitent par le fait même d'une publicité qui contribue à augmenter leur intérêt auprès du public.

L'écrivain devient donc un homme influent, à la mode ; on développe même un culte à son égard en faisant de lui une sorte d'aristocrate des lettres. Cela engendre du reste une certaine confusion dans ses rapports avec le lecteur, car si l'écrivain des Lumières souhaite élever le commun des mortels, il ne renonce pas pour autant à s'en distinguer ! Il se trouve donc dans une position quelque peu ambiguë : il appelle de tous ses vœux des réformes, mais il n'en perçoit pas moins son époque comme assurant la continuité avec le règne de Louis XIV — en effet, c'était, toujours et encore, selon les mots mêmes du Roi Soleil, « Un roi, une foi, une loi ».

au siècle des Lumières et devient le témoin de l'évolution des mentalités. Les hommes de lettres sont des

La figure du libre penseur

libres penseurs qui s'appuient désormais sur les découvertes de la science pour critiquer toute forme d'obscurantisme, que celui-ci soit politique ou religieux. Ainsi, Montesquieu décrit l'évolution des sociétés et montre que toute valeur est relative ; Voltaire réfute le caractère sacré des dogmes, Rousseau suggère de lier gouvernants et gouvernés par un contrat social, tandis que Diderot remet en cause les codes moraux et les normes esthétiques. Ainsi s'impose progressivement la figure d'un écrivain militant, qui intervient dans l'actualité et veut transformer le monde.

Le double jeu face au pouvoir

Tous ces écrivains sont réduits au double jeu dans ce régime qui résiste à leurs tentatives de changement. En effet, ils critiquent la royauté et remettent en question la structure sociale dont ils tirent pourtant avantage, puisque, sans droits d'auteur reconnus, ils doivent généralement avoir recours à des mécènes pour assurer leur subsistance. Ils parviennent parfois à se garder une certaine marge de manœuvre en allant chercher protection auprès de souverains étrangers qui prétendent, de cette manière, se bâtir une réputation de monarques éclairés. Il se crée ainsi une concurrence au sein des monarchies européennes, laquelle a pour heureux effet de tempérer les élans de censure de la France. Par ailleurs, plusieurs œuvres frappées

Aujourd'hui, pourtant, ce sont les contrastes entre l'écrivain classique et l'écrivain des Lumières qui frappent : alors que le premier

Oppositions et mouvements d'idées

s'inspirait de l'Antiquité, le second s'appuie sur la science pour se construire une vision du monde ; alors que le premier s'accommodait des institutions politiques en place, le second cherche à les réformer ; alors que l'un se souciait du salut éternel, l'autre s'intéresse à son bonheur sur terre ; alors que l'écrivain classique recherchait la beauté universelle et intemporelle, l'écrivain des Lumières se tourne vers l'actualité.

Ce bref portrait du monde dans lequel évoluent les écrivains des Lumières permet de mieux comprendre leurs idées, mais il ne peut tout expliquer. En effet, entre le déisme d'un Voltaire (la croyance en une divinité, sans le support de la religion) et l'athéisme d'un Diderot (la négation de l'existence de Dieu), il y a un large écart, tout comme entre l'analyse raisonnée d'un Montesquieu et la raison sensible d'un Rousseau.

Plusieurs courants d'idées souterrains sont aussi le fait d'écrivains qui n'ont pas franchi le cap de la postérité. C'est le cas notamment du féminisme, qui s'exprime par la voix de femmes qui ont souvent évolué dans les cercles du pouvoir comme Claudine de Tencin et Françoise de Graffigny. Elles tracent un portrait pessimiste de la situation de la femme au XVIIIe siècle dans des romans à large audience, qui ont été réédités et traduits en plusieurs langues. Germaine de Staël se penche, en outre, sur l'influence qu'exercent les cultures étrangères sur la littérature française.

Les traits distinctifs de la littérature des Lumières

*V*oici un aperçu des principaux traits de la pensée des Lumières, telle qu'elle s'est exprimée en littérature.

1. La liberté de pensée et la liberté de mœurs

Ce qu'il y a de nouveau au XVIIIe siècle, ce n'est pas tant qu'il existe des injustices, mais plutôt le fait que l'écrivain des Lumières se fasse un devoir de les dénoncer. Il s'insurge contre les idées préconçues et ne se soumet aux conventions qu'après les avoir préalablement soupesées et critiquées. La science lui fournit désormais les moyens d'expliquer la réalité et de remettre en question les vérités absolues. Son extrême lucidité l'amène à considérer sa propre culture d'un point de vue extérieur : c'est pourquoi, dans la littérature de cette époque, nombreux sont les personnages d'étrangers et de « bons sauvages » qui, à l'occasion d'un voyage en France, traitent des coutumes de leurs hôtes et ne manquent pas de s'en étonner.

De façon générale, le respect, la bienséance sont démodés. On manifeste même un goût marqué pour l'interdit, poussant loin l'audace dans les descriptions, parfois jusqu'à l'impudeur.

2. Le thème principal : la quête du bonheur terrestre

La poursuite du bonheur sur terre constitue le pivot de toute la pensée des Lumières. Cette quête témoigne d'un renversement des valeurs classiques, d'un bouleversement de l'ordre des rapports sociaux. Bonheur, travail et progrès deviennent les valeurs fondamentales qui définissent l'idéal de vie bourgeois.

En outre, le projet de marier bonheur individuel et bien-être collectif stimule les esprits. En adhérant au postulat d'une nature humaine fondamentalement bonne, on entrevoit la possibilité de sceller entre citoyens égaux un pacte social équitable. La problématique politique occupe donc une place prépondérante dans la pensée des Lumières.

3. La clarté et l'ironie du style jointes à une tonalité sensible et optimiste

L'écrivain des Lumières veut se rapprocher de son lecteur : pour y parvenir, il accentue la connivence que crée le texte, ou encore il vulgarise à son intention certaines théories. Dans les essais, il cherche à traduire le mouvement de la pensée en employant un vocabulaire accessible, en tirant des exemples de l'actualité et en construisant des phrases alertes. Dans les récits, il adopte le ton de la confidence ou il invite le lecteur à pénétrer dans son intimité.

Pourtant, en fin de compte, aucun procédé ne captive mieux le lecteur que l'ironie : qui ne se rangera du côté du plus fort pour éviter le ridicule ? Dans les combats d'idées, l'humour, le « bel esprit » s'avèrent en effet des armes redoutables pour croiser le fer avec son adversaire, jusqu'au jour où la victime de ces flèches se trouve à posséder le génie non de la répartie, mais du mot sensible. Avec Rousseau, le trait d'esprit cède alors la place au trait du cœur, ce qui rejoint le lecteur dans sa vulnérabilité.

4. L'utilité sociale de l'art : l'écriture militante

Pour l'écrivain des Lumières, l'art ne saurait uniquement agrémenter la vie. Il doit servir à diffuser des connaissances dont l'homme tirera profit pour assurer son bonheur et sa liberté de conscience. Une littérature prisonnière de modèles ne s'adapte pas à la mouvance du siècle. Pour réagir devant l'urgence des événements, l'écrivain doit parfois remodeler les genres littéraires. Cette souplesse, qu'on associe aujourd'hui à l'écriture journalistique, possède son point faible sur le plan littéraire : certains textes, truffés d'allusions à des incidents s'étant produits à l'époque des Lumières, sont aujourd'hui presque incompréhensibles. Toutefois, les meilleurs textes s'imposent encore, soit par leur valeur stylistique, soit par la force des idées exprimées.

Tableau synthèse

Le récit, le théâtre et l'essai des Lumières

Composantes et intention des auteurs	Caractéristiques générales
Personnages (ne s'applique pas à l'essai) *Concevoir les personnages comme les porte-parole des idées de l'auteur dans la polémique du siècle.*	• Personnages d'étrangers ou de « bons sauvages ». • Personnages stéréotypés, surtout dans les contes, mis au service de l'argumentation. • Au théâtre, le représentant du peuple est un valet débrouillard et revendicateur.
Intrigue (ne s'applique pas à l'essai) *Faire réfléchir sur les faits de l'actualité ; illustrer les «jeux de l'amour et du hasard ».*	• Conflits sociaux opposant le maître (la noblesse) à son valet (le peuple), et triomphe de ce dernier. • Action complexe à rebondissements multiples. • Déguisements et feintes. • Raffinement dans l'analyse psychologique.
Structure (s'applique dans certains cas à l'essai) *Explorer différentes avenues en rejetant les règles de composition classiques.*	• Textes hybrides, mêlant argumentation et fiction, comique et tragique. • Le dialogue s'impose dans la structuration du texte. • Juxtaposition libre des épisodes sans enchaînement chronologique, en suivant la loi du hasard. • Complexité des intrigues au théâtre. • Finalité morale ou philosophique : le lecteur doit pouvoir dégager un message à propos de Dieu et de la religion.
Thématique (s'applique aussi à l'essai) *Réformer la société, combattre les injustices et le fanatisme.* *Favoriser la liberté de pensée et de mœurs.*	• Le bonheur sur terre pour l'individu et la société en général ; le progrès social. • L'amour et l'érotisme.
Style (s'applique aussi à l'essai) *Adopter un style naturel et souple, se prêtant à la fiction, à l'argumentation et à l'humour.* *Exprimer sa sensibilité.*	• Vulgarisation, dans tous les genres, des idées dominantes du siècle. • Vocabulaire accessible et phrases alertes. • Audace de certaines descriptions ou de certains raisonnements. • Goût pour l'humour et les jeux de mots brillants ou raffinés. • Tonalité optimiste ou plutôt confidentielle (cette dernière, surtout chez Rousseau).

Denis Diderot et son siècle

D enis Diderot porte en lui les paradoxes de son temps. Né en 1713 à Langres, une ville de la province française, dans une famille bourgeoise, il adhère toute sa vie durant aux valeurs de sa classe sociale, soit celles du travail, de l'ambition et de l'épargne, mais n'en demeure pas moins libre penseur. Esprit curieux, travailleur infatigable, Diderot est un écrivain prolifique souvent contraint à créer des genres littéraires hors des normes établies pour répondre aux exigences de son imagination. Toutefois, c'est en tant que codirecteur de l'*Encyclopédie*, avec son collègue d'Alembert, qu'il s'impose comme une figure marquante du XVIIIe siècle.

Portrait de l'homme

Après avoir songé à embrasser la carrière ecclésiastique dans sa jeunesse, Diderot se marie contre l'avis de son père qui n'approuve pas le choix de sa conjointe d'origine modeste. Louvoyant entre rébellion et conformisme, il souhaite se fixer dans la vie mais continue d'exercer des métiers divers. De ce père à l'autorité duquel il a voulu échapper, il retiendra pourtant, à l'âge adulte, un fond moral solide, des principes de droiture et des habitudes de persistance dans le travail.

Mauvais mari mais bon père, Diderot se montre très attentionné envers sa fille unique après le décès de ses trois premiers enfants. Veillant lui-même à son éducation, il la prépare convenablement aux réalités sexuelles du mariage en lui donnant à lire un ouvrage de physiologie, s'opposant ainsi à la tendance de l'époque qui était de cacher aux jeunes filles tout ce qui était relatif à l'amour charnel. Quand vient le temps de choisir un gendre, il s'en tient toutefois aux principes les plus bourgeois, soit l'« égalité de naissance, d'état et de fortune ».

Lui-même, grâce à un labeur continu, assure une aisance confortable à sa famille. Quand il meurt, en 1784, il a droit à des funérailles religieuses au grand soulagement de sa famille qui craignait que son athéisme déclaré ne soit un empêchement.

Profondément versatile, Diderot sera arrivé à concilier durant sa vie ses valeurs bourgeoises avec un comportement libertin. À peine trois ans après son mariage, le voilà qui accumule les infidélités. Il apprécie la présence des femmes, élisant comme maîtresses des intellectuelles qui partagent ses goûts pour la polémique. Toute son œuvre traduit d'ailleurs cet art de la discussion qui est un trait typique de l'époque, puisqu'il se pratique dans les clubs et dans les salons, lieux que fréquente régulièrement Diderot qui y retrouve ses amis, les philosophes. Comparativement à Voltaire, passé maître dans le sarcasme, ou à Rousseau qui fait figure d'excentrique, Diderot semble à première vue plus tempéré avec sa physionomie ronde et avenante, alors que sur le plan religieux, il est le plus radical des trois. Pour lui, l'âme ou Dieu ne sont que des concepts parmi d'autres ; de son point de vue, il n'y a « ni vice ni vertu, rien dont il faille récompenser ou châtier » puisque « s'il n'y a point de liberté, il n'y a point d'action qui mérite la louange ou le blâme ». Or de telles idées, qui traduisent l'adhésion de Diderot au matérialisme, sont extrêmement dangereuses au XVIIIe siècle ; elles peuvent, en moins de deux, envoyer un homme à la Bastille. Diderot, qui a déjà été victime de cette manière de censurer au début de sa carrière, jouera de prudence en conservant dans ses tiroirs plusieurs de ses œuvres qui ne seront d'ailleurs publiées que longtemps après sa mort.

Diderot et l'*Encyclopédie*

Ces précautions sont nécessaires pour ne pas nuire à l'*Encyclopédie*, qui deviendra le fer de lance des idées de réforme propres aux philosophes, notamment les suivantes :

- le respect pour tous les types de connaissances, celles relevant de la science comme celles qui sont nécessaires à l'exercice des différents métiers manuels ;
- un optimisme profond relativement à l'avenir, s'appuyant sur le sentiment que le savoir est garant du bonheur de l'humanité ;
- l'esprit de coopération puisque l'entreprise sollicite la participation de plus d'une centaine de collaborateurs, dont certains à la signature prestigieuse, comme Voltaire, Montesquieu, Rousseau et Buffon, alors que d'autres, plus anonymes, sont membres de petites académies de sciences qui ont été fondées partout en province et à Paris au cours du siècle ;
- l'érudition, puisqu'il est encore possible d'embrasser l'ensemble des connaissances, mais aussi le sens de l'organisation puisque les connaissances, classées dans l'ordre alphabétique, sont liées par un système de renvois ;
- la volonté de vulgarisation dans une visée nettement pédagogique, par le recours à une écriture lisible avec, en complément, l'inclusion de nombreuses gravures ;
- tout cela dans une perspective idéologique très claire, soit de combattre l'ignorance, la superstition et les croyances erronées afin de rendre l'être humain libre et lucide. C'est dans ce sens particulier que l'*Encyclopédie* représente une menace pour les pouvoirs établis qui ne voient aucun avantage à cultiver l'esprit critique dans la population ; la peur sert, en effet, de moyen pour étouffer toute revendication.

Vaste entreprise de commercialisation du livre, l'*Encyclopédie* est un succès d'édition qui fait vivre plus de 1000 ouvriers pendant 15 ans tout en renflouant les investissements des différents souscripteurs. Cela ne l'empêche pas d'avoir de nombreux ennemis : tout ce qui se trouve du côté de la tradition ou du pouvoir établi tente à de multiples reprises de paralyser l'entreprise. Le pape lui-même menace les lecteurs d'excommunication, sans arriver toutefois à réfréner l'engouement au moment des nombreuses publications.

Symbole d'une époque, l'*Encyclopédie* concrétise tout le potentiel d'une invention comme l'imprimerie et, en ce sens, elle mène à son aboutissement les espoirs de la Renaissance. Projet révolutionnaire en soi, elle ouvre la porte à la modernité.

L'influence de l'*Encyclopédie* sur les genres littéraires

L'Encyclopédie contribue à faire de la prose le véhicule privilégié de l'argumentation et du combat des idées. À l'intérieur de cette catégorie, l'essai se classe comme le genre littéraire qui rend le mieux l'affrontement des points de vue. Le conte et le roman, détournés de leur vocation de divertissement, servent également des buts argumentatifs. La frontière séparant l'essai du récit paraît donc souvent très ténue, ce qui rend difficile le classement de certains textes.

L'essai

L'essai remonte à Montaigne (voir cet auteur dans le chapitre 2 sur la Renaissance) : c'est lui qui, au XVIe siècle, donne le titre d'*Essais* à une œuvre dans laquelle il expose ses réflexions sur la vie, la mort, le monde, en se posant lui-même comme le sujet de l'analyse qu'il entreprend. Depuis, ce genre littéraire regroupe des textes très différents ayant un point commun : ils font tous référence à la réalité sans recourir à un intermédiaire fictif, comme c'est le cas pour le roman, ou symbolique, comme c'est le cas pour la poésie.

Confirmant la nature protéiforme de l'essai, l'écrivain des Lumières en explore les différentes facettes.

- Une première variante de l'essai vise à informer et tend à l'objectivité sans toutefois échapper totalement à la portée idéologique : les articles de l'*Encyclopédie* en sont des exemples.
- Une deuxième variante se caractérise par une prise de position, souvent polémique, et la partialité des opinions de l'auteur : c'est notamment la voie adoptée par Voltaire.
- Une troisième variante est celle de l'autobiographie où l'auteur fait le récit de sa vie ou enrichit son propos d'anecdotes, s'adressant moins à la raison du lecteur qu'à sa sensibilité : c'est l'option choisie par Rousseau dans ses derniers textes, *Les Confessions* et *Les Rêveries du promeneur solitaire*.
- Dans l'essai des Lumières, l'argumentation est généralement illustrée par des anecdotes variées.
- La structure d'ensemble peut être celle du dialogue qui permet l'échange et la controverse.
- L'essai sert généralement une écriture militante, soit pour défendre des victimes de l'injustice, soit pour attaquer des rivaux (le clergé, et les Jésuites en particulier), soit pour promouvoir des idées de réforme.
- Enfin, Rousseau fonde le genre de l'autobiographie. Classée dans la catégorie de l'essai, puisque c'est une histoire véridique, l'autobiographie se rapproche aussi du récit puisqu'elle raconte une vie. Elle comporte ses propres caractéristiques :
  - l'auteur établit un pacte avec le lecteur, et certifie l'authenticité du récit ;
  - l'enfance, période de vie fondatrice, est décrite avec un regard introspectif ;
  - le récit franchit les frontières de l'interdit et dévoile l'intimité, le rapport à la sexualité ;

- l'auteur se sert de l'écriture à des fins thérapeutiques (soigner son malaise existentiel) et mémorielles (ranimer les souvenirs) ;
- le texte permet à l'auteur de justifier ses actions et même de faire son apologie personnelle aux yeux du lecteur ;
- l'autobiographie est promise à un brillant avenir : les romantiques en feront leurs délices et le genre demeure en vogue à toutes les époques, même aujourd'hui.

Le récit (genre narratif)

L'écrivain des Lumières prend plaisir à explorer les formes narratives, cherchant principalement à concevoir des personnages et une intrigue afin de les mettre au service de ses idées, de sa vision philosophique. Ainsi, le conte philosophique est le genre dominant au siècle des Lumières et son influence s'exerce jusque sur le roman, qui servira lui aussi un message moral ou philosophique.

Le conte philosophique

- Les personnages sont au service de l'argumentation : le but n'est donc pas avant tout de les rendre crédibles. Ils donnent souvent l'impression d'être des marionnettes manipulées par l'auteur en fonction des besoins de la démonstration.
- Le dialogue, qui rend à merveille le choc des idées, envahit souvent le texte au détriment des autres formes d'expression. Les conversations sont toutefois rendues avec naturel, car ce genre tire une bonne part de sa popularité de ses origines orales et, comme on l'a souligné, le siècle des Lumières raffole des conversations raffinées.
- La structure du conte semble souvent indéfinie aux yeux d'un lecteur moderne, car l'écrivain tente de mettre en valeur tout ce qui est le fruit du hasard sans chercher à donner un sens à l'existence en tissant des liens entre les événements qui la traversent. Les différents épisodes d'un récit sont souvent mis bout à bout sans lien aucun, ce qui donne à l'ensemble une allure de morcellement. Les digressions sont affaire courante puisqu'on s'attache au détail gratuit et à l'événement fortuit.
- Il arrive même que les œuvres soient laissées inachevées, comme ouvertes sur de multiples possibles.

Le roman

Le roman est encore un genre discrédité au XVIIIᵉ siècle parce qu'il s'adresse surtout aux femmes et non aux fins lettrés, c'est-à-dire aux gens cultivés. Son énorme succès lui offre néanmoins des possibilités de développement qui ne se démentent pas au fil du siècle.

Le roman présente les variantes suivantes :
- Le roman épistolaire domine, dans lequel la fiction se construit par le biais d'une correspondance qu'entretiennent les personnages du récit (ex. : *La Nouvelle Héloïse* de Jean-Jacques Rousseau et *Les Liaisons dangereuses* de Choderlos de Laclos). Le roman épistolaire renvoie au goût du siècle pour l'art de la conversation et se caractérise par une grande variété de styles, celui de la jeune ingénue étant différent de celui du séducteur cynique.
- Le roman-mémoires présente un personnage qui raconte sa vie ou une partie de celle-ci (ex. : *La Vie de Marianne* de Marivaux et l'*Histoire du chevalier Des Grieux et de Manon Lescaut* de l'abbé Prévost). Ce type de récit permet souvent au héros ou à l'héroïne de faire de subtiles analyses psychologiques tout en tirant une leçon des événements de sa vie.

- Le roman sentimental fait la description d'une relation amoureuse avec tous les déchirements moraux qui peuvent s'y rattacher (ex. : *Paul et Virginie* de Bernardin de Saint-Pierre). Il offre souvent l'occasion à son auteur de créer un cadre bucolique à l'histoire pour épancher son lyrisme.
- L'inclusion de la sensualité est une pratique courante dans tous ces types de romans.
- L'alternance de narration et de dissertation philosophique marque aussi toute la production romanesque de l'époque.

Après la Révolution, un nouveau type de récits apparaît : les récits empreints de morbidité et de perversité. Précurseurs du romantisme noir du siècle suivant, ces récits, ayant pour cadre des châteaux hantés, racontent des combats avec les forces sataniques. Ils baignent dans une atmosphère trouble, comme si la société allait bientôt crouler dans la déchéance. Parmi les écrivains qui se démarquent, on retient le nom de Restif de la Bretonne (1734-1806) qui présente, dans ses *Nuits de Paris,* une série de scènes hallucinantes empreintes de violence.

Château de Voltaire, Ferney-Voltaire.
Jean Huber, *Le Lever de Voltaire* **(Voltaire dictant à son secrétaire), 1765.**
Géant de l'écriture, Voltaire a tâté de tous les genres littéraires pour faire passer ses idées – essais, tragédies, contes, poèmes, en plus d'entretenir une abondante correspondance servant notamment à dénoncer toutes sortes de causes.

LA TACTIQUE DU BON MOT

Rica à Usbek

J'étais ce matin dans ma chambre, qui, comme tu sais, n'est séparée des autres que par une cloison fort mince et percée en plusieurs endroits ; de sorte qu'on entend tout ce qui se dit dans la chambre voisine. Un homme, qui se promenait à grands pas, disait à un autre : « Je ne sais ce que c'est,
5 mais tout se tourne contre moi : il y a plus de trois jours que je n'ai rien dit qui m'ait fait honneur, et je me suis trouvé confondu pêle-mêle dans toutes les conversations, sans qu'on ait fait la moindre attention à moi, et qu'on m'ait deux fois adressé la parole. J'avais préparé quelques saillies pour relever mon discours : jamais on n'a voulu souffrir que je les fisse venir.
10 J'avais un conte fort joli à faire ; mais, à mesure que j'ai voulu l'approcher, on l'a esquivé comme si on l'avait fait exprès. J'ai quelques bons mots, qui, depuis quatre jours, vieillissent dans ma tête, sans que j'en aie pu faire le moindre usage. Si cela continue, je crois qu'à la fin je serai un sot : il semble que ce soit mon étoile, et que je ne puisse m'en dispenser. Hier, j'avais espéré
15 de briller avec trois ou quatre vieilles femmes qui certainement ne m'en imposent point, et je devais dire les plus jolies choses du Monde : je fus plus d'un quart d'heure à diriger ma conversation ; mais elles ne tinrent jamais un propos suivi, et elles coupèrent, comme des Parques[1] fatales, le fil de tous mes discours. Veux-tu que je te dise ? La réputation de bel esprit coûte bien
20 à soutenir. Je ne sais comment tu as fait pour y parvenir. — Il me vient une pensée, reprit l'autre : travaillons de concert à nous donner de l'esprit ; associons-nous pour cela. Chaque jour, nous nous dirons de quoi nous devons parler, et nous nous secourrons si bien que, si quelqu'un vient nous interrompre au milieu de nos idées, nous l'attirerons nous-mêmes, et, s'il ne
25 veut pas venir de bon gré, nous lui ferons violence. Nous conviendrons des endroits où il faudra approuver, de ceux où il faudra sourire, des autres où il faudra rire tout à fait et à gorge déployée. Tu verras que nous donnerons le ton à toutes les conversations, et qu'on admirera la vivacité de notre esprit et le bonheur de nos reparties. Nous nous protégerons par des signes de tête
30 mutuels. Tu brilleras aujourd'hui ; demain tu seras mon second. J'entrerai avec toi dans une maison, et je m'écrierai en te montrant : « Il faut que je vous dise une réponse bien plaisante que Monsieur vient de faire à un homme que nous avons trouvé dans la rue. » Et je me tournerai vers toi : « Il ne s'y attendait pas ; il a été bien étonné. » Je réciterai quelques-uns de mes
35 vers, et tu diras : « J'y étais quand il les fit ; c'était dans un souper, et il ne rêva pas un moment. » Souvent même nous nous raillerons, toi et moi, et l'on dira : « Voyez comme ils s'attaquent, comme ils se défendent ! Ils ne s'épargnent pas. Voyons comment il sortira de là. À merveille ! quelle présence d'esprit ! Voilà une véritable bataille. » Mais on ne dira pas que
40 nous nous étions escarmouchés la veille. Il faudra acheter de certains livres qui sont des recueils de bons mots composés à l'usage de ceux qui n'ont pas d'esprit, et qui en veulent contrefaire : tout dépend d'avoir des modèles. Je veux qu'avant six mois nous soyons en état de tenir une conversation d'une heure toute remplie de bons mots. Mais il faudra avoir une attention : c'est
45 de soutenir leur fortune. Ce n'est pas assez de dire un bon mot : il faut le publier ; il faut le répandre et le semer partout. Sans cela, autant de perdu ; et je t'avoue qu'il n'y a rien de si désolant que de voir une jolie chose qu'on a

GENRE HYBRIDE
catégorie de textes inclassables

La littérature au service de l'observation des mentalités

Charles de Montesquieu (1689-1755)

Issu d'une famille de la noblesse qui a manifesté son indépendance en refusant de s'installer à la cour de Versailles et fils de magistrat, Charles de Secondat, baron de Montesquieu, est lui-même membre du parlement de Bordeaux. Prolongeant partiellement au XVIIIe siècle l'esprit classique par son approche moraliste de la réalité, Montesquieu adhère aussi profondément à l'esprit rationaliste de son siècle. En fait, s'il fallait choisir un juge parmi les écrivains des Lumières, il serait le candidat parfait, car il est capable de considérer une situation sous ses différents angles. Cette capacité particulière est largement illustrée dans les *Lettres persanes* : deux Orientaux en visite à Paris s'étonnent des mœurs de la société française ; des eunuques font des confidences sur leur sexualité ; enfin, on est renseigné sur la condition des femmes cloîtrées dans le sérail du sultan. Les observations de Montesquieu sont

(suite à la page suivante)

Musée du Louvre, Paris.
Alexandre E. Fragonard, *Le Serment du Jeu de Paume* (Mirabeau ordonnant à Dreux-Brézé de dire au Roi que les assemblés sont là par la volonté du peuple), xixe siècle.
Montesquieu, par ses écrits, semble appeler de ses vœux une parole qui ne serve plus seulement à briller dans les salons mais à changer la société, comme lorsque les représentants du tiers État se donnent une constitution en juin 1789.

(suite)

empreintes d'une grande perspicacité et teintées d'un esprit satirique tout à fait réjouissant. Elles visent à combattre les interdits, les injustices et les inégalités. Sa réflexion prendra de l'ampleur dans un ouvrage beaucoup plus ambitieux intitulé *De l'esprit des lois*, qui le fait considérer comme un des ancêtres de la sociologie puisqu'il commente le rôle du milieu (en particulier celui du climat) dans la constitution d'une nation.

Par l'entremise de Rica qui écrit à son ami Usbek (deux Perses en voyage en France), Montesquieu révèle, dans cette lettre, un trait caractéristique de la société parisienne du xviiie siècle : briller par l'esprit peut contribuer à faire ou à défaire une réputation.

dite mourir dans l'oreille d'un sot qui l'entend. Il est vrai que souvent il y a une compensation, et que nous disons aussi bien des sottises qui passent
50 *incognito* ; et c'est la seule chose qui peut nous consoler dans cette occasion. Voilà, mon cher, le parti qu'il nous faut prendre. Fais ce que je te dirai, et je te promets avant six mois une place à l'Académie. C'est pour te dire que le travail ne sera pas long : car pour lors tu pourras renoncer à ton art ; tu seras homme d'esprit malgré que tu en aies. On remarque en France que, dès
55 qu'un homme entre dans une compagnie, il prend d'abord ce qu'on appelle *l'esprit du corps*. Tu seras de même, et je ne crains pour toi que l'embarras des applaudissements. »

De Paris, le 6 de la lune de Zilcadé, 1714.

Lettres persanes, Lettre 54, 1721.

_____

1. Divinités romaines représentant la destinée.

1. Répondez aux questions suivantes en lien avec les personnages de ce texte :
   – Ces personnages font-ils l'objet d'une description approfondie ou plutôt schématique ?
   – Sont-ils utilisés par Montesquieu à des fins fictives ou argumentatives ?

2. Montrez comment Montesquieu souligne l'importance de la conversation dans la vie parisienne en dressant le champ lexical de ce thème.

3. Pourquoi peut-on dire que l'art du dialogue contribue ici à la structuration du texte ?

4. Expliquez en quoi la société parisienne, selon la perception de Montesquieu, est faite d'artifices et de stratégies.

5. Relevez des passages qui illustrent le caractère satirique du texte.

Atelier de comparaison

Deux opinions au sujet de l'existence de Dieu

L'opinion de Voltaire

RÉPONSE AU CÉLÈBRE « PARI DE PASCAL » SUR L'EXISTENCE DE DIEU

Ne parier point que Dieu est, c'est parier qu'il n'est pas. Lequel prendrez-vous donc ? Pesons le gain et la perte en prenant le parti de croire que Dieu est. Si vous gagnez, vous gagnez tout, si vous perdez, vous ne perdez rien. Pariez donc qu'il est sans hésiter. — Oui, il faut gager, mais je gage peut-être trop.
5 *— Voyons, puisqu'il y a pareil hasard de gain et de perte, quand vous n'auriez que deux vies à gagner pour une, vous pourriez encore gager.*

Il est évidemment faux de dire : Ne point parier que Dieu est, c'est parier qu'il n'est pas ; car celui qui doute et demande à s'éclairer ne parie assurément ni pour ni contre.

10 D'ailleurs cet article paraît un peu indécent et puéril ; cette idée de jeu, de perte et de gain, ne convient point à la gravité du sujet.

De plus, l'intérêt que j'ai à croire une chose n'est pas une preuve de l'existence de cette chose. Je vous donnerai, me dites-vous, l'empire du monde, si je crois que vous avez raison. Je souhaite alors de tout mon cœur que vous
15 ayez raison ; mais jusqu'à ce que vous me l'ayez prouvé, je ne peux vous croire.

Commencez, pourrait-on dire à M. Pascal, par convaincre ma raison ; j'ai intérêt, sans doute, qu'il y ait un Dieu ; mais si dans votre système Dieu n'est venu que pour si peu de personnes, si le petit nombre des élus est si
20 effrayant, si je ne puis rien du tout par moi-même, dites-moi, je vous prie, quel intérêt j'ai à vous croire ? N'ai-je pas un intérêt visible à être persuadé du contraire ? De quel front osez-vous me montrer un bonheur infini auquel, d'un million d'hommes, à peine un seul a droit d'aspirer ? Si vous voulez me convaincre, prenez-vous-y d'une autre façon et n'allez pas tantôt
25 me parler de jeu, de hasard, de pari, de croix et de pile, et tantôt m'effrayer par les épines que vous semez sur le chemin que je veux et que je dois suivre. Votre raisonnement ne servirait qu'à faire des athées, si la voix de toute la nature ne nous criait qu'il y a un Dieu, avec autant de force que ces subtilités ont de faiblesse.

Lettres philosophiques, extrait de la XXVe lettre, 1734.

L'opinion de Pascal

LE PARI DE PASCAL

S'il y a un Dieu, il est infiniment incompréhensible, puisque, n'ayant ni parties ni bornes, il n'a nul rapport à nous. Nous sommes donc incapables de connaître ni ce qu'il est, ni s'il est. Cela étant, qui osera entreprendre de résoudre cette question ? Ce n'est pas nous, qui n'avons aucun rapport à lui.

L'ESSAI

Ouvrage en prose qui présente une réflexion sur un sujet tiré de la réalité.

Réflexion sur Dieu

Voltaire, François Marie Arouet, dit (1694-1778)

Né dans un milieu bourgeois, Voltaire fréquente un collège dirigé par les Jésuites, où il côtoie des fils de la noblesse dont il cultive l'amitié, et comme il a un frère qui adhère au jansénisme, il connaît très bien les idées dont il va débattre en devenant adulte. Fin causeur, esprit satirique, il ne méprise ni la gloire ni les mondanités, mais il refuse de fermer les yeux sur les injustices. Exilé en Angleterre à la suite d'une altercation avec un grand seigneur, Voltaire va consacrer, durant son séjour outre-mer, beaucoup de temps à l'étude tout en fréquentant des hommes de science. Convaincu des avantages du libéralisme britannique, il conteste, en contrepartie, l'arbitraire et l'obscurantisme du régime monarchiste français. De retour sur le sol natal, il reprend le combat contre ce qu'il nomme l'« Infâme », c'est-à-dire toute forme d'oppression religieuse ou politique. Premier écrivain français à assumer le rôle d'intellectuel engagé, il est de toutes les grandes causes qui enflamment son époque.

(suite à la page suivante)

(suite)

Dans cet extrait des *Lettres philosophiques*, Voltaire rappelle d'abord le « pari de Pascal » au sujet de l'existence de Dieu. Il démontre ensuite comment la lecture, l'analyse et l'interprétation de ce pari fournissent les arguments pour en faire la critique. Le second extrait est de Pascal lui-même. Il se prononce en faveur de l'existence de Dieu.

5 Qui blâmera donc les chrétiens de ne pouvoir rendre raison de leur créance, eux qui professent une religion dont ils ne peuvent rendre raison ? Ils déclarent en l'exposant au monde, que c'est une sottise, *stultitiam* ; et puis vous vous plaignez de ce qu'ils ne la prouvent pas ! S'ils la prouvaient, ils ne tiendraient pas parole ; c'est en manquant de preuves qu'ils ne man-
10 quent pas de sens. — « Oui ; mais encore que cela excuse ceux qui l'offrent telle, et que cela les ôte du blâme de la produire sans raison, cela n'excuse pas ceux qui la reçoivent ». — Examinons donc ce point, et disons : « Dieu est, ou il n'est pas ». Mais de quel côté pencherons-nous ? La raison n'y peut rien déterminer : il y a un chaos infini qui nous sépare. Il se joue un jeu, à l'ex-
15 trémité de cette distance infinie, où il arrivera croix ou pile. Que gagerez-vous ? Par raison, vous ne pouvez faire ni l'un ni l'autre ; par raison, vous ne pouvez défendre nul des deux. Ne blâmez donc pas de fausseté ceux qui ont pris un choix ; car vous n'en savez rien. — « Non ; mais je les blâmerai d'avoir fait, non ce choix, mais un choix ; car, encore que celui qui prend
20 croix et l'autre soient en pareille faute, ils sont tous deux en faute : le juste est de ne point parier ». — « Oui ; mais il faut parier. Cela n'est pas volontaire : vous êtes embarqué. Lequel prendrez-vous donc ? Voyons. Puisqu'il faut choisir, voyons ce qui vous intéresse le moins. Vous avez deux choses à perdre : le vrai et le bien, et deux choses à engager : votre raison et votre
25 volonté, votre connaissance et votre béatitude ; et votre nature a deux choses à fuir : l'erreur et la misère. Votre raison n'est pas plus blessée, en choisissant l'un que l'autre, puisqu'il faut nécessairement choisir. Voilà un point vidé. Mais votre béatitude ? Pesons le gain et la perte, en prenant croix que Dieu est. Estimons ces deux cas : si vous gagnez, vous gagnez tout ; si vous perdez,
30 vous ne perdez rien. Gagez donc qu'il est sans hésiter. — « Cela est admirable. Oui, il faut gager ; mais je gage peut-être trop ». — Voyons. Puisqu'il y a pareil hasard de gain et de perte, si vous n'aviez qu'à gagner deux vies pour une, vous pourriez encore gager ; mais s'il y en avait trois à gagner, il faudrait jouer (puisque vous êtes dans la nécessité de jouer), et vous
35 seriez imprudent, lorsque vous êtes forcé à jouer, de ne pas hasarder votre vie pour en gagner trois à un jeu où il y a pareil hasard de perte et de gain. Mais il y a une éternité de vie de bonheur. Et cela étant, quand il y aurait une infinité de hasards dont un seul serait pour vous, vous auriez encore raison de gager un pour avoir deux, et vous agiriez de mauvais sens, étant obligé à
40 jouer, de refuser de jouer une vie contre trois à un jeu où d'une infinité de hasards il y en a un pour vous, s'il y avait une infinité de vie infiniment heureuse à gagner. Mais il y a ici une infinité de vie infiniment heureuse à gagner, un hasard de gain contre un nombre fini de hasards de perte, et ce que vous jouez est fini. Cela ôte tout parti partout où est l'infini, et où il n'y
45 a pas infinité de hasards de perte contre celui de gain, il n'y a point à balancer, il faut tout donner. Et ainsi, quand on est forcé à jouer, il faut renoncer à la raison pour garder la vie, plutôt que de la hasarder pour le gain infini aussi prêt à arriver que la perte du néant.

Car il ne sert de rien de dire qu'il est incertain si on gagnera et qu'il est
50 certain qu'on hasarde, et que l'infinie distance qui est entre la *certitude* de ce qu'on s'expose et l'*incertitude* de ce qu'on gagnera, égale le bien fini, qu'on expose certainement, à l'infini, qui est incertain. Cela n'est pas ; aussi tout joueur hasarde avec certitude pour gagner avec incertitude ; et néanmoins il hasarde certainement le fini pour gagner incertainement le fini, sans pécher
55 contre la raison. Il n'y a pas infinité de distance entre cette certitude de ce

qu'on s'expose et l'incertitude du gain ; cela est faux. Il y a, à la vérité, infinité entre la certitude de gagner et la certitude de perdre. Mais l'incertitude de gagner est proportionnée à la certitude de ce qu'on hasarde, selon la proportion des hasards de gain et de perte. Et de là vient que, s'il y a autant de hasards d'un côté que de l'autre, le parti est à jouer égal contre égal ; et alors la certitude de ce qu'on s'expose est égale à l'incertitude du gain : tant s'en faut qu'elle en soit infiniment distante. Et ainsi, notre proposition est dans une force infinie, quand il y a le fini à hasarder à un jeu où il y a pareils hasards de gain que de perte, et l'infini à gagner.

[...]

— Or, quel mal vous arrivera-t-il en prenant ce parti ? Vous serez fidèle, honnête, humble, reconnaissant, bienfaisant, ami sincère, véritable. À la vérité, vous ne serez point dans les plaisirs empestés, dans la gloire, dans les délices ; mais n'en aurez-vous point d'autres ? Je vous dis que vous y gagnerez en cette vie ; et qu'à chaque pas que vous ferez dans ce chemin, vous verrez tant de certitude du gain, et tant de néant de ce que vous hasardez, que vous connaîtrez à la fin que vous avez parié pour une chose certaine, infinie, pour laquelle vous n'avez rien donné.

Pensées de M. Pascal sur la religion et sur quelques autres sujets, 1670.

Atelier de comparaison

Exploration

1. Assurez-vous de bien comprendre les textes. Pour ce faire, cherchez la définition des mots qui vous sont moins familiers, comme « puéril » ou « béatitude ». Interrogez-vous également sur les mots dont la définition peut éclairer la signification du texte, comme « élus » et « athées ».

2. La citation en italique retenue par Voltaire vous semble-t-elle résumer convenablement l'argumentation de Pascal ? Laisse-t-elle de côté des preuves ou des nuances importantes ?

3. À votre tour, résumez l'argumentation de Voltaire. Choisissez une ou deux phrases qui vous semblent les plus pertinentes de son texte.

4. Analysez le mouvement des idées dans le texte de Voltaire en tenant compte de la nature des arguments : sont-ils de l'ordre du rejet, de la nuance, du jugement de valeur ou de l'extrapolation ?

5. Expliquez comment, en se servant d'informations sur le jansénisme (prédestination, sélection des élus par Dieu, puritanisme des mœurs), Voltaire se mesure à Pascal, qui adhérait à cette doctrine religieuse.

6. Pascal aimait bien les mathématiques et Voltaire, la spéculation. Montrez comment l'esprit calculateur influence également les deux argumentations.

7. Expliquez en quoi le commentaire de Voltaire illustre les valeurs propres au XVIIIe siècle :
   – la raison mise au service de l'esprit critique ;
   – une thématique de la nature humaine et du bonheur ;
   – un style proche de l'art du dialogue ;

   et expliquez pourquoi l'argumentation de Pascal illustre plus l'attitude générale des gens du XVIIe siècle envers la vie.

8. Si vous décidiez de vous mêler à la discussion entre Pascal et Voltaire, quelle serait votre position personnelle ? Selon vous, le dernier argument de Voltaire fournit-il la preuve irréfutable de l'existence de Dieu ?

9. Ces textes se classent-ils tous deux dans la catégorie de l'essai ?

Hypothèses d'analyse et de dissertation

1. La lettre philosophique de Voltaire pourrait-elle s'intituler « L'esprit critique, mode d'emploi » ? Commentez.

2. Montrez comment cet extrait illustre les principaux traits de la pensée des Lumières par rapport à celle du XVIIe siècle.

Réflexion socio-politique et pédagogique

Jean-Jacques Rousseau (1712-1778)

Né à Genève, Rousseau est orphelin de mère peu après sa naissance. Il grandit dans une solitude studieuse au côté de son père. Lors de la première d'une longue série de fugues, il quitte la pension où l'a placé son père puis abjure le protestantisme, la foi de son enfance, pour se faire catholique. Peu sociable de nature, extrêmement sensible, voire neurasthénique, il ne trouve nulle part un refuge où apaiser son anxiété. Philosophe rejeté par les autres philosophes, romancier malgré lui, mais génie avant tout, Rousseau expose deux grandes idées susceptibles de révolutionner le siècle : la liberté hors des contraintes de la civilisation et l'égalité entre citoyens liés par un pacte social. Avant-gardiste dans sa pensée, original dans son style, il est la preuve que l'on peut construire un système philosophique complexe tout en revendiquant à l'aide de mots pleins de sensibilité la subjectivité de son point de vue.

Dans cet extrait de *Émile ou De l'éducation*, Rousseau exprime sa conviction que les hommes sont nés égaux et qu'ils devraient par conséquent cultiver la solidarité entre eux.

LE RESPECT DU PEUPLE

On ne plaint un malheureux qu'autant qu'on croit qu'il se trouve à plaindre. Le sentiment physique de nos maux est plus borné qu'il ne semble ; mais c'est par la mémoire qui nous en fait sentir la continuité, c'est par l'imagination qui les étend sur l'avenir, qu'ils nous rendent vraiment à
5 plaindre. Voilà, je pense, une des causes qui nous endurcissent plus aux maux des animaux qu'à ceux des hommes, quoique la sensibilité commune dût également nous identifier avec eux. On ne plaint guère un cheval de charretier dans son écurie, parce qu'on ne présume pas qu'en mangeant son foin il songe aux coups qu'il a reçus et aux fatigues qui l'attendent. On ne
10 plaint pas non plus un mouton qu'on voit paître, quoiqu'on sache qu'il sera bientôt égorgé, parce qu'on juge qu'il ne prévoit pas son sort. Par extension l'on s'endurcit ainsi sur le sort des hommes ; et les riches se consolent du mal qu'ils font aux pauvres, en les supposant assez stupides pour n'en rien sentir. En général je juge du prix que chacun met au bonheur de ses
15 semblables par le cas qu'il paraît faire d'eux. Il est naturel qu'on fasse bon marché du bonheur des gens qu'on méprise. Ne vous étonnez donc plus si les politiques parlent du peuple avec tant de dédain, ni si la plupart des philosophes affectent de faire l'homme si méchant.

C'est le peuple qui compose le genre humain ; ce qui n'est pas peuple est
20 si peu de chose que ce n'est pas la peine de le compter. L'homme est le même dans tous les états : si cela est, les états les plus nombreux méritent le plus de respect. Devant celui qui pense, toutes les distinctions civiles disparaissent : il voit les mêmes passions, les mêmes sentiments dans le goujat et dans l'homme illustre ; il n'y discerne que leur langage, qu'un coloris plus ou
25 moins apprêté ; et si quelque différence essentielle les distingue, elle est au préjudice des plus dissimulés. Le peuple se montre tel qu'il est, et n'est pas aimable : mais il faut bien que les gens du monde se déguisent ; s'ils se montraient tels qu'ils sont, ils feraient horreur.

Il y a, disent encore nos sages, même dose de bonheur et de peine dans
30 tous les états. Maxime aussi funeste qu'insoutenable : car, si tous sont également heureux, qu'ai-je besoin de m'incommoder pour personne ? Que chacun reste comme il est : que l'esclave soit maltraité, que l'infirme souffre, que le gueux périsse ; il n'y a rien à gagner pour eux à changer d'état. Ils font l'énumération des peines du riche, et montrent l'inanité de ses vains plaisirs :
35 quel grossier sophisme ! les peines du riche ne lui viennent point de son état, mais de lui seul, qui en abuse. Fût-il plus malheureux que le pauvre même, il n'est point à plaindre, parce que ses maux sont tous son ouvrage, et qu'il ne tient qu'à lui d'être heureux. Mais la peine du misérable lui vient des choses, de la rigueur du sort qui s'appesantit sur lui. Il n'y a point d'habitude qui lui
40 puisse ôter le sentiment physique de la fatigue, de l'épuisement, de la faim : le bon esprit ni la sagesse ne servent de rien pour l'exempter des maux de son état. Que gagne Épictète de prévoir que son maître va lui casser la jambe ? la lui casse-t-il moins pour cela ? il a par-dessus son mal le mal de la prévoyance. Quand le peuple serait aussi sensé que nous le supposons stupide,
45 que pourrait-il être autre que ce qu'il est ? que pourrait-il faire autre que ce qu'il fait ? Étudiez les gens de cet ordre, vous verrez que, sous un autre langage, ils ont autant d'esprit et plus de bon sens que vous. Respectez donc votre espèce ; songez qu'elle est composée essentiellement de la collection des peuples ; que, quand tous les rois et tous les philosophes en seraient ôtés,
50 il n'y paraîtrait guère, et que les choses n'en iraient pas plus mal. En un mot, apprenez à votre élève à aimer tous les hommes, et même ceux qui les

déprisent ; faites en sorte qu'il ne se place dans aucune classe, mais qu'il se retrouve dans toutes ; parlez devant lui
55 du genre humain avec attendrissement, avec pitié même, mais jamais avec mépris. Homme, ne déshonore point l'homme.

C'est par ces routes et d'autres sem-
60 blables, bien contraires à celles qui sont frayées, qu'il convient de pénétrer dans le cœur d'un jeune adolescent pour y exciter les premiers mouvements de la nature, le développer et
65 l'étendre sur ses semblables ; à quoi j'ajoute qu'il importe de mêler à ces mouvements le moins d'intérêt personnel qu'il est possible ; surtout point de vanité, point d'émulation, point de
70 gloire, point de ces sentiments qui nous forcent de nous comparer aux autres ; car ces comparaisons ne se font jamais sans quelque impression de haine contre ceux qui nous dis-
75 putent la préférence, ne fût-ce que dans notre propre estime. Alors il faut s'aveugler ou s'irriter, être un méchant ou un sot : tâchons d'éviter cette alternative. Ces passions si dangereuses
80 naîtront tôt ou tard, me dit-on, malgré nous. Je ne le nie pas : chaque chose a son temps et son lieu ; je dis seulement qu'on ne doit pas leur aider à naître.

Émile ou De l'éducation, Livre IV, 1762.

Musée Carnavalet, Paris.
Anonyme, allégorie de la Révolution française avec un portrait de Jean-Jacques Rousseau et un bonnet phrygien, fin XVIIIe siècle.
Si les hommes sont nés égaux, comme le prétend Rousseau, ils méritent donc des droits égaux, ce que se chargera de mettre de l'avant la Déclaration universelle des droits de l'homme et des citoyens née de la révolution de 1789.

1. Le premier paragraphe sert à dénoncer le mépris du plus faible que soi. Faites le plan ou dégagez les étapes de l'argumentation.

2. Formulez en vos mots l'idée que cherche à prouver Rousseau dans le deuxième paragraphe.

3. Montrez que le troisième paragraphe consiste en fait en une dénonciation de la société de privilèges du XVIIIe siècle.

4. Cet extrait s'adresse aux éducateurs : quels sont les conseils qui leur sont adressés pour réussir l'éducation d'un enfant ?

5. Commentez la modernité des propos de Jean-Jacques Rousseau dans ce texte.

Le discours philosophique imbriqué dans le récit

Le marquis de Sade (1740-1814)

Écrivain corrosif et provocateur, le marquis de Sade pousse à ses conclusions extrêmes les postulats des Lumières relatifs à la nature humaine, à la liberté et au plaisir, en empruntant le même rigoureux cheminement logique que les philosophes, ses contemporains, avec comme résultat un univers hors norme qui donne le vertige.

L'extrait suivant permet d'apprécier ce que l'œuvre de Sade doit à la pensée des Lumières, soit son goût de la conceptualisation et de la déduction logique, mais illustre aussi l'originalité de sa prose qui tient dans une sorte de satire enragée et extrémiste.

LES PROSPÉRITÉS DU VICE

On appelle conscience, ma chère Juliette, cette espèce de voix intérieure qui s'élève en nous à l'infraction d'une chose défendue, de quelque nature qu'elle puisse être : définition bien simple, et qui fait voir du premier coup d'œil que cette conscience n'est l'ouvrage que du préjugé reçu par l'éducation, tellement que tout ce qu'on interdit à l'enfant lui cause des remords
5 dès qu'il l'enfreint, et qu'il conserve ses remords jusqu'à ce que le préjugé vaincu lui ait démontré qu'il n'y avait aucun mal réel dans la chose défendue. [...]

N'éprouvons-nous pas ce que je te dis dans tous les prétendus crimes où
10 la volupté préside ? Pourquoi ne se repent-on jamais d'un crime de libertinage ? Parce que le libertinage devient très promptement une habitude. Il en pourrait être de même de tous les autres égarements ; tous peuvent, comme la lubricité, se changer aisément en coutume, et tous peuvent, comme la luxure, exciter dans le fluide nerval un chatouillement qui, ressemblant
15 beaucoup à cette passion, peut devenir aussi délicieux qu'elle, et par conséquent, comme elle, se métamorphoser en besoin.

Ô Juliette, si tu veux, comme moi, vivre heureuse dans le crime ... et j'en commets beaucoup, ma chère ... si tu veux, dis-je, y trouver le même bonheur que moi, tâche de t'en faire, avec le temps, une si douce habitude, qu'il
20 te devienne comme impossible de pouvoir exister sans le commettre ; et que toutes les convenances humaines te paraissent si ridicules, que ton âme flexible, et malgré cela nerveuse, se trouve imperceptiblement accoutumée à se faire des vices de toutes les vertus humaines et des vertus de tous les crimes : alors un nouvel univers semblera se créer à tes regards ; un feu
25 dévorant et délicieux se glissera dans tes nerfs, il embrasera ce fluide électrique dans lequel réside le principe de la vie. Assez heureuse pour vivre dans un monde dont ma triste destinée m'exile, chaque jour tu formeras de nouveaux projets, et chaque jour leur exécution te comblera d'une volupté sensuelle qui ne sera connue que de toi. Tous les êtres qui t'entoureront te
30 paraîtront autant de victimes dévouées par le sort à la perversité de ton cœur ; plus de liens, plus de chaînes, tout disparaîtra promptement sous le flambeau de tes désirs, aucune voix ne s'élèvera plus dans ton âme pour énerver l'organe de leur impétuosité, nuls préjugés ne militeront plus en leur faveur, tout sera dissipé par la sagesse, et tu arriveras insensiblement aux
35 derniers excès de la perversité par un chemin couvert de fleurs. C'est alors que tu reconnaîtras la faiblesse de ce qu'on t'offrait autrefois comme des inspirations de la nature ; quand tu auras badiné quelques années avec ce que les sots appellent ses lois [...]

Prends garde surtout à la religion, rien ne te détournera du bon chemin
40 comme ses inspirations dangereuses : semblable à l'hydre dont les têtes renaissent à mesure qu'on les coupe, elle te fatiguera sans cesse, si tu n'as le plus grand soin d'en anéantir perpétuellement les principes. Je crains que les idées bizarres de ce Dieu fantastique dont on empoisonna ton enfance ne reviennent troubler ton imagination au milieu de ses plus divins écarts : ô
45 Juliette, oublie-la, méprise-la, l'idée de ce Dieu vain et ridicule ; son existence est une ombre que dissipe à l'instant le plus faible effort de l'esprit, et tu ne seras jamais tranquille tant que cette odieuse chimère n'aura pas perdu sur ton âme toutes les facultés que lui donna l'erreur.

Histoire de Juliette ou les Prospérités du vice, Première partie, 1797.

1. Ce texte se présente comme un traité de pédagogie puisqu'on y entend la parole d'un maître s'adressant à l'élève, qui s'appelle ici Juliette. Énumérez les préceptes de la morale (ou de l'anti-morale !) qu'on lui enseigne.

2. En vous référant à la théorie sur la prose des Lumières, montrez que l'extrait en illustre les caractéristiques.

3. Comparez cette réflexion à caractère philosophique avec le texte de Rousseau (voir le texte précédent), en faisant ressortir les différences et les similitudes.

4. D'un point de vue rationnel, comment réagissez-vous à la conception de l'individu et de la société proposée par Sade et à la morale qu'il en tire ? Y a-t-il des failles dans son argumentation ?

Anonyme, feuille allégorique avec portrait du marquis de Sade, gravure sur cuivre coloriée, vers 1830.

Rousseau se fait d'abord connaître par des réflexions à caractère sociopolitique qui trouvent leur aboutissement dans le *Contrat social*, texte révolutionnaire pour l'époque puisqu'il pose comme principe que les hommes naissent égaux et qu'ils peuvent décider des conditions du pacte social qui les unit. Attaqué de toutes parts et accusé, à juste titre, d'avoir volontairement abandonné ses enfants, Rousseau sent le besoin, à la fin de sa vie, de justifier ses orientations. Il délaisse alors la réflexion philosophique pour l'autoportrait et fait basculer son époque du pôle de la raison à celui de la sensibilité. Il annonce ainsi le romantisme du siècle suivant. S'éloignant de Voltaire, il emprunte la voie de l'intériorité, en se montrant dans toute sa singularité, jusqu'à faire part de sa vulnérabilité. Il sonde ses émotions et ses fantasmes, acceptant dorénavant de donner forme à sa rêverie.

Cette première page des *Confessions* illustre le rôle unique de Rousseau dans ce siècle, celui de contestataire fondamental qui invente aussi une nouvelle image de l'écrivain, un être incompris de la société, condamné à l'exclusion.

UN HOMME DANS TOUTE SA VÉRITÉ

Je forme une entreprise qui n'eut jamais d'exemple, et dont l'exécution n'aura point d'imitateur. Je veux montrer à mes semblables un homme dans toute la vérité de la nature ; et cet homme, ce sera moi.

Moi seul. Je sens mon cœur et je connais les hommes. Je ne suis fait
5 comme aucun de ceux que j'ai vus ; j'ose croire n'être fait comme aucun de ceux qui existent. Si je ne vaux pas mieux, au moins je suis autre. Si la nature a bien ou mal fait de briser le moule dans lequel elle m'a jeté, c'est ce dont on ne peut juger qu'après m'avoir lu.

Que la trompette du jugement dernier sonne quand elle voudra ; je
10 viendrai ce livre à la main me présenter devant le souverain juge. Je dirai hautement : voilà ce que j'ai fait, ce que j'ai pensé, ce que je fus. J'ai dit le bien et le mal avec la même franchise. Je n'ai rien tu de mauvais, rien ajouté de bon, et s'il m'est arrivé d'employer quelque ornement indifférent, ce n'a jamais été que pour remplir un vide occasionné par mon défaut de mémoire ;
15 j'ai pu supposer vrai ce que je savais avoir pu l'être, jamais ce que je savais être faux. Je me suis montré tel que je fus, méprisable et vil quand je l'ai été, bon, généreux, sublime, quand je l'ai été : j'ai dévoilé mon intérieur tel que tu l'as vu toi-même. Être éternel, rassemble autour de moi l'innombrable foule de mes semblables : qu'ils écoutent mes confessions, qu'ils gémissent
20 de mes indignités, qu'ils rougissent de mes misères. Que chacun d'eux découvre à son tour son cœur aux pieds de ton trône avec la même sincérité ; et puis qu'un seul te dise, s'il l'ose : *Je fus meilleur que cet homme-là*.

Les Confessions, Livre I, 1782.

Exploration

1. Assurez-vous de bien comprendre le texte. Pour ce faire :
   – cherchez la définition des mots qui vous sont moins familiers, comme « vil ». Interrogez-vous également sur les mots dont la définition peut éclairer la signification du texte, comme « confession » ;
   – faites un court résumé de l'extrait.

2. Cet extrait s'inscrit dans un récit à caractère autobiographique. En vous référant à la théorie, montrez que les caractéristiques particulières de ce genre sont illustrées dans ce passage.

3. Quelle est la position de Rousseau relativement à Dieu et à la religion ?

4. Ce texte penche-t-il plus du côté de la raison ou de la sensibilité ? Justifiez votre réponse.

5. Quel portrait de Rousseau se dégage à la lumière de cet extrait ?

6. Dans la pensée des Lumières, l'art doit être utilitaire (le lecteur s'instruit en lisant). En quoi une écriture autobiographique comme celle de Rousseau peut-elle répondre à ce critère ?

7. Dans une perspective critique, quelles affirmations de Rousseau vous paraissent les plus contestables ? Justifiez votre réponse.

Hypothèse d'analyse et de dissertation

En vous appuyant sur cet extrait et en utilisant vos connaissances générales sur Rousseau et le XVIIIe siècle, commentez la phrase de Mme de Staël : « Rousseau vint ensuite. Il n'a rien découvert, mais il a tout enflammé. »

LES CONSÉQUENCES DU HASARD

L'Envieux alla chez Zadig, qui se promenait dans ses jardins avec deux amis et une dame, à laquelle il disait souvent des choses galantes, sans autre intention que celle de les dire. La conversation roulait sur une guerre que le roi venait de terminer heureusement contre le prince d'Hyrcanie, son vassal.
5 Zadig, qui avait signalé le courage dans cette courte guerre, louait beaucoup le roi, et encore plus la dame. Il prit ses tablettes, et écrivit quatre vers qu'il fit sur-le-champ et qu'il donna à lire à cette belle personne. Ses amis le prièrent de leur en faire part ; la modestie, ou plutôt un amour-propre bien entendu, l'en empêcha. Il savait que des vers impromptus ne sont jamais
10 bons que pour celle en l'honneur de qui ils sont faits : il brisa en deux la feuille des tablettes sur laquelle il venait d'écrire, et jeta les deux moitiés dans un buisson de roses où on les chercha inutilement. Une petite pluie survint ; on regagna la maison. L'Envieux, qui resta dans le jardin, chercha tant qu'il trouva un morceau de la feuille. Elle avait été tellement rompue que chaque
15 moitié de vers qui remplissait la ligne faisait un sens, et même un vers d'une plus petite mesure ; mais, par un hasard encore plus étrange, ces petits vers se trouvaient former un sens qui contenait les injures les plus horribles contre le roi. On y lisait :

Par les plus grands forfaits
20 *Sur le trône affermi*
Dans la publique paix
C'est le seul ennemi.

L'Envieux fut heureux pour la première fois de sa vie. Il avait entre les mains de quoi perdre un homme vertueux et aimable. Plein de cette cruelle
25 joie, il fit parvenir jusqu'au roi cette satire écrite de la main de Zadig : on le fit mettre en prison, lui, ses deux amis et la dame. Son procès lui fut bientôt fait, sans qu'on daignât l'entendre. Lorsqu'il vint recevoir sa sentence, l'Envieux se trouva sur son passage, et lui dit tout haut que ses vers ne valaient rien. Zadig ne se piquait pas d'être un bon poète ; mais il était au
30 désespoir d'être condamné comme criminel de lèse-majesté et de voir qu'on retînt en prison une belle dame et deux amis pour un crime qu'il n'avait pas fait. On ne lui permit pas de parler, parce que ses tablettes parlaient. Telle était la loi de Babylone. On le fit donc aller au supplice à travers une foule de curieux, dont aucun n'osait le plaindre, et qui se précipitaient pour exa-
35 miner son visage et pour voir s'il mourrait avec bonne grâce. Ses parents seulement étaient affligés, car ils n'héritaient pas. Les trois quarts de son bien étaient confisqués au profit du roi, et l'autre quart au profit de l'Envieux.

Dans le temps qu'il se préparait à la mort, le perroquet du roi s'envola de son balcon, et s'abattit dans le jardin de Zadig sur un buisson de roses. Une
40 pêche y avait été portée d'un arbre voisin par le vent : elle était tombée sur un morceau de tablette à écrire auquel elle s'était collée. L'oiseau enleva la pêche et la tablette, et les porta sur les genoux du monarque. Le prince, curieux, y lut des mots qui ne formaient aucun sens, et qui paraissaient des fins de vers. Il aimait la poésie, et il y a toujours de la ressource avec les
45 princes qui aiment les vers : l'aventure de son perroquet le fit rêver. La reine, qui se souvenait de ce qui avait été écrit sur une pièce de la tablette de Zadig, se la fit apporter. On confronta les deux morceaux, qui s'ajustaient ensemble parfaitement ; on lut alors les vers tels que Zadig les avait faits :

LE RÉCIT

Tout texte qui se compose d'une histoire (la fiction, les événements racontés) et d'une narration (la façon dont les événements sont racontés).

Le conte philosophique

Voltaire, François Marie Arouet, dit (1694-1778)

Grand érudit, Voltaire amasse les connaissances, crée des liens entre elles, s'amuse à imaginer des anecdotes pour illustrer ses points de vue, ce qui fait de lui un vulgarisateur naturel. Il y prend un tel plaisir qu'il donne l'impression de converser, alors même qu'il expose une théorie profonde ou complexe. En outre, Voltaire n'a pas son pareil en matière d'ironie : il vendrait son âme pour un brillant jeu de mots ! Écrivain militant, il intervient dans les grandes causes de son siècle, entre autres pour réhabiliter des victimes de procès arbitraires. Enfin, polémiste génial, il utilise le conte pour la première fois à l'âge de 52 ans, alors qu'il est en pleine possession de son talent.

(suite à la page suivante)

Peter Haas, *Frédéric II de Prusse et Voltaire sous les colonnades de Sanssouci*, gravure sur cuivre, vers 1750.
Tel Zadig auprès de son roi, Voltaire a conseillé quelques grands de ce monde, dont Frédéric II de Prusse, modèle du « despote éclairé » tout comme Catherine de Russie.

(suite)

L'extrait choisi donne un bon aperçu de la manière d'utiliser un récit pour dégager un message à caractère moral : le personnage de l'Envieux est une caricature personnifiée de l'envie. Zadig, lui, représente l'intellectuel du XVIIIe siècle qui entretient des rapports complexes avec le pouvoir. Ces deux personnages sont sans profondeur psychologique : ils sont d'abord conçus pour s'inscrire dans un débat d'idées.

Par les plus grands forfaits j'ai vu troubler la terre.
50 *Sur le trône affermi, le roi sait tout dompter.*
Dans la publique paix l'amour seul fait la guerre :
C'est le seul ennemi qui soit à redouter.

Le roi ordonna aussitôt qu'on fît venir Zadig devant lui, et qu'on fît sortir de prison ses deux amis et la belle dame. Zadig se jeta le visage contre terre
55 aux pieds du roi et de la reine : il leur demanda très humblement pardon d'avoir fait de mauvais vers ; il parla avec tant de grâce, d'esprit et de raison que le roi et la reine voulurent le revoir. Il revint et plut encore davantage. On lui donna tous les biens de l'Envieux qui l'avait injustement accusé ; mais Zadig les rendit tous, et l'Envieux ne fut touché que du plaisir de ne pas
60 perdre son bien. L'estime du roi s'accrût de jour en jour pour Zadig. Il le mettait de tous ses plaisirs et le consultait dans toutes ses affaires. La reine le regarda dès lors avec une complaisance qui pouvait devenir dangereuse pour elle, pour le roi son auguste époux, pour Zadig et pour le royaume. Zadig commençait à croire qu'il n'est pas difficile d'être heureux.

Zadig, extrait du Chapitre quatrième, « L'Envieux », 1747.

1. Faites le portrait des personnages de Zadig et de l'Envieux.

2. Analysez la conception des personnages.
   – Expliquez en quoi les personnages sont réduits à des types.
   – À quelles fins polémiques semblent-ils servir ?
   – Que révèle cette anecdote du rôle du philosophe des Lumières, de ses aptitudes et des dangers qui le guettent ?

3. Expliquez le rôle du hasard dans la construction de l'intrigue.

4. Ce conte traduit-il l'optimisme de Voltaire (et de l'époque en général) ?

5. Relevez dans cet extrait les éléments inspirés de l'amour courtois (revoyez au besoin le chapitre sur le Moyen Âge).

L'ILLUSION DU RÉEL

Le maître de Jacques est déjà si loin qu'on l'a perdu de vue. Jacques, en allant de la maison du juge à la prison, disait : « Il fallait que cela fût, cela était écrit là-haut... »

Et moi, je m'arrête, parce que je vous ai dit de ces deux personnages tout
5 ce que j'en sais. — Et les amours de Jacques ? Jacques a dit cent fois qu'il était écrit là-haut qu'il n'en finirait pas l'histoire, et je vois que Jacques avait raison. Je vois, lecteur, que cela vous fâche ; eh bien, reprenez son récit où il l'a laissé, et continuez-le à votre fantaisie, ou bien faites une visite à Mlle Agathe, sachez le nom du village où Jacques est emprisonné ; voyez
10 Jacques, questionnez-le : il ne se fera pas tirer l'oreille pour vous satisfaire ; cela le désennuiera. D'après des mémoires que j'ai de bonnes raisons de tenir pour suspects, je pourrais peut-être suppléer ce qui manque ici ; mais à quoi bon ? on ne peut s'intéresser qu'à ce qu'on croit vrai. Cependant comme il y aurait de la témérité à prononcer sans un mûr examen sur les entretiens de
15 Jacques le Fataliste et de son maître, ouvrage le plus important qui ait paru depuis le *Pantagruel* de maître François Rabelais, et la vie et les aventures du *Compère Mathieu*, je relirai ces mémoires avec toute la contention d'esprit et toute l'impartialité dont je suis capable ; et sous huitaine je vous en dirai mon jugement définitif, sauf à me rétracter lorsqu'un plus intelligent que
20 moi me démontrera que je me suis trompé.

* * *

L'éditeur ajoute : La huitaine est passée. J'ai lu les mémoires en question ; des trois paragraphes que j'y trouve de plus que dans le manuscrit dont je suis le possesseur, le premier et le dernier me paraissent originaux, et celui
25 du milieu évidemment interpolé. Voici le premier, qui suppose une seconde lacune dans l'entretien de Jacques et son maître.

Jacques le Fataliste et son maître, 1773.

---

1. « Il fallait que cela fût, cela était écrit là-haut... » Dans cette phrase, Diderot fait un parallèle entre le narrateur, dans ses rapports avec ses personnages, et Dieu, dans ses rapports avec ses créatures. En vous aidant de vos lectures, dites à quel type de narrateur s'applique cette description.

2. « On ne peut s'intéresser qu'à ce qu'on croit vrai. » Montrez comment Diderot, dans le deuxième paragraphe, s'ingénie au contraire à déroger à la règle de la vraisemblance, soit l'illusion réaliste en fiction.

3. Expliquez en quoi l'intervention de l'éditeur traduit une intention ironique de la part de Diderot.

L'exploration formelle dans le roman des Lumières

Denis Diderot (1713-1784)

Essayiste, romancier et dramaturge, Diderot est l'exemple même de l'explorateur avide d'élargir les horizons de la connaissance tout autant que d'inventer de nouvelles formes littéraires pour servir son originalité profonde. Comme dramaturge, il se montre peu satisfait de la traditionnelle séparation entre tragédie et comédie, et propose un genre intermédiaire, le drame, qu'il définit comme une pièce de mœurs bourgeoises. Les romantiques reprendront le drame à leur compte, en le modifiant dans le sens du mélange des genres.

Le roman *Jacques le Fataliste et son maître* se présente aussi comme le résultat d'une expérimentation sur le récit. Le narrateur ne se limite pas à raconter une histoire ; il émaille le récit d'interventions qui permettent au lecteur de prendre conscience du processus de la création littéraire. André Gide s'inspirera de ce genre hybride pour composer au XXe siècle *Les Faux-Monnayeurs*, qui exercera une grande influence sur les nouveaux romanciers.

Ainsi, l'extrait ci-contre met en scène non seulement le narrateur et le lecteur, mais également l'éditeur lui-même !

On sait fort peu de choses sur Antoine François Prévost d'Exiles, sauf peut-être qu'il fut un peu bénédictin et beaucoup écrivain, souvent tenté par l'aventure. La vie de cet abbé défroqué s'efface en fait derrière le seul roman, *Manon Lescaut,* qu'on lit encore de lui. Témoignant de l'influence du courant baroque jusqu'au XVIIIᵉ siècle, cette œuvre est le récit pathétique de l'amour que le jeune chevalier Des Grieux porte à Manon Lescaut, une femme dont il est éloigné à la fois par la condition sociale et par les valeurs. Elle veut échapper à la pauvreté par tous les moyens, lui croit à l'amour loyal. Parfois rocambolesques, leurs multiples péripéties mènent implacablement à l'issue fatale, la mort de l'héroïne, qui vient illustrer la finalité morale du texte.

Cet extrait permet d'apprécier l'imagination de Prévost qui éclate dès les premières pages du roman. Ses personnages, dont le destin paraît, dès le départ, hors du commun, éveillent immédiatement l'intérêt du lecteur.

LA DISGRÂCE

Je fus surpris, en entrant dans ce bourg, d'y voir tous les habitants en alarme. Ils se précipitaient de leurs maisons, pour courir en foule à la porte d'une mauvaise hôtellerie, devant laquelle étaient deux chariots couverts. Les chevaux, qui étaient encore attelés, et qui paraissaient fumants de fatigue
5 et de chaleur, marquaient que ces deux voitures ne faisaient qu'arriver. Je m'arrêtai un moment, pour m'informer d'où venait le tumulte ; mais je tirai peu d'éclaircissement d'une populace curieuse, qui ne faisait nulle attention à mes demandes, et qui s'avançait toujours vers l'hôtellerie, en se poussant avec beaucoup de confusion. Enfin, un archer, revêtu d'une bandoulière et le
10 mousquet sur l'épaule, ayant paru à la porte, je lui fis signe de la main de venir à moi. Je le priai de m'apprendre le sujet de ce désordre.

« Ce n'est rien, Monsieur, me dit-il ; c'est une douzaine de filles de joie, que je conduis avec mes compagnons, jusqu'au Havre-de-Grâce, où nous les ferons embarquer pour l'Amérique. Il y en a quelques-unes de jolies, et c'est
15 apparemment ce qui excite la curiosité de ces bons paysans. »

J'aurais passé, après cette explication, si je n'eusse été arrêté par les exclamations d'une vieille femme, qui sortait de l'hôtellerie en joignant les mains, et criant que c'était une chose barbare, une chose qui faisait horreur et compassion.

« De quoi s'agit-il donc ? lui dis-je.
20 — Ah ! Monsieur, entrez, répondit-elle, et voyez si ce spectacle n'est pas capable de fendre le cœur ! »

La curiosité me fit descendre de mon cheval, que je laissai à mon palefrenier. J'entrai avec peine, en perçant la foule, et je vis en effet quelque chose d'assez touchant. Parmi les douze filles, qui étaient enchaînées six à six
25 par le milieu du corps, il y en avait une dont l'air et la figure étaient si peu conformes à sa condition, qu'en tout autre état je l'eusse prise pour une personne du premier rang. Sa tristesse et la saleté de son linge et de ses habits l'enlaidissaient si peu, que sa vue m'inspira du respect et de la pitié. Elle tâchait néanmoins de se tourner, autant que sa chaîne pouvait le per-
30 mettre, pour dérober son visage aux yeux des spectateurs. L'effort qu'elle faisait pour se cacher était si naturel, qu'il paraissait venir d'un sentiment de modestie. Comme les six gardes qui accompagnaient cette malheureuse bande étaient aussi dans la chambre, je pris le chef en particulier, et je lui demandai quelques lumières sur le sort de cette belle fille. Il ne put m'en
35 donner que de fort générales.

« Nous l'avons tirée de l'Hôpital, me dit-il, par ordre de M. le Lieutenant général de Police. Il n'y a pas d'apparence qu'elle y eût été renfermée pour ses bonnes actions. Je l'ai interrogée plusieurs fois sur la route ; elle s'obstine à ne me rien répondre. Mais quoique je n'aie pas reçu ordre de la ménager
40 plus que les autres, je ne laisse pas d'avoir quelques égards pour elle, parce qu'il me semble qu'elle vaut un peu mieux que ses compagnes. Voilà un jeune homme, ajouta l'archer, qui pourrait vous instruire mieux que moi sur la cause de sa disgrâce ; il l'a suivie depuis Paris, sans cesser presque un moment de pleurer. Il faut que ce soit son frère ou son amant. »
45 Je me tournai vers le coin de la chambre où ce jeune homme était assis. Il paraissait enseveli dans une rêverie profonde. Je n'ai jamais vu de plus vive image de la douleur. Il était mis fort simplement ; mais on distingue, au premier coup d'œil, un homme qui a de la naissance et de l'éducation. Je m'approchai de lui. Il se leva ; et je découvris dans ses yeux, dans sa figure et
50 dans tous ses mouvements, un air si fin et si noble que je me sentis porté naturellement à lui vouloir du bien.

Manon Lescaut, extrait de la Première partie, 1731.

Musée Carnavalet, Paris.
Étienne Jeaurat, *La conduite des filles de joie à la Salpêtrière*, 1757.

1. Expliquez l'efficacité de ces premières pages de roman en répondant aux questions suivantes :
   – Comment Prévost se sert-il du narrateur pour piquer la curiosité du lecteur ?
   – Comment arrive-t-il à créer l'illusion du mouvement dans le portrait d'ensemble ?
   – Montrez que la description de la femme et de son compagnon d'infortune vise aussi à émouvoir le lecteur.

2. En vous référant aux caractéristiques de la littérature baroque et de celle du XVIIIe siècle, dans quel courant situeriez-vous ce texte ?

3. À la lecture de ce texte, que peut-on déduire :
   – de la condition des femmes au XVIIIe siècle ?
   – de la perception des gens de « condition » qui ont de la « naissance » ?
   – de la vision de l'Amérique ?

Le roman épistolaire

Pierre Choderlos de Laclos (1741-1803)

Après avoir eu du succès comme capitaine d'artillerie, Choderlos de Laclos, dans son unique roman, intitulé *Les Liaisons dangereuses*, décide de transposer dans le domaine de la séduction les stratégies militaires qu'il n'a pas pu appliquer dans sa carrière de soldat de garnison. Ce roman épistolaire à voix multiples est une juxtaposition de lettres qui n'expriment ni sincérité ni connivence. Elles servent uniquement d'armes dans le combat que se livrent deux libertins, la marquise de Merteuil et le vicomte de Valmont, qui tous deux se jouent de l'innocence des autres personnages. L'auteur lui-même n'échappe pas à l'atmosphère de complot qui règne au moment de la Terreur et échappe de peu à la guillotine, avant d'être honoré par Bonaparte qui le nomme commandant. Peu après, il meurt en Italie, de malaria et de dysenterie.

Dans cet extrait, Mme de Merteuil dresse un portrait de la condition des femmes de l'époque, et ses observations annoncent la pensée féministe de notre siècle. Pourtant, dans la suite de l'intrigue, elle se montrera peu soucieuse du sort des victimes de ses complots, fussent-elles de son propre sexe.

LE COMBAT DES FEMMES

La marquise de Merteuil au vicomte de Valmont

Croyez-moi, Vicomte, on acquiert rarement les qualités dont on peut se passer. Combattant sans risque, vous devez agir sans précaution. Pour vous autres hommes, les défaites ne sont que des succès de moins. Dans cette partie si inégale, notre fortune est de ne pas perdre, et votre malheur de ne pas
5 gagner. Quand je vous accorderais autant de talents qu'à nous, de combien encore ne devrions-nous pas vous surpasser, par la nécessité où nous sommes d'en faire un continuel usage !

Supposons, j'y consens, que vous mettiez autant d'adresse à nous vaincre, que nous à nous défendre ou à céder, vous conviendrez au moins qu'elle
10 vous devient inutile après le succès. Uniquement occupé de votre nouveau goût, vous vous y livrez sans crainte, sans réserve : ce n'est pas à vous que sa durée importe.

En effet, ces liens réciproquement donnés et reçus, pour parler le jargon de l'amour, vous seul pouvez, à votre choix, les resserrer ou les rompre :
15 heureuses encore, si dans votre légèreté, préférant le mystère à l'éclat, vous vous contentez d'un abandon humiliant, et ne faites pas de l'idole de la veille la victime du lendemain.

Mais qu'une femme infortunée sente la première le poids de sa chaîne, quels risques n'a-t-elle pas à courir, si elle tente de s'y soustraire, si elle ose
20 seulement la soulever ? Ce n'est qu'en tremblant qu'elle essaie d'éloigner d'elle l'homme que son cœur repousse avec effort. S'obstine-t-il à rester, ce qu'elle accordait à l'amour, il faut le livrer à la crainte :

Ses bras s'ouvrent encor, quand son cœur est fermé.

Sa prudence doit dénouer avec adresse ces mêmes liens que vous auriez
25 rompus. À la merci de son ennemi, elle est sans ressource, s'il est sans générosité : et comment en espérer de lui, lorsque, si quelquefois on le loue d'en avoir, jamais pourtant on ne le blâme d'en manquer ?

Sans doute, vous ne nierez pas ces vérités que leur évidence a rendues triviales. Si cependant vous m'avez vue, disposant des événements et des
30 opinions, faire de ces hommes si redoutables le jouet de mes caprices ou de mes fantaisies ; ôter aux uns la volonté, aux autres la puissance de me nuire ; si j'ai su tour à tour, en suivant mes goûts mobiles, attacher à ma suite ou rejeter loin de moi

Ces Tyrans détrônés devenus mes esclaves ;

35 si, au milieu de ces révolutions fréquentes, ma réputation s'est pourtant conservée pure ; n'avez-vous pas dû en conclure que, née pour venger mon sexe et maîtriser le vôtre, j'avais su me créer des moyens inconnus jusqu'à moi ?

Ah ! gardez vos conseils et vos craintes pour ces femmes à délire, et qui se
40 disent à sentiment ; dont l'imagination exaltée ferait croire que la nature a placé leurs sens dans leur tête ; qui, n'ayant jamais réfléchi, confondent sans cesse l'amour et l'Amant ; qui, dans leur folle illusion, croient que celui-là seul avec qui elles ont cherché le plaisir en est l'unique dépositaire ; et vraies superstitieuses, ont pour le Prêtre le respect et la foi qui n'est dû qu'à la
45 Divinité.

Craignez encore pour celles qui, plus vaines que prudentes, ne savent pas au besoin consentir à se faire quitter.

Tremblez surtout pour ces femmes actives dans leur oisiveté, que vous nommez sensibles, et dont l'amour s'empare si facilement et avec tant de puissance ; qui sentent le besoin de s'en occuper encore, même lorsqu'elles n'en jouissent pas ; et s'abandonnant sans réserve à la fermentation de leurs idées, enfantent par elles ces Lettres si douces, mais si dangereuses à écrire ; et ne craignent pas de confier ces preuves de leur faiblesse à l'objet qui les cause : imprudentes qui, dans leur Amant actuel, ne savent pas voir leur ennemi futur.

Les Liaisons dangereuses, extrait de la Lettre LXXXI, 1782.

Collection particulière.
Franz von Stuck, *Amazone et centaure*, 1912.
Premières guerrières féministes de l'histoire, les Amazones ne donnaient pas leur place au combat, allant jusqu'à se brûler un sein pour mieux tirer à l'arc. On en voit une ici s'attaquer à un centaure, représentant les bas instincts de l'homme. Le féminisme, faut-il ajouter, exerce une influence souterraine pendant tout le siècle.

1. Montrez que la séduction est comparée ici à une stratégie militaire en dressant le champ lexical du thème du combat.

2. Dans la guerre que se livrent les sexes, quelles différences Mme de Merteuil a-t-elle relevées entre les comportements féminins et masculins ? Quelle est la tactique personnelle de Mme de Merteuil ? Quel en est le but ?

3. Peut-on dire qu'une certaine part de féminisme pénètre les propos de Mme de Merteuil (personnage pourtant conçu par un homme) ?

4. En quoi cet extrait permet-il de comprendre la réputation scandaleuse faite au roman et à son personnage principal, Mme de Merteuil ?

DESCRIPTION DU GENRE

Le théâtre des Lumières

Tout comme le théâtre classique, le théâtre des Lumières cherche à reproduire la réalité, du moins la réalité telle qu'on la concevait à l'époque. Or, force est de constater que celle-ci a bien changé depuis le XVIIe siècle : les valeurs, les mentalités ainsi que les rapports entre les classes sociales ne sont plus les mêmes. Reflétant cette nouvelle dynamique, le personnage du bourgeois est désormais valorisé sur scène. Et pour bien représenter un idéal de vie transformé, le dramaturge des Lumières ressent l'urgence de remanier les anciennes formes théâtrales, et même d'en inventer.

La tragédie

On assiste au déclin de ce genre, bien que Voltaire persiste à écrire des tragédies, qui ne sont d'ailleurs plus présentées aujourd'hui. En effet, le protagoniste principal de ses pièces, Dieu, ne fait plus trembler le spectateur du XVIIIe siècle, et la fatalité n'est plus perçue comme un ressort de l'action. En outre, la montée constante de la bourgeoisie rend ce théâtre, dont les héros sont de noble extraction, peu à peu désuet.

La comédie

Au siècle des Lumières, Marivaux et Beaumarchais apportent un souffle nouveau à la comédie.

Voici, en résumé, la contribution de Marivaux :
- Il invente la comédie sentimentale dans laquelle il traite sur un mode plaisant des tourments de l'amour et de l'orgueil.
- L'obstacle au bonheur, autrefois représenté par l'autorité paternelle ou religieuse, n'est plus extérieur au personnage ; il vient de celui-ci. En effet, le personnage combat désormais sa propre peur de n'être pas à la hauteur de l'image qu'il s'est construite de lui-même.
- L'intrigue repose sur un jeu raffiné de feintes et d'esquives, avec des personnages qui se déguisent et portent des masques alors même qu'ils sont en quête de vérité et d'authenticité.
- Marivaux perpétue la tradition française en confirmant l'importance du langage dans les joutes amoureuses, mais il emprunte également à la tradition italienne en s'inspirant de certains personnages de la *commedia dell'arte*.

Voici, en résumé, la contribution de Beaumarchais :
- Il mêle comédies d'intrigue et de mœurs pour servir le but qu'il s'est fixé : divertir, tout en participant à la critique de la société.
- Transfigurant le traditionnel valet, il fait de Figaro le porte-parole des revendications du peuple contre les puissants de ce monde (à la fin, d'ailleurs, le valet triomphe sur son seigneur et maître, préfigurant ce qui se passera avec la Révolution). Contrairement aux valets stéréotypés de Molière, celui de Beaumarchais possède une personnalité autonome et distincte.
- L'intrigue, très structurée et souvent complexe, est rythmée par de multiples rebondissements : elle montre les subterfuges du valet pour augmenter sa fortune, sans toutefois sacrifier ses amours.
- Transposant sur la scène cet art de la conversation « brillante » propre au XVIIIe siècle, Beaumarchais aligne des répliques d'une vive insolence qui dénoncent les abus dont le peuple est victime.

Ces deux dramaturges pratiquent donc, par le divertissement, une forme de vulgarisation des idées des philosophes.

Le drame

C'est Diderot qui jette les bases théoriques de ce nouveau genre, mais il parvient difficilement à l'illustrer dans ses œuvres. Les romantiques le feront avec plus de bonheur au siècle suivant. Diderot propose qu'en mélangeant le comique et le tragique, le théâtre s'attache non plus à la dimension psychologique du personnage mais à sa condition sociale. Le drame devrait donc présenter, selon lui, les caractéristiques suivantes :
- privilégier des protagonistes de la classe montante, soit la bourgeoisie ;
- mettre l'accent sur le rôle social de l'homme, même dans le contexte de sa vie privée ;
- faire en sorte que la représentation théâtrale gagne en crédibilité en étant plus réaliste : les comédiens sont invités, d'une part, à interagir entre eux plutôt qu'à venir déclamer seuls devant le public, et d'autre part, à adopter une élocution naturelle, comme dans les conversations courantes.

Diderot souligne aussi l'importance de l'expression gestuelle chez le comédien. Il parsème ses textes de didascalies, ces indications scéniques qui décrivent avec précision les costumes, les décors et les déplacements des comédiens. Cela témoigne d'ailleurs de l'importance qu'acquiert l'espace scénique pour les dramaturges de cette époque.

L'AVEU

SILVIA. Laissez-moi. Tenez, si vous m'aimez, ne m'interrogez point. Vous ne craignez que mon indifférence et vous êtes trop heureux que je me taise. Que vous importent mes sentiments ?

DORANTE. Ce qu'ils m'importent, Lisette[1] ! peux-tu douter encore que je ne
5 t'adore ?

SILVIA. Non, et vous me le répétez si souvent que je vous crois ; mais pourquoi m'en persuadez-vous ? que voulez-vous que je fasse de cette pensée-là, monsieur ? Je vais vous parler à cœur ouvert. Vous m'aimez ; mais votre amour n'est pas une chose bien sérieuse pour vous. Que de ressources
10 n'avez-vous pas pour vous en défaire ? La distance qu'il y a de vous à moi, mille objets que vous allez trouver sur votre chemin, l'envie qu'on aura de vous rendre sensible, les amusements d'un homme de votre condition, tout va vous ôter cet amour dont vous m'entretenez impitoyablement. Vous en rirez peut-être au sortir d'ici, et vous aurez raison. Mais moi, monsieur, si je
15 m'en ressouviens, comme j'en ai peur, s'il m'a frappée, quel secours aurai-je contre l'impression qu'il m'aura faite ? Qui est-ce qui me dédommagera de votre perte ? Qui voulez-vous que mon cœur mette à votre place ? Savez-vous bien que, si je vous aimais, tout ce qu'il y a de plus grand dans le monde ne me toucherait plus ? Jugez donc de l'état où je resterais. Ayez la
20 générosité de me cacher votre amour. Moi qui vous parle, je me ferais un scrupule de vous dire que je vous aime, dans les dispositions où vous êtes. L'aveu de mes sentiments pourrait exposer votre raison, et vous voyez bien aussi que je vous les cache.

DORANTE. Ah ! ma chère Lisette, que viens-je d'entendre ? tes paroles ont un
25 feu qui me pénètre. Je t'adore, je te respecte. Il n'est ni rang, ni naissance, ni fortune, qui ne disparaisse devant une âme comme la tienne. J'aurais honte que mon orgueil tînt encore contre toi, et mon cœur et ma main t'appartiennent.

SILVIA. En vérité, ne mériteriez-vous pas que je les prisse ? ne faut-il pas être
30 bien généreuse pour vous dissimuler le plaisir qu'ils me font ? et croyez-vous que cela puisse durer ?

DORANTE. Vous m'aimez donc ?

SILVIA. Non, non ; mais si vous me le demandez encore, tant pis pour vous.

DORANTE. Vos menaces ne me font point de peur.

35 SILVIA. Et Mario, vous n'y songez donc plus ?

DORANTE. Non, Lisette, Mario ne m'alarme plus ; vous ne l'aimez point ; vous ne pouvez plus me tromper ; vous avez le cœur vrai ; vous êtes sensible à ma tendresse. Je ne saurais en douter au transport qui m'a pris, j'en suis sûr ; et vous ne sauriez plus m'ôter cette certitude-là.

40 SILVIA. Oh ! je n'y tâcherai point, gardez-la ; nous verrons ce que vous en ferez.

DORANTE. Ne consentez-vous pas d'être à moi ?

SILVIA. Quoi ! vous m'épouseriez malgré ce que vous êtes, malgré la colère d'un père, malgré votre fortune ?

LE THÉÂTRE

Genre littéraire, généralement sous forme de dialogue, visant à représenter une action devant un public.

Feinte et quiproquo au théâtre

Pierre Carlet de Chamblain de Marivaux (1688-1763)

Assidu des salons littéraires, écrivain à la fois discret et prolifique, Marivaux fait de l'amour l'unique thème de son théâtre. Inventeur d'un nouveau type de comédie, il est en fait un maître dans l'art de l'implicite : ses personnages n'expriment pas clairement leurs désirs, les donnant plutôt à deviner. Sous des apparences de légèreté, ils cherchent sans cesse à mettre leurs partenaires à l'épreuve.

Dans *Le Jeu de l'amour et du hasard*, Silvia et Dorante sont promis l'un à l'autre par leur père alors qu'ils ne se sont jamais rencontrés. Chacun décide donc de se substituer à son domestique pour approcher l'autre sans se dévoiler. Dans la scène précédant cet extrait, Dorante a révélé son identité, mais Silvia la dissimule encore.

Galerie Alte Meister, Dresde.
Jean-Etienne Liotard, *La chocolatière*, 1744.

DORANTE. Mon père me pardon-
nera dès qu'il vous aura vue ; ma
fortune nous suffit à tous deux, et le
mérite vaut bien la naissance. Ne
disputons point, car je ne changerai
jamais.

SILVIA. Il ne changera jamais ! Savez-
vous bien que vous me charmez,
Dorante ?

DORANTE. Ne gênez donc plus votre
tendresse, et laissez-la répondre...

SILVIA. Enfin, j'en suis venue à bout.
Vous... vous ne changerez jamais ?

DORANTE. Non, ma chère Lisette.

SILVIA. Que d'amour !

Le Jeu de l'amour et du hasard, acte III,
scène VIII, 1730.

---

1. Dorante appelle Silvia du nom de sa
   servante, Lisette, puisqu'il ne connaît pas
   encore sa véritable identité.

1. Ce texte illustre partiellement la notion de « marivaudage » par le comportement des deux personnages en présence : décrivez ce comportement.

2. Selon Silvia, quels sont les obstacles qui la séparent, en tant que domestique, du jeune homme de bonne famille qu'est Dorante ?

3. Ce texte illustre un trait de la mentalité de l'époque : la croyance en la possibilité du bonheur terrestre. Démontrez-le.

4. Un écrivain contemporain pourrait-il exprimer l'amour en des termes semblables à ceux de Marivaux ? Justifiez votre réponse en tenant compte du lexique, des formules de politesse, du temps des verbes, etc.

LA FAUSSE INDULGENCE

LE COMTE. Pourquoi faut-il qu'il y ait toujours du louche en ce que tu fais ?

FIGARO. C'est qu'on en voit partout quand on cherche des torts.

LE COMTE. Une réputation détestable !

FIGARO. Et si je vaux mieux qu'elle ? Y a-t-il beaucoup de seigneurs qui puissent
5 en dire autant ?

LE COMTE. Cent fois je t'ai vu marcher à la fortune, et jamais aller droit.

FIGARO. Comment voulez-vous ? la foule est là : chacun veut courir, on se
presse, on pousse, on coudoie, on renverse, arrive qui peut ; le reste est écrasé.
Aussi c'est fait ; pour moi, j'y renonce.

10 LE COMTE. À la fortune ? *(À part.)* Voici du neuf.

FIGARO, *à part.* À mon tour maintenant. *(Haut.)* Votre Excellence m'a gratifié
de la conciergerie du château ; c'est un fort joli sort : à la vérité, je ne serai
pas le courrier étrenné des nouvelles intéressantes ; mais en revanche, heureux avec ma femme au fond de l'Andalousie...

15 LE COMTE. Qui t'empêcherait de l'emmener à Londres ?

FIGARO. Il faudrait la quitter si souvent, que j'aurais bientôt du mariage par-
dessus la tête.

LE COMTE. Avec du caractère et de l'esprit, tu pourrais un jour t'avancer dans
les bureaux.

20 FIGARO. De l'esprit pour s'avancer ? Monseigneur se rit du mien. Médiocre et
rampant, et l'on arrive à tout.

LE COMTE. ... Il ne faudrait qu'étudier un peu sous moi la politique.

FIGARO. Je la sais.

LE COMTE. Comme l'anglais, le fond de la langue !

25 FIGARO. Oui, s'il y avait ici de quoi se vanter. Mais feindre d'ignorer ce qu'on
sait, de savoir tout ce qu'on ignore ; d'entendre ce qu'on ne comprend pas,
de ne point ouïr ce qu'on entend ; surtout de pouvoir au-delà de ses forces ;
avoir souvent pour grand secret de cacher qu'il n'y en a point ; s'enfermer
pour tailler des plumes, et paraître profond quand on n'est, comme on dit,
30 que vide et creux ; jouer bien ou mal un personnage, répandre des espions et
pensionner des traîtres ; amollir des cachets, intercepter des lettres, et tâcher
d'ennoblir la pauvreté des moyens par l'importance des objets : voilà toute la
politique, ou je meure.

LE COMTE. Eh ! c'est l'intrigue que tu définis !

35 FIGARO. La politique, l'intrigue, volontiers ; mais, comme je les crois un peu
germaines, en fasse qui voudra ! *J'aime mieux ma mie, ô gué !* comme dit la
chanson du bon Roi.

LE COMTE, *à part.* Il veut rester. J'entends... Suzanne m'a trahi.

FIGARO, *à part.* Je l'enfile, et le paye en sa monnaie.

40 LE COMTE. Ainsi tu espères gagner ton procès contre Marceline ?

FIGARO. Me feriez-vous un crime de refuser une vieille fille, quand Votre
Excellence se permet de nous souffler toutes les jeunes !

La satire sociale au théâtre

Pierre Augustin Caron de Beaumarchais (1732-1799)

Beaumarchais est aussi exubérant et imprévisible dans la vie que son célèbre personnage de Figaro, le valet, l'est sur scène. Il lui prête d'ailleurs avec complaisance ses propres traits de caractère, faisant de lui son *alter ego*. Figaro ne pratique-t-il pas mille métiers comme Beaumarchais qui fut horloger, professeur de musique, financier et même espion pour le compte du roi ? Débrouillard et impertinent, Figaro est, sur scène, le premier fils du peuple qui éclipse le noble hautain, son adversaire. Il préfigure ainsi le bouleversement social que provoquera la Révolution. Cette comédie au succès considérable va d'ailleurs inspirer Mozart pour son opéra tout aussi connu *Les Noces de Figaro* (1786).

Cet extrait montre avec quel art Beaumarchais réussit à concilier comédie d'intrigue et satire de la société. Figaro brave le comte Almaviva qui veut profiter d'un séjour que tous trois feraient à Londres pour lui ravir sa fiancée, Suzanne.

LE COMTE, *raillant.* Au tribunal le magistrat s'oublie, et ne voit plus que l'ordonnance.

FIGARO. Indulgente aux grands, dure aux petits...

LE COMTE. Crois-tu donc que je plaisante ?

FIGARO. Eh ! qui le sait, Monseigneur ? *Tempo è galant' uomo,* dit l'Italien ; il dit toujours la vérité : c'est lui qui m'apprendra qui me veut du mal, ou du bien.

LE COMTE, *à part.* Je vois qu'on lui a tout dit ; il épousera la duègne.

FIGARO, *à part.* Il a joué au fin avec moi, qu'a-t-il appris ?

Le Mariage de Figaro, acte III, scène VIII, 1784.

Gravure sur bois d'après un carton de Ferdinand Keller, scène de l'opéra de Rossini d'après le texte de Beaumarchais, *Le Barbier de Séville,* 1873.

1. Analysez la dynamique des relations entre le comte et Figaro en prenant en considération les aspects suivants :
   – les attitudes de domination, de soumission ou de provocation ;
   – les valeurs de chaque personnage et les traits de caractère qui leur sont propres.

2. Relevez et analysez les éléments de la critique sociale contenus dans cet extrait.

3. Beaumarchais est célèbre pour le tempo rapide qu'il donne à ses scènes. Analysez cet aspect de son style, en tenant compte :
   – de la nature et de la longueur des répliques, et du type de phrases qui les composent ;
   – du mouvement des idées, du jeu de contrastes ;
   – des procédés stylistiques.

DIALOGUE ENTRE MOI ET DORVAL

MOI. Les petites différences qui se remarquent dans les caractères des hommes ne peuvent être maniées aussi heureusement que les caractères tranchés.

DORVAL. Je le pense. Mais savez-vous ce qui s'ensuit de là ?... Que ce ne sont plus, à proprement parler, les caractères qu'il faut mettre sur la scène, mais
5 les conditions. Jusqu'à présent, dans la comédie, le caractère a été l'objet principal, et la condition n'a été que l'accessoire ; il faut que la condition devienne aujourd'hui l'objet principal, et que le caractère ne soit que l'accessoire. C'est du caractère qu'on tirait toute l'intrigue. On cherchait en général les circonstances qui le faisaient sortir, et l'on enchaînait ces circonstances.
10 C'est la condition, ses devoirs, ses avantages, ses embarras, qui doivent servir de base à l'ouvrage. Il me semble que cette source est plus féconde, plus étendue et plus utile que celle des caractères. Pour peu que le caractère fût chargé, un spectateur pouvait se dire à lui-même, ce n'est pas moi. Mais il ne peut se cacher que l'état qu'on joue devant lui, ne soit le sien ; il ne peut
15 méconnaître ses devoirs. Il faut absolument qu'il s'applique ce qu'il entend.
[…]

MOI. Ainsi, vous voudriez qu'on jouât l'homme de lettres, le philosophe, le commerçant, le juge, l'avocat, le politique, le citoyen, le magistrat, le financier, le grand seigneur, l'intendant.

20 DORVAL. Ajoutez à cela toutes les relations : le père de famille, l'époux, la sœur, les frères. Le père de famille ! Quel sujet, dans un siècle tel que le nôtre, où il ne paraît pas qu'on ait la moindre idée de ce que c'est qu'un père de famille !

Songez qu'il se forme tous les jours des conditions nouvelles. Songez que
25 rien, peut-être, ne nous est moins connu que les conditions, et ne doit nous intéresser davantage. Nous avons chacun notre état dans la société ; mais nous avons affaire à des hommes de tous les états.

Les conditions ! Combien de détails importants ! d'actions publiques et domestiques ! de vérités inconnues ! de situations nouvelles à tirer de ce
30 fonds ! Et les conditions n'ont-elles pas entre elles les mêmes contrastes que les caractères ? et le poète ne pourra-t-il pas les opposer ?

Mais ces sujets n'appartiennent pas seulement au genre sérieux. Ils deviendront comiques ou tragiques, selon le génie de l'homme qui s'en saisira.

Telle est encore la vicissitude des ridicules et des vices, que je crois qu'on
35 pourrait faire un *Misanthrope* nouveau tous les cinquante ans. Et n'en est-il pas ainsi de beaucoup d'autres caractères ?

MOI. Ces idées ne me déplaisent pas. Me voilà tout disposé à entendre la première comédie dans le genre sérieux, ou la première tragédie bourgeoise qu'on représentera. J'aime qu'on étende la sphère de nos plaisirs.

Entretiens sur Le Fils naturel, 1778.

LE THÉÂTRE

Un nouveau genre au théâtre : le drame

Denis Diderot (1713-1784)

Diderot développe une conception du théâtre qui reflète bien son époque, car elle accorde beaucoup d'importance aux conditions sociales de l'homme. Il annonce également le romantisme, car il cherche à mélanger deux genres, la comédie et la tragédie, pour en créer un nouveau, le drame. Bien que Diderot fasse preuve, dans toute son œuvre, d'une prédilection pour le dialogue comme forme d'expression, il n'arrivera pas à imposer ses pièces comme des illustrations suffisamment convaincantes de sa théorie sur le théâtre.

Dans cet extrait, constitué d'un dialogue entre un « Moi », qui représente l'auteur, et Dorval, son interlocuteur, Diderot expose sa vision de ce que devrait être le théâtre.

---

1. En quoi la peinture des conditions sociales, plutôt que celle des caractères, permet-elle au spectateur de mieux s'identifier au personnage, selon Diderot ?

2. Dans la conception de Diderot, le drame est-il fait pour servir un plus grand réalisme au théâtre ? Une telle conception exclut-elle l'usage de la versification ?

3. Selon vous, quels avantages y a-t-il à recourir au dialogue pour exprimer une théorie ?

La poésie des Lumières

En France

*J*l s'est écrit beaucoup de poésie au siècle des Lumières, mais la postérité n'a pratiquement rien retenu de cette production. Seuls les poèmes d'André Chénier font exception à cette règle ; cependant, son œuvre ne sera vraiment connue qu'au XIXe siècle, grâce à l'éloge qu'en feront les poètes romantiques. Il faut dire que la poésie, qui au XVIIIe siècle est perçue comme un art d'agrément, répond mal à la vision que l'on se fait actuellement de ce genre. À preuve, même les encyclopédistes, prisonniers de leur esprit utilitariste, s'en méfient, car ils valorisent une littérature à l'argumentation rigoureuse. Reflétant l'opinion générale, Montesquieu lui reproche « de mettre des entraves au bon sens et d'accabler la raison sous les agréments, comme on ensevelissait autrefois les femmes sous leurs parures et leurs ornements ». Tous ces facteurs font de la poésie le genre incompris du siècle des Lumières. Il faudra attendre les romantiques, au siècle suivant, pour qu'elle retrouve son identité et sa fonction sociale, ainsi que tout son prestige.

R. Benard d'après J. L. Lucotte, *Monnayage*, gravure sur cuivre, illustration tirée de *Encyclopédie ou Dictionnaire raisonné des sciences, des arts et des métiers* (1751-1781), 1771.

Féroces partisans de la raison, les écrivains des Lumières vont non seulement négliger la poésie, trop frivole à leur goût, mais le plus souvent donner à l'écriture une mission pédagogique, notamment dans le très célèbre *Dictionnaire raisonné des sciences, des arts et des métiers* dirigé par d'Alembert et Diderot.

La Jeune Captive

Est-ce à moi de mourir ! Tranquille je m'endors,
Et tranquille je veille ; et ma veille aux remords
    Ni mon sommeil ne sont en proie.
Ma bien-venue au jour me rit dans tous les yeux ;
5 Sur des fronts abattus, mon aspect dans ces lieux
    Ranime presque de la joie.

Mon beau voyage encore est si loin de sa fin !
Je pars, et des ormeaux qui bordent le chemin
    J'ai passé les premiers à peine,
10 Au banquet de la vie à peine commencé,
Un instant seulement mes lèvres ont pressé
    La coupe en mes mains encor pleine.

Je ne suis qu'au printemps, je veux voir la moisson ;
Et comme le soleil, de saison en saison,
15   Je veux achever mon année.
Brillante sur ma tige et l'honneur du jardin,
Je n'ai vu luire encor que les feux du matin,
    Je veux achever ma journée.

Ô mort ! tu peux attendre ; éloigne, éloigne-toi ;
20 Va consoler les cœurs que la honte, l'effroi,
    Le pâle désespoir dévore.
Pour moi Palès[1] encore a des asiles verts,
Les amours des baisers, les Muses des concerts ;
    Je ne veux pas mourir encore.

« La Jeune Captive », *Odes VII* (1794), 1819.

---

1. Palès est une déesse romaine.

1. Expliquez comment l'expression du désir de vivre prend ici un caractère tragique.

2. À quelles images le désir de vivre est-il associé ?

3. Montrez le caractère personnel de ce poème.

LA POÉSIE

Genre littéraire où le sens est suggéré par les images et par le rythme (souvent associé à l'emploi du vers).

La poésie élégiaque

André Chénier (1762-1794)

Poète lyrique avant tout, Chénier jette un pont entre la vision classique de la poésie, fondée sur l'imitation des Anciens, c'est-à-dire les auteurs de l'Antiquité, et une approche plus romantique, orientée vers l'inspiration et la sensibilité. Sa conception poétique est résumée dans le vers suivant : « Sur des pensers nouveaux faisons des vers antiques ». D'abord sympathique à la cause révolutionnaire, le poète se rétracte ensuite, sous la pression des événements, et en vient à dénoncer les excès de la Terreur qui s'instaure en 1793. Condamné à la guillotine, Chénier est l'objet d'un véritable culte de la part des romantiques séduits par sa fin tragique.

Le célèbre poème *La Jeune Captive* est dédié à une jeune prisonnière dont il s'éprend pendant son emprisonnement en 1794. Dans cet extrait, la jeune femme livre son désespoir devant la mort imminente et exprime son désir de vivre.

La poésie élégiaque est celle qui chante l'amour, la patrie et les dieux.

La résonance des Lumières dans la francophonie, et jusqu'en Nouvelle-France

Dans la francophonie

*D*ès la seconde moitié du XVIII⁰ siècle, la Suisse romande fournit une importante contribution à la vie culturelle française. Ses écrivains sont surtout de brillants penseurs qui se démarquent par leur individualisme, leur inquiétude morale, leur goût de l'analyse et de la critique, leur refus des contraintes intellectuelles : Béat Louis de Muralt (1665-1749), Jean-Jacques Rousseau (1712-1778), Mme Necker (1739-1794) et sa fille, Mme de Staël (1766-1817) et, cette dernière née à Paris, Mme de Charrière (1740-1805).

L'apport de Rousseau et de Mme de Staël à la vie intellectuelle du XVIII⁰ siècle est si remarquable que la France les a inscrits à son panthéon littéraire. Ils y occupent une place essentielle dans son histoire. Rousseau y connaît la célébrité dès la parution du *Discours sur les sciences et les arts*, en 1750, puis du *Discours sur l'origine et les fondements de l'inégalité*, en 1755, qui dénonce les méfaits de la société fondée sur la propriété, source d'inégalité. Ses écrits défendent des thèses qui annoncent une sensibilité nouvelle, un idéal où l'âme remplace l'esprit. Source de vives polémiques parmi les philosophes, ces textes inspirèrent par contre les tenants de la Révolution, et ce, bien malgré l'auteur.

De son côté, Mme de Staël, suivant les traces de l'essayiste bernois Béat Louis de Muralt qui avait ouvert la voie de l'Europe en affirmant dans ses *Lettres* (1725) la supériorité du bon sens anglais sur l'esprit français, favorise à son tour l'essor d'une littérature européenne. Dans ses célèbres essais *De la littérature* et *De l'Allemagne*, elle recommande une littérature affranchie des modèles classiques et gréco-latins, plus réceptive aux réalités nationales et aux influences anglaises et germaniques.

On peut dire que les écrivains d'origine helvétique se situent dans la dialectique des Lumières entre les tendances individualistes et sociohistoriques de leur époque. Ils annoncent déjà le romantisme.

Et jusqu'en Nouvelle-France

Néanmoins, dans ce siècle fasciné par les contes et les légendes qui maintiennent vivante la culture orale, la poésie trouve parfois refuge sous la forme naïve de la chanson. Ce sont ces ballades et berceuses que retiennent, fredonnent et transforment les habitants de la Nouvelle-France et qu'ils sauvegarderont comme un héritage toujours vivant bien au-delà de la Conquête par les Britanniques en 1760. Aussi font-elles toujours partie de notre quotidien, influençant d'une époque à l'autre non seulement des écrivains mais aussi les chansonniers, notamment la Bolduc et Gilles Vigneault.

Quant à la figure de l'écrivain militant, il faudra attendre le début du XIX⁰ siècle pour trouver en sol canadien des candidats qui soient prêts à défendre leurs points de vue avec un acharnement digne de celui de Voltaire, le plus virulent pamphlétaire d'entre les philosophes. Celui qui pourrait le mieux revendiquer ce statut est certes Arthur Buies (1840-1901), écrivain anticlérical, d'esprit libéral, ennemi de tous les préjugés. Au XX⁰ siècle, Jacques Ferron, fin conteur et homme d'engagement, est certes l'écrivain qui traduit le mieux l'esprit du siècle des Lumières au moment même où le Québec vit une grave crise d'identité nationale dans les années 1970.

EXTRAITS ILLUSTRANT L'EXPANSION DE LA LITTÉRATURE DES LUMIÈRES

L'ARRIVÉE À NEUCHÂTEL

Henri Meyer à Godefroy Dorville, à Hambourg

Neuchâtel, ce... octobre 178...

Je suis arrivé ici, il y a trois jours, mon cher ami, à travers un pays tout couvert de vignobles, et par un assez vilain chemin fort étroit et fort embarrassé par des vendangeurs et tout l'attirail des vendanges. On dit que cela est fort gai ; et je l'aurais trouvé ainsi moi-même peut-être, si le temps n'avait
5 été couvert, humide et froid ; de sorte que je n'ai vu que des vendangeuses assez sales et à demi gelées. Je n'aime pas trop à voir des femmes travailler à la campagne, si ce n'est tout au plus aux foins. Je trouve que c'est dommage des jolies et des jeunes ; j'ai pitié de celles qui ne sont ni l'un ni l'autre ; de sorte que le sentiment que j'éprouve n'est jamais agréable ; et l'autre jour,
10 dans mon carrosse, je me trouvais l'air d'un sot et d'un insolent, en passant au milieu de ces pauvres vendangeuses. Les raisins versés et pressés dans des tonneaux ouverts, qu'on appelle gerles, et cahotés sur de petites voitures à quatre roues qu'on appelle chars, n'offrent pas non plus un aspect bien ragoûtant.
15 [...]

La ville me paraîtra, je crois, assez belle, quand elle sera moins embarrassée, et les rues moins sales. Il y a quelques belles maisons, surtout dans le faubourg ; et quand les brouillards permettent au soleil de luire, le lac et les Alpes, déjà toutes blanches de neige, offrent une belle vue ; ce n'est pourtant
20 pas comme à Genève, à Lausanne ou à Vevey.

J'ai pris un maître de violon, qui vient tous les jours de deux à trois ; car on me permet de ne retourner au comptoir qu'à trois heures ; c'est bien assez d'être assis de huit heures à midi et de trois à sept ; les jours de grand courrier nous y restons même plus longtemps. Les autres jours je prendrai
25 quelques leçons, soit de musique, soit de dessin ; car je sais assez danser ; et après souper je me propose de lire, car je voudrais bien ne pas perdre le fruit de l'éducation qu'on m'a donnée ; je voudrais même entretenir un peu mon latin. On a beau dire que cela est fort inutile pour un négociant : il me semble que hors de son comptoir un négociant est comme un autre homme,
30 et qu'on met une grande différence entre ton père et Monsieur***.

Lettres neuchâteloises, extrait de la Seconde lettre, 1784.

L'esprit des Lumières en Suisse

Mme de Charrière (1740-1805)

Femme de lettres très cultivée, Isabelle de Charrière est au centre de la vie intellectuelle neuchâteloise. De 1787 à 1796, elle est intimement liée à Benjamin Constant. Le peintre Maurice Quentin de La Tour célèbre sa beauté dans un portrait, *Belle de Zuylen*. On lui doit des romans, des essais, dont son *Éloge à Jean-Jacques Rousseau*, mais elle est surtout connue pour ses romans épistolaires : *Lettres neuchâteloises* (1784), *Lettres écrites de Lausanne* (1788) et *Calixte* (1788), qui sont de fines peintures des mœurs des petites villes de son temps.

Dans l'extrait ci-contre, Mme de Charrière révèle ses dons d'observation et son talent de conteuse.

---

1. L'arrivée du narrateur à Neuchâtel est gâtée par le mauvais temps. Relevez ses premières impressions.

2. Quels détails nous renseignent sur le statut social du narrateur ?

3. Dans un paragraphe, décrivez les sentiments que le narrateur éprouve à l'égard des vendangeuses.

L'esprit des Lumières en Suisse

Germaine de Staël (1766-1817)

Aristocrate, fille de Jacques Necker, ministre d'origine suisse influent sous Louis XVI, et pourtant partisane de la Révolution, Germaine de Staël est, parmi les écrivains du siècle des Lumières, celle qui montre le plus de goût pour la réflexion sur l'art et l'esthétique littéraires. Elle privilégie l'essai, le genre par excellence des encyclopédistes, mais fait le lien avec le romantisme en montrant le rôle de la littérature allemande dans le développement de la sensibilité romantique en France. Elle entretiendra d'ailleurs une relation orageuse avec l'écrivain romantique Benjamin Constant et on la reconnaîtra sous les traits de l'héroïne du roman *Adolphe* composé par ce dernier.

Dans l'extrait ci-contre, tiré de l'un de ses principaux essais intitulé *De l'Allemagne*, l'auteure réfléchit sur la nature du genre romanesque, dont l'une des qualités est de provoquer l'émotion.

ENTRE LA VIE RÉELLE ET LA VIE IMAGINAIRE

De toutes les fictions les romans étant la plus facile, il n'est point de carrière dans laquelle les écrivains des nations modernes se soient plus essayés. Le roman fait pour ainsi dire la transition entre la vie réelle et la vie imaginaire. L'histoire de chacun est, à quelques modifications près, un
5 roman assez semblable à ceux qu'on imprime, et les souvenirs personnels tiennent souvent à cet égard lieu d'invention. On a voulu donner plus d'importance à ce genre en y mêlant la poésie, l'histoire et la philosophie ; il me semble que c'est le dénaturer. Les réflexions morales et l'éloquence passionnée peuvent trouver place dans les romans ; mais l'intérêt des si-
10 tuations doit être toujours le premier mobile de cette sorte d'écrits, et jamais rien ne peut en tenir lieu. Si l'effet théâtral est la condition indispensable de toute pièce représentée, il est également vrai qu'un roman ne serait ni un bon ouvrage, ni une fiction heureuse, s'il n'inspirait pas une curiosité vive ; c'est en vain que l'on voudrait y suppléer par des digressions spirituelles,
15 l'attente de l'amusement trompée causerait une fatigue insurmontable.

La foule des romans d'amour publiés en Allemagne a fait tourner un peu en plaisanterie les clairs de lune, les harpes qui retentissent le soir dans la vallée, enfin tous les moyens connus de bercer doucement l'âme ; mais néanmoins il y a dans nous une disposition naturelle qui se plaît à ces faciles
20 lectures, c'est au génie à s'emparer de cette disposition qu'on voudrait en vain combattre. Il est si beau d'aimer et d'être aimé, que cet hymne de la vie peut se moduler à l'infini, sans que le cœur en éprouve de lassitude ; ainsi l'on revient avec joie au motif d'un chant embelli par des notes brillantes. Je ne dissimulerai pas cependant que les romans, même les plus purs, font du
25 mal ; ils nous ont trop appris ce qu'il y a de plus secret dans les sentiments. On ne peut plus rien éprouver sans se souvenir presque de l'avoir lu, et tous les voiles du cœur ont été déchirés. Les Anciens n'auraient jamais fait ainsi de leur âme un sujet de fiction ; il leur restait un sanctuaire où même leur propre regard aurait craint de pénétrer ; mais enfin le genre des romans
30 admis, il y faut de l'intérêt, et c'est, comme le disait Cicéron de l'action dans l'orateur, la condition trois fois nécessaire.

Les Allemands comme les Anglais sont très féconds en romans qui peignent la vie domestique. La peinture des mœurs est plus élégante dans les romans anglais ; elle a plus de diversité dans les romans allemands. Il y a en
35 Angleterre, malgré l'indépendance des caractères, une manière d'être générale donnée par la bonne compagnie ; en Allemagne rien à cet égard n'est convenu. Plusieurs de ces romans fondés sur nos sentiments et nos mœurs, et qui tiennent parmi les livres le rang des drames au théâtre, méritent d'être cités, mais ce qui est sans égal et sans pareil, c'est *Werther* : on voit là tout ce
40 que le génie de Goethe pouvait produire quand il était passionné. L'on dit qu'il attache maintenant peu de prix à cet ouvrage de sa jeunesse ; l'effervescence d'imagination, qui lui inspira presque de l'enthousiasme pour le suicide, doit lui paraître maintenant blâmable. Quand on est très jeune, la dégradation de l'être n'ayant en rien commencé, le tombeau ne semble
45 qu'une image poétique, qu'un sommeil environné de figures à genoux qui nous pleurent ; il n'en est plus ainsi même dès le milieu de la vie, et l'on apprend alors pourquoi la religion, cette science de l'âme, a mêlé l'horreur du meurtre à l'attentat contre soi-même.

Goethe néanmoins aurait grand tort de dédaigner l'admirable talent qui
50 se manifeste dans *Werther* ; ce ne sont pas seulement les souffrances de l'amour, mais les maladies de l'imagination dans notre siècle, dont il a su

Château de Coppet, Suisse.
Reconstruit au XVIIIe siècle, le château de Coppet, près de Genève, est ensuite passé aux mains de Mme de Staël qui en a très vite fait un lieu de rencontre très célèbre pour les intellectuels et artistes de son temps.

faire le tableau ; ces pensées qui se pressent dans l'esprit sans qu'on puisse les changer en actes de la volonté ; le contraste singulier d'une vie beaucoup plus monotone que celle des Anciens, et d'une existence intérieure beaucoup
55 plus agitée, causent une sorte d'étourdissement semblable à celui qu'on prend sur le bord de l'abîme, et la fatigue même qu'on éprouve après l'avoir longtemps contemplé peut entraîner à s'y précipiter. Goethe a su joindre à cette peinture des inquiétudes de l'âme, si philosophique dans ses résultats, une fiction simple, mais d'un intérêt prodigieux. Si l'on a cru nécessaire
60 dans toutes les sciences de frapper les yeux par les signes extérieurs, n'est-il pas naturel d'intéresser le cœur pour y graver de grandes pensées ?

De l'Allemagne, extrait de la Seconde partie, Chapitre XXVIII, « Des romans », 1810.

1. Quelles caractéristiques Mme de Staël attribue-t-elle au roman ?

2. Montrez que cet extrait annonce le romantisme, tant sur le plan des valeurs que sur celui des images.

3. Mme de Staël fait une mise en garde à propos du roman. Quelle est-elle ? Qu'en pensez-vous ?

L'esprit des Lumières au Québec

Jacques Ferron
(1921-1985)

Nul écrivain autre que Jacques Ferron mérite mieux le titre de « Voltaire québécois » à la fois pour son esprit de pamphlétaire satirique et pour sa vaste culture encyclopédique. Né à Louiseville, Ferron, peu après avoir terminé ses études de médecine, s'établit à Jacques-Cartier où il prend conscience, au contact de ses patients, de la menace qui pèse sur la culture québécoise. Sur l'entrefaite, il se lie avec les penseurs de la gauche, mais aussi, par l'entremise de sa sœur Marcelle Ferron, artiste peintre, aux Automatistes qui sont alors à la fine pointe du renouveau artistique au Québec. Dès lors, sa conscience politique va pénétrer ses écrits qui traduisent, en outre, l'influence de la culture orale. Son engagement social, à l'image de son œuvre, traduit la volonté de tout mettre en perspective par l'humour, comme pour se garder une marge de liberté. Et cet humour est aussi celui du philosophe.

L'extrait choisi illustre les talents de conteur de Ferron, qui fut aussi essayiste, romancier, journaliste et dramaturge. Les personnages sont ici mis au service d'une réflexion sur le rapport à l'argent ; il y a Monsieur Pas-d'Pouce qui achète tout en tendant la main et l'habitant qui se laisse acheter en fermant les yeux.

SERVITUDE

La première fois, Monsieur Pas-d'Pouce avait mis sa main sur la table ; la seconde fois, l'avait gardée dans sa poche. La première fois, l'habitant s'était dit : « Voilà une main qui a connu la hache et la scie, une main rude et franche, venue à point pour me secourir. » Et il avait signé çà et là sur des
5 papiers sans trop y regarder. La seconde fois, plus de main fraternelle, mais une chaîne en or, un ventre avantageux : Monsieur Pas-d'Pouce, négociant, exportateur de grains et de foin, qui lui réclame de l'argent. Or, de l'argent, c'est bien malheureux, le pauvre habitant n'en a pas.

— Je repasserai la semaine prochaine, dit le négociant.
10 — Repassez, Monsieur Pas-d'Pouce, vous êtes toujours le bienvenu.

La semaine suivante, l'habitant n'a pas une cenne de plus. Il est gêné, c'est le cas. Aussi se tient-il plus souvent aux bâtiments qu'à la maison. Ce qu'il les aime alors, ses animaux, ses vaches, ses chevaux ! Et ses cochons, et ses moutons, et son chien larmoyant, qui rit quand même ! S'il s'écoutait, c'est
15 bien simple, larguant l'amarre des bâtiments, il partirait avec eux au premier déluge venu.

Quand le négociant rappliqua, le ventre avantageux, la main calée dans sa poche, ce fut Armande qui lui dit :

— Asseyez-vous donc, Monsieur Pas-d'Pouce. Mon père est aux bâtiments.
20 Je vais vous préparer la tasse de thé que vous boirez en l'attendant.

Monsieur Pas-d'Pouce — la main lui sort, quatre doigts raides — n'en revient pas : une fille de quatorze ans, brave et jolie, qui ne figurait pas sur l'inventaire ! Mais cela change tout ! Sa main, il la met sur la table, il l'offre, il la donne, sa grosse main populaire. L'habitant, qui arrive sur les entrefaites,
25 l'aperçoit et dit :

— Je savais bien, Monsieur Pas-d'Pouce, que nous finirions par nous entendre.

Monsieur Pas-d'Pouce emmena la fille. Il la garda quatre ou cinq ans. Après quoi, anoblie par son service, elle trouva un bon parti.
30 — Va, lui dit-il, je ne t'oublierai pas.

En doute-t-elle ? Voici des noms : Angèle, Marie, Laure, Valéda, ses anciennes servantes établies çà et là dans le comté, chez qui il ne passe jamais sans arrêter, l'hiver, quand les hommes sont aux chantiers.

— Et puis veux-tu savoir ? Eh bien, j'assisterai à tes noces.
35 Monsieur Pas-d'Pouce tint parole. Il assista aux noces d'Armande, le ventre avantageux et la main sur la table. C'était pour la famille un grand honneur. Le marié se tenait près de lui, droit comme un cierge, brûlant de gratitude. Les femmes se trémoussaient dès qu'il les regardait. Il était le seigneur de la fête. Quant à l'habitant, il avait cédé la place, ne sachant plus très bien s'il
40 était encore le père d'Armande. On ne remarqua pas son absence. Assis sur la paille, au milieu des animaux taciturnes, il écoutait le bruit sec des cordes et la reprise de l'archet, mais n'entendait pas la musique. On dansa jusqu'à l'aube. Alors Monsieur Pas-d'Pouce, refermant les quatre doigts de sa main, mit la noce dans sa poche et s'en alla. Tout devint terne. Le violoneux s'arrêta
45 au milieu d'une gigue ; il raclait les nerfs, c'était intolérable. Armande se mit à pleurer. Un petit coq de misère sur la pagée grise chantait matines.

Contes, Hurtubise HMH (1968), Bibliothèque québécoise, 1993.

Bibliothèque nationale de France, Paris.
Camille Pissarro, *Paysan, le père Melon*, estampe, 1879.

1. Analysez le personnage de Monsieur Pas-d'Pouce.
   – Montrez comment Ferron se sert de la main de Monsieur Pas-d'Pouce pour traduire le caractère et les intentions du personnage.
   – Comment Monsieur Pas-d'Pouce illustre-t-il les caractéristiques du bourgeois ?

2. Comment ce conte donne-t-il à connaître les conditions de la femme à l'époque ?

3. Commentez la fin du texte tout en humour amer.

4. Le titre joue ici pleinement son rôle en contribuant à la signification du texte. Expliquez.

5. Pour être mieux apprécié, ce conte exige du lecteur une bonne connaissance de l'histoire du Québec. Partagez-vous cette opinion ? Expliquez.

6. Montrez que ce texte illustre certaines caractéristiques du conte philosophique en vous référant à la théorie sur ce genre présentée dans le chapitre.

LE ROMANTISME (1789 – 1870)

Événements politiques

1789 Début de la Révolution française ; ouverture des états généraux (5 mai).

1789 Prise de la Bastille (14 juillet).

1789 Abolition de la féodalité (4 août).

1789 Déclaration des droits de l'homme et du citoyen (26 août).

1792 Abolition de la royauté et proclamation de la Iʳᵉ République.

1793 Exécution de Louis XVI et de Marie-Antoinette.

1794 Exécution de Danton, Desmoulins, Robespierre et Saint-Juste.

1799 Coup d'État de Napoléon Iᵉʳ. Fin de la Révolution.

1804-1814 Premier Empire dirigé par Napoléon.

1814 Déchéance de Napoléon Iᵉʳ.

1814-1815 Première Restauration (retour à la monarchie), début du règne de Louis XVIII.

1815 Retour de Napoléon qui tente de reprendre le pouvoir : abdication de l'Empereur après la défaite de Waterloo (les Cent-Jours, mars à juin).

1815-1830 Seconde Restauration.

1815-1824 Règne de Louis XVIII.

1824-1830 Règne de Charles X.

1830-1848 Monarchie de Juillet : règne de Louis-Philippe.

1830 Prise d'Alger par la France.

1831 Indépendance de la Belgique.

1837-1901 En Angleterre, règne de Victoria.

1848 Révolution de février : abdication de Louis-Philippe (24 févr.) ; proclamation de la IIᵉ République (25 févr.), avec Lamartine comme président ; élection de Napoléon III (avr.).

1851 Coup d'État de Louis-Napoléon Bonaparte (2 déc.).

1852 Proclamation du Second Empire (2 déc.).

1861-1865 Guerre de Sécession aux États-Unis.

1867 Fédération canadienne.

1870 Guerre franco-prussienne : déclaration de guerre à la Prusse (juill.) ; défaite de la France (2 sept.) ; déchéance de Napoléon III (4 sept.).

1870 Défaite de l'armée française, perte de l'Alsace et d'une grande partie de la Lorraine. Le choc de la défaite s'inscrit dans l'inconscient collectif et alimente le désir de revanche et la montée du nationalisme.

1870 IIIᵉ République (1870-1940).

Contexte socioéconomique

1789-1799 Période de renversement des structures politiques, juridiques et religieuses. Fin de l'Ancien Régime.

1793 Début de la première Terreur au cours de laquelle sont guillotinés ou exécutés aristocrates, membres du clergé et opposants au nouveau régime.

1799 Fin de la Révolution.

1812 Campagne de Russie des guerres napoléoniennes dans le cadre de la politique d'annexion territoriale (mort d'environ un million de soldats).

1830 Révolution provoquée par des mesures impopulaires dont la suppression de la liberté de presse (révolution de juillet).

1837-1901 Plus long règne de la monarchie britannique. Ère dite victorienne, marquée par l'adhésion à un code moral strict.

1848 Abolition des titres de noblesse et proclamation du suffrage universel.

1851 Exil de Victor Hugo, député depuis 1848.

1852 Fin de la République, retour à l'Empire avec Napoléon III, neveu de Napoléon Bonaparte (Second Empire). Période de prospérité économique et de grands développements (ferroviaire, bancaire, industriel).

1853 Début des grands travaux du baron Haussmann, qui changent la physionomie même de Paris.

1860 Redivision de Paris en 20 arrondissements.

1865 Mouvement des suffragettes en Grande-Bretagne.

1868 Émancipation des esclaves aux États-Unis.

Beaux-arts, philosophie, sciences

1789 Foisonnement de journaux français et plus grande liberté de presse.

1790 Invention par le docteur Guillotin d'un instrument servant à trancher la tête des condamnés : la guillotine.

1791 Dernières grandes œuvres de Mozart : *La Flûte enchantée, Requiem*.

1795 Adoption en France du système métrique.

1800 Développement de l'électricité avec Volta et Ohm.

1829 Mise au point par Braille d'un système de lecture et d'écriture pour les aveugles.

1829 Éclairage au gaz dans les rues de Paris.

1830 Triomphe du romantisme musical français : Berlioz, *Symphonie fantastique*.

1831 Triomphe du romantisme dans la peinture française avec Delacroix : *La Liberté guidant le peuple*.

1835 De Tocqueville, *De la démocratie en Amérique*.

1837 Invention du télégraphe électrique par Samuel Morse.

1838 Premier daguerréotype, procédé photographique mis au point par Daguerre.

1843 Échec des *Burgraves* de Hugo, marquant la fin du romantisme français.

1844 Début de la télégraphie par le système de Morse.

1848 Début du réalisme en peinture avec Courbet et Daumier.

1852 Un Français fait décoller le premier dirigeable.

1855 Brûleur à gaz de Bunsen.

1859 Charles Darwin, *L'origine des espèces par la sélection naturelle*.

1863 Premier chemin de fer souterrain, à Londres.

1865 Lois de l'hérédité de Mendel.

1865 Claude Bernard, *Introduction à l'étude de la médecine expérimentale*.

1867 Exposition universelle de Paris.

1869 Classification périodique des éléments chimiques de Mendeleïev.

Chapitre 5

Le romantisme
Le triomphe de la subjectivité

Musée des Beaux-Arts, Brême.
Théodore Chassériau,
Portrait d'une fille, 1836.

PRÉSENTATION

Une entrée en matière

*Q*u'est-ce que le « romantisme » ? Le terme, communément employé comme synonyme de « sentimentalisme », peut parfois porter à confusion. Dans le domaine des arts, il s'applique à un courant qui prédomine durant toute la première moitié du XIXe siècle.

Une définition La révolution de 1789 et l'arrivée au pouvoir de Napoléon Bonaparte constituent deux événements clés qui permettent de mieux comprendre le romantisme français. En littérature, ce courant se caractérise par un regard subjectif sur le monde, empreint d'émotion et d'idéalisme.

Les principaux représentants Ses principaux représentants sont François René de Chateaubriand, Alphonse de Lamartine, Alfred de Musset et Alfred de Vigny, alors que Victor Hugo est reconnu comme leur chef de file. Chez les femmes, George Sand (pseudonyme d'Aurore Dupin) en est la plus illustre représentante.

Enfin, quelques succès prolongent l'influence du romantisme en France jusqu'à la fin du siècle, notamment *Cyrano de Bergerac* d'Edmond Rostand.

La représentation du monde

Le romantisme reflète une époque fortement perturbée par la révolution de 1789 en France. Cet événement renverse l'ordre social de *L'influence de la Révolution* l'Ancien Régime, fondé sur les privilèges, et le remplace par un autre répondant à des principes d'égalité, de liberté et de fraternité. Or, le combat pour ces idéaux déclenche un déferlement de violence qui atteint toutes les couches de la société et s'étend à l'ensemble de l'Europe. Pour illustrer l'ampleur du soulèvement populaire, rappelons que les conflits armés opposant royalistes et insurgés font 40 000 victimes. De plus, la guillotine est dressée en permanence sur la place de la Révolution à Paris et coupe 2600 têtes, dont celles du roi Louis XVI et de la reine Marie-Antoinette, celles des membres du clergé et de la noblesse et même celles des principaux meneurs révolutionnaires, soit Danton, Desmoulins, Robespierre et Saint-Just.

Ces pertes sont à la mesure des espoirs que suscite cette action collective. Réclamant du pain, de meilleures conditions de vie et l'accès à l'instruction, les classes populaires désirent en fait que l'on mette

Antoine-François Sergent-Marceau, *Paris gardé par le peuple*, Révolution française, nuit du 12 au 13 juillet 1789, 1789.

Musée de l'Armée, Paris.
Dominique Ingres, *Napoléon Ier sur le trône impérial en costume de sacre*, 1806.

fin à leur exclusion du système social et politique, et que leurs droits civiques soient reconnus. Pourtant, même si le peuple prend conscience de sa force politique, il devra patienter encore pour que son désir de justice sociale soit satisfait. En effet, c'est la bourgeoisie qui profite le plus de la Révolution. Souhaitant se substituer à la noblesse dans la gestion des affaires de l'État et prendre en main l'économie, les bourgeois accaparent les postes de pouvoir, tout en s'enrichissant par la spéculation. Ainsi, bien que la Révolution ait effectivement modifié les institutions, elle n'a pu satisfaire autant d'intérêts divergents. Aussi les lendemains sont-ils fortement teintés de désillusion.

Un sentiment d'inquiétude gagne en effet la génération qui subit les conséquences du régicide (l'exécution du roi). La manière de vivre fastueuse et désinvolte de la noblesse est désormais désuète. Remises en cause par les idéaux révolutionnaires, les valeurs traditionnelles, tout comme la foi en Dieu, se révèlent insuffisantes pour affronter un monde en profonde mutation. Dans ce contexte, la tentation est grande de s'en remettre à un héros pour résoudre le malaise. Or, il s'en profile justement un à l'horizon…

Napoléon Bonaparte, « ce prodigieux phénomène de volonté », comme le désigne Balzac, doit à son seul mérite sa rapide ascension vers le pouvoir. En effet, ses origines le desservent : il est Corse, de souche italienne, et sa famille appartient à la petite noblesse. Toutefois, il fait rapidement ses preuves dans la carrière militaire. Ses victoires, d'abord contre les factions royalistes puis contre les armées européennes, lui permettent de gravir les échelons militaires jusqu'au rang de général et lui gagnent la faveur du peuple français. Après le coup d'État qu'il a orchestré en 1799, Bonaparte se fait nommer consul, puis Premier consul à vie en 1802. Sa gestion des affaires de l'État répond aux espoirs qu'on a fondés sur lui : il met fin à l'instabilité des gouvernements révolutionnaires, réorganise les finances et la justice, promulgue un Code civil, crée la Légion d'honneur et restructure le secteur de l'éducation. Ces réformes font taire l'opposition et, en 1804, au cours d'une cérémonie fastueuse, Bonaparte est proclamé empereur des Français.

L'importance de Napoléon Bonaparte

Bourgeoisie : *classe composée de négociants, de chefs d'entreprise et de représentants des professions libérales.*

Noblesse : *classe à laquelle sont associés des privilèges et des titres légués de père en fils.*

Par ce retour à un régime absolutiste et héréditaire, Napoléon Ier trahit les idéaux révolutionnaires qu'il avait d'abord défendus. Pour se maintenir au pouvoir, il ne recule ni devant l'assassinat politique ni devant les répressions sanglantes (par exemple en Espagne, quand la population se soulève contre l'occupation française). Pour servir sa gloire et étendre l'Empire, il mène des guerres qui déciment sa Grande Armée. Les défaites militaires, dont celles de Waterloo en 1815, entraînent d'ailleurs sa chute et son abdication. Sa progression fulgurante comme sa fin pathétique, alors qu'il est déchu et exilé sur l'île de Sainte-Hélène, en font l'incarnation même des personnages de contes : à la fois magicien et sorcier, sauveur et paria, bourreau et victime, ogre et Petit Poucet.

La singulière destinée de Napoléon marque d'autant plus les mentalités que ses successeurs ne se montrent pas à la hauteur. En effet, la Restauration, qui marque le retour à la monarchie, déçoit : Louis XVIII (1814-1824), frère de Louis XVI (exécuté au moment de la Révolution), accepte le concept d'une monarchie constitutionnelle mais n'arrive pas à imposer sa politique de compromis. Son frère, Charles X, qui lui succède jusqu'en 1830, s'avère un réactionnaire borné qui souhaite revenir à l'Ancien Régime. Ni l'un ni l'autre ne satisfont les exigences d'une jeunesse qui a grandi au rythme des victoires napoléoniennes et qui est sans cesse à l'affût de défis qui exalteraient son imagination. La révolution de juillet 1830 porte au pouvoir le roi Louis-Philippe, qui s'est déjà montré favorable aux idées de la révolution ; mais lui aussi se prend au jeu du pouvoir et son règne se solde par une nouvelle insurrection, celle de 1848, qui marque la fin du régime monarchiste en France. Le prince Charles Louis Napoléon, neveu de Napoléon Bonaparte, est alors élu président de la IIe République. En 1852, à la suite d'un

Vue du Creusot en 1860 (Saône-et-Loire), gravure sur bois, 1875.

coup d'État, il rétablit l'Empire et prend le nom de Napoléon III. Toutefois, après une période de prospérité, ce Second Empire se solde également par la déchéance de l'empereur devenu impopulaire après la défaite aux mains des Prussiens en 1870. Cela marque le retour à la République, avec un gouvernement et un chef d'État désormais élus au suffrage universel (qui exclut cependant les femmes).

Enfin, emboîtant le pas à l'Angleterre, la France s'industrialise progressivement, ce qui contribue à l'ébranlement de l'ordre social. Les populations *La civilisation industrielle* vont bientôt se déplacer de la campagne à la ville pour trouver de l'emploi. On assiste ainsi à l'apparition d'une nouvelle classe sociale, le prolétariat. Sans aucune protection sociale, les ouvriers travaillent dans des conditions difficiles, jusqu'à treize heures par jour, et les enfants sont aussi mis à contribution, souvent dès l'âge de six ans. Alors que s'installe une ségrégation dans l'habitat qui isole les plus démunis dans des quartiers mal desservis, les épidémies dévastatrices se multiplient contre lesquelles il existe peu de remèdes. Ainsi, en l'espace d'un siècle, on verra la civilisation industrielle, portée par l'invention de techniques comme la machine à vapeur et par le développement du *L'ouverture à la modernité* rail, se substituer à la civilisation agraire, entraînant un lot de transformations profondes qui rapprochent la France postrévolutionnaire de celle d'aujourd'hui.

Monarchie constitutionnelle : *régime où l'autorité du roi s'exerce dans un cadre défini par des lois.*

République : *en France, régime présidentiel, démocratique, instauré en remplacement de la monarchie et de l'empire.*

Empire : *régime politique de la France établi par Napoléon Ier.*

Suffrage universel : *droit des électeurs de choisir leur gouvernement par scrutin secret. Il est à noter que le mot « universel » prête à confusion puisque, dans certains pays, une partie de la population est privée du droit de vote. C'est le cas notamment des femmes en France, qui n'obtiennent le droit de vote qu'en 1944. Dans certains pays, les minorités ethniques, les immigrants et les prisonniers peuvent aussi en être privés.*

Prolétariat : *classe ouvrière.*

Les faits suivants témoignent de cette ouverture à la modernité :

- Désormais les Français ne sont plus sujets du roi, mais citoyens de la nation et, à ce titre, ils sont protégés par une Déclaration des droits de l'homme et du citoyen.
- On leur reconnaît donc une égalité de droits à la naissance, une égalité devant la loi et devant l'impôt (c'est la fin des privilèges), et une liberté de presse, de conscience et de travail.
- Le suffrage est universel (le droit de vote ne dépend plus de la fortune mais ne s'étend pas encore aux femmes ; les Françaises ne l'obtiendront qu'en 1944).
- Après avoir fait l'expérience de différents gouvernements constitutionnels, en 1870, la France opte définitivement pour un gouvernement républicain et démocratique.
- Le prolétariat fait son apparition : exploités et démunis, les ouvriers chercheront bientôt les moyens de revendiquer de meilleures conditions de travail et des salaires décents.

L'écrivain romantique et son lecteur

Il existe un mythe de l'écrivain romantique, soit celui d'un individu solitaire et narcissique, qui se sert de l'écriture à des fins thérapeutiques. Jean-Jacques Rousseau, considéré comme un prédécesseur du romantisme, est à l'origine de *Le mythe de l'écrivain solitaire* cette conception, notamment parce qu'il met en vogue l'écriture autobiographique. Alfred de Musset confirme cette vision puisqu'il poursuit dans cette même veine, tout en correspondant, par son caractère mélancolique, aux traits généralement attribués à l'écrivain romantique. De façon générale, il est juste d'affirmer que les romantiques sont des adeptes du lyrisme et qu'ils aiment faire part au lecteur de leur drame personnel. Ils s'attachent à dépeindre leurs amours, à confier leurs émotions ; ils nous entraînent même dans leur intimité en décrivant des scènes de la vie familiale.

Cette représentation est toutefois incomplète. *L'engagement social et politique* Nombreux sont les écrivains romantiques qui ont milité pour leurs idées, allant même jusqu'à s'engager très activement en politique. Le poète Lamartine, par exemple, dirige le gouvernement provisoire de 1848 ; Hugo est condamné à l'exil en raison de ses prises de position, notamment contre Napoléon III. Plusieurs se considèrent comme des prophètes ayant reçu de Dieu la mission d'éduquer le peuple. Les écrivains romantiques, en effet, renouent avec la religion, de nouveau perçue comme un baume pouvant soulager la misère humaine. Ainsi, ils prennent leurs distances par rapport au rationalisme du siècle des Lumières et remettent en cause le scepticisme des philosophes, en discréditant Voltaire en particulier. Dans leur vision sociale, ils idéalisent le peuple avec des personnages qui servent à illustrer un discours politique empreint de valeurs moralisatrices : le paria devient un saint ; la femme de mauvaise vie révèle des vertus cachées. Les écrivains ne s'adressent d'ailleurs plus à un cercle restreint de lecteurs comme aux siècles précédents puisque l'alphabétisation progresse à grands pas. Depuis la Révolution, d'ailleurs, les très nombreux journaux contribuent à l'éveil des masses populaires qui se sentent désormais concernées par la vie politique.

Quelle est la part d'innovation des écrivains romantiques dans l'histoire littéraire ? Ils ont libéré *Le saut dans la modernité* la poésie en assouplissant le vers pour le mettre au service d'une expression personnelle, plus proche des émotions ; ils ont contribué à ouvrir des horizons, de sorte que le roman, par exemple, puisse à la fois servir les buts de la confidence et de l'épopée populaire ; ils ont renouvelé les genres, entre autres au théâtre, en redéfinissant la nature du drame déjà introduit par Diderot et en lui attribuant une portée plus universelle. En fait, ils ont apporté une nouvelle façon de voir le monde, de rêver et d'aimer. Les romantiques font faire le saut dans la modernité.

Musée national SMPK, Berlin.
Josef Danhauser, *Liszt au piano*, 1840. On reconnaît, de gauche à droite, Musset, Hugo, Sand, Paganini, Rossini, Liszt, Marie d'Agoult et un buste de Beethoven.

*U*n courant littéraire se distingue d'un autre par les réponses qu'il apporte aux questions d'ordre esthétique. Les écrivains romantiques réagissent contre la rigueur classique tout en rejetant le rationalisme des Lumières. Par ailleurs, ils revendiquent une parenté d'esprit avec certains écrivains, en particulier Jean-Jacques Rousseau, qui faisait d'ailleurs figure de marginal au siècle précédent. Il reste néanmoins que leur conception de l'art est empreinte d'une grande originalité esquissée dans les quelques caractéristiques suivantes.

Les traits distinctifs de la littérature romantique

1. La littérature de l'imaginaire et de la liberté

Les écrivains romantiques préfèrent la liberté aux règles rigides du siècle classique ; plutôt que de s'inspirer des grands auteurs de l'Antiquité, ils sont en quête d'originalité et puisent la substance de leurs textes dans leur histoire personnelle ou dans leur imagination débordante, ce qui ne les empêche pas d'atteindre à l'universalité, bien au contraire. Ce sont d'ailleurs d'admirables conteurs, qui créent des personnages inoubliables, plus grands que nature, sublimes et comiques à la fois comme les mousquetaires d'Alexandre Dumas, ou grotesques et héroïques comme le Quasimodo de Victor Hugo. Ils inventent des intrigues à multiples rebondissements, ne reculant ni devant le merveilleux, ni devant le fantastique pour maintenir l'intérêt du lecteur. Enfin, ils savent traduire une époque imprégnée des idéaux de la Révolution, et qui a vu l'exaltation des grandes conquêtes de Napoléon. Aussi la poursuite de la liberté, le désir d'échapper à la médiocrité en devenant héros, le salut par l'amour purificateur sont-ils tous des thèmes récurrents de la littérature romantique.

Dans leur exploration, les romantiques retiennent surtout les éléments susceptibles de renouveler l'écriture. De là leur intérêt pour le drame et pour le roman, qui sont des genres relativement nouveaux. Quant à la poésie qui était un genre déclassé au siècle précédent, les romantiques lui redonnent vie en assouplissant le vers et en rapprochant la figure de style de l'émotion à la source du poème. La figure de style n'est donc plus perçue uniquement comme un agrément du vers.

2. La littérature du cœur

Thème d'inspiration fondamental, l'amour est présent partout dans la littérature romantique. Dans les poèmes, la bien-aimée est généralement perçue comme une muse qui porte le poète à s'élever vers l'idéal. Dans les romans, l'amour est souvent malheureux, car les obstacles sont nombreux : les amants peuvent être séparés par l'origine sociale (le laquais aime une reine dans *Ruy Blas* et un noble éprouve une passion destructrice pour une bohémienne dans *Carmen*), par l'aspect physique (un être monstrueux se languit pour une jolie femme dans *Notre-Dame de Paris*) ou par d'autres critères. Des principes moraux semblent orienter la conception des personnages. Les femmes virginales, celles que les hommes souhaitent épouser, sont angéliques et lumineuses, avec des yeux qui reflètent l'innocence. Elles évoquent la pureté jusque dans la maternité alors que les femmes vénales, celles que les hommes prennent comme maîtresses, sont brunes et exercent souvent le métier de danseuse, considéré comme peu digne à l'époque. Les héroïnes qui toussent parce qu'elles sont atteintes de tuberculose, maladie incurable, sont aussi présentes et leur destinée tragique tire les larmes du lecteur ou du spectateur. D'ailleurs, la pitié étant un ressort important, plusieurs intrigues sombrent dans le mélodrame.

Souvent poètes ou artistes, les héros masculins, jeunes et impétueux, sont des êtres complexes, à la personnalité souvent dédoublée, à la fois portés vers la violence et la tendresse. Leur idéal peut les mener au suicide (*Ruy Blas*) ou à l'assassinat (*Lorenzaccio*) ou les placer devant l'échec. Ils sont prêts à tout sacrifier pour leur amour, jusqu'à renier leur milieu ou fuir en Amérique ou ailleurs (*Carmen*). Fréquemment possessifs et jaloux, ils ne reculent pas devant le meurtre quand leur amante est infidèle.

3. La littérature de la subjectivité

Poètes ou romanciers, les écrivains romantiques privilégient le lyrisme et l'épanchement du « moi ». S'ils mettent leur plume au service de grandes causes, c'est pour convaincre en faisant appel aux sentiments plutôt qu'à la raison. Poursuivant dans la veine de l'écriture autobiographique initiée par Jean-Jacques Rousseau, ils usent du ton de la confidence pour gagner la sympathie du lecteur. Se servant de la nature comme d'un exutoire à leurs états d'âme, ils tentent de fuir le tumulte des villes pour aller à la rencontre de Dieu. Leur prédilection va à des paysages de ruines, baignés de brume plutôt qu'irradiés de soleil, car ils sont portés à la nostalgie. Souvent dépressifs, voire suicidaires, ils rendent la société responsable du malaise existentiel qu'ils ressentent. On nomme d'ailleurs communément le « mal du siècle » cette angoisse métaphysique que Benjamin Constant évoque en ces termes : « Je découvrais en moi une telle absence d'énergie et je concevais un tel mépris de moi-même, que ce jour-là, très sérieusement, je désespérai de ma vie. » Nombreux sont les écrivains qui se sentent orphelins dans le monde et qui se sentent impuissants à changer le cours des choses, comme si le temps de la vaillance était irrémédiablement révolu et que le siècle n'offrait plus d'occasion, comme à l'époque de Napoléon, de se distinguer et de devenir héros.

4. La littérature du rêve et de l'évasion

Repoussant le concept d'une beauté immuable, reproductible et universelle, les romantiques jettent les bases d'une littérature qui exprime l'âme de la nation tout en restant ouverte aux influences étrangères : ils vouent une immense admiration à Shakespeare (1564-1616), mais aussi à Goethe (1749-1832) et à Byron (1788-1824) qui ont respectivement marqué le romantisme allemand et anglais.

Les romantiques éprouvent aussi le désir de s'évader, en voyageant dans l'espace, vers l'Italie, l'Espagne, l'Amérique ou les pays orientaux ; dans le temps, vers le Moyen Âge ; dans leur univers intérieur, par le rêve. Appréciant le folklore et les traditions locales, ils excellent aussi à évoquer les parfums et les couleurs qui font le charme des pays visités, tout en émaillant leurs récits d'expressions dialectales. Sensibles au mythe de la pureté originelle, comme l'avait été avant eux Jean-Jacques Rousseau (1712-1778), ils poussent toujours plus loin vers les contrées exotiques afin d'échapper à la corruption qui ronge, selon eux, la civilisation européenne. Dans la foulée de Jules Michelet, un grand historien de l'époque, on constate par ailleurs une forte prédilection pour l'approche historique jusque dans la fiction.

Collection privée, Brême.
Eugène Delacroix, *Famille marocaine*, 1833.

Finalement, la littérature fantastique, que l'on appelle « romantisme noir » à cause de l'attraction que ressentent les personnages pour la perversité et les atmosphères morbides, s'inscrit aussi dans ce désir d'évasion.

5. La littérature de l'idéal : la quête de Dieu et de la justice sociale

La littérature romantique tente de concilier les idéaux de la religion catholique avec ceux de la Révolution. La littérature ne tient plus désormais le peuple à l'écart, et les écrivains s'inspirent de la religion pour proposer des solutions à sa misère. Cependant, le Dieu qu'ils présentent dans leurs œuvres ne correspond pas tout à fait à celui du dogme chrétien : il est en quelque sorte « repensé » et se montre plus compatissant, plus sensible aux malheurs de l'humanité. Enfin, même si l'injustice et la misère des indigents le révoltent, le héros romantique demeure individualiste dans ses tentatives pour échapper à sa condition. Les concepts de bonté ou d'humanisme sont ici plus forts que ceux de la solidarité de classe que l'on retrouvera plus volontiers dans les romans réalistes de l'époque suivante.

Tableau synthèse

La littérature romantique : un regard subjectif et émotif sur le monde

Traits dominants et intentions des écrivains	Caractéristiques
Littérature du « moi » *Peindre la réalité d'un point de vue subjectif.*	• Poésie lyrique. • Récits confidentiels et autobiographies déguisées. • Personnages au comportement individualiste.
Littérature du cœur *Exprimer ses émotions et en susciter chez le lecteur.*	• Thèmes de l'amour, de la passion et de l'ennui de vivre. • Obsession de la mort et du temps qui passe. • Personnages masculins excessifs (artistes rêveurs, héros désillusionnés, amants ténébreux) ; personnages en contraste, monstrueux. • Personnages féminins idéalisés (jeunes vierges, mères admirables, femmes fatales).

Littérature de l'évasion
Exprimer la communion avec la nature ou créer un effet de pittoresque.
	• Évasion dans la nature qui se voit attribuer les rôles suivants :
	  — refuge pour fuir la civilisation ;
	  — incarnation de la grandeur divine ;
	  — miroir de la sensibilité du poète.
	• Évasion vers des pays étrangers : description des mœurs et des traditions locales (couleur locale).
	• Évasion dans le passé : goût manifeste pour l'histoire (romans et drames historiques du Moyen Âge au XVIIIe siècle).
	• Évasion dans le rêve et l'univers intérieur (personnages artistes, romans confidentiels).
	• Description de ruines et de lieux isolés.
	• Tonalité sombre et jeu de contraste noir/rouge.
	• Style imagé.

Littérature de l'idéal *Combiner la quête de Dieu et celle de la justice sociale.*	• Rôle de l'écrivain-prophète. • Importance de la Révolution et de Napoléon comme sources d'inspiration. • Idéalisation des personnages (même les personnages grotesques). • Traitement moralisateur des thèmes à caractère social.
Littérature de libération *Assurer la primauté de l'inspiration sur l'imitation et le respect des règles.*	• Importance de tous les thèmes hérités de la Révolution. • Assouplissement du vers, dans la poésie comme au théâtre. • Invention de genres nouveaux, comme le drame romantique. • Recours à divers types de narration. • Ouverture du lexique à tous les registres, du terme familier au terme littéraire.

Victor Hugo, le chef de file du romantisme

Une courte biographie

Né en 1802, Victor Hugo a 12 ans au moment de l'abdication de Napoléon Ier. Il a grandi au rythme des victoires de l'empereur, et cela d'autant plus que son père est général dans la Grande Armée. Troisième d'une famille de cinq enfants, il lit tout sous le regard indulgent d'une tendre mère. En 1822, il épouse son amour de jeunesse, Adèle Foucher, avec qui il aura cinq enfants, dont une fille, Léopoldine, qui se noie dans les eaux de la Seine alors que l'autre, Adèle, suit un soldat en Amérique et devient folle. Plus tard, il s'attache à Juliette Drouet, sa maîtresse jusqu'à la fin de ses jours, sans cesser toutefois d'avoir de nombreuses aventures.

À 20 ans, il publie son premier recueil, *Odes*, et place son ambition littéraire très haut, puisqu'il veut devenir l'égal de Chateaubriand, écrivain alors très prestigieux. Il va le surpasser puisqu'il excelle dans tous les genres (poésie, roman, théâtre et essai) et devenir ainsi le chef de file admiré de l'école romantique. C'est lui qui élabore les grandes lignes de l'esthétique du groupe dans la *Préface de Cromwell* (1827), dès lors perçue comme un manifeste percutant du romantisme. Il y stipule entre autres l'importance du grotesque, entendu ici dans le sens d'une représentation de la culture populaire, en complément du sublime, prisé par les écrivains classiques. Il favorise en tout l'expression du naturel : dans le lexique, désormais moins affecté, plus familier ; dans la versification, moins soumise aux contraintes de la régularité classique ; dans l'écriture dramatique, qu'il libère de la règle des trois unités. Son drame en vers *Hernani*, représenté en 1830, illustre les grands points de sa doctrine. Pour assurer le succès de la pièce, mais aussi pour mieux affronter les tenants du classicisme, Hugo organise une première retentissante en convoquant tous ses amis qui forment un attroupement à la fois excentrique et exubérant. Cet événement, par son éclat, contribue à la reconnaissance du romantisme en France, tout en confirmant l'autorité de Hugo. Celui-ci arrive à maintenir une certaine cohésion dans le groupe en tenant salon chez lui. Ce cénacle devient le lieu privilégié des échanges, là où germent les projets d'écriture.

Progressivement, Hugo va aussi évoluer au point de vue idéologique, délaissant ses convictions monarchistes pour devenir républicain et adopter de plus en plus les valeurs du libéralisme, et même du socialisme. Élu député en juin 1848, il finit par dénoncer avec virulence le gouvernement de Napoléon III qui, de son point de vue, favorise la prédominance de « la police sur la justice ». Comme lui, la plupart des écrivains romantiques se feront d'ailleurs les chantres des valeurs héritées de la Révolution : liberté, égalité et fraternité.

Prenant le chemin de l'exil, il compose alors des œuvres majeures, *Les Châtiments* (1853), *La Légende des siècles* (1859), et quelques-uns de ses grands romans, dont *Les Misérables* en 1862. Joignant l'acte à la parole, il ne cesse de combattre l'injustice ou de se porter à la défense des plus démunis de la société. Il finit ainsi par incarner, pour les Français eux-mêmes, ce prophète qu'il décrit dans *Les Rayons et les Ombres* :

> *Le poète en des jours impies*
> *Vient préparer des jours meilleurs*
> *Il est l'homme des utopies ;*
> *Les pieds ici, les yeux ailleurs.*
> *C'est lui qui sur toutes les têtes,*
> *En tout temps, pareil aux prophètes,*
> *Dans sa main, où tout peut tenir,*
> *Doit, qu'on l'insulte ou qu'on le loue,*
> *Comme une torche qu'il secoue,*
> *Faire flamboyer l'avenir !*

À sa mort, à l'âge de 84 ans, il a droit à des funérailles nationales grandioses. C'est un génie de la littérature qui vient de s'éteindre : grâce à une production d'une richesse et d'une variété inouïes, il a ouvert au lecteur de multiples horizons, lui faisant faire un retour en arrière au temps du Moyen Âge ou l'emmenant sur les routes de l'Orient, ou encore à la découverte de paysages intérieurs ou des joies de l'enfance, notamment en vantant l'art d'être grand-père. Pour Hugo, tout est source d'inspiration et il s'est fait une joie de jongler avec tous les mots et toutes les émotions.

L'influence de Hugo sur la poésie romantique

Dans l'esprit de Hugo, il ne fait aucun doute que la poésie est le genre littéraire par excellence, capable d'exprimer toutes les émotions et de faciliter la compréhension du monde. Lui-même d'ailleurs ne se définit jamais autrement que comme poète. Emboîtant le pas à Hugo, Musset propose un portrait du poète qui met l'accent sur la gratuité de l'écriture poétique :

> *Chanter, rire, pleurer, seul, sans but, au hasard ;*
> *D'un sourire, d'un mot, d'un soupir, d'un regard*
> *Faire un travail exquis, plein de crainte et de charme*
> *Faire une perle d'une larme :*
> *Du poète ici-bas voilà la passion,*
> *Voilà son bien, sa vie et son ambition.*
> (« L'Impromptu »)

Ainsi, si Hugo a effectivement mis de l'avant le rôle social du poète, alors que Musset met l'accent sur la gratuité de l'écriture poétique, il n'en reste pas moins que ces deux conceptions apparaissent généralement comme complémentaires aux yeux des romantiques, puisque plusieurs d'entre eux ont pratiqué à la fois la poésie engagée et la poésie lyrique. Dans l'histoire de la poésie, il arrive toutefois que ces conceptions s'opposent.

Vous trouverez d'autres renseignements sur Hugo aux pages 194, 196, 198 à 201, 219 et 220.

La poésie

La poésie romantique retrouve le chemin de l'imagination et de la liberté, sans pour autant rompre totalement avec le passé, puisque le vers et la rime sont préservés.

- L'émotion est au centre du poème : c'est la source d'inspiration essentielle.

- Les poètes considèrent toutefois que la régularité figée de l'alexandrin classique, avec sa césure automatique à la sixième syllabe, ne permet pas de faire fluctuer le rythme au gré du changement d'émotion. Ils vont jouer du rejet et de l'enjambement tout en modifiant la coupe du vers pour mieux traduire cette fluctuation.

   Voici des exemples d'alexandrins réguliers classiques, avec césure (//) au centre :

   > *Vingt fois sur le métier // remettez votre ouvrage ;*
   > *Polissez-le sans cesse // et le repolissez*
   > *Ajoutez quelquefois, // et souvent effacez.*
   > (Nicolas Boileau, *L'Art poétique*)

   Voici des exemples d'alexandrins romantiques, avec des coupes multiples (ici mises en relief par la ponctuation) et avec un rejet (souligné dans le texte) et des enjambements (la première phrase court sur trois vers ; le dernier vers complète, sur le plan de la syntaxe, le vers précédent) :

   > *On voyait des clairons à leur poste gelés*
   > *Restés debout, en selle et muets, blancs de givre,*
   > *Collant leur bouche en pierre aux trompettes de cuivre.*
   > *Boulets, mitrailles, obus, mêlés aux flocons blancs,*
   > <u>*Pleuvaient*</u> *; les grenadiers, surpris d'être tremblants,*
   > *Marchaient pensifs, la glace à leur moustache grise.*
   > (Victor Hugo, *Les Châtiments*)

- Contrairement aux écrivains classiques, les écrivains romantiques considèrent que la beauté doit être accessible à tous. Ils puisent dans le lexique familier, alors que les classiques favorisaient le registre littéraire.

   Par exemple, les classiques nommaient « trépas » ce que les romantiques appelleront plus familièrement la « mort » ; l'« hymen » des classiques deviendra le « mariage » dans la poésie romantique.

- Chez les classiques, la figure de style servait à agrémenter le message, et le vers à enjoliver le discours. Chez les romantiques, elle doit traduire l'émotion de façon très juste : dans un poème portant sur la guerre par exemple, il faut désormais faire sentir, voir et entendre les obus qui éclatent, les armes qui s'entrechoquent et les corps qui tombent.

- La poésie lyrique, que les poètes romantiques privilégient, porte les marques de cette recherche : la nostalgie, sentiment privilégié des romantiques, s'exprime dans la description d'une nature aux teintes souvent crépusculaires, puisqu'il s'agit aussi de traduire l'anxiété devant le temps qui passe.

- Désireux, en outre, de préserver le caractère épique de la poésie hérité du Moyen Âge, époque qui les inspire particulièrement, les romantiques aiment célébrer les grands exploits d'un personnage, en particulier ceux de Napoléon, qui incarne le grandiose à leurs yeux. Ces poèmes servent souvent de véhicule à leurs aspirations sociales et prennent pour cela des accents polémiques.

- Les poètes romantiques déploient aussi des trésors de virtuosité pour insuffler un caractère ludique à leur poésie, comme en témoigne un poème comme « Les Djinns » de Victor Hugo.

- Inspiré par la Révolution, Hugo aura ainsi voulu, en quelque sorte, « démocratiser » la poésie, c'est-à-dire la rendre accessible à tous, comme en témoigne l'extrait suivant, et cette option sera généralement entérinée par les autres romantiques :

> J'ai pris et démoli la bastille des rimes.
> J'ai fait plus : j'ai brisé tous les carcans de fer
> Qui liaient le mot peuple, et tiré de l'enfer
> Tous les vieux mots damnés, légions sépulcrales ;
> J'ai de la périphrase écrasé les spirales,
> Et mêlé, confondu, nivelé sous le ciel
> L'alphabet, sombre tour qui naquit de Babel ;
> Et je n'ignorais pas que la main courroucée
> Qui délivre le mot, délivre la pensée.
> [...]
> J'ai dit aux mots : Soyez république ! soyez
> La fourmilière immense, et travaillez ! croyez,
> Aimez, vivez ! — J'ai mis tout en branle, et, morose,
> J'ai jeté le vers noble aux chiens noirs de la prose.
> [...]
> Le mouvement complète ainsi son action.
> Grâce à toi, progrès saint, la Révolution
> Vibre aujourd'hui dans l'air, dans la voix, dans le livre.
> Dans le mot palpitant le lecteur la sent vivre.
> Elle crie, elle chante, elle enseigne, elle rit.
> Sa langue est déliée ainsi que son esprit.
> Elle est dans le roman, parlant tout bas aux femmes.
> Elle ouvre maintenant deux yeux où sont deux flammes,
> L'un sur le citoyen, l'autre sur le penseur.

> (*Les Contemplations*, Livre premier, VII, extrait de « Réponse à un acte d'accusation », 1856)

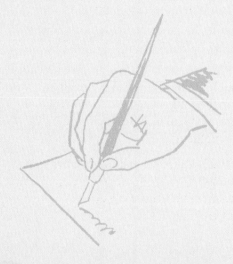

LE LAC

Ainsi, toujours poussés vers de nouveaux rivages,
Dans la nuit éternelle emportés sans retour,
Ne pourrons-nous jamais sur l'océan des âges
    Jeter l'ancre un seul jour ?

5 Ô lac ! l'année à peine a fini sa carrière,
Et près des flots chéris qu'elle devait revoir,
Regarde ! je viens seul m'asseoir sur cette pierre
    Où tu la vis s'asseoir !

Tu mugissais ainsi sous ces roches profondes,
10 Ainsi tu te brisais sur leurs flancs déchirés,
Ainsi le vent jetait l'écume de tes ondes
    Sur ses pieds adorés.

Un soir, t'en souvient-il ? nous voguions en silence ;
On n'entendait au loin, sur l'onde et sous les cieux,
15 Que le bruit des rameurs qui frappaient en cadence
    Tes flots harmonieux.

Tout à coup des accents inconnus à la terre
Du rivage charmé frappèrent les échos :
Le flot fut attentif, et la voix qui m'est chère
20   Laissa tomber ces mots :

« Ô temps ! suspends ton vol, et vous, heures propices !
    Suspendez votre cours :
Laissez-nous savourer les rapides délices
    Des plus beaux de nos jours !

25 « Assez de malheureux ici-bas vous implorent,
    Coulez, coulez pour eux ;
Prenez avec leurs jours les soins qui les dévorent,
    Oubliez les heureux.

« Mais je demande en vain quelques moments encore,
30   Le temps m'échappe et fuit ;
Je dis à cette nuit : Sois plus lente ; et l'aurore
    Va dissiper la nuit.

« Aimons donc, aimons donc ! de l'heure fugitive,
    Hâtons-nous, jouissons !
35 L'homme n'a point de port, le temps n'a point de rive ;
    Il coule, et nous passons ! »

Temps jaloux, se peut-il que ces moments d'ivresse,
    Où l'amour à longs flots nous verse le bonheur,
S'envolent loin de nous de la même vitesse
40   Que les jours de malheur ?

Eh quoi ! n'en pourrons-nous fixer au moins la trace ?
Quoi ! passés pour jamais ! quoi ! tout entiers perdus !
Ce temps qui les donna, ce temps qui les efface,
    Ne nous les rendra plus !

LA POÉSIE

Genre littéraire où le sens est suggéré par les images et par le rythme (souvent associé à l'emploi du vers).

Le lyrisme à la source du romantisme

Alphonse de Lamartine (1790-1869)

Né au lendemain de la Révolution, Lamartine appartient à la première génération d'écrivains romantiques. Son premier recueil, *Les Méditations poétiques*, au titre évocateur, instaure une nouvelle manière de se confier et de regarder le monde : les références au paysage sont un moyen pour lui de traduire le malaise et l'amertume. Sa poésie inspire toute une génération de lecteurs qui reprend goût à un genre mis de côté par les philosophes du siècle des Lumières. Il ouvre la voie au romantisme en France. Comme bien d'autres de ses contemporains, Lamartine partage sa vie entre ses activités littéraires et politiques : en 1848, il dirige le gouvernement provisoire avant de se présenter aux élections présidentielles la même année.

(suite à la page suivante)

(suite)

Tiré des *Méditations poétiques*, le poème ci-contre est l'un
des plus connus de l'œuvre de
Lamartine. Il a été écrit en souvenir d'une jeune femme que l'auteur a tendrement aimée. Cette
méditation sur la vie illustre aussi
le rôle que joue la nature dans
la poésie romantique, soit celui
d'être un miroir de la sensibilité.

45 Éternité, néant, passé, sombres abîmes,
Que faites-vous des jours que vous engloutissez ?
Parlez : nous rendrez-vous ces extases sublimes
        Que vous nous ravissez ?

Ô lac ! rochers muets ! grottes ! forêt obscure !
50 Vous que le temps épargne ou qu'il peut rajeunir,
Gardez de cette nuit, gardez, belle nature,
        Au moins le souvenir !

Qu'il soit dans ton repos, qu'il soit dans tes orages,
Beau lac, et dans l'aspect de tes riants coteaux,
55 Et dans ces noirs sapins, et dans ces rocs sauvages
        Qui pendent sur tes eaux !

Qu'il soit dans le zéphyr qui frémit et qui passe,
Dans les bruits de tes bords par tes bords répétés,
Dans l'astre au front d'argent qui blanchit ta surface
60   De ses molles clartés !

Que le vent qui gémit, le roseau qui soupire,
Que les parfums légers de ton air embaumé,
Que tout ce qu'on entend, l'on voit ou l'on respire,
        Tout dise : Ils ont aimé !

Les Méditations poétiques, 1820.

1. Analysez la première strophe.
   – À qui renvoie le sujet « nous » dans le troisième vers ?
   – Quel est le point commun entre les figures de style ?
   – Que suggèrent les figures de style ?
   – En quoi cette strophe fait-elle en quelque sorte figure d'introduction ?

2. Le lac fait l'objet d'une personnification (attribution de traits humains à ce qui n'est pas humain) qui se poursuit sur plusieurs vers. Relevez des passages qui illustrent ce procédé stylistique.

3. Une deuxième personnification intervient de la sixième à la neuvième strophe.
   – À quel élément s'applique-t-elle ?
   – Dans quel vers les deux personnifications finissent-elles par se confondre ?
   – Résumez en vos mots le type d'imploration que Lamartine adresse au temps.

4. La nature se voit attribuer les rôles suivants dans la poésie romantique :
   – elle permet de fuir la civilisation ;
   – elle se présente comme une manifestation de la grandeur divine ;
   – elle projette la sensibilité du poète.

   Quel(s) rôle(s) joue-t-elle dans ce poème ? Justifiez votre choix de réponse.

5. En vous rapportant aux caractéristiques du romantisme, expliquez en quoi ce poème est représentatif de ce courant. Présentez votre réponse sous forme d'énumération.

LE POÈTE

Du temps que j'étais écolier,
Je restais un soir à veiller
Dans notre salle solitaire.
Devant ma table vint s'asseoir
5 Un pauvre enfant vêtu de noir,
Qui me ressemblait comme un frère.

Son visage était triste et beau ;
À la lueur de mon flambeau,
Dans mon livre ouvert il vint lire.
10 Il pencha son front sur ma main
Et resta jusqu'au lendemain,
Pensif, avec un doux sourire.

Comme j'allais avoir quinze ans,
Je marchais un jour, à pas lents,
15 Dans un bois, sur une bruyère.
Au pied d'un arbre vint s'asseoir
Un jeune homme vêtu de noir,
Qui me ressemblait comme un frère.

Je lui demandai mon chemin ;
20 Il tenait un luth d'une main,
De l'autre un bouquet d'églantine.
Il me fit un salut d'ami
Et, se détournant à demi,
Me montra du doigt la colline.

25 À l'âge où l'on croit à l'amour,
J'étais seul dans ma chambre un jour,
Pleurant ma première misère.
Au coin de mon feu vint s'asseoir
Un étranger vêtu de noir,
30 Qui me ressemblait comme un frère.

Il était morne et soucieux ;
D'une main il montrait les cieux
Et de l'autre il tenait un glaive.
De ma peine il semblait souffrir,
35 Mais il ne poussa qu'un soupir
Et s'évanouit comme un rêve.

À l'âge où l'on est libertin,
Pour boire un toast en un festin,
Un jour je soulevai mon verre.
40 En face de moi vint s'asseoir
Un convive vêtu de noir,
Qui me ressemblait comme un frère.

Il secouait sous son manteau
Un haillon de pourpre en lambeau,
45 Sur sa tête un myrte stérile
Son bras maigre cherchait le mien,
Et mon verre, en touchant le sien,
Se brisa dans ma main débile.

Le dualisme, trait de personnalité romantique

Alfred de Musset (1810-1857)

Dans sa vie et dans son œuvre, Musset est l'incarnation même du poète lyrique tel que le conçoivent les romantiques. Poète précoce qui publie son premier recueil à 18 ans, c'est un bel homme à l'œil triste, à la bouche sensuelle et à la chevelure ondulée. Il mène une existence qui ressemble à celle de ses personnages : amours tumultueuses, humeurs nostalgiques, excès de toutes sortes.

Sa liaison malheureuse avec George Sand, transposée dans *La Confession d'un enfant du siècle*, teinte également le lyrisme du recueil poétique *Les Nuits*, dont est tiré l'extrait ci-contre. Musset y fait son autoportrait et révèle le dualisme profond de sa personnalité, portée à la fois vers l'idéalisme et vers l'esprit de débauche. Cette tendance à l'écriture autobiographique est une caractéristique essentielle du romantisme.

Un an après, il était nuit ;
50 J'étais à genoux près du lit
Où venait de mourir mon père.
Au chevet du lit vint s'asseoir
Un orphelin vêtu de noir,
Qui me ressemblait comme un frère.

55 Ses yeux étaient noyés de pleurs ;
Comme les anges de douleurs,
Il était couronné d'épine ;
Son luth à terre était gisant,
Sa pourpre de couleur de sang,
60 Et son glaive dans sa poitrine.

Je m'en suis si bien souvenu
Que je t'ai toujours reconnu
À tous les instants de ma vie.
C'est une étrange vision ;
65 Et cependant, ange ou démon,
J'ai vu partout cette ombre amie.

Les Nuits, extrait de la « Nuit de décembre », 1835.

Gérard Philipe, acteur français (1922-1959), 1950.

1. Analysez le caractère autobiographique du poème.
   – Dans la première strophe, relevez des éléments qui témoignent de la présence du poète.
   – Relevez les vers qui marquent les étapes de son évolution.
   – Expliquez comment s'inscrit dans la première strophe et ailleurs le thème du dualisme de la personnalité.
   – Expliquez en quoi ce thème contribue dans son expression à la scansion du poème, c'est-à-dire qu'il crée un effet de chanson.

2. Dans les quatrième, cinquième et sixième strophes, relevez des figures de style qui suggèrent un désir d'élévation et d'idéal.

3. Le vers « À l'âge où l'on est libertin » indique le début de la dégénérescence du poète : démontrez-le.

4. Expliquez en quoi les deux derniers vers résument en quelque sorte le poème.

5. Tel un peintre, Musset fait ressortir certaines teintes dans son poème. Lesquelles ? En quoi contribuent-elles à renforcer la signification du poème ?

LA MAISON DU BERGER

Lettre à Éva

Si ton cœur gémissant du poids de notre vie
Se traîne et se débat comme un aigle blessé,
Portant comme le mien, sur son aile asservie,
5 Tout un monde fatal, écrasant et glacé ;
S'il ne bat qu'en saignant par sa plaie immortelle,
S'il ne voit plus l'amour, son étoile fidèle,
Éclairer pour lui seul l'horizon effacé ;

Si ton âme enchaînée, ainsi que l'est mon âme,
10 Lasse de son boulet et de son pain amer,
Sur sa galère en deuil laisse tomber la rame,
Penche sa tête pâle et pleure sur la mer,
Et, cherchant dans les flots une route inconnue,
Y voit, en frissonnant, sur son épaule nue
15 La lettre sociale[1] écrite avec le fer ;

Si ton corps frémissant des passions secrètes
S'indigne des regards, timide et palpitant,
S'il cherche à sa beauté de profondes retraites
Pour la mieux dérober au profane insultant ;
20 Si ta lèvre se sèche au poison des mensonges,
Si ton beau front rougit de passer dans les songes
D'un impur inconnu qui te voit et t'entend,

Pars courageusement, laisse toutes les villes,
Ne ternis plus tes pieds aux poudres du chemin,
25 Du haut de nos pensers vois les cités serviles
Comme les rocs fatals de l'esclavage humain.
Les grands bois et les champs sont de vastes asiles,
Libres comme la mer autour des sombres îles.
Marche à travers les champs une fleur à la main.

Les Destinées, extrait de « La Maison du berger », 1844.

_____

1. Allusion à la lettre « A » marquée sur l'épaule de quiconque était jugé coupable d'adultère.

1. Analysez le thème de la fatalité à travers les images utilisées pour décrire la lourdeur de l'existence.

2. Dans quel(s) vers Vigny fait-il l'éloge de la fuite ? Expliquez en quoi ce mouvement illustre le romantisme.

3. Quel rôle la nature joue-t-elle dans ce poème ? Référez-vous au tableau synthèse pour répondre.

4. Comment le rythme contribue-t-il à la signification du poème telle qu'elle est définie par les questions précédentes ? Observez :
   – le type de vers choisi ;
   – la coupe des vers ;
   – les éléments de répétition (qui créent un effet de refrain).

La fatalité

Alfred de Vigny (1797-1863)

Fils de nobles appauvris par la Révolution, malheureux en amour et déçu par la vie militaire, Alfred de Vigny se sent également incompris comme écrivain. Tous ces éléments expliquent son désenchantement, sentiment qui est l'un des traits communs aux écrivains de sa génération. Profondément pessimiste, il se méfie des progrès de la science, car ils contribuent, selon lui, à la dégradation de l'individu et de son milieu.

Les onze poèmes des *Destinées* évoquent le côté tragique du destin humain. Dans *La Maison du berger*, Vigny s'adresse à Éva, symbole de l'amour et de la solitude, qu'il invite à fuir la ville pour trouver refuge à la campagne. Plusieurs des grands thèmes romantiques sont présents dans ce poème : le caractère « fatal, écrasant et glacé » du monde, l'amour déçu, la nature salvatrice.

Victor Hugo trouve en Napoléon une figure légendaire à la mesure de son inspiration : l'un comme l'autre marquent profondément leur siècle. Napoléon est en effet un géant politique et militaire qui, en quelques années de pouvoir, change la face de l'Europe. Hugo est un génie de la littérature dont l'ombre plane sur tout le siècle. Jusqu'à la fin de sa longue vie, il ne cesse de s'insurger contre toute forme d'asservissement de l'homme.

Tiré des *Châtiments*, l'extrait ci-contre, connu sous le nom de « La Retraite de Russie », rappelle un événement tragique des guerres napoléoniennes : la Grande Armée vaincue par le froid. Illustrant la veine épique de la poésie romantique, Hugo utilise l'antithèse, sa figure de style préférée, et toutes les ressources de sa virtuosité, pour scander la fatalité de cette déroute.

LA RETRAITE DE RUSSIE

Il neigeait. On était vaincu par sa conquête.
Pour la première fois l'aigle baissait la tête.
Sombres jours ! l'empereur revenait lentement,
Laissant derrière lui brûler Moscou fumant.
5 Il neigeait. L'âpre hiver fondait en avalanche.
Après la plaine blanche une autre plaine blanche.
On ne connaissait plus les chefs ni le drapeau.
Hier la grande armée, et maintenant troupeau.
On ne distinguait plus les ailes ni le centre :
10 Il neigeait. Les blessés s'abritaient dans le ventre
Des chevaux morts ; au seuil des bivouacs désolés
On voyait des clairons à leur poste gelés
Restés debout, en selle et muets, blancs de givre,
Collant leur bouche en pierre aux trompettes de cuivre.
15 Boulets, mitraille, obus, mêlés aux flocons blancs,
Pleuvaient ; les grenadiers, surpris d'être tremblants,
Marchaient pensifs, la glace à leur moustache grise.
Il neigeait, il neigeait toujours ! la froide bise
Sifflait ; sur le verglas, dans des lieux inconnus,
20 On n'avait pas de pain et l'on allait pieds nus.
Ce n'étaient plus des cœurs vivants, des gens de guerre ;
C'était un rêve errant dans la brume, un mystère,
Une procession d'ombres sous le ciel noir.
La solitude vaste, épouvantable à voir,
25 Partout apparaissait, muette vengeresse.
Le ciel faisait sans bruit avec la neige épaisse
Pour cette immense armée un immense linceul.
Et, chacun se sentant mourir, on était seul.
— Sortira-t-on jamais de ce funeste empire ?
30 Deux ennemis ! le Czar, le Nord. Le Nord est pire.
On jetait les canons pour brûler les affûts.
Qui se couchait, mourait. Groupe morne et confus,
Ils fuyaient ; le désert dévorait le cortège.
On pouvait, à des plis qui soulevaient la neige,
35 Voir que des régiments s'étaient endormis là.
[...]
Toute une armée ainsi dans la nuit se perdait.
L'empereur était là, debout, qui regardait.
Il était comme un arbre en proie à la cognée.
40 Sur ce géant, grandeur jusqu'alors épargnée,
Le malheur, bûcheron sinistre, était monté ;
Et lui, chêne vivant, par la hache insulté.

Tressaillant sous le spectre aux lugubres revanches,
Il regardait tomber autour de lui ses branches.
45 Chefs, soldats, tous mouraient. Chacun avait son tour.
[...]
Stupéfait du désastre et ne sachant que croire,
L'empereur se tourna vers Dieu ; l'homme de gloire
Trembla ; Napoléon comprit qu'il expiait
50 Quelque chose peut-être, et, livide, inquiet,
Devant ses légions sur la neige semées :

— Est-ce le châtiment, dit-il, Dieu des armées ? —
Alors il s'entendit appeler par son nom
Et quelqu'un qui parlait dans l'ombre lui dit : non.

Les Châtiments, Livre V, extrait de « L'Expiation », 1853.

Musée d'école de Westphalie, Dortmund.
Retrait de la Grande Armée, guerres napoléoniennes, campagne de Russie de 1812, lithographie, vers 1890.

1. La notice biographique sur Victor Hugo permet de comprendre les deux premiers vers : expliquez leur sens.

2. Dans ces deux vers, relevez une antithèse, c'est-à-dire une figure de style qui met en opposition deux réalités. Relevez, ailleurs dans le texte, un passage à caractère antithétique.

3. Énumérez les principaux événements relatés dans ce poème.

4. Relevez cinq vers qui évoquent le passage vers la mort.

5. Dans ce poème, les verbes ont une grande importance non seulement à cause de leur signification, mais aussi parce qu'ils contribuent au rythme du poème, à sa musicalité : démontrez-le en expliquant comment Hugo en fait usage.

6. Comment la fin du poème contribue-t-elle à montrer au lecteur que Napoléon est un personnage hors du commun ?

Dans toute son œuvre, Hugo manifeste la volonté de se libérer de toute règle contraignante. Authenticité, rêve, liberté : ces trois mots résument bien son travail. Non seulement celui de l'écrivain, mais aussi celui du dessinateur qu'il a été, illustrant, d'une main innovatrice, plusieurs de ses œuvres.

Tiré des *Orientales*, le poème « Les Djinns » évoque l'atmosphère exotique de l'Orient. Petits génies arabes, les djinns servent de prétexte au poète pour se prêter à une versification que l'on pourrait qualifier d'acrobatique. Cette évasion hors des normes traditionnelles de la poésie est aussi une échappée dans l'imaginaire enfantin.

LES DJINNS

Murs, ville,
Et port,
Asile
De mort,
5 Mer grise
Où brise
La brise,
Tout dort.

Dans la plaine
10 Naît un bruit.
C'est l'haleine
De la nuit.
Elle brame
Comme une âme
15 Qu'une flamme
Toujours suit !

La voix plus haute
Semble un grelot. —
D'un nain qui saute
20 C'est le galop.
Il fuit, s'élance,
Puis en cadence
Sur un pied danse
Au bout d'un flot.

25 La rumeur approche
L'écho la redit.
C'est comme la cloche
D'un couvent maudit ; —
Comme un bruit de foule,
30 Qui tonne et qui roule,
Et tantôt s'écroule,
Et tantôt grandit.

Dieu ! la voix sépulcrale
Des Djinns !... Quel bruit ils font !
35 Fuyons sous la spirale
De l'escalier profond.
Déjà s'éteint ma lampe,
Et l'ombre de la rampe,
Qui le long du mur rampe,
40 Monte jusqu'au plafond.

C'est l'essaim des Djinns qui passe,
Et tourbillonne en sifflant !
Les ifs, que leur vol fracasse,
Craquent comme un pin brûlant.
45 Leur troupeau, lourd et rapide,
Volant dans l'espace vide,
Semble un nuage livide
Qui porte un éclair au flanc.

Ils sont tout près ! — Tenons fermée
50 Cette salle, où nous les narguons.
Quel bruit dehors ! Hideuse armée
De vampires et de dragons !
La poutre du toit descellée
Ploie ainsi qu'une herbe mouillée,
55 Et la vieille porte rouillée
Tremble, à déraciner ses gonds !

Cris de l'enfer ! voix qui hurle et qui pleure !
L'horrible essaim, poussé par l'aquilon,
Sans doute, ô ciel ! s'abat sur ma demeure.
60 Le mur fléchit sous le noir bataillon.
La maison crie et chancelle penchée,
Et l'on dirait que, du sol arrachée,
Ainsi qu'il chasse une feuille séchée,
Le vent la roule avec leur tourbillon !

65 Prophète ! si ta main me sauve
De ces impurs démons des soirs,
J'irai prosterner mon front chauve
Devant tes sacrés encensoirs !
Fais que sur ces portes fidèles
70 Meure leur souffle d'étincelles,
Et qu'en vain l'ongle de leurs ailes
Grince et crie à ces vitraux noirs !

Ils sont passés ! — Leur cohorte
S'envole, et fuit, et leurs pieds
75 Cessent de battre ma porte
De leurs coups multipliés.
L'air est plein d'un bruit de chaînes,
Et dans les forêts prochaines
Frissonnent tous les grands chênes,
80 Sous leur vol de feu pliés !

De leurs ailes lointaines
Le battement décroît,
Si confus dans les plaines,
Si faible, que l'on croit

85 Ouïr la sauterelle
Crier d'une voix grêle,
Ou pétiller la grêle
Sur le plomb d'un vieux toit.

D'étranges syllabes
90 Nous viennent encor ; —
Ainsi, des Arabes
Quand sonne le cor,
Un chant sur la grève
Par instants s'élève,
95 Et l'enfant qui rêve
Fait des rêves d'or.

Les Djinns funèbres,
Fils du trépas,
Dans les ténèbres
100 Pressent leurs pas ;
Leur essaim gronde :
Ainsi, profonde,
Murmure une onde
Qu'on ne voit pas.

105 Ce bruit vague
Qui s'endort,
C'est la vague
Sur le bord ;

C'est la plainte,
110 Presque éteinte,
D'une sainte
Pour un mort.

On doute
La nuit...
115 J'écoute : —
Tout fuit,
Tout passe ;
L'espace
Efface
120 Le bruit.

Les Orientales, XXVIII, 1829.

Musée Victor Hugo, Paris.
Victor Hugo, *Le bourg dans l'orage*, dessin, 1857.

1. Analysez le début du poème, des vers 9 à 48.
   – Relevez tous les termes qui réfèrent au bruit que font les djinns en arrivant.
   – Relevez les passages qui évoquent la danse et le mouvement.
   – Comment Hugo suggère-t-il qu'il s'agit de petits êtres maléfiques ?
   – En quoi la versification suggère-t-elle l'idée du rapprochement progressif des djinns ?

2. Dans les vers 49 à 64, montrez que la maison semble céder sous les coups des djinns.

3. Résumez le sens de la prière qu'adresse le poète au prophète (vers 65 à 72). Cette prière est-elle exaucée ?

4. Montrez que, dans la suite du poème, les thèmes du rêve, de l'exotisme et de l'enfance s'entremêlent.

5. Tout en faisant des liens avec l'ensemble du poème, expliquez comment cette finale :
   – confirme la virtuosité de la versification ;
   – et montre que le rythme d'un poème contribue à sa signification.

DESCRIPTION DES AUTRES GENRES

Le théâtre romantique : le drame

Au théâtre, les écrivains romantiques privilégient le drame qui se distingue toutefois de celui du siècle des Lumières, qui visait expressément la description du milieu bourgeois. En fait, comme le définit Hugo qui est, encore une fois, celui de tous les écrivains romantiques qui se plaît le plus à théoriser sur les genres littéraires, le drame doit plaire à tous les publics. Il s'en explique en ces termes :

Les femmes ont raison de vouloir être émues, les penseurs ont raison de vouloir être enseignés, la foule n'a pas tort de vouloir être amusée. De cette évidence se déduit la loi du drame. En effet, au-delà de cette barrière de feu qu'on appelle la rampe du théâtre, et qui sépare le monde réel du monde idéal, créer et faire vivre, dans les conditions combinées de l'art et de la nature, des caractères, c'est-à-dire, et nous le répétons, des hommes ; dans ces hommes, dans ces caractères, jeter des passions qui développent ceux-ci et modifient ceux-là ; et enfin, du choc de ces caractères et de ces passions avec les grandes lois providentielles, faire sortir de la vie humaine, c'est-à-dire des événements grands, petits, douloureux, comiques, terribles, qui contiennent pour le cœur ce plaisir qu'on appelle l'intérêt, et pour l'esprit cette leçon qu'on appelle la morale : tel est le but du drame. On le voit, le drame tient de la tragédie par la peinture des passions, et de la comédie par la peinture des caractères.

(*Ruy Blas*, extrait de la Préface, 1838)

Le drame romantique renoue donc avec le goût du baroque, non seulement pour le mélange des genres, mais aussi pour l'alliance des groupes sociaux et pour la fusion du grotesque et du sublime. Contre la sobriété de la mise en scène classique, il affirme son sens du spectacle. Ne se voulant surtout pas élitistes, les romantiques font le pari d'un théâtre de qualité, mais accessible au peuple, c'est-à-dire à la fois littéraire et populaire.

Une description du drame romantique

- Bien que Victor Hugo favorise la versification, le drame sera indifféremment composé en vers ou en prose par les autres romantiques comme Alfred de Musset, Alexandre Dumas ou Alfred de Vigny.

- Comme chez les baroques et comme chez William Shakespeare, qu'ils admirent, le comique et le tragique se côtoient dans leurs pièces.

- Presque tous les drames romantiques français sont historiques, se situant dans la période allant du Moyen Âge au XVIIᵉ siècle. Ils répondent aussi à des préoccupations politiques puisque le passé sert à interroger le présent : les ressemblances sont fréquentes entre la situation historique choisie et ce qui se passe en France au XIXᵉ siècle.

- Les drames illustrent généralement le goût du pittoresque puisqu'ils se situent ailleurs qu'en France et qu'ils illustrent les manières de vivre et de penser d'un pays étranger à une époque révolue (par exemple *Hernani*, de Hugo en 1519 en Espagne ; *Lorenzaccio*, à Florence, en Italie au XVIᵉ siècle).

- Les héros, généralement jeunes, sont des êtres ambigus, en quête d'idéal, mais souvent portés vers les machinations peu honnêtes, comme Ruy Blas ou Lorenzaccio (on parlera dans ce cas du dualisme de leur personnalité). Les personnages féminins sont généralement idéalisés.

- La quête du sublime, le désir d'élévation pour échapper à une condition sociale inférieure ou à un mal de vivre sont des thèmes récurrents.

- Contrairement au théâtre classique, les personnages secondaires des drames romantiques peuvent être nombreux et les scènes de groupes sont fréquentes, ce qui contribue à l'effet de spectacle.

- Séparés en actes et en scènes, les drames romantiques ne respectent pas la règle des unités de temps et de lieu, et sont plus susceptibles de se charger d'anecdotes secondaires qui brisent l'unité d'action.

- Les didascalies laissent entrevoir des mises en scène fastueuses, à la fois par les costumes et les décors.

- Pour soutenir l'intérêt du spectateur, on a recours aux bruits, à la musique et aux coups de théâtre, toujours dans une perspective de « spectacle total ».

- Au contraire des classiques, les romantiques ne renoncent pas à représenter la violence sur scène, car on se suicide et on assassine beaucoup dans le drame romantique.

- Le drame romantique doit toucher le spectateur, le faire pleurer même, sans toutefois renoncer à le faire réfléchir. Les pièces de Hugo illustrent cette conception. D'autres insisteront sur le caractère pathétique, pouvant même aller jusqu'au mélodrame.

- Enfin, les pièces servent une finalité morale, mais sans renier la complexité de la vie : les héros sont des êtres paradoxaux, déchirés entre leur cynisme ou leur lâcheté et leur soif de pureté.

Musée Victor Hugo, Paris.
Géo (Georges) Dupuis, *Les Misérables par Victor Hugo en vente partout*, affiche pour la promotion d'une parution chez l'éditeur Ollendorff, Paris, lithographie, vers 1905.
À l'époque des *Misérables*, beaucoup d'écrivains utilisaient la presse, alors en plein essor, pour publier leurs romans sous forme de feuilletons journaliers ou hebdomadaires.

La prose romantique

L'écrivain romantique cherche à toucher son lecteur non plus par la raison mais par les sentiments. L'émotion transparaît donc partout, en particulier dans le choix des mots et dans l'agencement des phrases. La prose romantique se reconnaît à ses qualités stylistiques : son mouvement est contrasté, son discours passe facilement de l'affirmation à l'exclamation ; les niveaux de langue sont variés, allant de l'argot à la langue soutenue ; enfin, le recours aux mots étrangers ajoute une touche de pittoresque au style. Ces caractéristiques s'appliquent à la fois au récit et à l'essai.

Le récit romantique

Il comporte trois grandes catégories :
- le roman historique ou social ;
- le roman confidentiel, sorte d'autobiographie déguisée ;
- le récit fantastique, souvent plus court, raison pour laquelle on parle alors de nouvelle fantastique.

Le roman historique répond en gros aux caractéristiques du drame énoncées précédemment :
- À l'origine du roman historique se trouve le roman-feuilleton publié en épisodes dans les journaux de l'époque (Eugène Sue, *Les Mystères de Paris*, 1843).

- Dans les romans historiques, la fiction se situe dans une période antérieure pouvant aller du Moyen Âge jusqu'au XVIIIe siècle ; contrairement au drame, le cadre est ici plus souvent celui de la France.
- Les personnages fictifs côtoient les personnages historiques, et ces derniers sont souvent transformés pour les besoins de l'intrigue.
- Les héros se distinguent par une destinée singulière.
- Le narrateur non représenté dans le texte adopte un point de vue omniscient.
- L'intrigue est à multiples rebondissements, illustrant l'imagination débordante de ces écrivains ; elle est organisée assez librement, souvent entrecoupée de digressions, comme la description de la culture des Gitans, dans *Carmen*, ou celle des égouts dans *Les Misérables*, ou encore par des interventions de l'auteur au fil du récit.
- Le roman historique va finalement se déplacer dans le temps pour se rapprocher de l'époque contemporaine.
- Le plaidoyer social devient alors plus virulent, notamment pour dénoncer les injustices dont sont victimes collectivement les misérables, qui donneront son titre au célèbre roman de Hugo, publié en 1862, alors que le courant réaliste commence à relayer le romantisme dans la faveur populaire.

- Hugo innove dans le traitement des personnages issus du peuple : il crée des figures exemplaires d'humanisme et tire l'enfance de l'anonymat où elle était jusqu'alors maintenue. C'est lui qui, le premier, avance l'idée que la pauvreté n'est pas une responsabilité uniquement individuelle, mais bien collective.

Le roman à caractère autobiographique doit sa naissance à Jean-Jacques Rousseau et sa popularité, entre autres, à Chateaubriand. Il possède les caractéristiques suivantes :

- Le roman autobiographique se distingue de l'autobiographie pure par le fait qu'une part de fiction peut y être intégrée ; la fidélité du récit à la vraie vie n'est pas le souci premier de l'écrivain. Ce dernier peut même déguiser son identité tout autant que celle des gens de son entourage.
- Le protagoniste, *alter ego* de l'auteur, raconte sa propre histoire et, ce faisant, il s'abandonne à ses émotions.
- Le ton en est généralement sombre et pessimiste, s'accordant à l'expression du mal du siècle, ce sentiment indéfinissable d'impuissance qui mène le héros à la mélancolie.
- La prose possède ici plusieurs des caractéristiques de la poésie par l'usage tout personnel des figures de style et par la musicalité de la phrase : on parlera d'ailleurs dans ce cas de prose poétique.

Le récit fantastique illustre une tendance au surnaturel qui s'est manifestée aux lendemains de la Révolution alors que l'imagination était encore toute peuplée des scènes d'épouvante de la Terreur : exécutions incessantes sur la place de la Révolution, supplices infligés aux prisonniers, etc. On parlera alors de « romantisme noir ». S'inspirant des contes de l'écrivain allemand Hoffmann, des auteurs comme Charles Nodier, Gérard de Nerval ou Théophile Gautier couchent sur papier des événements inexplicables qui ont souvent lieu la nuit, lorsque rêve et réalité se confondent. D'autres auteurs subissent cette influence, dont Alexandre Dumas qui semble vouloir rendre hommage à Hoffmann lui-même en faisant de lui le protagoniste d'une histoire ayant pour cadre la Révolution dans *La Femme au collier de velours*. Ces récits semblent trahir les troubles de la personnalité, le refoulement sexuel ou la perte d'identité des héros à un moment de l'histoire particulièrement dramatique.

Les caractéristiques de la littérature fantastique (aussi appelée romantisme noir) sont les suivantes :

- Le héros est un personnage susceptible d'éprouver le doute.
- Des figures maléfiques font glisser le héros dans l'irrationnel.
- L'intrusion d'éléments insolites ou surnaturels dans l'intrigue brise la sécurité du quotidien.
- L'intrigue se passe souvent la nuit, ce qui contribue à l'atmosphère trouble ou morbide.
- L'espace est associé à des lieux singuliers (châteaux de style gothique à décoration surchargée) ou compliqués (dédale, labyrinthe ou forêt sombre).
- La thématique illustre la tentative de briser les oppositions entre le bien et le mal, entre la vie et la mort.
- Le récit glisse de l'imaginaire à la folie, du doute à la peur, du fantasme à la perversité.

Il est à noter que la littérature fantastique conservera la faveur populaire bien au-delà de la période romantique, comme en témoigne entre autres Maupassant, écrivain que l'on classe dans le naturalisme, courant dominant de la fin du XIXᵉ siècle. Les symbolistes manifesteront aussi un grand intérêt pour ces récits de peur, comme en témoigne Baudelaire lui-même en traduisant l'écrivain américain Edgar Allan Poe, maître en la matière. Quant aux surréalistes, leur fascination pour tout ce qui touche l'univers de la folie s'inscrit dans cette même tendance : la vraie nature de l'être humain s'exprime ailleurs que dans le discours rationnel.

L'essai romantique

Les écrivains romantiques s'intéressent de près aux domaines politique et social, mais ils ouvrent aussi la voie à un champ jusqu'alors peu exploré, la réflexion d'ordre esthétique, dans laquelle excellera un critique comme Sainte-Beuve.

Suivant les traces de Jean-Jacques Rousseau au siècle précédent, François René de Chateaubriand, cet autre grand écrivain romantique, se met en quête de la pureté originelle et entretient le mythe du « bon sauvage ».

Enfin, Hugo théorise sur les genres littéraires dans ses essais, en arrivant progressivement à établir la doctrine du romantisme en France. Il se sert aussi de l'essai pour prendre position et secouer les mentalités afin de faire avancer des causes qui lui tiennent à cœur comme l'abolition de la peine de mort.

LE TIGRE ET LE LION

Même chambre. C'est la nuit. Une lampe est posée sur la table.
Au lever du rideau, Ruy Blas est seul. Une sorte de longue robe noire cache
ses vêtements.

SCÈNE PREMIÈRE. RUY BLAS, *seul.*

5 C'est fini. Rêve éteint ! Visions disparues !
Jusqu'au soir au hasard j'ai marché dans les rues.
J'espère en ce moment. Je suis calme. La nuit,
On pense mieux. La tête est moins pleine de bruit.
Rien de trop effrayant sur ces murailles noires ;
10 Les meubles sont rangés, les clefs sont aux armoires.
Les muets sont là-haut qui dorment. La maison
Est vraiment bien tranquille. Oh ! oui, pas de raison
D'alarme. Tout va bien. Mon page est très fidèle.
Don Guritan est sûr alors qu'il s'agit d'elle.
15 Ô mon Dieu ! n'est-ce pas que je puis vous bénir,
Que vous avez laissé l'avis lui parvenir.
Que vous m'avez aidé, vous, Dieu bon, vous, Dieu juste,
À protéger cet ange, à déjouer Salluste,
Qu'elle n'a rien à craindre, hélas ! rien à souffrir,
20 Et qu'elle est bien sauvée, — et que je puis mourir ?
Il tire de sa poitrine une petite fiole qu'il pose sur la table.
Oui, meurs maintenant, lâche ! et tombe dans l'abîme !
Meurs comme on doit mourir quand on expie un crime !
Meurs dans cette maison, vil, misérable et seul !
25 *Il écarte sa robe noire sous laquelle on entrevoit la livrée*
qu'il portait au premier acte.
— Meurs avec ta livrée enfin sous ton linceul !
— Dieu ! si ce démon vient voir sa victime morte,
Il pousse un meuble de façon à barricader la porte secrète.
30 Qu'il n'entre pas du moins par cette horrible porte !
Il revient vers la table.
— Oh ! Le page a trouvé Guritan, c'est certain,
Il n'était pas encor huit heures du matin.
Il fixe son regard sur la fiole.
35 — Pour moi, j'ai prononcé mon arrêt, et j'apprête
Mon supplice, et je vais moi-même sur ma tête
Faire choir du tombeau le couvercle pesant.
J'ai du moins le plaisir de penser qu'à présent
Personne n'y peut rien. Ma chute est sans remède !
40 *S'asseyant sur le fauteuil.*
Elle m'aimait pourtant ! — Que Dieu me soit en aide !
Je n'ai pas de courage !
Il pleure.
Oh ! l'on aurait bien dû
45 Nous laisser en paix !
Il cache sa tête dans ses mains et pleure à sanglots.
Dieu !

LE THÉÂTRE

Genre littéraire généralement sous forme de dialogue, visant à représenter une action devant un public.

Le héros romantique acculé à l'échec

Victor Hugo (1802-1885)

Victor Hugo prend position contre la conception trop élitiste que les classiques se faisaient du théâtre. Dans le drame, il souhaite que la société soit représentée dans sa globalité, de l'homme du peuple au grand seigneur, et que la noblesse de sentiment ne soit pas le fait d'une seule caste, celle des aristocrates. Le drame doit aussi peindre l'homme dans sa totalité en tenant compte de sa raison, de ses émotions et de sa morale. Enfin, le langage doit refléter cette conception : le vers se prête aux mouvements de l'émotion et le lexique ne se cantonne plus dans le registre uniquement littéraire afin de devenir plus naturel.

Dans la scène I de l'acte V, Ruy Blas est acculé au suicide après avoir été manipulé et trahi par Don Salluste, son rival fourbe et tyrannique. La reine sait désormais que Ruy Blas a usurpé une identité, qu'il s'est fait passer pour noble afin de se rapprocher d'elle, alors qu'il n'est que laquais.

Relevant la tête comme égaré, regardant la fiole.
L'homme, qui m'a vendu
50 Ceci me demandait quel jour du mois nous sommes.
Je ne sais pas. J'ai mal dans la tête. Les hommes
Sont méchants. Vous mourez, personne ne s'émeut.
Je souffre ! — Elle m'aimait ! — Et dire qu'on ne peut
Jamais rien ressaisir d'une chose passée ! —
55 Je ne la verrai plus ! — Sa main que j'ai pressée,
Sa bouche qui toucha mon front… — Ange adoré !
Pauvre ange ! — Il faut mourir, mourir désespéré !
Sa robe où tous les plis contenaient de la grâce,
Son pied qui fait trembler mon âme quand il passe,
60 Son œil où s'enivraient mes yeux irrésolus,
Son sourire, sa voix… — Je ne la verrai plus !
Je ne l'entendrai plus ! — Enfin c'est donc possible ?
Jamais !

Il avance avec angoisse sa main vers la fiole ; au moment
65 *où il la saisit convulsivement, la porte du fond s'ouvre. La*
reine paraît, vêtue de blanc, avec une mante de couleur
sombre, dont le capuchon, rejeté sur ses épaules, laisse voir
sa tête pâle. Elle tient une lanterne sourde à la main, elle la
pose à terre, et marche rapidement vers Ruy Blas.

Ruy Blas, acte V, scène I, 1838.

Musée national du château,
Rueil-Malmaison.
Eugène Lami, *La nuit
d'octobre*, 1883.

1. Dans l'extrait, comment Hugo s'y prend-il pour établir une atmosphère proprement romantique :
   – par les didascalies ?
   – par le vocabulaire ?
   – par la ponctuation ?
   – par la versification (coupes, rejets et enjambements) ?

2. Par quel procédé stylistique la mort est-elle évoquée dans la tirade : la répétition, la personnification, la comparaison ou la métaphore ? Il peut y avoir plus d'un procédé.

3. Démontrez que, dans cet extrait, le héros romantique fait face à la fois à la solitude et à l'échec.

4. Amour et mort se conjuguent dans le drame romantique. Comment l'amour se manifeste-t-il dans cet extrait ?

Atelier d'analyse

Suis-je un Satan ?

PHILIPPE. Ta tristesse me fend le cœur.

LORENZO. C'est parce que je vous vois tel que j'ai été, et sur le point de faire ce que j'ai fait, que je vous parle ainsi. Je ne méprise point les hommes ; le tort des livres et des historiens est de nous les montrer différents de ce qu'ils
5 sont. La vie est comme une cité ; on peut y rester cinquante ou soixante ans sans voir autre chose que des promenades et des palais ; mais il ne faut pas entrer dans les tripots, ni s'arrêter, en rentrant chez soi, aux fenêtres des mauvais quartiers. Voilà mon avis, Philippe ; s'il s'agit de sauver tes enfants, je te dis de rester tranquille ; c'est le meilleur moyen pour qu'on te les
10 renvoie après une petite semonce. S'il s'agit de tenter quelque chose pour les hommes, je te conseille de te couper les bras, car tu ne seras pas longtemps à t'apercevoir qu'il n'y a que toi qui en aies.

PHILIPPE. Je conçois que le rôle que tu joues t'ait donné de pareilles idées. Si je te comprends bien, tu as pris, dans un but sublime, une route hideuse, et
15 tu crois que tout ressemble à ce que tu as vu.

LORENZO. Je me suis réveillé de mes rêves, rien de plus. Je te dis le danger d'en faire. Je connais la vie, et c'est une vilaine cuisine, sois-en persuadé. Ne mets pas la main là-dedans, si tu respectes quelque chose.

PHILIPPE. Arrête ; ne brise pas comme un roseau mon bâton de vieillesse. Je
20 crois à tout ce que tu appelles des rêves ; je crois à la vertu, à la pudeur et à la liberté.

LORENZO. Et me voilà dans la rue, moi, Lorenzaccio ? et les enfants ne me jettent pas de la boue ? Les lits des filles sont encore chauds de ma sueur, et les pères ne prennent pas, quand je passe, leurs couteaux et leurs balais pour
25 m'assommer ! Au fond de ces dix mille maisons que voilà, la septième génération parlera encore de la nuit où j'y suis entré, et pas une ne vomit à ma vue un valet de charrue qui me fende en deux comme une bûche pourrie ? L'air que vous respirez, Philippe, je le respire ; mon manteau de soie bariolé traîne paresseusement sur le sable fin des promenades ; pas une goutte
30 de poison ne tombe dans mon chocolat ; que dis-je ? ô Philippe ! les mères pauvres soulèvent honteusement le voile de leurs filles quand je m'arrête au seuil de leurs portes ; elles me laissent voir leur beauté avec un sourire plus vil que le baiser de Judas, tandis que moi, pinçant le menton de la petite, je serre les poings de rage en remuant dans ma poche quatre ou cinq
35 méchantes pièces d'or.

PHILIPPE. Que le tentateur ne méprise pas le faible ; pourquoi tenter, lorsque l'on doute ?

LORENZO. Suis-je un Satan ? Lumière du ciel ! je m'en souviens encore ; j'aurais pleuré avec la première fille que j'ai séduite, si elle ne s'était mise
40 à rire. Quand j'ai commencé à jouer mon rôle de Brutus moderne, je marchais dans mes habits neufs de la grande confrérie du vice comme un enfant de dix ans dans l'armure d'un géant de la fable. Je croyais que la corruption était un stigmate, et que les monstres seuls le portaient au front.

LE THÉÂTRE

Cynisme et désillusion du héros romantique

Alfred de Musset (1810-1857)

L'œuvre de Musset s'inscrit pleinement dans le mouvement romantique. À caractère autobiographique, elle traduit parfaitement le malaise existentiel de toute une génération. Au théâtre, les personnages de Musset reflètent l'ambivalence de son caractère : brillants, mais émotivement instables, ils sont freinés dans leur quête de pureté par leur nonchalance ou par leur profond cynisme.

Lorenzaccio, long drame historique, puise son inspiration dans l'histoire de Florence. Le héros, Lorenzo de Médicis, pour libérer sa patrie du joug de son oncle, Alexandre de Médicis, conçoit de le tuer. Cherchant d'abord à gagner sa confiance pour mieux réaliser son dessein, Lorenzo se laisse entraîner dans la débauche par son oncle. Mais, pris à son propre jeu, il est gagné par la désillusion. Dans cet extrait, il se confie à Philippe Strozzi qui, lui, a gardé ses idéaux intacts.

J'avais commencé à dire tout haut que mes vingt années de vertu étaient
un masque étouffant ; ô Philippe ! j'entrai alors dans la vie, et je vis qu'à
mon approche tout le monde en faisait autant que moi ; tous les masques
tombaient devant mon regard ; l'humanité souleva sa robe et me montra,
comme à un adepte digne d'elle, sa monstrueuse nudité. J'ai vu les hommes
tels qu'ils sont, et je me suis dit : Pour qui est-ce donc que je travaille ?
Lorsque je parcourais les rues de Florence, avec mon fantôme à mes côtés, je
regardais autour de moi, je cherchais les visages qui me donnaient du cœur,
et me demandais : Quand j'aurai fait mon coup, celui-là en profitera-t-il ?
J'ai vu les républicains dans leurs cabinets ; je suis entré dans les boutiques,
j'ai écouté et j'ai guetté. J'ai recueilli les discours des gens du peuple ; j'ai vu
l'effet que produisait sur eux la tyrannie ; j'ai bu dans les banquets patrio-
tiques le vin qui engendre la métaphore et la prosopopée ; j'ai avalé entre
deux baisers les larmes les plus vertueuses ; j'attendais toujours que l'humanité me laissât voir sur sa face quelque chose d'honnête. J'observais comme
un amant observe sa fiancée en attendant le jour des noces.

PHILIPPE. Si tu n'as vu que le mal, je te plains, mais je ne puis te croire. Le mal
existe, mais non pas sans le bien ; comme l'ombre existe, mais non sans la
lumière.

Lorenzaccio, acte III, scène 3, 1834.

Atelier d'analyse

Exploration

1. Pour vous aider à comprende le texte :
   – cherchez la définition des mots qui vous sont moins familiers, comme « tripots »,
   « stigmate », « prosopopée », etc. Interrogez-vous également sur les mots dont la
   définition peut éclairer la signification du texte, comme « tyrannie » ;
   – faites un bref résumé de l'extrait.

2. Montrez que Musset oppose ici deux visions subjectives du monde.

3. Relevez les antithèses et expliquez en quoi cette figure de style convient particulièrement bien à cette scène.

4. Dans les répliques de Lorenzo, repérez toutes les références aux thèmes du vice et de
   la corruption.

5. Dans les répliques de Philippe, relevez les termes à connotation religieuse.

6. Expliquez en quoi la tonalité de cet extrait est manifestement pessimiste.

7. Y a-t-il d'autres aspects qui vous touchent ou qui vous semblent importants ?

Hypothèses d'analyse et de dissertation

1. Montrez que la signification du texte surgit d'un procédé général d'opposition.

2. Montrez que ces deux personnages représentent deux facettes du héros romantique :
   d'un côté, la désillusion attribuée au mal du siècle et de l'autre, l'idéalisme.

L'AVEU

CYRANO
Oui, ma vie
Ce fut d'être celui qui souffle — et qu'on oublie !
À Roxane.
5 Vous souvient-il du soir où Christian vous parla
Sous le balcon ? Eh bien ! toute ma vie est là :
Pendant que je restais en bas, dans l'ombre noire,
D'autres montaient cueillir le baiser de la gloire !
C'est justice, et j'approuve au seuil de mon tombeau :
10 Molière a du génie et Christian était beau !
À ce moment, la cloche de la chapelle ayant tinté, on voit tout au fond, dans
l'allée, les religieuses se rendant à l'office.
Qu'elles aillent prier puisque leur cloche sonne !

ROXANE, *se relevant pour appeler.*
15 Ma sœur ! ma sœur !

CYRANO, *la retenant.*
Non ! non ! n'allez chercher personne !
Quand vous reviendriez, je ne serais plus là.
Les religieuses sont entrées dans la chapelle, on entend l'orgue.
20 Il me manquait un peu d'harmonie… en voilà.

ROXANE
Je vous aime, vivez !

CYRANO
Non ! car c'est dans le conte
25 Que lorsqu'on dit : Je t'aime ! au prince plein de honte,
Il sent sa laideur fondre à ces mots de soleil …
Mais tu t'apercevrais que je reste pareil.

ROXANE
J'ai fait votre malheur ! moi ! moi !

30 **CYRANO**
Vous ?… au contraire !
J'ignorais la douceur féminine. Ma mère
Ne m'a pas trouvé beau. Je n'ai pas eu de sœur.
Plus tard, j'ai redouté l'amante à l'œil moqueur.
35 Je vous dois d'avoir eu, tout au moins, une amie.
Grâce à vous une robe a passé dans ma vie.

LE BRET, *lui montrant le clair de lune qui descend à travers les branches.*
Ton autre amie est là, qui vient te voir.

CYRANO, *souriant à la lune.*
40 Je vois.

ROXANE
Je n'aimais qu'un seul être et je le perds deux fois !

CYRANO
Le Bret, je vais monter dans la lune opaline,
45 Sans qu'il faille inventer, aujourd'hui, de machine.

LE THÉÂTRE

Les deux thèmes frères : l'amour et la mort

Edmond Rostand (1868-1918)

Né dans une famille cultivée, Edmond Rostand est un homme à la santé fragile qui entretient un style précieux jusque dans son habillement. Alors que le romantisme s'est éclipsé en France, sa comédie héroïque *Cyrano de Bergerac* est acclamée dès sa première représentation en 1897 et laisse croire à une renaissance du courant. Plusieurs raisons expliquent ce succès : l'atmosphère de la pièce stimule, par contraste avec le pessimisme de la littérature naturaliste qui domine à cette époque en France ; la virtuosité de l'écriture s'harmonise avec le panache du héros ; plusieurs scènes tirent les larmes sans toutefois sombrer dans le mélodrame.

L'extrait présente la scène finale de la pièce. Cyrano, le héros dévisagé par un long nez, est à l'article de la mort. Il révèle à Roxane, sa bien-aimée, les dessous d'une supercherie qui a autrefois permis à Christian, bel homme un peu fat, de la conquérir : Cyrano lui a prêté son éloquence pour l'aider à mieux lui faire la cour.

ROXANE
Que dites-vous ?

CYRANO
Mais oui, c'est là, je vous le dis,
50 Que l'on va m'envoyer faire mon paradis.
Plus d'une âme que j'aime y doit être exilée,
Et je retrouverai Socrate et Galilée !

LE BRET, *se révoltant.*
Non ! non ! C'est trop stupide à la fin, et c'est trop
55 Injuste ! Un tel poète ! Un cœur si grand, si haut !
Mourir ainsi !... Mourir !...

CYRANO
Voilà Le Bret qui grogne !

LE BRET, *fondant en larmes.*
60 Mon cher ami…

CYRANO, *se soulevant, l'œil égaré.*
Ce sont les cadets de Gascogne…
La masse élémentaire… Eh oui !... voilà le *hic*…

LE BRET
65 Sa science… dans son délire !

CYRANO
Copernic
A dit…

ROXANE
70 Oh !

CYRANO
Mais aussi que diable allait-il faire,
Mais que diable allait-il faire en cette galère ?...
Philosophe, physicien,
75 Rimeur, bretteur, musicien,
Et voyageur aérien,
Grand riposteur du tac au tac,
Amant aussi — pas pour son bien ! —
Ci-gît Hercule-Savinien
80 De Cyrano de Bergerac
Qui fut tout, et qui ne fut rien.
… Mais je m'en vais, pardon, je ne peux plus attendre :
Vous voyez, le rayon de lune vient me prendre !
Il est retombé assis, les pleurs de Roxane le rappellent à la
85 *réalité, il la regarde, et caressant ses voiles :*
Je ne veux pas que vous pleuriez moins ce charmant,
Ce bon, ce beau Christian, mais je veux seulement,
Que lorsque le grand froid aura pris mes vertèbres,
Vous donniez un sens double à ces voiles funèbres,
90 Et que son deuil sur vous devienne un peu mon deuil.

ROXANE
Je vous jure !...

CYRANO, *est secoué d'un grand frisson et se lève brusquement.*

95 Pas là ! non ! pas dans ce fauteuil !
On veut s'élancer vers lui.
Ne me soutenez pas ! Personne !
Il va s'adosser à l'arbre.
Rien que l'arbre !
100 *Silence.*
Elle vient. Je me sens déjà botté de marbre,
Ganté de plomb !
Il se raidit.
105 Oh ! mais !... puisqu'elle est en chemin,
Je l'attendrai debout,
Il tire l'épée.
et l'épée à la main !

Cyrano de Bergerac, acte V, scène 6, 1897.

Placido Domingo dans le rôle de Cyrano de Bergerac à l'Opéra Métropolitain en mai 2005.

1. Montrez que Cyrano est un être de contraste, entre humilité et orgueil.

2. Relevez les vers qui traduisent son impuissance à être aimé.

3. Montrez que Roxane contribue à donner un caractère pathétique à la scène.

4. Démontrez que la mort est en quelque sorte le quatrième personnage de cette scène.

LE RÉCIT

Tout texte qui se compose d'une histoire (les événements racontés) et d'une narration (la façon dont les événements sont racontés).

de comparaison

Le héros face à lui-même

La version de Benjamin Constant

LE MAL DU SIÈCLE

Ellénore, lui écrivais-je un jour, vous ne savez pas tout ce que je souffre. Près de vous, loin de vous, je suis également malheureux. Pendant les heures qui nous séparent, j'erre au hasard, courbé sous le fardeau d'une existence que je ne sais comment supporter. La société m'importune, la solitude

5 m'accable. Ces indifférents qui m'observent, qui ne connaissent rien de ce qui m'occupe, qui me regardent avec une curiosité sans intérêt, avec un étonnement sans pitié, ces hommes qui osent me parler d'autre chose que de vous, portent dans mon sein une douleur mortelle. Je les fuis ; mais, seul, je cherche en vain un air qui pénètre dans ma poitrine oppressée. Je me pré-

10 cipite sur cette terre qui devrait s'entr'ouvrir pour m'engloutir à jamais ; je pose ma tête sur la pierre froide qui devrait calmer la fièvre ardente qui me dévore. Je me traîne vers cette colline d'où l'on aperçoit votre maison ; je reste là, les yeux fixés sur cette retraite que je n'habiterai jamais avec vous. Et si je vous avais rencontrée plus tôt, vous auriez pu être à moi ! J'aurais serré

15 dans mes bras la seule créature que la nature ait formée pour mon cœur, pour ce cœur qui a tant souffert parce qu'il vous cherchait et qu'il ne vous a trouvée que trop tard ! Lorsque enfin ces heures de délire sont passées, lorsque le moment arrive où je puis vous voir, je prends en tremblant la route de votre demeure. Je crains que tous ceux qui me rencontrent ne

20 devinent les sentiments que je porte en moi ; je m'arrête ; je marche à pas lents : je retarde l'instant du bonheur, de ce bonheur que tout menace, que je me crois toujours sur le point de perdre ; bonheur imparfait et troublé, contre lequel conspirent peut-être à chaque minute et les événements funestes et les regards jaloux, et les caprices tyranniques, et votre propre

25 volonté. Quand je touche au seuil de votre porte, quand je l'entr'ouvre, une nouvelle terreur me saisit : je m'avance comme un coupable, demandant grâce à tous les objets qui frappent ma vue, comme si tous étaient ennemis, comme si tous m'enviaient l'heure de félicité dont je vais encore jouir. Le moindre son m'effraie, le moindre mouvement autour de moi m'épouvante,

30 le bruit même de mes pas me fait reculer. Tout près de vous, je crains encore quelque obstacle qui se place soudain entre vous et moi. Enfin je vous vois, je vous vois et je respire, et je vous contemple et je m'arrête, comme le fugitif qui touche au sol protecteur qui doit le garantir de la mort.

Adolphe, chapitre III, 1816.

Benjamin Constant (1767-1830)

Né à Lausanne, en Suisse, Benjamin Constant est éduqué en Allemagne, puis en Angleterre et en Écosse. Il est naturalisé français sous la Révolution. Homme politique et écrivain influent, il vit avec Mme de Staël une liaison orageuse qu'il transpose en fiction. L'un de ses principaux personnages, Adolphe, présente plusieurs traits caractéristiques de la psychologie du héros romantique : c'est un être d'introspection plus que d'action qui voit dans la relation amoureuse un moyen de se connaître soi-même plutôt qu'une façon de s'ouvrir à l'autre.

Tiré du roman *Adolphe*, l'extrait suivant se présente comme un long soliloque même s'il s'inscrit dans le cadre d'une lettre adressée à la bien-aimée : le personnage y décrit les différents états d'âme qui l'habitent et qui sont représentatifs du « mal du siècle ». L'extrait de Musset, qui

(suite à la page suivante)

La version d'Alfred de Musset

LE MAL DU SCIÈCLE

J'ai à raconter à quelle occasion je fus pris d'abord de la maladie du siècle.

J'étais à table, à un grand souper, après une mascarade. Autour de moi mes amis richement costumés, de tous côtés des jeunes gens et des femmes, tous étincelants de beauté et de joie ; à droite et à gauche des mets exquis, des flacons, des lustres, des fleurs ; au-dessus de ma tête un orchestre bruyant, et en face de moi ma maîtresse, créature superbe que j'idolâtrais.

J'avais alors dix-neuf ans ; je n'avais éprouvé aucun malheur ni aucune maladie ; j'étais d'un caractère à la fois hautain et ouvert, avec toutes les espérances et un cœur débordant. Les vapeurs du vin fermentaient dans mes veines ; c'était un de ces moments d'ivresse où tout ce qu'on voit, tout ce qu'on entend vous parle de la bien-aimée. La nature entière paraît alors comme une pierre précieuse à mille facettes, sur laquelle est gravé le nom mystérieux. On embrasserait volontiers tous ceux qu'on voit sourire, et on se sent le frère de tout ce qui existe. Ma maîtresse m'avait donné rendez-vous pour la nuit, et je portais lentement mon verre à mes lèvres en la regardant.

Comme je me retournais pour prendre une assiette, ma fourchette tomba. Je me baissai pour la ramasser, et, ne la trouvant pas d'abord, je soulevai la nappe pour voir où elle avait roulé. J'aperçus alors sous la table le pied de ma maîtresse qui était posé sur celui d'un jeune homme assis à côté d'elle ; leurs jambes étaient croisées et entrelacées, et ils les resserraient doucement de temps en temps.

Je me relevai parfaitement calme, demandai une autre fourchette et continuai à souper. Ma maîtresse et son voisin étaient, de leur côté, très tranquilles aussi, se parlant à peine et ne se regardant pas. Le jeune homme avait les coudes sur la table et plaisantait avec une autre femme qui lui montrait son collier et ses bracelets. Ma maîtresse était immobile, les yeux fixes et noyés de langueur. Je les observai tous deux tant que dura le repas, et je ne vis ni dans leurs gestes, ni sur leurs visages rien qui pût les trahir. À la fin, lorsqu'on fut au dessert, je fis glisser ma serviette à terre, et, m'étant baissé de nouveau, je les retrouvai dans la même position, étroitement liés l'un à l'autre.

J'avais promis à ma maîtresse de la ramener ce soir-là chez elle. Elle était veuve, et par conséquent fort libre, au moyen d'un vieux parent qui l'accompagnait et lui servait de chaperon. Comme je traversais le péristyle, elle m'appela. — Allons, Octave, me dit-elle, partons, me voilà. Je me mis à rire et sortis sans répondre. Au bout de quelques pas, je m'assis sur une borne. Je ne sais à quoi je pensais ; j'étais comme abruti et devenu idiot par l'infidélité de cette femme dont je n'avais jamais été jaloux, et sur laquelle je n'avais jamais conçu un soupçon. Ce que je venais de voir ne me laissant aucun doute, je demeurais comme étourdi d'un coup de massue et ne me rappelle rien de ce qui s'opéra en moi durant le temps que je restai sur cette borne, sinon que, regardant machinalement le ciel et voyant une étoile filer, je saluai cette apparence fugitive, où les poètes voient un monde détruit, et lui ôtai gravement mon chapeau.

La Confession d'un enfant du siècle, chapitre III, 1836.

(suite)

porte sur cette même thématique, est tiré de *La Confession d'un enfant du siècle.* Le narrateur se rappelle les circonstances qui ont fait naître en lui le désabusement qui le mènera progressivement à la débauche.

Musée du Louvre, Paris.
Théodore Géricault,
*Portrait de jeune
homme dans son
atelier*, 1815.

Atelier de comparaison

1. Relevez, chez Benjamin Constant, les passages qui témoignent de l'incapacité du narrateur à trouver du réconfort :
   – dans le contact social ;
   – dans la solitude ;
   – dans l'environnement ;
   – et même dans le contact avec la bien-aimée.

2. Relevez les termes qui traduisent le mal de vivre.

3. Montrez comment toutes les relations au temps et à l'espace, loin de traduire l'énergie vitale, renvoient au contraire à un sentiment d'impuissance.

4. De quelle manière cet extrait illustre-t-il une critique souvent adressée aux écrivains romantiques, soit de se complaire dans leur malheur ?

5. Comparez le mal de vivre exprimé par Constant avec celui de Musset en faisant ressortir les ressemblances et les différences. Considérez entre autres les aspects suivants :
   – la relation au temps et à l'espace ;
   – la relation à soi-même et à la bien-aimée.

6. Qu'ont en commun les dernières phrases de chaque texte ? En quoi éclairent-elles cette notion du mal du siècle ?

DÉLIRE SOMNOLENT

Un soir, je crus avec certitude être transporté sur les bords du Rhin. En face de moi se trouvaient des rocs sinistres dont la perspective s'ébauchait dans l'ombre. J'entrai dans une maison riante, dont un rayon du soleil couchant traversait gaiement les contrevents verts que festonnait la vigne. Il
5 me semblait que je rentrais dans une demeure connue, celle d'un oncle maternel, peintre flamand, mort depuis plus d'un siècle. Les tableaux ébauchés étaient suspendus çà et là ; l'un d'eux représentait la fée célèbre de ce rivage. Une vieille servante, que j'appelai Marguerite et qu'il me semblait connaître depuis l'enfance, me dit : « N'allez-vous pas vous mettre sur le lit ?
10 car vous venez de loin, et votre oncle rentrera tard ; on vous réveillera pour souper. » Je m'étendis sur un lit à colonnes drapé de perse à grandes fleurs rouges. Il y avait en face de moi une horloge rustique accrochée au mur, et sur cette horloge un oiseau qui se mit à parler comme une personne. Et j'avais l'idée que l'âme de mon aïeul était dans cet oiseau ; mais je ne
15 m'étonnais pas plus de son langage et de sa forme que de me voir comme transporté d'un siècle en arrière. L'oiseau me parlait de personnes de ma famille vivantes ou mortes en divers temps, comme si elles existaient si-multanément, et me dit : « Vous voyez que votre oncle avait eu soin de faire son portrait d'avance... maintenant, *elle* est avec nous. » Je portai les yeux sur
20 une toile qui représentait une femme en costume ancien à l'allemande, penchée sur le bord du fleuve, et les yeux attirés vers une touffe de myosotis. Cependant la nuit s'épaississait peu à peu, et les aspects, les sons et le sen-timent des lieux se confondaient dans mon esprit somnolent ; je crus tomber dans un abîme qui traversait le globe. Je me sentais emporté sans souffrance
25 par un courant de métal fondu, et mille fleuves pareils, dont les teintes indiquaient les différences chimiques, sillonnaient le sein de la terre comme les vaisseaux et les veines qui serpentent parmi les lobes du cerveau. Tous coulaient, circulaient et vibraient ainsi, et j'eus le sentiment que ces courants étaient composés d'âmes vivantes, à l'état moléculaire, que la rapidité de ce
30 voyage m'empêchait seule de distinguer. Une clarté blanchâtre s'infiltrait peu à peu dans ces conduits, et je vis enfin s'élargir, ainsi qu'une vaste coupole, un horizon nouveau où se traçaient des îles entourées de flots lumineux. Je me trouvai sur une côte éclairée de ce jour sans soleil, et je vis un vieillard qui cultivait la terre. Je le reconnus pour le même qui m'avait parlé par la
35 voix de l'oiseau, et, soit qu'il me parlât, soit que je le comprisse en moi-même, il devenait clair pour moi que les aïeux prenaient la forme de certains animaux pour nous visiter sur la terre, et qu'ils assistaient ainsi, muets observateurs, aux phases de notre existence.

Le vieillard quitta son travail et m'accompagna jusqu'à une maison qui
40 s'élevait près de là. Le paysage qui nous entourait me rappelait celui d'un pays de la Flandre française où mes parents avaient vécu et où se trouvent leurs tombes : le champ entouré de bosquets à la lisière du bois, le lac voisin, la rivière et le lavoir, le village et sa rue qui monte, les collines de grès sombre et leurs touffes de genêts et de bruyères, — image rajeunie des lieux que
45 j'avais aimés. Seulement la maison où j'entrai ne m'était point connue. Je compris qu'elle avait existé dans je ne sais quel temps, et qu'en ce monde que je visitais alors, le fantôme des choses accompagnait celui du corps.

Aurélia, chapitre IV (1855), 1865.

La prose poétique

Gérard de Nerval (1808-1855)

Très tôt orphelin de mère, Gérard de Nerval connaît une vie ins-table et de grandes périodes de dépression auxquelles il tente d'échapper par le voyage et l'écri-ture. Porté vers le mysticisme, il pratique des expériences d'oc-cultisme et de spiritisme qui le troublent. Il ouvre d'ailleurs la voie au symbolisme par l'intérêt qu'il manifeste pour l'étrange et le fantastique. Ce sont ces élé-ments, que l'on retrouvera chez Baudelaire, qui rendent son œuvre difficile à déchiffrer. Vers la fin de sa vie, Gérard de Nerval souffre de crises de délire et cherche à échapper à la folie par l'écriture : « Je résolus de fixer le rêve et d'en connaître le secret. » Mais l'écriture ne parvient pas à le délivrer de ses chimères et il se suicide au moment même où il termine la composition d'*Aurélia*.

Tiré de cette dernière œuvre, l'extrait ci-contre présente le narrateur, substitut de Nerval, s'observant en train de pénétrer dans le rêve comme dans une « maison riante ». Le lecteur, lui, se trouve happé par un délire verbal inquiétant, déstabilisant.

Musée national SMPK, Berlin.
Arnold Bocklin, *L'île des morts*, 1883.

1. Relevez les verbes qui traduisent le doute du narrateur quant à la réalité de l'histoire.

2. Montrez que ce rêve illustre les traits suivants du récit fantastique :
   – une narration subjective ;
   – la nuit comme cadre privilégié du récit ;
   – la métamorphose des objets et des êtres.

3. Montrez que le texte oppose l'ombre et la lumière, en dressant le champ lexical de ces deux termes.

4. Le cauchemar est fondé sur l'idée d'un passage puisqu'il commence par cette idée du transport « sur les bords du Rhin ». Précisez le sens de ce passage :
   – un déplacement dans l'espace, vers un autre pays que la France par exemple ;
   – un déplacement dans le temps, vers l'enfance ou le passé ;
   – un cheminement vers la mort ;
   – aucune de ces réponses ou un peu de chacune.
   Justifiez votre choix.

Doute odieux

Dès ce moment, le personnage de ce mari devint odieux aux yeux de sa femme. Tout ce qu'il fit pour réparer ses torts lui ôta le peu de considération qu'il avait pu garder jusque-là. Sa faute était immense, en effet ; l'homme qui ne se sent pas la force d'être froid et implacable dans sa vengeance doit
5 abjurer toute velléité d'impatience et de ressentiment. Il n'y a pas de rôle possible entre celui du chrétien qui pardonne et celui de l'homme du monde qui répudie. Mais Delmare avait aussi sa part d'égoïsme ; il se sentait vieux, les soins de sa femme lui devenaient chaque jour plus nécessaires. Il se faisait une terrible peur de la solitude, et si, dans la crise de son orgueil blessé, il
10 revenait à ses habitudes de soldat en la maltraitant, la réflexion le ramenait bientôt à cette faiblesse des vieillards qui s'épouvantent de l'abandon. Trop affaibli par l'âge et les fatigues pour aspirer à devenir père de famille, il était resté vieux garçon dans son ménage, et il avait pris une femme comme il eût pris une gouvernante. Ce n'était donc pas par tendresse pour elle qu'il lui
15 pardonnait de ne l'aimer pas, c'était par intérêt pour lui-même ; et s'il s'affligeait de ne pas régner sur ses affections, c'était parce qu'il craignait d'être moins bien soigné sur ses vieux jours.

De son côté, quand madame Delmare, profondément blessée par les lois sociales, roidissait toutes les forces de son âme pour les haïr et les mépriser, il
20 y avait bien aussi au fond de ses pensées un sentiment tout personnel. Mais peut-être ce besoin de bonheur qui nous dévore, cette haine de l'injustice, cette soif de liberté qui ne s'éteignent qu'avec la vie, sont-ils les facultés constituantes de l'*égotisme*, qualification par laquelle les Anglais désignent l'amour de soi, considéré comme un droit de l'homme et non comme un vice.
25 Il me semble que l'individu choisi entre tous pour souffrir des institutions profitables à ses semblables doit, s'il a quelque énergie dans l'âme, se débattre contre ce joug arbitraire. Je crois aussi que plus son âme est grande et noble, plus elle doit s'ulcérer sous les coups de l'injustice. S'il avait rêvé que le bonheur doit récompenser la vertu, dans quels doutes affreux, dans quelles
30 perplexités désespérantes doivent le jeter les déceptions que l'expérience lui apporte !

Aussi toutes les réflexions d'Indiana, toutes ses démarches, toutes ses douleurs, se rapportaient à cette grande et terrible lutte de la nature contre la civilisation.

Indiana, Quatrième partie, 1832.

1. Le lecteur connaît le mari par le biais d'une description qui englobe l'intériorité du personnage : décrivez ce Delmare.

2. Montrez comment la représentation de la femme traduit une façon de voir féminine, voire féministe.

3. Relevez les connotations sociopolitiques contenues dans le texte.

4. Expliquez la dernière phrase du texte.

La condition féminine

George Sand (1804-1876)

De son vrai nom Aurore Dupin, elle choisit un pseudonyme masculin pour être publiée dans un monde littéraire contrôlé par les hommes et cherche la reconnaissance auprès de critiques influents de l'époque comme Sainte-Beuve. Une des rares figures féminines de la littérature française du XIXe siècle, elle est aussi une des premières à avoir réussi à vivre de sa plume par une production continue et très variée qui inclut des romans champêtres (romans idylliques dans un cadre campagnard), des romans sociaux et des récits autobiographiques. Si la postérité reconnaît en elle une écrivaine engagée qui a sensibilisé toute une époque à la question de la condition féminine, elle retient aussi d'elle ses multiples aventures avec des artistes de renom, en particulier Musset et Chopin.

Inspiré de sa vie, son premier roman, *Indiana*, raconte le drame d'une jeune créole mariée à un homme fourbe et calculateur. Dans l'extrait ci-contre, Indiana, devenue Mme Delmare, découvre que son mari a brisé le coffre dans lequel elle conservait son journal personnel.

Une influence déterminante

**Eugène Sue
(1804-1857)**

Entré dans la marine à titre de médecin chirurgien, Eugène Sue ouvre son imagination en voyageant autour du monde. Ses premiers romans fondent un genre qu'on appellera justement le récit maritime. Socialiste avant le terme, Eugène Sue cherche ensuite, dans *Les Mystères de Paris*, à sensibiliser le lecteur aux conditions de vie exécrables des plus démunis entassés dans les bas-fonds de la ville. Son imagination débordante donne à voir l'univers urbain comme une vaste architecture gothique où s'agite une faune menaçante. Le roman, publié en feuilleton dans les journaux à un sou de l'époque, obtient un succès phénoménal et exerce une influence déterminante, à la fois sur des écrivains comme Hugo et Balzac, mais aussi sur toute la littérature grand public de l'époque.

LE TAPIS-FRANC

Le 13 décembre 1838, par une soirée pluvieuse et froide, un homme d'une taille athlétique, vêtu d'une mauvaise blouse, traversa le pont au Change et s'enfonça dans la Cité, dédale de rues obscures, étroites, tortueuses, qui s'étend depuis le Palais de Justice jusqu'à Notre-Dame.

5   Le quartier du Palais de Justice, très circonscrit, très surveillé, sert pourtant d'asile ou de rendez-vous aux malfaiteurs de Paris. N'est-il pas étrange, ou plutôt fatal, qu'une irrésistible attraction fasse toujours graviter ces criminels autour du formidable tribunal qui les condamne à la prison, au bagne, à l'échafaud !

10   Cette nuit-là, donc, le vent s'engouffrait violemment dans les espèces de ruelles de ce lugubre quartier ; la lueur blafarde, vacillante, des réverbères agités par la bise, se reflétait dans le ruisseau d'eau noirâtre qui coulait au milieu des pavés fangeux.

Les maisons, couleur de boue, étaient percées de quelques rares fenêtres
15   aux châssis vermoulus et presque sans carreaux. De noires, d'infectes allées conduisaient à des escaliers plus noirs, plus infects encore, et si perpendiculaires, que l'on pouvait à peine les gravir à l'aide d'une corde à puits fixée aux murailles humides par des crampons de fer.

Le rez-de-chaussée de quelques-unes de ces maisons était occupé par les
20   étalages de charbonniers, de tripiers, ou de revendeurs de mauvaises viandes.

Malgré le peu de valeur de ces denrées, la devanture de presque toutes ces misérables boutiques était grillagée de fer, tant les marchands redoutaient les audacieux voleurs de ce quartier.

L'homme dont nous parlons, en entrant dans la rue aux Fèves, située au
25   centre de la cité, ralentit beaucoup sa marche : il se sentait *sur son terrain*.

La nuit était profonde, l'eau tombait à torrents, de fortes rafales de vent et de pluie fouettaient les murailles.

Dix heures sonnaient dans le lointain à l'horloge du Palais de Justice.

Les femmes embusquées sous des porches voûtés, obscurs, profonds
30   comme des cavernes, chantaient à demi-voix quelques refrains populaires.

Une de ces créatures était sans doute connue de l'homme dont nous parlons ; car, s'arrêtant brusquement devant elle, il la saisit par le bras.

— Bonsoir, Chourineur.

Cet homme, repris de justice, avait été ainsi surnommé au bagne.
35   — C'est toi, la Goualeuse, dit l'homme en blouse ; tu vas me payer l'*eau d'aff*, ou je te fais danser sans violons !

— Je n'ai pas d'argent, répondit la femme en tremblant ; car cet homme inspirait une grande terreur dans le quartier.

— Si ta *filoche* est à *jeun*, l'*ogresse* du tapis-franc te fera crédit sur ta bonne
40   mine.

— Mon Dieu ! je lui dois déjà le loyer des vêtements que je porte…

— Ah ! tu raisonnes ? s'écria le Chourineur. Et il donna dans l'ombre et au hasard un si violent coup de poing à cette malheureuse, qu'elle poussa un cri de douleur aigu.

45   — Ça n'est rien que ça, ma fille ; c'est pour t'avertir…

À peine le brigand avait-il dit ces mots, qu'il s'écria avec un effroyable jurement :

— Je suis piqué à l'aileron ; tu m'as égratigné avec tes ciseaux.

Et, furieux, il se précipita à la poursuite de la Goualeuse dans l'allée noire.
50   — N'approche pas, ou je te crève les *ardents* avec mes *fauchants*, dit-elle d'un ton décidé. Je ne t'avais rien fait, pourquoi m'as-tu battue ?

— Je vais te dire ça, s'écria le bandit en s'avançant toujours dans l'obscurité.

— Ah ! je te tiens ! et tu vas la danser ! ajouta-t-il en saisissant dans ses larges et fortes mains un poignet mince et frêle.

55 — C'est toi qui vas danser ! dit une voix mâle.

— Un homme ! Est-ce toi, Bras-Rouge ? réponds donc et ne serre pas si fort… j'entre dans l'allée de ta maison… ça peut bien être toi…

— Ça n'est pas Bras-Rouge, dit la voix.

— Bon, puisque ça n'est pas un ami, il va y avoir du *raisiné par terre*,
60 s'écria le Chourineur. Mais à qui donc la petite patte que je tiens là ?

— C'est la pareille de celle-ci.

Sous la peau délicate et douce de cette main qui vint le saisir brusquement à la gorge, le Chourineur sentit se tendre des nerfs et des muscles d'acier.

La Goualeuse, réfugiée au fond de l'allée, avait lestement grimpé plusieurs
65 marches : elle s'arrêta un moment, et s'écria en s'adressant à son défenseur inconnu :

— Oh ! merci, monsieur, d'avoir pris mon parti. Le Chourineur m'a battue parce que je ne voulais pas lui payer d'eau-de-vie. Je me suis revengée, mais je n'ai pu lui faire grand mal avec mes petits ciseaux. Maintenant je suis
70 en sûreté, laissez-le ; prenez bien garde à vous, c'est le Chourineur.

L'effroi qu'inspirait cet homme était bien grand.

— Mais vous ne m'entendez donc pas ? Je vous dis que c'est le Chourineur ! répéta la Goualeuse.

— Et moi je suis un *ferlampier* qui n'est pas *frileux*, dit l'inconnu.

75 Puis tout se tut.

Les Mystères de Paris, chapitre premier, 1842-1843.

1. En vous rapportant aux caractéristiques de la littérature fantastique, montrez que la description tend à établir un climat propice à ce genre de littérature.

2. Décrivez le Chourineur et la Goualeuse en tenant compte, entre autres, de leur comportement.

3. Pourquoi le recours à l'argot (registre de langue populaire) contribue-t-il à la signification du texte ?

4. Pourquoi peut-on déduire que le troisième intervenant sera celui qui fera figure de héros dans la suite du roman ?

**Le roman
de cape et d'épée**

Alexandre Dumas
(1802-1870)

Petit-fils d'une esclave de Saint-Domingue et d'un aristocrate normand, Alexandre Dumas porte le nom de famille de sa grand-mère affranchie. Orphelin de père à quatre ans, il connaît la gêne de la pauvreté qui assombrit son enfance tout autant que l'absence de son père tant aimé. Très rapidement, il trouve toutefois compensation dans l'amour des femmes, avec lesquelles il multiplie les aventures de façon gourmande. Habité par le désir de devenir riche, il entreprend en autodidacte sa formation littéraire. Doué d'une vitalité qui n'a d'égale que la prodigalité de son imagination, il publie en feuilleton des romans historiques qui obtiennent un succès phénoménal. Plusieurs seront d'ailleurs périodiquement adaptés en films, dont en particulier son œuvre la mieux réussie, *Les Trois Mousquetaires* dont est tiré cet extrait. Les grandes caractéristiques du roman de cape et d'épée, une sous-catégorie du roman historique, s'y trouvent illustrées : la présence d'un jeune héros, d'Artagnan, redoutable escrimeur qui sauve du péril une jolie femme, Mme Bonacieux, et l'esquisse d'une intrigue qui tourne autour d'un mouchoir armorié.

D'ARTAGNAN EN ACTION

Des cris retentirent bientôt, puis des gémissements qu'on cherchait à étouffer. D'interrogatoire, il n'en était pas question.

— Diable ! se dit d'Artagnan, il me semble que c'est une femme : on la fouille, elle résiste, — on la violente, — les misérables !

5 Et d'Artagnan, malgré sa prudence, se tenait à quatre pour ne pas se mêler à la scène qui se passait au-dessous de lui.

— Mais je vous dis que je suis la maîtresse de la maison, Messieurs ; je vous dis que je suis Mme Bonacieux ; je vous dis que j'appartiens à la reine ! s'écriait la malheureuse femme.

10 — Mme Bonacieux ! murmura d'Artagnan ; serais-je assez heureux pour avoir trouvé ce que tout le monde cherche ?

— C'est justement vous que nous attendions, reprirent les interrogateurs.

La voix devint de plus en plus étouffée : un mouvement tumultueux fit retentir les boiseries. La victime résistait autant qu'une femme peut résister à 15 quatre hommes.

— Pardon, Messieurs, par…, murmura la voix, qui ne fit plus entendre que des sons inarticulés.

— Ils la bâillonnent, ils vont l'entraîner, s'écria d'Artagnan en se redressant comme par un ressort. Mon épée ; bon, elle est à mon côté. Planchet !

20 — Monsieur ?

— Cours chercher Athos, Porthos et Aramis. L'un des trois sera sûrement chez lui, peut-être tous les trois seront-ils rentrés. Qu'ils prennent des armes, qu'ils viennent, qu'ils accourent. Ah ! je me souviens, Athos est chez M. de Tréville.

25 — Mais où allez-vous, Monsieur, où allez-vous ?

— Je descends par la fenêtre, s'écria d'Artagnan, afin d'être plus tôt arrivé ; toi, remets les carreaux, balaye le plancher, sors par la porte et cours où je te dis.

— Oh ! Monsieur, Monsieur, vous allez vous tuer, s'écria Planchet.

30 — Tais-toi, imbécile, dit d'Artagnan.

Et s'accrochant de la main au rebord de sa fenêtre, il se laissa tomber du premier étage, qui heureusement n'était pas élevé, sans se faire une écorchure.

Puis il alla aussitôt frapper à la porte en murmurant :

35 — Je vais me faire prendre à mon tour dans la souricière, et malheur aux chats qui se frotteront à pareille souris.

À peine le marteau eut-il résonné sous la main du jeune homme, que le tumulte cessa, que des pas s'approchèrent, que la porte s'ouvrit, et que d'Artagnan, l'épée nue, s'élança dans l'appartement de maître Bonacieux, 40 dont la porte, sans doute mue par un ressort, se referma d'elle-même sur lui.

Alors ceux qui habitaient encore la malheureuse maison de Bonacieux et les voisins les plus proches entendirent de grands cris, des trépignements, un cliquetis d'épées et un bruit prolongé de meubles. Puis, un moment après, ceux qui, surpris par ce bruit, s'étaient mis aux fenêtres pour en connaître la 45 cause, purent voir la porte se rouvrir et quatre hommes vêtus de noir non pas en sortir, mais s'envoler comme des corbeaux effarouchés, laissant par terre et aux angles des tables des plumes de leurs ailes, c'est-à-dire des loques de leurs habits et des bribes de leurs manteaux.

D'Artagnan était vainqueur sans beaucoup de peine, il faut le dire, car un 50 seul des alguazils était armé, encore se défendit-il pour la forme. Il est vrai que les trois autres avaient essayé d'assommer le jeune homme avec les chaises, les tabourets et les poteries ; mais deux ou trois égratignures faites par la flamberge du Gascon les avaient épouvantés. Dix minutes avaient suffi à leur défaite, et d'Artagnan était resté maître du champ de bataille.

Les voisins, qui avaient ouvert leurs fenêtres avec le sang-froid particulier aux habitants de Paris dans ces temps d'émeutes et de rixes perpétuelles, les refermèrent dès qu'ils eurent vu s'enfuir les quatre hommes noirs : leur instinct leur disait que, pour le moment, tout était fini.

D'ailleurs il se faisait tard, et alors comme aujourd'hui on se couchait de bonne heure dans le quartier du Luxembourg.

D'Artagnan, resté seul avec Mme Bonacieux, se retourna vers elle : la pauvre femme était renversée sur un fauteuil et à demi évanouie. D'Artagnan l'examina d'un coup d'œil rapide.

C'était une charmante femme de vingt-cinq à vingt-six ans, brune avec des yeux bleus, ayant un nez légèrement retroussé, des dents admirables, un teint marbré de rose et d'opale. Là cependant s'arrêtaient les signes qui pouvaient la faire confondre avec une grande dame. Les mains étaient blanches, mais sans finesse : les pieds n'annonçaient pas la femme de qualité. Heureusement, d'Artagnan n'en était pas encore à se préoccuper de ces détails.

Tandis que d'Artagnan examinait Mme Bonacieux, et en était aux pieds, comme nous l'avons dit, il vit à terre un fin mouchoir de batiste, qu'il ramassa selon son habitude, et au coin duquel il reconnut le même chiffre qu'il avait vu au mouchoir qui avait failli lui faire couper la gorge avec Aramis.

Depuis ce temps, d'Artagnan se méfiait des mouchoirs armoriés ; il remit donc sans rien dire celui qu'il avait ramassé dans la poche de Mme Bonacieux.

En ce moment, Mme Bonacieux reprenait ses sens. Elle ouvrit les yeux, regarda avec terreur autour d'elle, vit que l'appartement était vide, et qu'elle était seule avec son libérateur.

Les Trois Mousquetaires, 1844.

Gustave Doré, *D'Artagnan*, sculpture à l'arrière de la statue d'Alexandre Dumas à Paris, Place du Général-Catroux, 1883.

1. Montrez que l'extrait présente une version idéalisée du héros romantique. Tenez compte des éléments de description et du comportement de d'Artagnan.

2. Montrez que la description de Mme Bonacieux ne traduit pas véritablement une idéalisation du personnage féminin comme il est coutumier chez les romantiques.

3. Expliquez comment Dumas arrive subtilement à glisser des indices de mystère, annonciateurs de suspense.

L'héroïne romantique

Alexandre Dumas, fils (1824-1895)

Ayant souffert de sa situation de fils illégitime, Alexandre Dumas (fils) est finalement reconnu par son illustre père qui de tout temps a vécu de façon dissolue. Il conserve de son enfance un souvenir amer qui l'amène à dénoncer le sort des femmes et des enfants abandonnés par des pères irresponsables. Écrivain à succès comme son père, il connaît rapidement la gloire grâce à *La Dame aux camélias* qui paraît d'abord en roman avant d'être remanié pour la scène.

L'extrait suivant trace le portrait de Marguerite, la courtisane au cœur de l'intrigue amoureuse. Elle fascine parce qu'elle concilie les deux stéréotypes opposés de la femme romantique, à la fois virginale et fatale. Atteinte de tuberculose et toussant à fendre l'âme, cette héroïne spectrale va fasciner les romantiques, notamment Verdi qui la fera longuement agoniser dans la scène finale de son opéra célèbre, *La Traviata*.

LA VIRGINITÉ DU VICE

Plus je voyais cette femme, plus elle m'enchantait. Elle était belle à ravir. Sa maigreur même était une grâce.

J'étais en contemplation.

Ce qui se passait en moi, j'aurais peine à l'expliquer. J'étais plein d'indul-
5 gence pour sa vie, plein d'admiration pour sa beauté. Cette preuve de désin-
téressement qu'elle donnait en n'acceptant pas un homme jeune, élégant et riche, tout prêt à se ruiner pour elle, excusait à mes yeux toutes ses fautes passées.

Il y avait dans cette femme quelque chose comme de la candeur.
10 On voyait qu'elle en était encore à la virginité du vice. Sa marche assurée, sa taille souple, ses narines roses et ouvertes, ses grands yeux légèrement cerclés de bleu, dénotaient une de ces natures ardentes qui répandent autour d'elles un parfum de volupté, comme ces flacons d'Orient qui, si bien fermés qu'ils soient, laissent échapper le parfum de la liqueur qu'ils renferment.
15 Enfin, soit nature, soit conséquence de son état maladif, il passait de temps en temps dans les yeux de cette femme des éclairs de désirs dont l'expansion eût été une révélation du Ciel pour celui qu'elle eût aimé. Mais ceux qui avaient aimé Marguerite ne se comptaient plus, et ceux qu'elle avait aimés ne se comptaient pas encore.
20 Bref, on reconnaissait dans cette fille la vierge qu'un rien avait faite cour-
tisane, et la courtisane dont un rien eût fait la vierge la plus amoureuse et la plus pure. Il y avait encore chez Marguerite de la fierté et de l'indépendance : deux sentiments qui, blessés, sont capables de faire ce que fait la pudeur. Je ne disais rien, mon âme semblait être passée toute dans mon cœur et mon
25 cœur dans mes yeux.

« Ainsi, reprit-elle tout à coup, c'est vous qui veniez savoir de mes nouvelles quand j'étais malade ?

— Oui.

— Savez-vous que c'est très beau, cela ! Et que puis-je faire pour vous
30 remercier ?

— Me permettre de venir de temps en temps vous voir.

— Tant que vous voudrez, de cinq heures à six, de onze heures à minuit. »

La Dame aux camélias, 1848.

---

1. Dès les premières lignes du texte, Marguerite fait l'objet d'une idéalisation. Démontrez-le.

2. Expliquez la complexité du personnage tel qu'il est décrit par le narrateur :
   – en relevant les passages qui révèlent qu'elle s'adonne à la prostitution ;
   – et ceux qui révèlent qu'elle conserve des élans de pureté.

3. En quoi la dernière réplique de Marguerite révèle-t-elle à la fois son statut et son caractère ?

Quasimodo

Quasimodo était donc carillonneur de Notre-Dame. Avec le temps, il s'était formé je ne sais quel lien intime qui unissait le sonneur à l'église. Séparé à jamais du monde par la double fatalité de sa naissance inconnue et de sa nature difforme, emprisonné dès l'enfance dans ce double cercle infranchis-
5 sable, le pauvre malheureux s'était accoutumé à ne rien voir dans ce monde au-delà des religieuses murailles qui l'avaient recueilli à leur ombre. Notre-Dame avait été successivement pour lui, selon qu'il grandissait et se dévelop-pait, l'œuf, le nid, la maison, la patrie, l'univers.

Et il est sûr qu'il y avait une sorte d'harmonie mystérieuse et préexistante
10 entre cette créature et cet édifice. Lorsque, tout petit encore, il se traînait tortueusement et par soubresauts sous les ténèbres de ses voûtes, il semblait, avec sa face humaine et sa membrure bestiale, le reptile naturel de cette dalle humide et sombre sur laquelle l'ombre des chapiteaux romans projetait tant de formes bizarres.

15 Plus tard, la première fois qu'il s'accrocha machinalement à la corde des tours, et qu'il s'y pendit, et qu'il mit la cloche en branle, cela fit à Claude, son père adoptif, l'effet d'un enfant dont la langue se délie et qui commence à parler.

C'est ainsi que peu à peu, se développant toujours dans le sens de la
20 cathédrale, y vivant, y dormant, n'en sortant presque jamais, en subissant à toute heure la pression mystérieuse, il arriva à lui ressembler, à s'y incruster, pour ainsi dire, à en faire partie intégrante. Ses angles saillants s'emboîtaient, qu'on nous passe cette figure, aux angles rentrants de l'édifice, et il en semblait, non seulement l'habitant, mais encore le contenu naturel. On pourrait
25 presque dire qu'il en avait pris la forme, comme le colimaçon prend la forme de sa coquille. C'était sa demeure, son trou, son enveloppe. Il y avait entre la vieille église et lui une sympathie instinctive si profonde, tant d'affinités magnétiques, tant d'affinités matérielles, qu'il y adhérait en quelque sorte comme la tortue à son écaille. La rugueuse cathédrale était sa carapace.

Notre-Dame de Paris, livre IV, chapitre III, 1831.

LE RÉCIT

Le roman historique

Victor Hugo (1802-1885)

S'inscrivant dans la veine histo-rique, Victor Hugo sort de l'om-bre le Moyen Âge, longtemps considéré comme une période barbare, et compose *Notre-Dame de Paris*, un imposant roman dont l'action se déroule à la fin du XIVe siècle. Il crée Quasimodo, un monstre hideux mais gentil, amoureux d'Esméralda, une jeune et belle bohémienne. Toutefois, la grande héroïne, c'est l'église Notre-Dame de Paris, symbole d'une époque où l'histoire s'écri-vait dans la pierre et les vitraux des églises. On voit ainsi comment il illustre sa doctrine, qui stipule de concilier le grotesque avec le sublime pour ainsi traduire une vision du monde plus complète que celle représentée par les auteurs classiques.

Dans l'extrait ci-contre, Hugo brosse le portrait de Quasimodo, personnage romantique typique, explicitement conçu pour toucher la sensibilité du lecteur.

1. La description faite par Hugo du bossu de Notre-Dame le transforme en gargouille humaine. Montrez-le.

2. Montrez que la cathédrale constitue le deuxième personnage de cet extrait.

3. En quoi les procédés stylistiques et les figures de style permettent-ils de saisir les liens du personnage avec l'espace de la cathédrale?

4. Dans cet extrait, comment le grotesque se conjugue-t-il avec le sublime?

**Victor Hugo
(1802-1885)**

Très tôt, Hugo laisse paraître dans ses récits la sympathie qu'il éprouve pour les démunis. Il s'insurge contre les lois qui pénalisent surtout les sans-travail, alors que ceux-ci se trouvent parfois acculés au crime pour survivre. À cet égard, aucune autre œuvre de Hugo ne possède le souffle épique des *Misérables*, où le peuple devient une figure mythique. Dans cette épopée romanesque, Hugo fait le bilan de sa pensée sociale et politique, empreinte d'humanisme chrétien. Il illustre sa maîtrise du récit en faisant s'entrecroiser dans une œuvre complexe des personnages multiples qui évoluent sur un fond d'événements historiques superbement évoqués. Il intègre des descriptions pittoresques de Paris, allant même jusqu'à explorer la ville souterraine dans ce chapitre devenu célèbre des *Égouts de Paris.*

Dans cet extrait, Gavroche, qui symbolise la verve et la témérité des gamins de Paris, se fait l'avocat d'une langue populaire à la fois inventive et poétique. Il mourra sur les barricades en prenant parti pour la Commune de Paris.

Atelier d'analyse

LA LEÇON D'ARGOT

Les deux enfants considéraient avec un respect craintif et stupéfait cet être intrépide et inventif, vagabond comme eux, isolé comme eux, chétif comme eux, qui avait quelque chose d'admirable et de tout-puissant, qui leur semblait surnaturel, et dont la physionomie se composait de toutes les grimaces
5 d'un vieux saltimbanque mêlées au plus naïf et au plus charmant sourire.

— Monsieur, fit timidement l'aîné, vous n'avez donc pas peur des sergents de ville ?

Gavroche se borna à répondre :

— Môme ! on ne dit pas les sergents de ville, on dit les cognes.
10 Le tout petit avait les yeux ouverts, mais il ne disait rien. Comme il était au bord de la natte, l'aîné étant au milieu, Gavroche lui borda la couverture comme eût fait une mère et exhaussa la natte sous sa tête avec de vieux chiffons de manière à faire au môme un oreiller. Puis il se tourna vers l'aîné :

— Hein ? on est joliment bien, ici !
15 — Ah oui ! répondit l'aîné en regardant Gavroche avec une expression d'ange sauvé.

Les deux pauvres petits enfants tout mouillés commençaient à se réchauffer.

— Ah ça, continua Gavroche, pourquoi donc est-ce que vous pleuriez ?

Et montrant le petit à son frère :
20 — Un mioche comme ça, je ne dis pas, mais un grand comme toi, pleurer, c'est crétin ; on a l'air d'un veau.

— Dame, fit l'enfant, nous n'avions plus du tout de logement où aller.

— Moutard ! reprit Gavroche, on ne dit pas un logement, on dit une piolle.

— Et puis nous avions peur d'être tout seuls comme ça la nuit.
25 — On ne dit pas la nuit, on dit la sorgue.

— Merci, monsieur, dit l'enfant.

— Écoute, répartit Gavroche, il ne faut plus geindre jamais pour rien. J'aurai soin de vous. Tu verras comme on s'amuse. L'été, nous irons à la Glacière, avec Navet, un camarade à moi, nous nous baignerons à la gare,
30 nous courrons tout nus sur les trains devant le pont d'Austerlitz, ça fait rager les blanchisseuses. Elles crient, elles bisquent, si tu savais comme elles sont farces ! Nous irons voir l'homme squelette. Il est en vie. Aux Champs-Élysées. Il est maigre comme tout, ce paroissien-là. Et puis je vous conduirai au spectacle. Je vous mènerai à Frédérick Lemaître. J'ai des billets, je connais
35 des acteurs, j'ai même joué une fois dans une pièce. Nous étions des mômes comme ça, on courait sous une toile, ça faisait la mer. Je vous ferai engager à mon théâtre. Nous irons voir les sauvages. Ce n'est pas vrai, ces sauvages-là. Ils ont des maillots roses qui font des plis, et on leur voit aux coudes des reprises en fil blanc. Après ça, nous irons à l'Opéra. Nous entrerons avec les
40 claqueurs. La claque à l'Opéra est très bien composée. Je n'irais pas avec la claque sur les boulevards. À l'Opéra, figure-toi, il y en a qui paient vingt sous, mais c'est des bêtas. On les appelle des lavettes. — Et puis nous irons voir guillotiner. Je vous ferai voir le bourreau. Il demeure rue des Marais. Monsieur Samson. Il y a une boîte aux lettres à la porte. Ah ! on s'amuse
45 fameusement !

En ce moment, une goutte de cire tomba sur le doigt de Gavroche et le rappela aux réalités de la vie.

50 — Bigre ! dit-il, v'là la mèche qui s'use. Attention ! je ne peux pas mettre plus d'un sou par mois à mon éclairage. Quand on se couche, il faut dormir.

Les Misérables, tome IV, livre sixième, chapitre II, 1862.

Musée Victor Hugo, Paris.
Victor Hugo, *Gavroche à onze ans*, illustration des *Misérables*, dessin, 1862.

Exploration

1. Pour vous aider à comprendre le texte :
   – cherchez la définition des mots qui vous sont moins familiers, comme «saltimbanque», «physionomie», etc. Interrogez-vous également sur les mots dont la définition peut éclairer la signification du texte, comme «argot» ;
   – faites un bref résumé de l'extrait.

2. Analysez la dynamique des personnages : leur rôle, leur relation, leurs idées.

3. Repérez toutes les expressions argotiques et donnez leur équivalent en français correct. Montrez que cette «leçon d'argot» s'accompagne ici d'une leçon de vie et de valeurs. Celle-ci va-t-elle dans le sens de la libération des individus ?

4. Commentez le rôle du narrateur dans ce texte. Analysez le style dans les passages narratifs en contraste avec celui utilisé dans les répliques de Gavroche.

5. Montrez que la tirade de Gavroche nous permet de découvrir des traits de la mentalité de l'époque, surtout chez les gens du peuple plutôt pauvres.

6. Montrez que Gavroche est aussi, en quelque sorte, un héros romantique idéalisé.

Hypothèses d'analyse et de dissertation

1. Analysez la représentation de l'enfance.

2. Montrez que le choix de la langue illustre le sens du propos (la thématique) dans cet extrait.

**L'expression
du pittoresque**

**Prosper Mérimée
(1803-1870)**

Né dans un milieu cultivé, Mérimée fréquente les salons mais aussi la famille de l'empereur, qui lui fournit protection et emploi. Grand voyageur, romantique dans l'âme, il cherche à décrire les passions violentes, tout en colorant son œuvre d'exotisme. Surtout reconnu comme nouvelliste, il compose *Carmen*, dont l'héroïne inspire plusieurs artistes, car elle présente la figure inoubliable d'une femme libre et séductrice. Le cadre pittoresque de l'Andalousie et les origines mystérieuses de Carmen la Gitane contribuent à l'envoûtement qui se dégage du récit.

Dans l'extrait ci-contre, Don José raconte comment la jalousie l'a poussé à tuer Carmen.

LA SCÈNE FINALE, SCÈNE FATALE

Je me sentais près de pleurer. Je lui dis que je reviendrais, et je me sauvai. J'allai me coucher sur l'herbe jusqu'à ce que j'entendisse la cloche. Alors je m'approchai, mais je restai en dehors de la chapelle. Quand la messe fut dite, je retournai à la venta. J'espérais que Carmen se serait enfuie ; elle aurait pu
5   prendre mon cheval et se sauver... mais je la retrouvai. Elle ne voulait pas qu'on pût dire que je lui avais fait peur. Pendant mon absence, elle avait défait l'ourlet de sa robe pour en retirer le plomb. Maintenant elle était devant une table, regardant dans une terrine pleine d'eau le plomb qu'elle avait fait fondre, et qu'elle venait d'y jeter. Elle était si occupée de sa magie
10   qu'elle ne s'aperçut pas d'abord de mon retour. Tantôt elle prenait un morceau de plomb et le tournait de tous les côtés d'un air triste, tantôt elle chantait quelqu'une de ces chansons magiques où elles invoquent Marie Padilla, la maîtresse de don Pedro qui fut, dit-on, la *Bari Crallisa*, ou la grande reine des Bohémiens :
15   « Carmen, lui dis-je, voulez-vous venir avec moi ? »

Elle se leva, jeta sa sébile, et mit sa mantille sur sa tête comme prête à partir. On m'amena mon cheval, elle monta en croupe et nous nous éloignâmes.

« Ainsi, lui dis-je, ma Carmen, après un bout de chemin, tu veux bien me suivre, n'est-ce pas ?
20   — Je te suis à la mort, oui, mais je ne vivrai plus avec toi. »

Nous étions dans une gorge solitaire ; j'arrêtai mon cheval.

« Est-ce ici ? » dit-elle.

Et d'un bond elle fut à terre. Elle ôta sa mantille, la jeta à ses pieds, et se tint immobile un poing sur la hanche, me regardant fixement.
25   « Tu veux me tuer, je le vois bien, dit-elle ; c'est écrit, mais tu ne me feras pas céder.

— Je t'en prie, lui dis-je, sois raisonnable. Écoute-moi ! tout le passé est oublié. Pourtant, tu le sais, c'est toi qui m'as perdu ; c'est pour toi que je suis devenu un voleur et un meurtrier. Carmen ! ma Carmen ! laisse-moi te
30   sauver et me sauver avec toi.

— José, répondit-elle, tu me demandes l'impossible. Je ne t'aime plus ; toi, tu m'aimes encore et c'est pour cela que tu veux me tuer. Je pourrais bien encore te faire quelque mensonge ; mais je ne veux pas m'en donner la peine. Tout est fini entre nous. Comme mon rom, tu as le droit de tuer ta
35   romi ; mais Carmen sera toujours libre. Calli elle est née, calli elle mourra.

— Tu aimes donc Lucas ? lui demandai-je.

— Oui, je l'ai aimé, comme toi, un instant, moins que toi peut-être. À présent, je n'aime plus rien, et je me hais pour t'avoir aimé. »

Je me jetai à ses pieds, je lui pris les mains, je les arrosai de mes larmes. Je
40   lui rappelai tous les moments de bonheur que nous avions passés ensemble. Je lui offris de rester brigand pour lui plaire. Tout, monsieur, tout ; je lui offris tout, pourvu qu'elle voulût m'aimer encore !

Elle me dit :

« T'aimer encore, c'est impossible. Vivre avec toi, je ne le veux pas. »
45   La fureur me possédait. Je tirai mon couteau. J'aurais voulu qu'elle eût peur et me demandât grâce, mais cette femme était un démon.

« Pour la dernière fois, m'écriai-je, veux-tu rester avec moi ?

— Non ! non ! non ! » dit-elle en frappant du pied.

Et elle tira de son doigt une bague que je lui avais donnée, et la jeta dans
50   les broussailles.

Je la frappai deux fois. C'était le couteau du Borgne que j'avais pris, ayant cassé le mien. Elle tomba au second coup sans crier. Je crois encore voir son grand œil noir me regarder fixement ; puis il devint trouble et se ferma. Je restai anéanti une bonne heure devant ce cadavre. Puis, je me rappelai que
55 Carmen m'avait dit souvent qu'elle aimerait à être enterrée dans un bois. Je lui creusai une fosse avec mon couteau, et je l'y déposai. Je cherchai longtemps sa bague et je la trouvai à la fin. Je la mis dans la fosse auprès d'elle avec une petite croix. Peut-être ai-je eu tort. Ensuite je montai sur mon cheval, je galopai jusqu'à Cordoue, et au premier corps de garde je me
60 fis connaître. J'ai dit que j'avais tué Carmen ; mais je n'ai pas voulu dire où était son corps. L'ermite était un saint homme. Il a prié pour elle ! Il a dit une messe pour son âme... Pauvre enfant ! Ce sont les *Calés* qui sont coupables pour l'avoir élevée ainsi.

Carmen, chapitre III, 1845.

Sotheby's, Londres.
Manuel Cabral Bejarano, *La mort de Carmen*, 1890.

1. Analysez le caractère romantique du texte, en considérant les aspects suivants :
   – le choix du narrateur ;
   – les éléments de couleur locale qui créent un effet de pittoresque ;
   – le portrait de l'héroïne ;
   – la thématique du texte : amour, liberté et mort.

2. Don José, s'adressant à Carmen, lui demande d'être raisonnable. Montrez que c'est pourtant lui qui est aveuglé par sa vision émotive et subjective.

3. Montrez que Don José et Carmen ont une perception différente de la religion, en relevant les références qu'ils y font.

4. Est-ce l'entêtement de Carmen ou celui de Don José qui est responsable de la mort de la bohémienne ? Dans le monde d'aujourd'hui, Don José serait-il considéré comme un homme violent ?

Le lieu fantastique par excellence

Charles Nodier (1780-1844)

Charles Nodier fait de son salon le rendez-vous des écrivains romantiques. L'un des premiers, il s'intéresse à la littérature fantastique, qui lui apparaît comme un moyen de donner libre cours à son imagination et à son esprit individualiste. Ses personnages, fantasques ou excentriques, ont recours au surnaturel pour exprimer leur révolte contre une époque désabusée.

Tiré de la nouvelle *Ines de Las Sierras*, l'extrait ci-contre situe l'action en Espagne et plus particulièrement dans le château de Ghismondo, dépeint comme un gîte « infernal ».

LE CHÂTEAU DE GHISMONDO

— Nous y sommes, répondit l'*arriero* en arrêtant ses mules.

— Il était temps, dit Sergy : voilà la tourmente qui commence, et (chose étrange dans cette saison) j'ai entendu gronder le tonnerre deux ou trois fois.

5 Il n'avait pas fini de parler qu'un éclair éblouissant déchira le ciel, et nous montra les blanches murailles du vieux castel, avec ses tourelles groupées comme un troupeau de spectres, sur une immense plate-forme d'un roc uni et glissant.

La porte principale paraissait avoir été fermée longtemps ; mais les gonds
10 supérieurs avaient fini par céder à l'action de l'air et des années, avec les pierres qui les soutenaient, et ses deux battants retombés l'un sur l'autre, tout rongés par l'humidité et tout mutilés par le vent, surplombaient, prêts à crouler, au-dessus du parvis. Nous n'eûmes pas de peine à les abattre. Dans l'intervalle qu'ils avaient laissé en se séparant vers leur base, et où le corps
15 d'un homme aurait eu peine à s'introduire, s'étaient amassés quelques débris du cintre et de la voûte qu'il fallut écarter devant nous. Les feuilles robustes d'aloès, qui s'étaient fait jour dans leurs interstices, tombèrent ensuite sous nos épées, et la voiture entra dans la vaste allée dont les dalles n'avaient pas gémi sous le passage d'une roue depuis le règne de Ferdinand
20 le Catholique. Nous nous hâtâmes alors d'allumer quelques-unes des torches dont nous nous étions munis à Mattaro, et dont la flamme, nourrie par un courant impétueux, résista heureusement aux battements d'ailes des oiseaux nocturnes, qui s'enfuyaient de toutes les flammes du vieux bâtiment en poussant des cris lamentables. Cette scène, qui avait, en vérité, quelque chose
25 d'extraordinaire et de sinistre, me rappela involontairement la descente de Don Quichotte dans la caverne de Montesinos ; et l'observation que j'en fis en riant aurait peut-être arraché un sourire à l'*arriero* et à Bascara lui-même, s'ils avaient pu sourire encore ; mais leur consternation augmentait à chaque pas.

Fantaisies et légendes, 1838.

1. Comment Nodier s'y prend-il pour rendre l'atmosphère maléfique du château ?

2. Le château est un lieu clos dans lequel il faut pénétrer de force. Relevez la série d'actions que font Sergy et ses compagnons pour en forcer l'entrée.

3. Relevez les expressions et les références culturelles qui contribuent à donner au texte un caractère pittoresque.

MORTEL CAUCHEMAR

Le croque-mort vint qui me prit mesure d'une bière et d'un linceul ;
j'essayai encore de me remuer et de parler, ce fut inutile, un pouvoir invincible m'enchaînait : force me fut de me résigner. Je restai ainsi beaucoup de
temps en proie aux plus douloureuses réflexions. Le croque-mort revint avec
5 mes derniers vêtements, les derniers de tout homme, la bière et le linceul : il
n'y avait plus qu'à m'en accoutrer.

Il m'entortilla dans le drap, et se mit à me coudre sans précaution comme
quelqu'un qui a hâte d'en finir : la pointe de son aiguille m'entrait dans la
peau, et me faisait des milliers de piqûres ; ma situation était insupportable.
10 Quand ce fut fait, un de ses camarades me prit par les pieds, lui par la tête,
ils me déposèrent dans la boîte ; elle était un peu juste pour moi, de sorte
qu'ils furent obligés de me donner de grands coups sur les genoux pour
pouvoir enfoncer le couvercle.

Ils en vinrent à bout à la fin, et l'on planta le premier clou. Cela faisait un
15 bruit horrible. Le marteau rebondissait sur les planches, et j'en sentais le
contrecoup. Tant que l'opération dura, je ne perdis pas tout à fait l'espérance ;
mais au dernier clou je me sentis défaillir, mon cœur se serra, car je compris
qu'il n'y avait plus rien de commun entre le monde et moi : ce dernier clou
me rivait au néant pour toujours. Alors seulement je compris toute l'horreur
20 de ma position.

On m'emporta ; le roulement sourd des roues m'apprit que j'étais dans le
corbillard ; car bien que je ne pusse manifester mon existence d'aucune
manière, je n'étais privé d'aucun de mes sens. La voiture s'arrêta, on retira le
cercueil. J'étais à l'église, j'entendais parfaitement le chant nasillard des
25 prêtres, et je voyais briller à travers les fentes de la bière la lueur jaune des
cierges. La messe finie, on partit pour le cimetière ; quand on me descendit
dans la fosse, je ramassai toutes mes forces, et je crois que je parvins à pousser
un cri ; mais le fracas de la terre qui roulait sur le cercueil le couvrit entièrement : je me trouvais dans une obscurité palpable et compacte, plus noire
30 que celle de la nuit.

Onuphrius, 1832.

LE RÉCIT
fantastique

L'obsession de la mort

Théophile Gautier (1811-1872)

Artiste versatile, Théophile Gautier est à vingt ans un bouillant défenseur du romantisme. Plus tard, il se rapproche du Parnasse, courant auquel le symbolisme empruntera la théorie de l'Art pour l'Art. Tout au long de sa vie, il donne libre cours à son imagi-nation dans une série de contes fantastiques. Dans un climat oni-rique, il y traite le thème de la femme aimée, cherchant à com-battre le passage du temps qui ternit les passions les plus vives.

Dans cet extrait d'*Onuphrius*, le personnage principal est un peintre à qui Gautier prête ses traits de « romantique forcené ». Il raconte le cauchemar qui l'a fait douter de la frontière entre le rêve et la réalité, entre la vie et la mort.

---

1. Montrez comment cet extrait illustre les caractéristiques suivantes du récit fantastique :
   – une narration subjective ;
   – la nuit comme cadre privilégié du récit ;
   – la description d'une attitude de peur ou de doute.

2. Relevez les termes associés au thème de la mort.

3. Sur le plan du style, discutez du choix du passé simple pour rendre la peur du narra-teur : le présent de l'indicatif aurait-il été aussi, sinon plus, approprié ?

L'ESSAI
Ouvrage en prose qui présente une réflexion sur un sujet tiré de la réalité.

Le goût de l'histoire

François René de Chateaubriand (1768-1848)

Écrivain phare du romantisme français, Chateaubriand mène une brillante carrière politique : il occupe, entre autres, les fonctions d'ambassadeur et de ministre des Affaires étrangères. Il séjourne en Angleterre, en Orient et en Amérique. Ses essais témoignent de cette vaste expérience.

Dans cette page tirée des *Mémoires d'outre-tombe*, Chateaubriand compare deux héros mythiques : George Washington (1732-1799), chef des insurgés de la guerre de l'Indépendance américaine, puis premier président des États-Unis, et Napoléon Bonaparte (1769-1821), empereur des Français. Comme dans tous ses écrits, Chateaubriand soigne son style, sensible au fait qu'en littérature il n'y a pas que l'idée qui compte, mais aussi la manière de l'exprimer.

Atelier d'analyse

WASHINGTON ET BONAPARTE

Washington n'appartient pas, comme Bonaparte, à cette race qui dépasse la stature humaine. Rien d'étonnant ne s'attache à sa personne ; il n'est point placé sur un vaste théâtre ; il n'est point aux prises avec les capitaines les plus habiles, et les plus puissants monarques du temps ; il ne court point de
5 Memphis à Vienne, de Cadix à Moscou : il se défend avec une poignée de citoyens sur une terre sans célébrité, dans le cercle étroit des foyers domestiques. Il ne livre point de ces combats qui renouvellent les triomphes d'Arbelles et de Pharsale ; il ne renverse point les trônes pour en recomposer d'autres avec leurs débris ; il ne fait point dire aux rois à sa porte :
10 *Qu'ils se font trop attendre, et qu'Attila s'ennuie.*

Quelque chose de silencieux enveloppe les actions de Washington ; il agit avec lenteur ; on dirait qu'il se sent chargé de la liberté de l'avenir, et qu'il craint de la compromettre. Ce ne sont pas ses destinées que porte ce héros d'une nouvelle espèce : ce sont celles de son pays ; il ne se permet pas de
15 jouer ce qui ne lui appartient pas ; mais de cette profonde humilité quelle lumière va jaillir ! Cherchez les bois où brilla l'épée de Washington : qu'y trouvez-vous ? Des tombeaux ? Non ; un monde ! Washington a laissé les États-Unis pour trophée sur son champ de bataille.

Bonaparte n'a aucun trait de ce grave Américain : il combat avec fracas
20 sur une vieille terre ; il ne veut créer que sa renommée ; il ne se charge que de son propre sort. Il semble savoir que sa mission sera courte, que le torrent qui descend de si haut s'écoulera vite ; il se hâte de jouir et d'abuser de sa gloire, comme d'une jeunesse fugitive. À l'instar des dieux d'Homère, il veut arriver en quatre pas au bout du monde. Il paraît sur tous les rivages ; il
25 inscrit précipitamment son nom dans les fastes de tous les peuples ; il jette des couronnes à sa famille et à ses soldats ; il se dépêche dans ses monuments, dans ses lois, dans ses victoires. Penché sur le monde, d'une main il terrasse les rois, de l'autre il abat le géant révolutionnaire ; mais, en écrasant l'anarchie, il étouffe la liberté, et finit par perdre la sienne sur son dernier
30 champ de bataille.

Chacun est récompensé selon ses œuvres : Washington élève une nation à l'indépendance ; magistrat en repos, il s'endort sous son toit au milieu des regrets de ses compatriotes et de la vénération des peuples.

Bonaparte ravit à une nation son indépendance : empereur déchu, il est
35 précipité dans l'exil, où la frayeur de la terre ne le croit pas encore assez emprisonné sous la garde de l'Océan. Il expire : cette nouvelle publiée à la porte du palais devant laquelle le conquérant fit proclamer tant de funérailles n'arrête, ni n'étonne le passant : qu'avaient à pleurer les citoyens ?

La République de Washington subsiste ; l'Empire de Bonaparte est détruit.
40 Washington et Bonaparte sortirent du sein de la démocratie : nés tous deux de la liberté, le premier lui fut fidèle, le second la trahit.

Mémoires d'outre-tombe, tome I, 1848-1850.

Musée national du château, Rueil-Malmaison.
A.-J. Gros, *Portrait équestre de Bonaparte, premier consul*, 1803.

Musée national de la Coopération Franco-américaine, Blérancourt.
Samuel King, *Portrait de Washington*, 1772.

Ayant vécu sous plusieurs régimes en France, côtoyé Bonaparte autant que Charles X et connu d'autres pays comme l'Angleterre et les États-Unis, Chateaubriand observe ses contemporains avec une plume aussi élégante qu'acérée.

Exploration

1. Pour vous aider à comprendre le texte :
   – cherchez la définition des mots qui vous sont moins familiers, comme «magistrat». Interrogez-vous également sur les mots dont la définition peut éclairer la signification du texte, comme «monarchie», «empereur», «républicain», «démocratie», etc. ;
   – dégagez le plan de l'extrait.

2. Chateaubriand établit un parallèle entre Washington et Bonaparte pour mieux montrer ce qui les sépare. En un tableau sur deux colonnes, classez les faits, les gestes et les caractéristiques propres à chacun des deux hommes.

3. Selon Chateaubriand, Napoléon a des attributs surhumains, alors que Washington est un homme de prudence. Dressez la liste des mots et expressions illustrant chacune de ces idées.

4. Comment sait-on que ce portrait fut composé après la destitution de Bonaparte? Quel avantage l'auteur tire-t-il de ce fait?

5. Dans les trois derniers paragraphes, l'opposition joue sur la considération accordée aux deux hommes par leurs concitoyens. Illustrez-le en vous appuyant sur le texte.

6. Que révèle cet extrait sur les sentiments qu'éprouve Chateaubriand pour Napoléon?

Hypothèses d'analyse et de dissertation

1. Montrez que le procédé d'opposition touche tous les niveaux du texte : la signification, la structure, le style.

2. Montrez que la figure de Napoléon est plus proche de l'idéal romantique que ne l'est celle de Washington.

La résonance du romantisme au Canada français, et jusqu'à aujourd'hui

Au Canada français

L'essor de la littérature canadienne-française coïncide avec le déclin du mouvement romantique français. C'est *L'Histoire du Canada*, publiée de 1845 à 1852, qui lui donne l'élan nécessaire. Rappelant l'histoire de la Conquête, son auteur, François-Xavier Garneau, réfute le mépris professé dans le rapport Durham de 1839 envers « un peuple sans histoire et sans littérature » et redonne à ses compatriotes la fierté de leur passé.

Les idées romantiques commencent à pénétrer au Québec à la faveur des relations qui se nouent avec la France à partir de la visite de *La Capricieuse*, dépêchée à Québec en 1855 par l'empereur Napoléon III. L'élite intellectuelle, qui en était restée aux tragédies classiques de Racine et de Corneille, découvre les grands auteurs romantiques : Chateaubriand, Lamartine, Hugo et Musset. Le poète et libraire Octave Crémazie (1822-1879), fervent admirateur de Victor Hugo, est à l'origine de cette première phase du romantisme canadien. Dans son arrière-boutique se réunit un groupe d'écrivains que l'on a rangés sous la bannière de l'École patriotique de Québec : Étienne Parent, François-Xavier Garneau et l'abbé Ferland, auxquels viennent s'ajouter Antoine Gérin-Lajoie, P. J. Olivier Chauveau, Louis Fréchette, et l'abbé Casgrain qui deviendra l'âme de ce petit cénacle. Toutefois, des revers de fortune obligent Crémazie à s'exiler en France où il mourra, seul et oublié.

L'École patriotique de Québec connaît trois grands « maîtres » : Octave Crémazie chante le temps des aïeux et de la France, « mère des arts » et « lumière du monde », dans des poèmes qui reflètent l'esprit patriotique et le style des tout premiers romantiques ; William Chapman (1850-1917) met son style oratoire, chargé de poncifs, au service des nobles aspirations de la race ; Louis Fréchette (1839-1908), le plus hugolien des trois, traite de sujets canadiens avec un lyrisme puissant. Son morceau le plus applaudi, *La Légende d'un peuple*, se voulait une imitation de *La Légende des siècles*, de Hugo. Couronné par l'Académie française, il est le représentant le plus célèbre et le plus accompli de ce groupe qui compte, parmi ses héritiers, Adolphe Poisson (1849-1922), Nérée Beauchemin (1850-1931) et Pamphile LeMay (1837-1918).

Peu à peu, la poésie s'enlise dans les derniers soubresauts du romantisme. Il faudra attendre la fondation de l'École littéraire de Montréal, en 1895, pour voir les premières manifestations d'une poésie nouvelle prônant la Beauté formelle à la manière des parnassiens. Mais les poètes, fidèles à la « poésie du cœur » si chère aux romantiques, puisent encore leur inspiration dans les émotions profondes, jaillies des souffrances et des tempêtes de l'âme.

Et jusqu'à aujourd'hui

Les romantiques souhaitaient que leurs écrits soient littéraires, c'est-à-dire qu'ils répondent à une certaine exigence en matière de création, et populaires, c'est-à-dire qu'ils soient accessibles au lecteur moyen. Toutefois, les derniers représentants du romantisme ont tendance à céder à la formule. Certains auteurs grand public vont aussi s'emparer de la recette — de l'exotisme, de l'héroïsme et des larmes avant toute chose — pour saturer le lecteur de mélodrames à l'eau de rose et tomber dans la facilité. C'est qu'il faut une bonne dose de talent pour faire coller le romantisme à la modernité sans donner dans la mièvrerie. Le défi a-t-il été relevé par Françoise Sagan qui, à 18 ans, a écrit son premier roman, *Bonjour tristesse*? Toujours est-il qu'il y a du désabusement à la Musset chez cette jeune femme qui traduit le mal de vivre d'une jeunesse désœuvrée, en mal d'amour, dans les années de l'après-guerre.

LA DÉCOUVERTE DU MISSISSIPI

Le grand fleuve dormait couché dans la savane.
Dans les lointains brumeux passaient en caravane
Des farouches troupeaux d'élans et de bisons.
Drapé dans les rayons de l'aube matinale
5 Le désert déployait sa splendeur virginale
Sur d'insondables horizons.

Juin brillait. Sur les eaux, dans l'herbe des pelouses,
Sur les sommets, au fond des profondeurs jalouses,
L'Été fécond chantait ses sauvages amours.
10 Du Sud à l'Aquilon, du Couchant à l'Aurore,
Toute l'immensité semblait garder encore
La majesté des premiers jours.

Travail mystérieux ! Les rochers aux fronts chauves,
Les pampas, les bayous, les bois, les antres fauves,
15 Tout semblait tressaillir sous un souffle effréné ;
On sentait palpiter les solitudes mornes,
Comme au jour où vibra, dans l'espace sans bornes,
L'hymne du monde nouveau-né.

L'Inconnu trônait dans sa grandeur première.
20 Splendide, et tacheté d'ombres et de lumière,
Comme un reptile immense au soleil engourdi,
Le vieux Meschacébé, vierge encor de servage,
Dépliait ses anneaux de rivage en rivage
Jusques aux golfes du Midi.

25 Écharpe de Titan sur le globe enroulée,
Le grand fleuve épanchait sa nappe immaculée
Des régions de l'Ourse aux plages d'Orion,
Baignant la steppe aride et les bosquets d'orange,
Et mariant ainsi, dans un hymen étrange,
30 L'Équateur au Septentrion.

Fier de sa liberté, fier de ses flots sans nombre,
Fier du grand pin touffu qui lui verse son ombre,
Le Roi-des-Eaux n'avait encore, en aucun lieu
Où l'avait promené sa course vagabonde,
35 Déposé le tribut de sa vague profonde,
Que devant le soleil et Dieu !...

Jolliet ! Jolliet ! quel spectacle féerique
Dut frapper ton regard, quand ta nef historique
Bondit sur les flots d'or du grand fleuve inconnu !
40 Quel sourire d'orgueil dut effleurer ta lèvre !
Quel éclair triomphant, à cet instant de fièvre,
Dut resplendir sur ton front nu !

Le romantisme en terre québécoise

Louis Fréchette (1839-1908)

Né à Lévis d'un père analphabète mais ambitieux et débrouillard, Louis Fréchette fait des études de droit. Déçu de la froideur avec laquelle ses premiers écrits sont reçus, il s'exile pendant cinq ans à Chicago où il continue de composer. Revenu au pays, il sera tour à tour journaliste et fonctionnaire avant d'être élu député fédéral après avoir essuyé quelques échecs aux élections. Vouant une très grande admiration à Victor Hugo, il compose, sur le modèle de *La Légende des siècles*, un recueil intitulé *La Légende d'un peuple* qui le fait reconnaître au Canada français comme le plus important poète du XIXᵉ siècle. Comme Hugo, son modèle, il s'emploie à rendre mythiques les exploits des premiers colons et des découvreurs de l'Amérique. Habile conteur, Fréchette sauve aussi de l'oubli des contes populaires empreints de merveilleux qui contribuent à modeler l'imaginaire des Québécois.

Ce poème emprunte un souffle épique pour décrire le fleuve Meschacébé, appellation indienne du fleuve Mississippi, au moment de sa découverte par Joliette (écrit Jolliet dans le texte).

Le voyez-vous, là-bas, debout comme un prophète,
Le regard rayonnant d'audace satisfaite,
45 La main tendue au loin vers l'Occident bronzé,
Prendre possession de ce domaine immense
Au nom du Dieu vivant, au nom du roi de France,
Et du monde civilisé ?

Puis, bercé par la houle, et bercé par ses rêves,
50 L'oreille ouverte aux bruits harmonieux des grèves,
Humant l'âcre parfum des grands bois odorants,
Rasant les îlots verts et les dunes d'opale,
De méandre en méandre, au fil de l'onde pâle,
Suivre le cours des flots errants !

55 À son aspect, du sein des flottantes ramures
Montait comme un concert de chants et de murmures ;
Des vols d'oiseaux marins s'élevaient des roseaux,
Et, pour montrer la route à la pirogue frêle,
S'enfuyaient en avant, traînant leur ombre grêle
60 Devant le pli lumineux des eaux.

Et, pendant qu'il allait voguant à la dérive,
On aurait dit qu'au loin les arbres de la rive,
En arceaux parfumés penchés sur son chemin,
Saluaient le héros dont l'énergique audace
65 Venait d'inscrire encor le nom de notre race
Aux fastes de l'esprit humain !

Pêle-Mêle, 1877.

Collection Thyssen-Bornemisza,
Madrid.
Albert Bierstadt, *Les chutes*
de Saint-Anthony, 1880.

1. Relevez les passages où Fréchette se sert de la personnification pour donner de l'ampleur à la description du fleuve.

2. Expliquez comment Fréchette réussit à évoquer la grandeur sauvage de l'Amérique.

3. Montrez que Joliette fait ici figure de héros.

4. Démontrez que ce poème est à la fois épique et romantique.

LES AFFRES DE L'INTROSPECTION

La netteté de mes souvenirs à partir de ce moment m'étonne. J'acquérais une conscience plus attentive des autres, de moi-même. La spontanéité, un égoïsme facile avaient toujours été pour moi un luxe naturel. J'avais toujours vécu. Or voici que ces quelques jours m'avaient assez troublée pour que je 5 sois amenée à réfléchir, à me regarder vivre. Je passais par toutes les affres de l'introspection sans, pour cela, me réconcilier avec moi-même. « Ce sentiment, pensais-je, ce sentiment à l'égard d'Anne est bête et pauvre, comme ce désir de la séparer de mon père est féroce. » Mais, après tout, pourquoi me juger ainsi ? Étant simplement moi, n'étais-je pas libre d'éprouver ce qui arrivait ?
10 Pour la première fois de ma vie, ce « moi » semblait se partager et la découverte d'une telle dualité m'étonnait prodigieusement. Je trouvais de bonnes excuses, je me les murmurais à moi-même, me jugeant sincère, et brusquement un autre « moi » surgissait, qui s'inscrivait en faux contre mes propres arguments, me criant que je m'abusais moi-même, bien qu'ils eussent toutes
15 les apparences de la vérité. Mais n'était-ce pas, en fait, cet autre qui me trompait ? Cette lucidité n'était-elle pas la pire des erreurs ? Je me débattais des heures entières dans ma chambre pour savoir si la crainte, l'hostilité que m'inspirait Anne à présent se justifiaient ou si je n'étais qu'une petite jeune fille égoïste et gâtée en veine de fausse indépendance.
20 En attendant, je maigrissais un peu plus chaque jour, je ne faisais que dormir sur la plage et, aux repas, je gardais malgré moi un silence anxieux qui finissait par les gêner. Je regardais Anne, je l'épiais sans cesse, je me disais tout au long du repas : « Ce geste qu'elle a eu vers lui, n'est-ce pas l'amour, un amour comme il n'en aura jamais d'autre ? Et ce sourire vers moi avec ce
25 fond d'inquiétude dans les yeux, comment pourrais-je lui en vouloir ? » Mais, soudain, elle disait : « Quand nous serons rentrés, Raymond… » Alors, l'idée qu'elle allait partager notre vie, y intervenir, me hérissait. Elle ne me semblait plus qu'habileté et froideur. Je me disais : « Elle est froide, nous sommes chaleureux ; elle est autoritaire, nous sommes indépendants ; elle est
30 indifférente : les gens ne l'intéressent pas, ils nous passionnent ; elle est réservée, nous sommes gais. Il n'y a que nous deux de vivants et elle va se glisser entre nous avec sa tranquillité, elle va se réchauffer, nous prendre peu à peu notre bonne chaleur insouciante, elle va nous voler tout, comme un beau serpent. » Je me répétais un beau serpent… un beau serpent ! Elle me
35 tendait le pain et soudain je me réveillais, je me criais : « Mais c'est fou, c'est Anne, l'intelligente Anne, celle qui s'est occupée de toi. Sa froideur est sa forme de vie, tu ne peux y voir du calcul ; son indifférence la protège de mille petites choses sordides, c'est un gage de noblesse. » Un beau serpent… je me sentais blêmir de honte, je la regardais, je la suppliais tout bas de me
40 pardonner. Parfois, elle surprenait ces regards et l'étonnement, l'incertitude assombrissaient son visage, coupaient ses phrases. Elle cherchait instinctivement mon père des yeux ; il la regardait avec admiration ou désir, ne comprenait pas la cause de cette inquiétude. Enfin, j'arrivais peu à peu à rendre l'atmosphère étouffante et je m'en détestais.

Bonjour tristesse, Éditions Julliard, 1954.

1. Quelles sont les caractéristiques du mal de vivre de l'héroïne ?

2. Comment sa jalousie envers Anne s'exprime-t-elle ?

3. Relevez les passages qui témoignent de la culpabilité de la narratrice.

4. Ces confidences pourraient-elles se retrouver dans la bouche d'une jeune fille d'aujourd'hui ? Expliquez votre point de vue.

La résonance actuelle

Françoise Sagan (1935-2004)

De son vrai nom Françoise Quoirez, elle prend, à la demande de sa famille bourgeoise, un pseudonyme qu'elle trouve chez son auteur de prédilection, Marcel Proust. Comme lui, elle s'intéresse à décrire la vie oisive de la haute société en affectant toutefois le point de vue de l'indifférence ou du désenchantement. Son premier roman touche d'ailleurs toute une jeunesse de l'après-guerre qui aime les sensations fortes pour échapper à son ennui de vivre. Sagan, elle-même, est attirée par tout ce qui est excessif, comme l'alcool et les drogues dures qu'elle consomme sans modération. Elle connaît la prison une première fois pour en avoir fait le trafic et elle sera accusée de fraude plus tard dans sa vie. Elle termine d'ailleurs son existence dans la pauvreté, elle qui a dépensé un argent fou, celui que lui rapportaient ses romans dont plusieurs ont été des best-sellers.

Dans l'extrait ci-contre, Cécile, la jeune héroïne de 17 ans au cœur du roman, confie son mal de vivre alors qu'elle vient de découvrir que le mariage d'Anne Larsen, une amie de sa défunte mère, avec son père, risque de mettre fin à la complicité qu'elle partage avec celui-ci et de nuire à son indépendance.

La méthodologie

PRÉSENTATION

omment produire une dissertation ou une analyse de texte satisfaisante ? L'étudiant qui se pose cette question a-t-il le sentiment de connaître une démarche qui l'assure d'une relative autonomie pour analyser un texte littéraire et ensuite rédiger une dissertation ? En contrepartie, quels outils l'enseignant peut-il mettre à sa disposition pour l'aider dans son apprentissage ?

La démarche que nous présentons ici propose des stratégies directement applicables au texte que l'étudiant doit analyser. Le mot *stratégie* fait référence à des outils, à des procédures qui aident à traiter de manière significative et dans une optique de réutilisation fonctionnelle les faits propres à un objet d'étude littéraire. Les stratégies peuvent toutes être modifiées par l'utilisateur et adaptées aux besoins de l'analyse.

Dans les études supérieures, la lecture et l'analyse présentent les caractéristiques suivantes :
- toute lecture est un processus actif d'élaboration du sens ; ce n'est pas uniquement une activité de déchiffrement ;
- toute lecture entraîne une interaction entre deux réalités polysémiques par nature :
  - le **texte**, qui offre des significations multiples,
  - le **lecteur**, qui possède déjà en lui un parcours culturel ;
- toute lecture entraîne une interprétation du sens global du texte : comprendre un texte, c'est faire à son sujet une ou plusieurs hypothèses d'analyse ;
- la lecture, même si elle peut engendrer des interprétations multiples, doit respecter des critères de validation :
  - le **critère de fidélité au texte**, qui implique que l'analyse ne peut entrer en contradiction avec le texte littéraire et doit s'appuyer sur lui,
  - le **critère de pertinence externe**, qui implique qu'une lecture ne peut entrer en contradiction avec les connaissances acquises sur l'œuvre, son auteur et le contexte d'écriture.

La démarche d'analyse repose d'abord sur des connaissances variées que nous avons regroupées en tableaux sous le titre « Les connaissances préalables ». Suivent ensuite les quatre étapes de l'analyse, présentées, elles aussi, en tableaux.

Les connaissances grammaticales

*L*e langage est le matériau de base de l'écrivain. Il faut rappeler que les personnages sont des êtres construits avec des mots et non pas de vraies personnes. Ils n'ont pas d'existence autonome en dehors de celle que leur prête l'auteur dans l'intrigue qu'il construit… avec des mots ! De même, le poète évoque des images, fait entendre une musique uniquement en jouant avec les mots.

Par ses choix linguistiques, et donc par l'usage de procédés grammaticaux, l'écrivain appose sa marque personnelle sur son texte ; il lui donne une signification, une couleur, un rythme et une tonalité propres.

La ponctuation

Dans sa variété, elle permet au lecteur de saisir :

• les ruptures, les pauses, les hésitations ;

• l'expression des émotions ;

• les liens logiques du texte.

Les modes des verbes

Principales valeurs

• **Indicatif** : faits réels.

• **Impératif** : ordre.

• **Conditionnel** : incertitude et rêverie ; faits soumis à une condition ; politesse.

• **Subjonctif** : faits incertains ou éventuels.

• **Infinitif** : utilisation à des fins narratives.

• **Participe** : valeur d'adjectif.

Les temps des verbes

Principales valeurs de l'indicatif

• **Présent** : faits en cours ; narration rendue plus vivante (qu'au passé).

• **Imparfait** : durée et description ; valeur circonstancielle.

• **Passé simple** : action soudaine ou ponctuelle.

• **Passé composé** : temps de narration, plus présent dans la littérature actuelle.

Les phrases

Tenir compte de :

• la nature de la phrase, sa longueur, sa construction ;

• la catégorie de mots dans la construction de l'ensemble des phrases, soit à prédominance verbale (pour l'action) ou nominale, soit avec une quantité d'adjectifs (pour la description).

Note : À titre d'exemple, deux textes sont suggérés pour l'analyse des procédés grammaticaux en général : François René de Chateaubriand, Washington et Bonaparte, *dans le chapitre 5 ;* Victor Hugo, La leçon d'argot, *dans le même chapitre.*

Les connaissances littéraires

Les figures de style et les procédés stylistiques

Les figures de style sont des façons variées d'associer les mots entre eux dans un but d'expressivité et d'originalité. Les procédés stylistiques se rapportent à l'organisation des mots dans la phrase ou d'une phrase à l'autre. Leur emploi contribue à caractériser le style d'un auteur.

Les figures d'analogie ou de substitution	Définitions
	• Consiste à relier deux aspects de la réalité sur la base de la ressemblance.
	• Consiste à remplacer une idée ou un objet par un terme auquel il est relié logiquement.
La comparaison	Figure qui rapproche à l'aide d'un mot de comparaison (tel, comme) deux termes différents ayant un point commun. Ex. : *La liberté, comme une colombe, vole dans le ciel.*
La métaphore	Figure qui rapproche des termes sans expliciter le lien de ressemblance ou d'analogie. Ex. : *La liberté vole dans le ciel.*
La personnification	Figure qui consiste à attribuer un caractère humain à ce qui ne l'est pas : la faune, la flore, les objets, les idées ou autres. Ex. : *Monsieur le Chat imposait ses quatre volontés à la maisonnée.*
La métonymie	Remplacement d'un terme par un autre, par exemple le contenant pour le contenu, la cause pour l'effet, la partie pour le tout. Ex. : *Boire un verre. Faire de la voile.*

Autres figures	Définitions
L'antithèse	Juxtaposition de termes qui s'opposent par leur sens. Ex. : *On était vaincu par sa conquête.* (Victor Hugo)
L'oxymore	Alliance de mots contrastés dans un but d'originalité. Ex. : *Un soleil pluvieux.*
L'hyperbole	Consiste en la mise en relief d'une idée par exagération. Ex. : *Il était tellement grand qu'on aurait dit un géant de l'époque des dinosaures.*
La litote	Consiste à atténuer l'expression de sa pensée (souvent par l'usage de la négation), à l'opposé de la figure précédente. Ex. : *Je ne vous déteste point (pour dire « je vous aime »).*
L'euphémisme	Consiste à formuler une vérité de façon à atténuer son aspect désagréable. Ex. : *Il est décédé des suites d'une longue maladie (pour le cancer ou le sida).*

Les procédés syntaxiques

Procédés	Définitions

La répétition	Consiste en la reprise d'un mot, d'un groupe de mots ou d'une phrase pour renforcer une idée ou pour marquer le rythme, comme dans un refrain.
	
	Ex. : *Nouveau venu, qui cherches Rome en Rome*
	  Et rien de Rome en Rome n'aperçois,
	  Ces vieux palais, ces vieux arcs que tu vois,
	  Et ces vieux murs, c'est ce que Rome on nomme.
	  (Joachim Du Bellay, *Nouveau venu, qui cherches…*)

L'énumération	Consiste en une série de mots ou de phrases qui se succèdent. Crée un effet de précision mais peut aussi contribuer au rythme du texte et lui donner un effet saccadé, par exemple.
	
	Ex. : *[…] qui commence encore à jeter ses racines, sortira de terre, et s'élèvera en telle hauteur*
	  et grosseur qu'elle se pourra égaler aux mêmes Grecs et Romains, produisant comme eux
	  des Homères, Démosthènes, Virgiles et Cicérons, aussi bien que la France a
	  quelquefois produit des Périclès, Nicias, Alcibiades, Thémistocles, Césars et Scipions.
	  (Joachim Du Bellay, *Pourquoi la langue française n'est pas si riche que la grecque et latine*)

Le parallélisme	Phrases construites sur des structures similaires. Crée un effet d'équilibre, et contribue au rythme dans un poème. Ex. : *d'avoir gémi dans le désert* *d'avoir crié vers mes gardiens* (Aimé Césaire, *Les Armes miraculeuses*) On pourra parler aussi d'effets de symétrie dans un texte. La symétrie des hémistiches dans un poème est une autre possibilité. Ex. : *Je meurs si je vous perds ; mais je meurs si j'attends.*

L'anaphore	Répétition insistante d'un ou de plusieurs termes au début d'un vers, d'une phrase ou d'un fragment de phrase pour créer un effet d'envoûtement ou de persuasion.
	
	Contribue au rythme dans un poème.
	
	Ex. : *Seulete suis et seulete veux être,*
	  Seulete m'a mon doux ami laissée,
	  Seulete suis, sans compagnon ni maître,
	  Seulete suis, dolente et courroucée (Christine de Pizan, *Ballade du veuvage*)

La gradation	Succession de termes par ordre d'intensité croissante. Ex. : *Tant de villes rasées, tant de nations exterminées, tant de millions de peuples passés* *au fil de l'épée.*
Le pléonasme	Répétition d'un mot ou d'une fonction grammaticale dans un but d'insistance. Parfois, le pléonasme est le résultat d'une maladresse linguistique comme dans « il est descendu en bas ». Ex. : *Je te l'ai dit*, moi, *qu'il fallait partir.*
L'ellipse	Omission volontaire de mots dans une phrase. Ex. : *Les hommes ? Écume, faux dirigeants, faux prêtres, penseurs approximatifs, insectes…* *Gestionnaires abusés…* (Philippe Sollers, *Femmes*) On pourra aussi parler d'une écriture elliptique, qui a tendance à favoriser le minimal, à ne pas être explicite.

Les procédés sonores

Ces procédés sont utilisés dans tous les types de textes, mais particulièrement dans la poésie, où ils contribuent au rythme du poème (en s'ajoutant aux rimes dans le cas de la poésie versifiée).

Procédés	Définitions
L'allitération	Répétition de consonnes sonores dans des mots voisins. Dans un poème, elle contribue au rythme par un effet d'harmonie imitative. Ex. : *Pour qui sont ces serpents qui sifflent sur vos têtes ?* (Racine)
L'assonance	Répétition de voyelles sonores dans des mots voisins. Dans un poème, elle contribue au rythme par un effet d'harmonie imitative. Ex. : *Je fais souvent ce rêve étrange et pénétrant* (Verlaine) (Remarque : En phonétique, le son ã est considéré comme une voyelle nasale.)

Les procédés lexicaux

Procédés	Définitions
Le champ lexical	Série de termes apparentés par le sens, qui expriment l'idée dominante ou le thème d'un texte. Ex. : *Le thème romantique de l'ennui de vivre dans* À Éva *d'Alfred de Vigny avec comme champ lexical « gémissant, poids, traîne, blessé, asservie, écrasant, plaie ».* Notez que le champ lexical est un instrument d'analyse efficace puisqu'il permet de saisir comment s'organisent les significations dans un texte à travers un choix lexical déterminé par l'écrivain.
La connotation	Ensemble de significations que peut prendre un terme en fonction du contexte, ce qui lui donne un pouvoir d'évocation. Inscription de la subjectivité dans le langage. Les figures de style peuvent être reliées en réseau de signification pour augmenter la valeur suggestive du texte. Ex. : *La couleur rouge qui évoque, chez les romantiques, à la fois la passion, la tension, la pulsion de mort et l'enfer.* Le terme *connotation* s'oppose à celui de *dénotation* qui fait référence au sens premier d'un mot, indiqué dans le dictionnaire. Quand on applique le terme *dénotatif* à un texte, cela signifie que ce texte est impersonnel, objectif, et neutre dans sa description de la réalité.

LE RÉCIT

Tout texte qui se compose d'une histoire (la fiction, les événements racontés) et d'une narration (la façon dont les événements sont racontés).

Les connaissances relatives à chaque genre

Nous présentons ici la théorie nécessaire à l'analyse du récit. Le récit qui suit permet d'associer les concepts (présentés en marge) à leur illustration dans le texte. La numérotation renvoie aux définitions et aux explications supplémentaires des pages 239 et 240.

NOUVEAU DÉPART (PREMIER RÉCIT)

Depuis le moment de mon arrivée au Canada, j'avais toujours habité ce vallon parcouru de montagnes, qui changeaient de couleur avec les saisons, d'un vert tendre au printemps, devenant plus vibrant l'été, puis rougeoyantes à l'automne avant de prendre une allure de dentelle flamande l'hiver. Notre maison était construite en bordure de l'Outaouais et nos plus proches voisins habitaient sur l'autre rive, du côté de l'Ontario.

Il s'en était passé des choses depuis mon arrivée de Chine. Mes parents m'avaient adoptée alors que j'avais déjà atteint l'âge de deux ans et demi et je m'étais retrouvée seule à avoir les yeux bridés, parmi des petits uniformément blancs, dégageant tous la même odeur, un peu sucrée, et parlant tous la même langue, étrangère à mes oreilles. J'avais vite senti que c'était à moi de faire des efforts pour briser l'isolement et me faire des amis. J'avais beaucoup à apprendre et je voulais aussi plaire à mes enseignants : je suis vite devenue une première de classe. Je raflais tous les honneurs.

À la fin de mon cours secondaire, je me suis fait un petit copain. Alexandre a beaucoup de points en commun avec moi : il a dû vivre avec sa différence, puisque sa famille est la seule à peau noire de toute la région ! Aujourd'hui, je vais le quitter, puisque je m'apprête à aller étudier au cégep à Montréal. Ma mère s'inquiète pour moi.

— Tu es certaine d'avoir pris suffisamment de vêtements ?

Elle me caresse la nuque. Elle se dit que je suis bien jeune pour aller vivre seule, qu'il faudra m'adapter à un nouveau milieu social. Et que la ville, c'est bien dangereux.

— Maman, tu sais, je vais t'écrire des courriels tous les jours, que je lui dis en bouclant ma valise.

Tout pour la rassurer, sinon, elle fera de l'insomnie plusieurs jours et elle risque de se pointer à Montréal après une semaine, uniquement pour s'assurer de mon bien-être. C'est bien beau l'amour d'une mère, mais arrive le moment où on a le goût de voler de ses propres ailes.

— Allez, maman, il faut que je passe chez Alexandre. Il veut m'offrir un présent à l'occasion de mon départ.

Je lui ai donné un baiser. Je m'imaginais déjà revenir dans quelques années, mon diplôme de médecine sous le bras. Je m'installerais dans la région. Je retrouverais Alexandre. On se marierait et on aurait un seul enfant.

N'étant pas convaincu du résultat, l'auteur, qui en était à ses premiers essais en écriture, se demandait ce que cela donnerait d'organiser le tout différemment.

Marges (annotations) :

- ❶ Narratrice représentée
- ❸ La description
- ❹ Le sommaire
- ❺ La variation des temps et des modes verbaux
- ❺ La variation des temps et des modes verbaux
- ❻ Le discours direct
- ❻ Le discours direct
- ❼ Le discours indirect
- ❽ Le discours indirect libre
- ❻ Le discours direct
- ❾ L'anticipation
- ❿ La mise en abyme

(SECOND RÉCIT)

Le narrateur ⑪
non représenté

La fille observe du coin de l'œil sa mère qui marche nerveusement dans sa chambre.

⑫ La focalisation
interne

— Tu es certaine d'avoir pris suffisamment de vêtements ?

C'est la troisième fois qu'elle lui pose la même question en caressant sa nuque. Sa mère lui dit qu'elle est bien jeune pour aller vivre seule en appartement, qu'il faudra qu'elle s'adapte à un nouveau milieu social et que la ville, c'est bien dangereux.

Pour la rassurer, sa fille lui promet de lui écrire des courriels tous les jours, sinon, elle le sait bien, elle risque de voir atterrir sa mère à Montréal, morte d'inquiétude.

⑬ Le lexique
(néologisme)

La syntaxe et ⑭
la ponctuation

Sa mère, elle l'aime tendrement, mais enfin ! Vient le moment où il faut bien voler de ses propres ailes !

Pourtant, elle se souvient encore de la première fois où elle l'a vue. C'était en Chine. Elle avait deux ans et demi. La couleur bleue des yeux l'étonnait tout comme la peau si blanche. Elle n'était pas au bout de ses surprises. Elle s'est retrouvée ensuite dans un paysage nouveau, bien différent de celui qu'elle connaissait auparavant, une douce vallée en bordure de l'Outaouais, dont les montagnes changeaient de couleur au fil des saisons.

Il a fallu ensuite qu'elle sorte de sa coquille pour se faire des amis. Elle a appris une nouvelle langue aux sons bien étranges. Comme elle voulait impressionner ses professeurs, très vite elle est devenue première de classe.

L'auteure ②

Céline Thérien

Note : Ce récit a été composé pour les besoins de la cause, afin de contourner la difficulté d'en trouver un dans une œuvre connue qui puisse répondre parfaitement aux exigences de l'illustration.

---

1. Le narrateur représenté (ou intradiégétique) (qui dit « Je », ce qui est le cas ici)
   Deux possibilités :
   • **le narrateur** principal raconte sa propre histoire (ce qui est le cas dans ce premier récit, quoiqu'il s'agisse ici d'une narratrice) ;
   • **le narrateur témoin** : un personnage secondaire rapporte l'histoire du héros (possibilité non illustrée par le texte).

2. L'auteur
   La personne qui compose et signe le texte.

   Dans notre exemple, l'auteure est une dame d'origine québécoise à ne pas confondre avec la narratrice, jeune fille d'origine chinoise.

3. La description
   Peut servir à diverses fins, soit :
   • situer dans l'espace ou dans le temps ;
   • donner un caractère pittoresque, symbolique ;
   • informer des valeurs du narrateur, de sa vision du monde ;
   • apporter une **pause** dans la narration.

   On peut aussi trouver, dans un récit, des passages à caractère **argumentatif**.

4. Le sommaire
   • Le narrateur résume des événements.
   • Le narrateur peut aussi tenir des événements cachés : il s'agit alors d'une **ellipse** dans le récit.

5. La variation des temps et des modes verbaux :
   • influence la perception que le lecteur a de l'action ;
   • organise les événements les uns par rapport aux autres.

   Dans ce texte, notez le passage significatif de l'imparfait (la continuité et la description) à l'indicatif présent qui ramène aux faits en cours.

6. Le discours direct
   L'auteur fait parler les personnages et utilise le tiret ou les guillemets comme signe typographique.

7. Le discours indirect
   Paroles rapportées à l'aide d'un verbe déclaratif qui les précède.

8. Le discours indirect libre
   La pensée du personnage est rapportée sans qu'aucun signe particulier ne l'indique. Évite la rupture dans la narration.

9. L'anticipation

Le narrateur raconte des événements futurs.

Notez que s'il s'agit d'événements du passé, on parle de rétrospective ou de retour en arrière.

10. La mise en abyme

Consiste à imbriquer un récit dans un autre récit, une pièce de théâtre dans une autre, comme dans un jeu de miroir. L'auteur se met ici en représentation.

11. Le narrateur non représenté (ou extradiégétique)

Dans ce second récit, l'histoire est racontée à la troisième personne sur l'exemple de « il était une fois » qui est en quelque sorte sous-entendu.

12. La focalisation ou le point de vue

- La **focalisation interne** (avec un personnage), comme si une caméra se déplaçait en adoptant le regard d'un personnage sur le monde.
- La **focalisation zéro ou point de vue omniscient** consiste pour l'auteur à adopter le point de vue de Dieu sur ses créatures. Rien ne lui échappe à propos de tous ses personnages : pensées, paroles ou actions.
- La **focalisation externe** : point de vue d'un photographe qui ne pénètre pas les consciences. Effet d'objectivité.

Dans le second récit, la focalisation est interne ; elle se fait avec le personnage principal, qui est la jeune fille dans ce cas.

13. Le lexique

- *Courriel* est un néologisme, c.-à-d. un mot d'invention récente. Il suggère le fait que c'est un texte récent, et participe donc à la **connotation** dans le texte.
- À l'opposé, il existe des archaïsmes (mots anciens) et des régionalismes (mots à usage local).
- Le lexique utilisé permet aussi de situer le **niveau de langue**, qui peut être **littéraire**, c.-à-d. recherché, **correct**, c.-à-d. qui correspond à la norme, **familier** et **populaire**, c.-à-d. proche de la langue parlée.

Dans ce texte, le niveau de langue est correct.

14. La syntaxe et la ponctuation

La ponctuation renvoie aux mouvements des idées et des émotions dans le texte :

- l'**interrogation** peut révéler la curiosité comme l'anxiété ;
- l'**exclamation** peut révéler la surprise comme la colère ;
- les **points de suspension** peuvent indiquer l'hésitation ou la difficulté à préciser sa pensée.

Dans ce second récit, les phrases courtes donnent du mouvement au texte tandis que les phrases exclamatives traduisent les émotions de la narratrice. Dans le premier récit, la ponctuation, entre autres l'usage du deux-points, souligne les liens logiques dans les idées.

LA POÉSIE

Vous trouverez ci-dessous les notions et les concepts théoriques nécessaires à l'analyse de la poésie. À titre d'exemple, nous avons retenu un sonnet de Rimbaud, *Le Dormeur du val*.

La forme du poème, ❶
le sonnet

LE DORMEUR DU VAL

C'est un trou de verdure // où chante une riv*ière*   a
Accrochant follement // aux herbes des haill*ons*   b
D'argent ; où le soleil de la montagne f*ière*   a
Luit : c'est un petit val qui mousse de rayons.   b

❺ La rime féminine
❻ La rime riche

❺ La rime masculine

La strophe, le quatrain ❷

Un/ sol/dat/ jeu/ne, // bou/che¬ ou/ver/te/, tê/te/ nue,   c
Et/ la/ nu/que/ bai/gnant/ // dans/ le/ frais/ cres/son/ b*leu/*,   d
Dort ; il est étendu dans l'herbe, sous la nue,   c
Pâle dans son lit vert // où la lumière p*leut.*   d

❺ La rime croisée

L'enjambement ❹

❻ La rime suffisante

Le vers, l'alexandrin ❸

Les pieds dans les glaïeuls, il dort. Souriant comme   e
Sourirait un enfant malade, il fait un somme :   e
Nature, berce-le chaudement : il a froid.   f

La strophe, le tercet ❷

Les parfums ne font pas frissonner sa narine ;   g
Il dort dans le soleil, la main sur sa poitrine   g
Tranquille. Il a deux trous rouges au côté droit.   f

Arthur Rimbaud, *Poésies*, 1870.

Le réseau du rythme (éléments de versification)

1. La forme du poème

a) Les **poèmes à forme fixe** obéissent à des règles de composition (qui peuvent être enfreintes partiellement). Dans cette catégorie se rangent :

- le **sonnet** : poème de 14 vers en 2 quatrains et 2 tercets. *Le Dormeur du val* de Rimbaud répond à cette définition ;
- la **ballade** : poème composé de trois strophes (comprenant un nombre équivalent de vers de même longueur et donc isométriques) et d'un envoi. Tous se terminent par la reprise du même vers ;
- l'**ode** : forme poétique qui date de l'Antiquité, ayant principalement pour objet d'exprimer des sentiments universels dans une métrique autre que l'alexandrin (du moins en général). Dans la poésie moderne, on trouve des odes en vers libres ;
- le **haïku** : emprunté à la littérature japonaise, le haïku est un poème à forme fixe de 17 syllabes réparties en 3 vers impairs de 5, 7 et 5 syllabes.

b) Le **calligramme** est un poème devenu figuratif par l'agencement des mots sur la page.

c) Le **poème en prose**, comme son nom l'indique, est le fruit de la libération des contraintes de la versification. Il est donc composé en phrases et divisé en paragraphes. Il se caractérise généralement par son contenu descriptif (excluant le narratif), sa grande condensation d'images et son jeu avec les sonorités et d'autres procédés stylistiques pour créer un effet de musicalité.

2. La strophe

Une strophe est un regroupement de vers généralement suivi d'un blanc typographique. *Le Dormeur du val* présente quatre strophes : les deux premières, composées de quatre vers, sont des quatrains ; les deux dernières, composées de trois vers, sont des tercets.

- Selon le nombre de vers, les strophes portent le nom de sizain (six vers), de quintil (cinq vers), de quatrain (quatre vers) ou de tercet (trois vers).
- Les strophes sont dites isométriques quand elles présentent toutes des vers de longueur égale comme c'est le cas ici ; elles sont dites hétérométriques dans le cas contraire, par exemple des alexandrins (12 syllabes) en alternance avec des octosyllabes.

3. Le vers

Le vers est une unité rythmique disposée sur une ligne.

4. Le vers et ses différents cas de discordance

Un vers traduit une logique grammaticale quand il présente un groupe syntaxique cohérent qui coïncide avec la métrique. Le vers suivant, tiré du *Dormeur du val*, en est un exemple :

Les parfums ne font pas frissonner sa narine.

On distingue trois cas de discordance.

- **L'enjambement** : un groupe syntaxique est reporté dans le vers suivant. Dans *Le Dormeur du val* :
  il est étendu dans l'herbe sous la nue,
  Pâle dans son lit vert [...].
- Le **rejet** (forme spécifique d'enjambement) : un seul mot est reporté dans le vers suivant. (Dans *Le Dormeur du val*, il y a rejet aux vers 3, 4 et 7.)
- Le **contre-rejet** : la partie courte est dans le premier vers ; la partie plus longue est reportée dans le second. Voici un exemple tiré du *Dormeur du val* :
  Les pieds dans les glaïeuls, il dort. Souriant comme
  Sourirait un enfant malade [...].

5. La rime, nature et modèles

Les rimes sont des sons identiques repris dans la finale de deux vers.

- Les rimes sont dites **féminines** lorsqu'elles se terminent par un e muet ; elles sont **masculines** dans les autres cas.

Les rimes féminines alternent avec les rimes masculines selon l'un des trois modèles suivants.

- Rimes **plates** ou suivies : *aabb*.
- Rimes **croisées** : *abab* (modèle adopté par Rimbaud dans les quatrains).
- Rimes **embrassées** : *abba* (modèle adopté par Rimbaud pour les quatre derniers vers).

6. La qualité de la rime

La qualité de la rime dépend du nombre de sons identiques. Le e caduc ne compte pas.

- Rime **riche** : trois sons identiques comme dans ri**viè**res et **fiè**res (le e muet et les lettres écrites mais non prononcées ne comptent pas).

- Rime **suffisante** : deux sons identiques comme dans b**leu** et p**leut** (deux ou trois lettres peuvent compter pour un seul son du point de vue phonétique).
- Rime **pauvre** : un seul son.

7. Le réseau de l'image

Un poème se distingue généralement de la prose par une grande condensation d'images.

Dans *Le Dormeur du val*, on trouve plusieurs figures de style.

- **Personnification** : *chante une rivière ; Nature, berce-le chaudement*
- **Métaphore** : *c'est un petit val qui mousse de rayons*
- **Comparaison** : *souriant comme / Sourirait un enfant malade*
- **Métonymie** : *la nuque* (pour la tête ou le corps) *baignant dans le frais cresson bleu*
- **Euphémisme** : *Les parfums ne font pas frissonner sa narine ; Il dort dans le soleil, / la main sur sa poitrine // Tranquille*
  Ces vers ont pour but de ne pas révéler de façon évidente la mort du soldat.
- **Oxymore** : *la lumière pleut*
- **Connotations sensorielles** (tous les sens sont ici mis à contribution) :
  – la vue : *verdure ; argent ; luit ; pâle ; lit vert ; lumière ; rouges ;*
  – l'ouïe : *chante ;*
  – le toucher : *mousse de rayons ; baignant ; chaudement ; froid ;*
  – le goût : *frais cresson bleu* (métaphore synesthésique) ;
  – l'odorat : *glaïeuls ; les parfums ne font pas frissonner sa narine.*

8. Le réseau du sens

Tous les éléments d'un poème contribuent à sa signification.

Le Dormeur du val repose sur un malentendu savamment entretenu tout au long des strophes. On croit le jeune soldat endormi dans un endroit présenté comme idyllique, alors que le lecteur comprend à la fin que le jeune homme est mort à la guerre avec « deux trous rouges au côté droit ».

L'ESSAI

Ouvrage en prose qui présente une réflexion sur un sujet tiré de la réalité.

Par sa nature même, ce genre ne possède pas de terminologie d'analyse qui lui est propre. Pour en faire l'analyse, on se reportera aux tableaux sur les connaissances grammaticales et littéraires. Parfois, les explications fournies sur les plans et l'organisation des idées dans la dissertation peuvent être d'un certain secours.

Nous présentons ici la théorie nécessaire à l'analyse du texte dramatique. L'extrait qui suit permet d'associer les concepts (présentés en marge) à leur illustration dans le texte. La numérotation renvoie aux définitions et aux explications supplémentaires de la page 244.

La comédie ❶

LA FAUSSE INDULGENCE

LE COMTE. Pourquoi faut-il qu'il y ait toujours du louche en ce que tu fais ?

Le personnage ❺

FIGARO. C'est qu'on en voit partout quand on cherche des torts.

LE COMTE. Une réputation détestable !

FIGARO. Et si je vaux mieux qu'elle ? Y a-t-il beaucoup de seigneurs qui puissent en dire autant ?

LE COMTE. Cent fois je t'ai vu marcher à la fortune, et jamais aller droit.

FIGARO. Comment voulez-vous ? la foule est là : chacun veut courir, on se presse, on pousse, on coudoie, on renverse, arrive qui peut ; le reste est écrasé. Aussi c'est fait ; pour moi, j'y renonce.

LE COMTE. À la fortune ? *(À part.)* Voici du neuf.

La didascalie ❸

FIGARO, *à part.* À mon tour maintenant. *(Haut.)* Votre Excellence m'a gratifié de la conciergerie du château ; c'est un fort joli sort : à la vérité, je ne serai pas le courrier étrenné des nouvelles intéressantes ; mais en revanche, heureux avec ma femme au fond de l'Andalousie...

LE COMTE. Qui t'empêcherait de l'emmener à Londres ?

La réplique ❹

FIGARO. Il faudrait la quitter si souvent, que j'aurais bientôt du mariage par-dessus la tête.

LE COMTE. Avec du caractère et de l'esprit, tu pourrais un jour t'avancer dans les bureaux.

FIGARO. De l'esprit pour s'avancer ? Monseigneur se rit du mien. Médiocre et rampant, et l'on arrive à tout.

LE COMTE. ... Il ne faudrait qu'étudier un peu sous moi la politique.

FIGARO. Je la sais.

LE COMTE. Comme l'anglais, le fond de la langue !

FIGARO. Oui, s'il y avait ici de quoi se vanter. Mais feindre d'ignorer ce qu'on sait, de savoir tout ce qu'on ignore ; d'entendre ce qu'on ne comprend pas, de ne point ouïr ce qu'on entend ; surtout de pouvoir au-delà de ses forces ; avoir souvent pour grand secret de cacher qu'il n'y en a point ; s'enfermer pour tailler des plumes, et paraître profond quand on n'est, comme on dit, que vide et creux ; jouer bien ou mal un personnage, répandre des espions et pensionner des traîtres ; amollir des cachets, intercepter des lettres, et tâcher d'ennoblir la pauvreté des moyens par l'importance des objets : voilà toute la politique, ou je meure.

Beaumarchais, *Le Mariage de Figaro*, acte III, scène VIII, 1784.

1. **Les catégories de pièces de théâtre**

La tragédie : ses origines remontent à l'Antiquité. Ses caractéristiques sont les suivantes : les personnages sont de haut rang ; ils affrontent des conflits intérieurs ; la fatalité les pousse à la mort. La tragédie est :

- régie par la **règle des trois unités d'action**, **de temps** et **de lieu**, soit un seul péril, en un seul endroit, en une seule journée ;
- composée en vers, le plus souvent des alexandrins, elle vise la **catharsis**, c'est-à-dire libérer le spectateur de ses passions ;
- le genre de prédilection de l'époque classique (XVIIᵉ siècle).

La comédie : pièce de théâtre dont les origines remontent aussi à l'Antiquité. Ses caractéristiques sont les suivantes : elle vise à faire rire le spectateur ; les personnages sont généralement de rang inférieur ; elle s'appuie sur trois ressources :

- le **comique de mot** qui repose sur des jeux de langage variés ;
- le **comique de geste** par lequel le corps du comédien est mis à contribution ;
- le **comique de situation** qui consiste surtout à créer de l'inattendu, des effets de surprise, à jouer sur les malentendus et les quiproquos.

Le drame : pièce de théâtre qui présente une situation de tension dans un contexte qui se rapproche de ce que vit le spectateur moyen. Ce sont les romantiques qui, après Diderot, ont revendiqué ce mélange des genres (tragédie et comédie) pour assurer une plus grande vraisemblance.

Ces trois genres principaux comprennent des sous-catégories : la tragicomédie, la farce et le mélodrame. On pourrait aussi faire une classe à part pour l'anti-théâtre ou théâtre de l'absurde qui conteste toutes les conventions du théâtre traditionnel.

Le Mariage de Figaro, par ses caractéristiques générales, est une comédie.

2. **La division en actes et en scènes**

On divise, surtout dans le théâtre classique et même plus tard, la pièce de théâtre en **actes** qui correspondent à des étapes du déroulement de l'action, soit :

- l'**exposition** (la mise en place des éléments significatifs de l'action) ;
- le **nœud** (le cœur du conflit) ;
- les **péripéties** successives qui mènent au **dénouement** (la résolution du conflit).

- La **scène** est une subdivision de l'acte souvent fondée sur un changement d'acteurs. (On y substituera, dans le théâtre moderne, le terme « tableau », ou encore on fera abstraction de toute division.)
- La **scène** est aussi le lieu où jouent les acteurs. Les **coulisses** sont les parties cachées situées sur le côté ou en arrière.
- Le **metteur en scène** est celui qui est responsable de l'organisation de la représentation : choix des comédiens, répétitions et scénographie.

3. **Les didascalies ou indications scéniques**

- Elles apparaissent généralement en italique dans le texte.
- Elles s'adressent au metteur en scène et aux comédiens, et ne sont donc pas prononcées sur scène.
- Elles fournissent, entre autres, des indications sur le décor, sur la façon de jouer.
- Au moment de la lecture, elles permettent d'imaginer la production telle qu'elle sera présentée au public.

4. **Le dialogue**

- Ce sont les paroles que s'échangent les personnages en tenant compte du fait qu'elles s'adressent en même temps au public (**double destinataire**). Elles comprennent :
- La **réplique** : ce que dit un personnage à un autre. Une longue réplique est appelée une **tirade**.
- Le **monologue** : l'acteur parle pour lui-même, mais forcément à haute voix, pour être entendu du spectateur.
- L'**aparté** : paroles adressées à la salle par un personnage, à l'insu des autres personnages.

5. **Les personnages**

- Ce sont des êtres de fiction créés par l'auteur.

Les personnages du Mariage de Figaro *sont le valet, Figaro et son interlocuteur, connu ici par son titre de noblesse, le Comte.*

- Il faut distinguer les personnages des **comédiens ou acteurs**, êtres de chair qui prêtent leurs traits aux personnages.

6. **Le style**

- Il faut être sensible au fait que le théâtre se distingue des autres genres littéraires par le fait qu'il repose à la fois sur un art du langage et sur l'art du spectacle.
- Comme **art du langage** : étudiez les ressources mises à profit par l'auteur comme dans les autres textes littéraires (notez ici la variation dans la ponctuation qui traduit les émotions).
- Comme **art du spectacle** : en vous appuyant notamment sur les didascalies, lisez la pièce en tentant de visualiser la représentation, un peu comme si vous étiez le metteur en scène.

La connaissance des courants littéraires

Les tableaux et les encadrés qui se trouvent aux pages suivantes vous donneront un aperçu schématique des courants pour les comparer entre eux et pour mieux analyser les extraits.

La littérature des origines
tableau synthèse, page 10

La Renaissance
synthèse, page 54

Le baroque et le classicisme
tableau synthèse, pages 96 et 97

Les Lumières
tableau synthèse, page 139

Le romantisme
tableau synthèse, page 184

LA DÉMARCHE D'ANALYSE ET DE DISSERTATION

près avoir assimilé les connaissances nécessaires à l'analyse, il faut passer à l'action. Au point de départ, il faut tenir compte, dans tous les cas, du sujet prescrit, des recommandations et des consignes.

La situation de communication (c'est-à-dire l'information en rapport avec le contexte d'écriture de l'œuvre étudiée)

Extrait ou œuvre
- **Auteur** et **titre du livre** dont l'extrait est tiré.
  Ex. : *Stendhal*, Le Rouge et le Noir.
- **Situation dans le texte** (chapitre, acte, rapport à l'intrigue).
  Ex. : *L'extrait se trouve au chapitre 12 alors que le héros rencontre…*
- **Année de publication** originale.
  Ex. : *Le roman a été publié à l'origine en 1912.*
- **Contexte sociohistorique** ou **courant littéraire**.
  Ex. : *Ce roman a été écrit à la fin du XIXe siècle alors que domine le réalisme.*

Le sujet et les consignes
- Bien comprendre la formulation du sujet.
  Ex. : *Le sujet suivant : Analyser le traitement romantique de la thématique de l'amour dans* Carmen.
- Chercher dans le dictionnaire la signification des mots clés.
  Ex. : *(cf. courant romantique).*
- Tenir compte des consignes quant à la longueur et à la nature du texte à produire : analyse, dissertation explicative ou critique.
  Ex. : *Vous devez produire une analyse de 1000 mots.*
- Tenir compte des autres recommandations, s'il y a lieu.
  Ex. : *Vous devez inclure une citation par paragraphe.*

1re étape : l'exploration

Guide d'exploration du récit et du théâtre

Objectif

Dresser l'inventaire des ressources du texte narratif ou dramatique en tenant compte du sujet. Le guide d'exploration présente les questions qui permettent de décortiquer un texte pour mieux l'analyser.

Les personnages

Qui ?

Quelle place le personnage occupe-t-il ?
- Héros (quelquefois anti-héros) ?
- Personnage secondaire ?
- Figurant ?
- Groupe-personnage (des ensembles sont traités en bloc comme un personnage, par exemple les provinciaux dans *Eugénie Grandet*) ?

Quelles sont les relations entre les personnages ? (*Voir le schéma actanciel.*)
- **Sujet** au centre du récit en quête d'un **objet** (le but de l'aventure) ?
- **Adjuvant** ou **opposant** dans l'aventure (le héros reçoit de l'aide et se heurte à des obstacles) ?
- **Destinateur** ou **destinataire** (celui qui pousse le héros dans sa quête et celui qui en tire profit) ?

SCHÉMA ACTANCIEL

Comment le personnage est-il décrit ?
- Que pense-t-il ? Que ressent-il ?
- Que dit-il ?
- Comment agit-il ? Comment réagit-il ?
- Comment évolue-t-il ?

Quelle est l'information fournie ou quelle information peut-on déduire pour le décrire ?
- Aspect physique.
- Aspect psychologique.
- Aspect social (milieu et classe sociale, profession).
- Aspect idéologique (valeurs, mentalité).

Note : L'étude des personnages est une étape essentielle qui permet de dégager la thématique et d'orienter le plan de la dissertation. S'il y a deux personnages en relation, ils peuvent présenter des visions du monde comparables (plan comparatif) ou opposées.

L'intrigue

Quoi ?

Comment les événements s'articulent-ils ? (schéma narratif)
- Situation initiale et événement déclencheur de l'action.
- Enchaînement de réactions ; modifications.
- Situation finale.

De quelle nature sont-ils ?
- Vraisemblables ?
- Fantastiques ?
- Mystérieux ?
- Surréels ?
- etc.

Comment sont-ils organisés ? Dans quel ordre sont-ils présentés ?
- Par anticipation (projection dans l'avenir) ?
- Par rétrospective (retour dans le passé) ?
- Par soustraction (**ellipse** : le narrateur garde des événements secrets) ?
- Par enchaînement (le narrateur résume l'action ; il en dresse un **sommaire**) ?

Note : Quand le temps de la narration (comment on raconte) correspond au temps de la fiction (ce qui est raconté), nous parlons d'une scène ; quand le narrateur interrompt l'action par une description ou un commentaire, il s'agit d'une pause.

Où ?
Quand ?

Comment les lieux et l'époque sont-ils décrits ? Quel est le cadre spatiotemporel ?
- La nature semble-t-elle favorable ? Les paysages sont-ils décrits de façon pittoresque ? Ou le contraire ?
- Les lieux sont-ils ouverts ou fermés ?
- Y a-t-il une valeur symbolique rattachée à ces lieux ?
- Quelle est l'influence du lieu sur l'action ? (Par exemple, un huis clos n'aura pas le même effet qu'un espace ouvert.)
- Quels objets occupent ces lieux et dans quel but ?

Pourquoi ?
- Comment les personnages se déplacent-ils dans ces lieux ?
- Peut-on dire qu'ils sont dans un rapport de progression, de déchéance ou de marginalisation dans l'espace social ?
- Comment la mentalité, la morale et les valeurs idéologiques sont-elles décrites, et en quoi influent-elles sur l'intrigue ?

La structure

Comment ?

Quels sont les éléments organisateurs du récit ?
- Le narrateur est-il représenté ou non représenté ?
- De quelle nature est la focalisation dans le récit : focalisation zéro (ou point de vue omniscient), interne ou externe ?
- Y a-t-il d'autres éléments qui contribuent à l'organisation du récit ?

Note : Certaines notions comme celles relatives à la narration ou à l'organisation chronologique des événements ne s'appliquent pas au théâtre où le texte est constitué de répliques et de didascalies.

Note : Les questions dans la colonne de gauche permettent de faire le résumé du texte narratif.

La thématique et la vision du monde

Quelles grandes idées se dégagent de l'étude du texte ?
- Orientation **psychologique**, **affective** : enfance, famille, sexualité, amour, amitié, culpabilité, etc. ?
- Orientation **sociale** : pouvoir et savoir, solidarité, compétition, argent, justice, liberté, violence, etc. ?
- Orientation **philosophique** : Dieu, la religion, l'idéal, la condition humaine, etc. ?
- Les **mots clés** du texte sont-ils soutenus par un ensemble de termes synonymes ou de sens connexe **(champ lexical)** ?
- Quelle est la **tonalité générale** (impression qui se dégage d'un texte, reliée à l'atmosphère générale) : tragique, comique, pathétique, pessimiste, optimiste, etc. ?
- Le **courant littéraire** et le lien avec le **contexte social** fournissent-ils des pistes d'analyse ?

Le style

Quel est le choix au point de vue du lexique ?
- Le texte est-il lisible ou hermétique ?
- Y a-t-il dénotation ou connotation ? De quelle nature ?

Quels sont les choix de l'auteur au point de vue de la syntaxe ?
Par quels moyens l'auteur crée-t-il un rythme particulier ?
- Nature des phrases, longueur et complexité.
- Répétition, énumération.
- Effets de symétrie et autres procédés.
- Modes et temps verbaux.

Quelles sont les figures de style utilisées par l'auteur ? Dans quel but ?
- Les images semblent-elles associées à des éléments comme l'eau, l'air, le feu, la terre ?

Quel est le registre ou le niveau de langue ?
- Littéraire (l'auteur utilise un vocabulaire recherché) ?
- Correct (l'auteur utilise la langue pour la rendre accessible au lecteur moyen) ?
- Familier ou populaire (l'écrit s'éloigne de la norme grammaticale et se rapproche de la langue orale) ?

Le texte est-il humoristique ?
- Jeux de langage variés, double sens.
- Quiproquos, malentendus, etc.
- Au théâtre, on tiendra compte aussi de la gestuelle.
- Nature de l'humour : ironique, cynique, ou sarcastique.

Guide d'exploration du poème

Objectif

Dresser l'inventaire des ressources du texte poétique en tenant compte du sujet. Le tableau suivant présente l'ensemble des questions pour décortiquer un texte poétique afin de mieux l'analyser.

Le réseau du sens (thématique)

Le titre du poème fournit-il des indications quant à sa signification ?
De quel type de poésie s'agit-il ?
- Poésie **didactique** : de quoi veut-on nous instruire ? Ou manifeste littéraire : comment conçoit-on la poésie, le rôle du poète, le rôle du rythme et de l'image ?
- Poésie **épique** : quel est l'événement ou le personnage légendaire ? En quels termes sont-ils décrits ?
- Poésie **lyrique** : le poète est-il présent dans son texte ? Quelles émotions le texte traduit-il ? Comment le paysage ou le décor participent-ils à l'expression des sentiments ?

Quels sont les mots clés du texte ?
- Les mots qui riment semblent-ils donner des indications sur le sens du poème ?
- Le texte est-il traversé par des champs lexicaux qui confirment l'importance des mots clés ?
- Le texte semble-t-il fonctionner sur des réseaux d'opposition ?

Quelle est la tonalité générale du poème (impression qui se dégage de l'atmosphère générale) ?
- Tragique ?
- Nostalgique ?
- Ludique ?
- etc.

Les connaissances sur le poète, sur le courant, sur l'époque permettent-elles de mieux saisir le sens du poème ?

Le réseau de l'image
Le poète se veut un peintre du langage.

Quelles sont les figures de style utilisées dans le poème ?
- Y a-t-il des liens qui se tissent entre les figures, notamment par la connotation ?
- Quels sont les sens sollicités par le poète : la vue, l'ouïe, l'odorat, le goût, le toucher ?
- Le poème est-il disposé d'une façon particulière sur la page (calligramme, par exemple) ?
- Quels liens y a-t-il entre les figures de style et la signification du poème ?

Le réseau du rythme
Le poète se veut un musicien du langage.

Par quels moyens le poète assure-t-il la musicalité de son texte ?
- Par le choix de la forme poétique : poème à forme fixe, en vers libres ou en prose ?
- Comment se plie-t-il aux règles de la versification dans le cas d'un poème versifié ?
- Comment le poète joue-t-il avec les sonorités ? Quel effet veut-il créer ?
- Quels sont les procédés stylistiques qui contribuent au rythme du poème ?
- Quel lien y a-t-il entre le rythme et la signification du poème ?

Note : *Pour les raisons déjà mentionnées, nous ne proposons pas de guide d'analyse de l'essai.*

2ᵉ étape : la planification

Objectif
Classer et organiser ses idées en fonction du sujet ou de l'hypothèse d'analyse et de la nature du texte à produire.

La dissertation

Introduction	
But	Susciter l'intérêt du lecteur. L'informer relativement au sujet.
Plan Sujet amené	Situer le texte en indiquant son année de publication, le nom de l'auteur et possiblement l'époque ou le courant littéraire.
Sujet posé	Énoncer l'hypothèse ou le sujet. *Dans une dissertation critique, annoncer sa prise de position.*
Sujet divisé	Annoncer les articulations du développement.

Note : Pour le profit du lecteur, inclure un résumé du texte soit dans l'introduction, soit au début du développement.

Le paragraphe de développement	
But	Guider le lecteur dans le mouvement logique de la démonstration. Concevoir le paragraphe de développement comme une mini-dissertation.
Plan Phrase clé	Exprimer l'idée principale du paragraphe en lien avec le sujet. Inclure la transition s'il y a lieu.
Première idée secondaire	Expliquer un premier aspect relatif à l'idée principale.
Citation ou exemple	Illustrer en s'appuyant sur le texte.
Deuxième idée secondaire	Expliquer un deuxième aspect relatif à l'idée principale.
Citation ou exemple	Illustrer en s'appuyant sur le texte.
Phrase synthèse ou de transition	Clore le paragraphe par une mini-conclusion. *Notes* *• L'écriture est un processus de création qui implique une* **marge de liberté***.* *• Cette structure est présentée à titre de modèle. Elle n'est pas obligatoire. La phrase synthèse est toujours optionnelle.* *• Il faut donc prendre note qu'un paragraphe peut être de longueur variable et présenter un nombre variable d'idées secondaires.*
Logique du paragraphe et de la dissertation	Il est possible d'établir des liens variés entre les idées du paragraphe. Vous pouvez : • commenter les idées, les citations et les exemples ; • présenter des définitions ; • décrire ; • énumérer ; • établir des comparaisons et des oppositions ; • explorer des solutions. *Notes* *• Le* **plan du développement** *entier de la dissertation répond aux mêmes opérations.* *• On peut donc faire un plan de dissertation essentiellement fondé sur la description ou l'énumération.* *• Ou sur la comparaison et l'opposition.* *• Ou sur l'exploration de solutions.* *• Quoi qu'il en soit, les plans les plus simples sont toujours les plus efficaces.*

Conclusion	
But	Stimuler la réflexion du lecteur.
Synthèse	Prévoir en synthèse une phrase qui condense le contenu de chaque paragraphe du développement.
	Dans la dissertation critique, prendre soin de confirmer la position adoptée par rapport au sujet.
Ouverture	Proposer une piste de réflexion inexplorée susceptible d'intéresser le lecteur et en lien avec le sujet.

3ᵉ étape : la rédaction

Objectif

Effectuer la mise en texte en tenant compte du sujet, des contraintes textuelles et des besoins du lecteur. Les tableaux suivants visent à vous informer sur ces différents aspects en vous donnant des conseils et un modèle de dissertation à l'appui. (Attention ! certains étudiants suivent les modèles sans tenir compte de la logique de leur propre extrait.)

Les trois types de dissertation : l'analyse littéraire, la dissertation explicative et la dissertation critique

Les points en commun

- La **lecture** est toujours de nature interactive.
- La **démarche d'analyse** est semblable dans les trois cas.
- Les **hypothèses d'analyse** sont toujours nécessaires.
- La **structure textuelle** : introduction, développement, conclusion.

Les particularités

	L'analyse littéraire	La dissertation explicative	La dissertation critique
Définition	L'étude des thèmes et des procédés d'écriture pour mieux dégager et comprendre la signification du texte et ses effets sur le lecteur. Ces effets peuvent être de nature esthétique ou idéologique.	L'étude d'un texte littéraire dirigée par l'énoncé d'un sujet ou d'un jugement qu'il faut expliquer et démontrer. L'étudiant doit, comme dans le premier cas, faire l'inventaire des caractéristiques du texte sur les plans de la forme et du fond, mais une étape s'ajoute ici : elle consiste à **sélectionner**, dans ce matériel exploratoire, **les éléments qui sont susceptibles de démontrer le sujet**	L'étude d'un ou de plusieurs textes littéraires se fait dans un but nettement argumentatif puisque l'étudiant doit prendre position ou porter un jugement. L'étape de l'exploration du texte est toujours nécessaire, mais elle doit être suivie de **la sélection d'éléments et de leur organisation en fonction de la prise de position**.
Sujet	Donner une orientation en formulant une hypothèse. (Le sujet peut être imposé.)	Comprendre et décortiquer l'énoncé du sujet. Respecter l'orientation proposée. **Consignes habituelles :** • *Expliquez (et verbes synonymes).* • *Illustrez.* • *Justifiez.*	Comprendre et décortiquer l'énoncé du sujet. Prendre position. **Consignes habituelles :** • *Est-il juste d'affirmer telle chose (et formulations similaires) ?* • *Discutez (et verbes synonymes).*
Rapport au lecteur	Guider le lecteur.	Guider le lecteur.	Convaincre le lecteur.
Rapport au texte	Rendre compte de l'ensemble du texte.	Rendre compte des aspects pertinents du sujet.	Retenir les aspects utiles à l'argumentation.

Illustration d'une analyse littéraire

L'INTRODUCTION

Portant sur l'analyse du thème de l'ennui de vivre dans le poème d'Alfred de Musset intitulé « Le poète » (*voir page 193*), tiré de son recueil *Les Nuits* publié en 1835, voici deux illustrations d'une introduction.

Illustration d'une introduction – niveau débutant

Plan

Sujet amené :
situer le contexte social, culturel et littéraire ; l'auteur et le roman.

Sujet posé :
formuler le sujet et situer l'extrait.

Sujet divisé :
présenter les articulations du développement.

Le courant romantique, qui domine en France dans la première moitié du XIXe siècle, met l'accent sur l'expression personnelle des sentiments. Dans son poème intitulé « Le poète », extrait de son recueil *Les Nuits* publié en 1835, Alfred de Musset illustre le thème de l'ennui de vivre. Musset s'observe comme s'il était un double de lui-même en suivant les étapes de son évolution ou plus précisément de sa dégradation. L'analyse reprendra le plan adopté par le poète qui fait son autoportrait aux différentes étapes de sa vie : l'enfance, l'adolescence, l'âge adulte et l'âge de la pleine maturité.

Illustration d'une introduction – niveau avancé

Plan

Sujet amené :
situer le contexte social, culturel et littéraire ; l'auteur et le roman.

Sujet posé :
formuler le sujet (situer l'extrait, s'il y a lieu).

Sujet divisé :
présenter les articulations du développement.

Au lendemain de la révolution de 1789, porteuse de tant d'espoir pour la nation française, les écrivains romantiques se sentent floués dans leurs idéaux. Avec comme chef de file Victor Hugo, ils adhèrent à un courant qui accorde la priorité à l'expression personnelle des émotions. Dans un poème à saveur autobiographique intitulé « Le poète », extrait du recueil *Les Nuits* publié en 1835, Alfred de Musset illustre un thème associé au romantisme, soit l'ennui de vivre, que lui-même nomme « mal du siècle ». Ce sentiment traduit effectivement la difficulté de vivre de toute une génération de jeunes désenchantés par la politique et désormais privés d'action. La déchéance dans laquelle tombe l'écrivain est ici observée par son double qui le suit tout au long de sa vie, et qui nous révèle que cette dégradation touche, par contagion, les symboles mêmes de son art. L'analyse s'attachera à suivre le plan du poète dressant son autoportrait à différentes étapes de sa vie : l'enfance, l'adolescence, l'âge adulte et l'âge de la pleine maturité.

Recommandations pour réussir une introduction

Recommandations	Éviter
Ne pas amener le sujet par des généralités.	*Il y a toujours eu des guerres.* (Oui, on sait… !) [**Plus efficace** : *La Seconde Guerre mondiale contribue à la crise des valeurs qui ébranle l'Europe…* (Ah ! on apprend quelque chose… !)]
S'adresser à un lecteur anonyme à qui on fournit toute l'information nécessaire pour situer le texte. Ne pas faire explicitement référence au professeur ni aux consignes du travail.	*Dans le cadre de mon premier cours de français, le professeur a proposé deux extraits et l'analyse porte sur le premier.* [**Plus efficace** : *Deux extraits seront étudiés…*]
Situer l'extrait par rapport aux divisions du livre (acte, chapitre, partie) et à l'intrigue, ce qui permet de faire un court résumé.	*L'extrait se trouve aux pages 13 et 14.* [**Plus efficace** : *L'extrait est tiré de l'acte II, scène IV, alors que le héros s'apprête à enlever sa dulcinée.*]
Dans le sujet divisé, il est inutile de spécifier des évidences.	*Le thème de la révolte sera démontré par deux idées secondaires en s'appuyant sur des citations et des exemples.*
Progresser logiquement, du plus général (sujet amené) au plus précis (sujet divisé) et enchaîner les phrases logiquement. Ne pas inverser l'ordre. Éviter la simple juxtaposition des éléments d'information.	*Mérimée est un grand voyageur. Le romantisme est un mouvement artistique du XIXᵉ siècle. Mérimée compose* Carmen, *une histoire d'amour passionné. Les personnages, la thématique et le style sont dignes d'intérêt.* [**Plus efficace** : *Le romantisme est un mouvement artistique du XIXᵉ siècle. Mérimée, qui en est l'un des représentants, compose* Carmen, *une histoire d'amour passionné qui s'inscrit, par ses caractéristiques, dans ce mouvement littéraire. Le récit illustre la domination des émotions sur la raison ; la thématique est toute sentimentale et le point de vue narratif est empreint de subjectivité.*]

LE DÉVELOPPEMENT

Portant sur l'analyse du thème de l'ennui de vivre dans le poème d'Alfred de Musset intitulé « Le poète », tiré de son recueil *Les Nuits* publié en 1835, voici deux illustrations d'un paragraphe de développement.

Illustration d'un paragraphe de développement – niveau débutant

Plan	
Phrase clé Idée secondaire Exemples variés et citations Idée secondaire Exemples et citations Phrase synthèse	Les deux premières strophes du poème plongent le lecteur dans un climat chagriné qui traduit l'émotion de l'enfance telle qu'elle est décrite par Musset. Le premier vers situe le lecteur dans le passé, au temps où Musset était écolier. Plusieurs attributs décrivant l'enfant « vêtu de noir », « au visage triste » renvoient aussi aux caractéristiques du soir, moment de solitude et de réflexion. L'enfant est effectivement dans une « salle solitaire » et se penche sur un livre. Enfin, le côté sombre de l'atmosphère est tempéré par une double luminosité, la « lueur » du « flambeau » et le « doux sourire » de l'enfant. L'attitude adoptée devant la vie semble celle de la passivité, comme le suggèrent les faits de rester à veiller, de s'asseoir, de « pencher son front » et de demeurer « jusqu'au lendemain, pensif ». Ainsi ces deux premières strophes s'emploient à nier l'impression que l'enfance est tournée vers le mouvement de la vie et cherchent plutôt à traduire le repli sur soi.

• Une citation morcelée insérée dans la phrase est plus efficace qu'une citation entière et donne un style plus coulant.
• La phrase de synthèse ne reprend pas simplement l'énoncé de la phrase clé. Elle clôt le paragraphe tout en ajoutant une nuance de sens. Elle n'est pas obligatoire pour tous les paragraphes de développement. Il faut vous fier à votre jugement.

Illustration d'un paragraphe de développement – niveau avancé

Plan	
Plan	Les deux premières strophes du poème, qui se rapportent à l'enfance, plongent le lecteur dans un climat nostalgique qui étendra ses ramifications dans tout le texte. Le premier vers remonte dans le temps en se rapportant aux années qui contribuent à façonner la personnalité. L'enfant est ici décrit avec des attributs qui contribuent à créer un climat de tristesse : il est un « pauvre enfant », « vêtu de noir », « au visage triste et beau ». Le choix de l'endroit, une salle présentée comme « solitaire », tout comme le choix du moment, le soir, inclinent à la réflexion. S'il fallait représenter ce poème sur une toile, on y verrait des personnages, l'un réel, l'autre fantomatique, assis, penchés sur un livre, dans une attitude de méditation. Les verbes utilisés dans les deux strophes confirment d'ailleurs cette impression de langueur passive : « je restais un soir à veiller », « il pencha son front », « et resta ». Une luminosité feutrée égaye en quelque sorte ce climat sombre grâce à la « lueur » du « flambeau » et à ce sourire qui adoucit le visage de l'enfant. Enfin, la figure du double apparaît dans un vers qui contribue à la scansion du poème, lui donnant un rythme de litanie, puisqu'il sera repris ailleurs, sous forme de refrain. Ainsi, dès le premier vers, Musset prend le lecteur par la main et l'invite à capter son désarroi par touches suggestives.
Phrase clé	
Idées secondaires	
Citation et exemples	
Idée secondaire	
Phrase synthèse (ou de transition)	

Notes
• Seules les citations de plus de quatre lignes se placent en retrait. Les citations plus courtes s'intègrent dans le texte entre guillemets.
• Réservez les alinéas (les espaces typographiques) pour indiquer le début d'un paragraphe.

Recommandations pour réussir un paragraphe de développement

Recommandations	Éviter
Susciter l'intérêt du lecteur : varier le lexique et la syntaxe.	• Les formulations identiques, comme des débuts de paragraphe avec un marqueur et une phrase clé de même nature : *Premièrement, nous allons démontrer l'importance de la religion...* *Deuxièmement, nous allons démontrer l'importance de la langue...* • Les paragraphes construits toujours sur le même modèle.
Adopter le style neutre propre à la dissertation. L'auteur étudié peut utiliser le registre populaire ou les expressions de la langue orale, mais pas le rédacteur d'une dissertation. Les familiarités ne sont pas de mise, ni les exclamations qui expriment l'émotion. Préférer les termes *illustrer* et *représenter* aux termes *démontrer* et *prouver*. Un poème ne démontre pas une idée, il l'illustre.	• Les références à l'auteur par son prénom : *ce cher Émile, ce sublime Victor* (pour parler de Nelligan ou de Hugo). • Les formulations exagérées : *Ah ! combien inoubliable est ce poème de Lamartine.*
S'efforcer d'être logique chaque fois que l'on met en relation plusieurs éléments.	• Les énumérations hétéroclites : *Ils avaient plusieurs choix : le kidnapper, le meurtre ou même se suicider pour garder leur liberté.* • Les comparaisons boiteuses : *Dans le récit naturaliste, la narration est aussi omnisciente qu'il y a beaucoup plus de ruines chez les romantiques.*
Progresser logiquement en s'assurant de fournir au lecteur les éléments suivants : • une idée principale (phrase clé) ; • des transitions pour enchaîner les idées ; • des exemples ou des citations à l'appui de la démonstration. *Note : Une citation ne constitue pas une preuve en elle-même ; elle doit être introduite, explicitée ou commentée afin d'appuyer un argument.*	• Les coq-à-l'âne : *Le thème du mal de vivre est important chez les romantiques. Musset crée des personnages ayant une double personnalité. L'amour est vécu de façon malheureuse dans son œuvre.* [**Plus efficace** : *Le thème du mal de vivre est important chez les romantiques. Pour l'exprimer, Musset illustre l'isolement du poète... etc.*]
Choisir la citation pertinente. Mettre la citation en contexte. Ne pas introduire la citation en paraphrasant son contenu. Placer en retrait et à simple interligne les citations de plus de quatre lignes ; intégrer les autres dans le texte.	• L'accumulation de citations ; ne retenir que la plus pertinente. Le mot *citation* pour introduire ou commenter une citation : *L'auteur croit que la langue protège notre identité* comme le démontre la citation suivante : « ... » [**Plus efficace** : *L'auteur croit que la langue protège l'identité des francophones comme l'illustre la réplique du père s'adressant à sa fille : « ... »*]
Les transitions peuvent se faire à l'aide de marqueurs de relation, mais aussi à l'aide de phrases qui éclairent la logique de l'argumentation.	• L'utilisation exagérée de marqueurs de relation vides comme *premièrement, deuxièmement, pour continuer, pour conclure*, etc.

LA CONCLUSION

Portant sur l'analyse du thème de l'ennui de vivre dans le poème d'Alfred de Musset intitulé « Le poète », tiré de son recueil *Les Nuits* publié en 1835, voici deux illustrations d'une conclusion.

Illustration d'une conclusion – niveau débutant	
Synthèse Ouverture	Cette idée d'une pureté irrémédiablement perdue, voire gaspillée, traverse l'œuvre de Musset. Dans ce poème à caractère nettement autobiographique, Musset traduit avec des accents poignants son drame personnel en suivant son propre parcours, de l'enfance à la maturité. L'enfant décrit ici semble prédestiné à la tristesse : la suite de sa vie confirmera qu'il portait en lui à la fois l'élan vers l'idéal et l'attrait vers l'autodestruction. Il serait d'ailleurs intéressant de pousser plus à fond l'analyse de ce thème du désarroi existentiel non seulement dans l'œuvre poétique de Musset, mais aussi dans son théâtre et ses romans.

Illustration d'une conclusion – niveau avancé	
Synthèse Ouverture	Fidèle à son goût pour le texte autobiographique, Musset dresse ici son autoportrait en suivant les différentes étapes de sa vie, de l'enfance triste jusqu'au moment où il s'agenouille devant la dépouille de son père. Le jeune écolier d'hier est décrit de façon telle qu'il semble prédisposé au repli sur soi et à la solitude. À l'adolescence, « le jeune homme vêtu de noir » répond à l'appel de la poésie qui incarne ses aspirations vers un monde idéal. Dès que l'amour pénètre dans la vie du poète, le doute s'installe et il se tourne rapidement vers une forme de dissolution morale. À la fin, au chevet du père, l'ombre du démon plane, toujours plus inquiétante. Ainsi le poème traduit plusieurs caractéristiques de l'œuvre de Musset, à la fois autobiographique, nostalgique et portée par un profond mal de vivre aux accents suicidaires. Toute une génération s'est d'ailleurs reconnue dans cette poésie poignante et, encore aujourd'hui, nombre d'adolescents solitaires voient en Musset un frère.

Recommandations pour réussir une conclusion

Recommandations	Éviter
Travailler à maintenir l'intérêt du lecteur avant de le quitter définitivement.	La reprise textuelle de la formulation du sujet posé ou du sujet divisé. Les synthèses sous forme de CQFD : *Nous avons prouvé par de bons arguments et des exemples appropriés que Musset est un poète romantique.* [**Plus efficace** : *On comprend que Musset, qui a vécu des amours tumultueuses et qui a ressenti profondément le mal du siècle, soit en mesure d'exprimer avec lyrisme la solitude du poète romantique.*]
L'ouverture conserve un lien avec le sujet ; elle doit être significative.	Les extrapolations, les prédictions, les questions vides de sens : *Nul doute qu'un jour les Québécois se réveilleront.* [**Plus efficace** : Privilégier les ouvertures qui demeurent dans le champ du littéraire.]

4ᵉ étape : la révision

Objectif

Revoir le texte, en adoptant le point de vue d'un lecteur externe, pour vérifier sa pertinence, sa cohérence, son style et pour corriger l'orthographe et la grammaire.

Le tableau suivant présente à gauche les critères habituels de correction de texte et à droite les interventions nécessaires pour réviser la dissertation.

Les aspects à vérifier	Les interventions
La pertinence	• Revenir à l'énoncé du sujet et vérifier si toutes les consignes ont été respectées. • Relire les phrases clés et les phrases de synthèse pour s'assurer que l'orientation choisie convient au sujet tel qu'il est énoncé (habituellement, première et dernière phrases de chaque paragraphe).
La cohérence	• Vérifier si le développement correspond au sujet tel qu'il est annoncé dans l'introduction. • Vérifier les transitions logiques.
L'orthographe	• Consulter un dictionnaire.
La grammaire	• Consulter, au besoin, une grammaire, un dictionnaire des difficultés, un guide de conjugaison. • Effectuer une dernière révision en partant de la fin du texte, ce qui permet de se concentrer sur la grammaire en mettant de côté la signification (il y a toujours des fautes dans la dernière partie à cause de la fatigue au moment de la rédaction).
Le style	• Consulter un dictionnaire des synonymes.

CRÉDITS PHOTOGRAPHIQUES

Portraits d'auteurs

15 Enluminure (Détail) tirée de *Recueil des poésies de troubadours contenant leurs vies*, XIIIe siècle © akg-images **17** Domaine public **18** Domaine public **20** © Bibliothèque nationale de France, Paris **22** © akg-images/British Library **33** © Bibliothèque royale de Belgique-Rutebeuf – 9411-26 – f.37r **36** Domaine public **37** Domaine public **44** © P. M. Ponomareff/PONOPRESSE **57** Domaine public **62** Domaine public **65** akg-images/Erich Lessing **68** © Bibliothèque publique et universitaire, Neuchâtel **72** © Bibliothèque publique et universitaire, Neuchâtel **74** Domaine public **78** © Bibliothèque publique et universitaire, Neuchâtel **93** © Collection Roger-Viollet/Topfoto/PONOPRESSE **98** Domaine public **104** © Bibliothèque publique et universitaire, Neuchâtel **106** 804103 © Jupiter Images et ses représentants **114** © Bibliothèque publique et universitaire, Neuchâtel **117** © Bibliothèque publique et universitaire, Neuchâtel **119** © Bibliothèque publique et universitaire, Neuchâtel **122** Domaine public **123** © Bibliothèque publique et universitaire, Neuchâtel **124** Domaine public **125** © akg-images **127** © Bibliothèque publique et universitaire, Neuchâtel **128** Domaine public **131** © P. Aventurier/Gamma/PONOPRESSE **140** Domaine public **145** Domaine public **147** Domaine public **150** Domaine public **152** © akg-images **155** Domaine public **157** Domaine public **158** © Bibliothèque publique et universitaire, Neuchâtel **160** © akg-images **163** Domaine public **165** Domaine public **169** © Harlingue – Roger-Viollet/Topfoto/PONOPRESSE **171** © Bibliothèque publique et universitaire, Neuchâtel **172** Domaine public **174** © Bibliothèque nationale du Québec **185** 434488C-A © 2006 Jupiter Images et ses représentants **189** Domaine public **191** Domaine public **193** Domaine public **194** 434488C-A © 2006 Jupiter Images et ses représentants **205** © Branger-Roger-Viollet/Topfoto/PONOPRESSE **208** © Bibliothèque publique et universitaire, Neuchâtel **211** © Coll. Roger-Viollet/Topfoto/PONOPRESSE **213** Domaine public **214** Domaine public **216** Domaine public **218** © Ann Ronan Pict. Lib./Topfoto /PONOPRESSE **222** © akg-images **224** Domaine public **225** © akg-images **226** Domaine public **229** © Bibliothèque nationale du Québec **231** © E. Scorcelletti/Gamma/PONOPRESSE

Illustrations (**H** : haut **B** : bas **G** : gauche **D** : droite)

Couverture *Entre les diables et le royaume des cieux* (Détail de), enluminure tirée de *La Cité de Dieu*, 1469-1473 © Bibliothèque nationale de France, Paris **1** © akg-images **3** © akg-images/A.F.Kersting, 1980 **5** © akg-images/Bildarchiv Monheim **8** © akg-images **13** © akg-images/Amelot **16** © akg-images/Jean-Paul Dumontier **19** © akg-images **21** © akg-images **23** © Bibliothèque nationale de France, Paris **28** © akg-images **30** © akg-images **35** © Bibliothèque nationale de France, Paris **38** © akg-images **45** © akg-images/British Library **47** © akg-images **49 G** © akg-images/Erich Lessing, 1990 **D** © akg-images/Erich Lessing **50** © akg-images **52** © akg-images/Rabatti – Domingie **56** © akg-images **58** © akg-images **60** © akg-images **63** © akg-images/Erich Lessing **66** © akg-images/Jérôme da Cunha **68** © akg-images **69** © akg-images/Erich Lessing **72** © akg-images/Erich Lessing **79** © akg-images **82** © akg-images **83** © akg-images **85** © akg-images **87** © akg-images/VISIOARS **88 B** © akg-images/Jérôme da Cunha, 1995 **H** © akg-images **90** © akg-images **91** © akg-images/VISIOARS **99** © Hervé Champollion/akg-images, 2005 **101** © akg-images **102** © akg-images/Erich Lessing **105** © akg-images/Erich Lessing **107** © akg-images **109** © akg-images **116** © akg-images **120** © Bibliothèque nationale de France, Paris **126** © akg-images/Archives CDA/Guillo **127** © akg-images/Erich Lessing **133** © akg-images **135** © Sotheby's/akg-images **136** © akg-images **137** © akg-images/Erich Lessing **144** © akg-images/Erich Lessing **146** © akg-images/Erich Lessing **151** © akg-images/Erich Lessing **153** © akg-images **156** © akg-images **159** © akg-images/Erich Lessing **161** © akg-images **164** © akg-images **166** © akg-images **168** © akg-images **173** © akg-images/Erich Lessing **175** © Bibliothèque nationale de France, Paris **177** © akg-images **179 G** © akg-images **D** © akg-images/Erich Lessing **180** © akg-images/Jean-Paul Dumontier **181** © akg-images **183** © akg-images **192** © akg-images/Walter Limot **195** © akg-images **197** © akg-images **199** © akg-images **202** © akg-images/Laurent Lecat **207** © Beth Bergman/Arena Pal - Topfoto/PONOPRESSE **210** © akg-images/Erich Lessing **212** © akg-images **217** © akg-images/Gilles Mermet **221** © akg-images **223** © Sotheby's/akg-images **227 G** © akg-images/Laurent Lecat **D** © akg-images **230** © akg-images

BIBLIOGRAPHIE SOMMAIRE

Ouvrage généraux et études

BARTLETT, Robert. *Le Monde médiéval*, Paris, Éd. du Rocher, 2002.

CANOVA, Marie-Claude. *La Comédie*, coll. Contours littéraires, Paris, Hachette, 1993.

CHEDEVILLE, André. *La France au Moyen Âge*, coll. Que sais-je?, Paris, PUF, 1965.

COHEN, Jean. *Structure du langage poétique*, coll. Nouvelle bibliothèque scientifique, Paris, Flammarion, 1966.

COUTY, Daniel. *Histoire de la littérature française*, Paris, Larousse, 2002.

DARCOS, Xavier. *Histoire de la littérature française*, coll. Faire le point, Paris, Hachette, 1992.

DELOUCHE, Frédéric, sous la direction de. *Histoire de l'Europe*, Paris, Hachette, 1997.

DÉSALMANT, Paul et Patrick TORT. *Vers le commentaire composé*, coll. Profil, Paris, Hatier, 1986.

ÉCHELARD, Michel. *Histoire de la littérature en France au XIXᵉ siècle,* coll. Profil/Histoire littéraire, Paris, Hatier, 1984.

GOLDENSTEIN, J.-P. *Pour lire le roman*, Paris, De Boeck-Duculot, 1989.

GRAMMONT, Maurice. *Petit traité de versification française,* coll. U, Paris, Armand Colin, 1965.

HOLLIER, Denis, dir. *De la littérature française*, Paris, Bordas, 1993.

HUBERT, Marie-Claude. *Le Théâtre*, coll. Cursus, Paris, Armand Colin, 1988.

JEAN, Georges. *La Poésie*, coll. Peuple et culture, Paris, Seuil, 1966.

JOUBERT, Jean-Louis. *La Poésie*, coll. Cursus, Paris, Armand Colin, 1988.

LAGARDE, André et Laurent MICHARD, *Les grands auteurs français au programme, du Moyen Âge au XIXᵉ siècle*, Paris, Bordas, 1997.

LAURENT, Franck et Michel VIEGNES. *Le drame romantique*, coll. Profil/Histoire littéraire, Paris, Hatier, 1997.

MARIN, Fanny. *Les mouvements littéraires du XVIᵉ au XVIIIᵉ siècle*, coll. Profil/Histoire littéraire, Paris, Hatier, 2001.

MASSON, Nicole. *Panorama de la littérature française*, Paris, Marabout, 1990.

MICHON, Cédric. *La Renaissance*, Toulouse, Éd. Milan, 2004.

MITTERAND, Henri. Collection «Littérature, textes et documents», du XVIᵉ au XXᵉ siècle, Paris, Nathan.

PAQUIN, Michel et Roger RENY. *La Lecture du roman, une initiation*, Montréal, La lignée, 1984.

RAIMOND, Michel. *Le Roman*, coll. Cursus, Paris, Armand Colin, 1989.

RENAUD, Jean. *La Littérature française du XVIIIᵉ siècle*, coll. Cursus, Paris, Armand Colin, 1994.

REY, Pierre-Louis. *La littérature française du XIXᵉ siècle*, Paris, Armand Colin, 1993.

RIVIÈRE, Daniel. *Histoire de la France*, coll. Faire le point, Paris, Hachette, 1995.

ROHOU, Jean. *Le Classicisme*, coll. Les fondamentaux, Paris, Hachette, 1996.

SABBAH, Hélène. *Le Commentaire composé*, coll. bac français, Paris, Hatier, 1993.

SEVREAU, Didier. *La poésie au XIXe et au XXᵉ siècle : problématiques essentielles,* coll. Profil/Histoire littéraire, Paris, Hatier, 2000.

THÉRENTY, Marie-Ève. *Les mouvements littéraires du XIXᵉ et du XXᵉ siècle,* coll. Profil/Histoire littéraire, Paris, Hatier, 2001.

THOMASSEAU, Jean-Marie. *Drame et tragédie*, coll. Contours littéraires, Paris, Hachette, 1995.

VAN TIEGHEM, Philippe. *Les grandes doctrines littéraires en France*, 2ᵉ éd., coll. Quadrige, Paris, PUF, 1993.

VERDON, Laure. *Le Moyen Âge, idées reçues*. Paris, Ed. Le Cavalier bleu, 2003.

INDEX SOMMAIRE DES NOTIONS LITTÉRAIRES

tragédie(s), 55, 56, 91, 92, 96, 162
tragicomédie, 90, 96, 100
troubadours, 7, 8, 14

U

unité d'action, 92
unité de lieu, 92
unité de temps, 92

V

vers baroque, 113
vers classique, 113

INDEX SOMMAIRE DES NOMS PROPRES

A

Alembert, 135, 140, 168
Andersen, 177
Aquitaine, Aliénor d', XVIII, 18, 29
Aquitaine, Guillaume IX d', 15
Aristote, 53, 93
Austen, 177
Autriche, Anne d', 84, 88
Avila, Sainte Thérèse d', 46

B

Bach, 84, 132
Balzac, 177, 179, 214
Baudelaire, 37, 177, 200, 211
Beauchemin, Nérée, 228
BEAUMARCHAIS, 133, 162, 165, 166
Beecher-Stowe, 177
BELLAY, Joachim Du, 47, 48, 50, 53, 54, 67, **72, 73, 76**
Berlioz, 176
Bernard, Claude, 176
Béroul, 26
Boccace, 1, 55, 56, 62
Boétie, Étienne de la, 75
BOILEAU, Nicolas, 85, 86, 113, 114, **117**
Bonaparte, Napoléon, 176, 178, 179, 180, 182, 183, 184, 185, 188, 194, 226, 227
Botticelli, VIII
Braille, 176
Brontë, C., 177
Brontë, E., 177
Bruno, G., 46
Bunsen, 176
Byron, 177, 183

C

Cabot, Jean, VIII
Calderón, 85
Calvin, Jean, 46, 62, 77
Cartier, Jacques, 46, 51
Casanova, 133
Casgrain, abbé, 228
Celsius, 132
Cervantes, 85

Champagne, Marie de, 29
Champagne, Thibaut de, 18
Chapman, William, 228
Charlemagne, 3, 11, 12
Charles Louis Napoléon, 180
Charles X, 176, 180, 227
CHARRIÈRE, Mme de, 170, **171**
Chartres, Mme de, 125, 126
CHATEAUBRIAND, François-René de, 177, 178, 185, 200, **226**, 227, 228
Chaucer, 1
Chauveau, P. J. Olivier, 228
CHÉNIER, André, 135, 168, **169**
CHODERLOS DE LACLOS, Pierre, 143, **160**
Chopin, 213
Colbert, 84, 87
Colomb, Christophe, VIII, 82, 83
CONSTANT, Benjamin, 171, 172, 177, 178, 183, **208**
Cooper, 177
Copernic, 46, 48, 49
CORNEILLE, Pierre, 85, 86, 90, 93, 95, 96, **98, 99, 100, 102,** 104, 228
Cortés, 46
Courbet, 176
Crémazie, Octave, 228

D

Daguerre, 176
Dante, 1
Daumier, 176
David, 132
Defoe, 133
Delacroix, 176
Descartes, 84, 89, 127
DESJARDINS, Richard, **44, 45**
Dickens, 177
DIDEROT, Denis, 93, 121, 125, 133, 134, 135, 137, **140, 141, 157,** 162, **167,** 168, 181
Dostoïevski, 177
DUCHARME, Réjean, **83**
DUMAS, Alexandre, 177, 182, 198, 200, **216,** 217
DUMAS, fils, **218**

E

Élisabeth Ire, 51
Érasme, 47, 50

F

Ferland, abbé, 228, 229
FERRON, Jacques, 170, **174,** 175
Flaubert, 177
Fragonard, 131
François Ier, 50, 51, 54, 62, 67, 69
FRÉCHETTE, Louis, **229,** 230

G

Gainsborough, 132
Galilée, 46, 48, 49
Gama, Vasco de, VIII
Garneau, François-Xavier, 228
GAUTIER, Théophile, 200, **225**
Gérin-Lajoie, Antoine, 228
Goethe, 133, 172, 173
Grégoire XIII, 46
Grignan, Mme de, 123
Grimm, 177
Guillotin, 136, 176
Gutenberg, VIII, 51

H

Haendel, 84, 132
Haussmann, 176
Haydn, 132
Henri II, VIII, 46, 126
Henri III, 49, 66
Henri IV, 44, 49, 66, 84, 88
Henri VIII, 46, 49
Hoffmann, 200
Homère, 11
Horace, 102, 103
HUGO, Victor, 176, 177, 178, 181, 182, **185, 186,** 187, 188, **194, 196,** 197, 198, 199, 200, **201,** 214, **219, 220,** 221, 228, 229

I

Incarnation, Marie de l', 129

INDEX DES ŒUVRES ÉTUDIÉES